유보통합을 대비한

보육학개론 2판

| 성미영 · 유주연 · 이세라피나 · 임여정 · 정현심 공저 |

학지사

『보육학개론』 1판을 출간한 이후 2019년 국가 수준 교육과정인 누리과정 개정과 어린이집 평가제 시행이라는 커다란 변화가 동시에 진행되었고, 2020년에는 제4차 표준보육과정의 시행과 더불어 보육지원체계가 맞춤형 보육에서 기본보육과 연장보육으로 변화되었다. 최근 몇 년 사이 이러한 변화와 함께 앞으로 가장 급격한 변화를 가져올 내용은 바로 '유보통합'의 시행이다. 2025년부터 어린이집과 유치원을 하나의 단일한 영유아교육기관으로 통합한다는 유보통합의 시행은 보육 및 유아교육 전공자들에게 주요 관심사이다. 이와 관련된 정보를 예비보육교사에게 정확하게 전달하기 위해 보육교사 자격 취득을 위한 교과목 교재에 바로 반영할 필요가 있어 『보육학개론』 2판을 출간하게 되었다.

1판과 마찬가지로 2판에서도 2019 개정 누리과정과 제4차 표준보육과정, 어린이집 평가제, 보육지원체계 변화, 제4차 중장기 보육 기본계획, 2025년 유보통합 시행 등의 최신 내용을 반영하였고, 밀레니얼 세대인 학습자의 눈높이에 맞추고자 관련 시청각자료를 풍부하게 활용하였다. 특히 장별 내용을 학습자에게 효과적으로 전달하기 위해 영상자료를 QR코드로 제시하여 학습자의 편의를 도모하였다. 이 책이 유보통합을 대비하기 위한 보육 및 유아교육 관련 최신 정보를 학습자에게 전달해 주는 맞춤형 교재 역할을 충실히 해내기를 기대해 본다.

마지막으로 2판 원고를 작성하고 수정하느라 고생한 공동 저자들과, 빠르고 정확한 편집 작업을 지원해 주신 학지사 김진환 사장님, 박나리 선생님께 깊은 감사를 드린다.

2023년 9월

저자 일동

최근 몇 년 동안 우리나라 보육 분야에는 많은 변화가 있었다. 특히 2019년에는 국가 수준 교육과정인 누리과정 개정과 어린이집 의무평가제 시행이라는 커다란 변화가 동시에 진행되었다. 이러한 변화는 영유아보육현장의 보육교직원뿐만 아니라 예비보육교사에게도 정확하게 전달되어야 하므로 변화 내용을 보육교사 자격 취득을 위한 교과목의 교재에 바로 반영해야 한다. 이에 따라 보육 분야의 최신 변화를 반영한 교재가 필요하였고, 대부분의 대학에서 1학년 학생을 대상으로 개설하는 '보육학개론' 교과목의 교재에 최신 내용을 반영하고자 이 책을 빠른 속도로 집필하였다.

이 책의 가장 큰 특징은 2019 개정 누리과정과 어린이집 의무평가제 내용을 반영하였다는 점이고, 또 다른 특징은 밀레니얼 세대인 학습자의 눈높이에 맞추고자 텍스트 위주의 내용 구성보다는 관련 시청각자료를 풍부하게 활용하였다는 점이다. 또한 각 장별 내용의 효과적인 전달을 위해 영상자료를 QR코드로 제시하여 학습자의 편의를 도모하였다.

아무쪼록 이 책이 '보육학개론'을 수강하는 학습자에게 보육 관련 최신 지식을 전달해 주는 맞춤형 교재 역할을 충실히 해내기를 기대해 본다. 마지막으로 짧은 시간 내에 원고를 작성하고 수정하느라 고생한 공동 저자들과, 끊임없는 편집 작업에도 적극적으로 지원해 주신 학지사 김진환 사장님, 박나리 선생님께 깊은 감사를 드린다.

2019년 8월

대표 저자

차례

3장 • 보육경험과 발달 / 61

4장 • 보육유형 / 87

5장 • 보육과정 / 105

6장 • 보육프로그램 / 139

보육학개론

1장

보육의 이해

1. 보육의 개념
2. 보육의 필요성
   1) 아동
   2) 가족
   3) 사회
3. 보육 패러다임의 변화
   1) 선별주의에서 보편주의로
   2) 가족책임에서 국가책임으로
   3) 보육의 질 향상
   4) 유아교육과 보육의 통합

사회적 요구의 변화로 인해 보육에 대한 요구도 지속적으로 발전하여 보육 패러다임의 변화를 가져왔다. 이 장에서는 보육의 중요성이 강조되고 있는 현시점에서 보육제도와 정책의 역사적인 흐름을 고려한 보육의 개념에 대해 살펴보고, 아동, 부모, 사회의 관점에서 보육의 필요성을 확인하여 보육 패러다임의 방향성을 살펴본다.

1. 보육의 개념

영유아 보육은 출생 후 초기인 영아기와 유아기에 제공되는 돌봄과 교육을 뜻한다. 시대와 상황에 따라 다르게 정의되어 온 보육이란 용어는 1991년 1월 「영유아보육법」 제정을 계기로 보편적으로 사용되기 시작하였는데, 「영유아보육법」에서는 영유아의 보호와 교육을 동시에 중요시하여 기존의 '탁아'라는 용어를 '보육'으로 대치하였다(김종해, 백선희, 이미정, 이원영, 임재택, 2005). 초기 보육의 개념은 저소득층가정 자녀나 취업모가정 자녀를 위한 보호의 개념을 강조하였으나, 최근에는 보호와 교육이 통합된 개념으로 이해되고 있다.

최근 보호와 교육은 분리될 수 없는 개념이고 양질의 서비스는 이 두 가지를 모두 제공해야 한다는 입장에서 OECD 국가들도 보육의 개념을 '환경, 재원, 운영시간, 프로그램 내용과 상관없이 초등교육 단계 이전의 유아를 위해 제공하는 일체의 보호와 교육'으로 정의하며, 유아교육 · 보육(Early Childhood Education and Care: ECEC)이라는 용어를 사용한다(나정, 장영숙, 2002). 원래 에듀케어(educare)란 용어는 영유아에게는 보호(care)와 교육(education)의 분리가 의미가 없다는 인식에서 만들어진 신조어이다. 미국에서는 콜드웰(Caldwell, 1991)이 유아교육과 보육의 양분된 전통적 개념은 불합리하다고 지적하고, 새로운 서비스로서 유아교육과 보육을 함께 포괄하는 용어인 '에듀케어'를 처음으로 사용하였다. 즉, 영유아에게 보호 · 양육을 제공하지 않고서는 가르칠 수 없으며, 가르치지 않고서는 진정한 보호 · 양육을 제공할 수 없다고 주장하였다(김종해 외, 2005). 또한 데커와 데커(Decker & Decker, 1984)는 "보육이란 영아에서 초등학생까지의 연령에 해당하는 자녀를 부모가 일을 하는 동안 보호 및 교육해 주는 일"이라고 정의하였다. 같은 맥락에서 유보통합은 교육 · 돌봄의 국가책임 강화 및 영유아 발달의 연속성 측면에서 0~5세 모든 영유아가 이용 기관에 관계없이 양질의 교육 · 돌봄 서비스를 차별 없이 받을 수 있도록 한다는 의미이다.

보호 · 양육이 배제된 교육이나, 교육이 배제된 보호 · 양육은 존재할 수 없다. 모든 아동은 어린이집에 다니거나 유치원에 다니거나 상관 없이 건강한 발달과 학습의 성취를 목적으로 하는 프로그램을 경험할 수 있어야 한다(김경회 외, 2016). 결론적으로 보육(educare)이란 영유아의 보호 · 교육받을 권리와 여성의 경제활동을 보장하기 위한 제도로서 단순한 보호 차원을 넘어 모든 아동의 전인적 발달을 위해 제공하는 보호와 교육을 통합한 개념이다(이순형 외, 2013).

2. 보육의 필요성

보육의 필요성은 보육의 직접적 수혜대상인 아동, 가족, 사회의 측면에서 살펴볼 수 있다.

1) 아동

영유아는 출생과 더불어 건강하고 행복하게 성장할 권리가 있으므로, 개별 영유아에게 적합한 보육서비스를 제공해 주어야 한다. 우리나라는 1991년 유엔아동권리협약을 비준하면서 아동의 권리에 관한 관심이 강조되었다. 전 세계 아동들의 권리를 보호하기 위해 만들어진 유엔아동권리협약의 주요 내용은 비차별, 아동 최선의 이익, 생존과 발달의 권리, 아동 의견 존중의 네 가지 원칙으로 살펴볼 수 있다. 또한 이러한 원칙을 바탕으로 아동의 생존, 보호, 발달, 참여의 권리를 명시하였다.

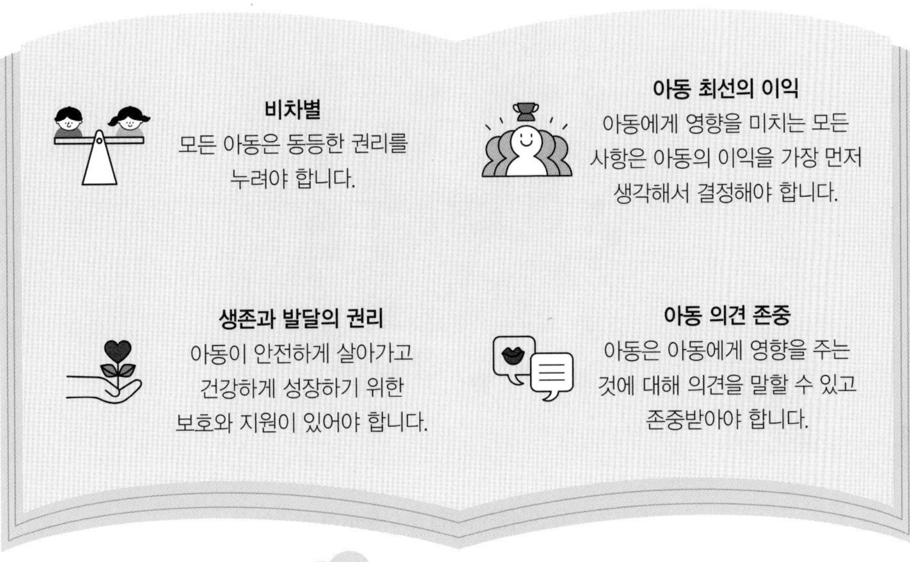

그림 1-1 유엔아동권리협약의 원칙

출처: 아동권리보장원 홈페이지(https://www.ncrc.or.kr).

그림 1-2 아동의 4대 권리

출처: 굿네이버스 홈페이지(https://www.goodneighbors.kr).

그림 1-3 유엔아동권리협약 아동버전 한국어판

그림 1-4 아동권리보장원 홈페이지(www.ncrc.or.kr)

우리나라에서는 보건복지부와 한국아동단체협의회가 2016년 우리의 문화와 배경에 맞게 '대한민국 아동권리헌장'을 새롭게 제정하였다.

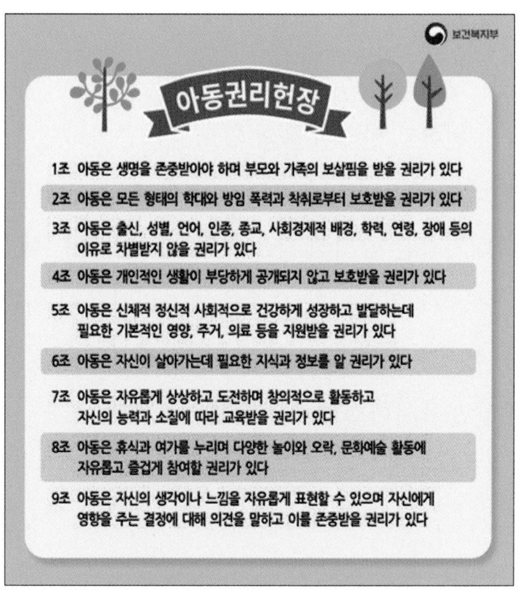

그림 1-5 **대한민국 아동권리헌장**

출처: 보건복지부 블로그(blog.naver.com/mohw2016).

그림 1-6 **대한민국 아동권리헌장 홍보 동영상**

아동의 권리에는 아동의 생존권, 보호권, 발달권, 참여권 그리고 이러한 권리가 유지되기 위한 자신과 지역사회, 국가의 역할에 대한 내용이 포함된다. 아동의 권리, 특히 영유아의 권리를 보장해 주는 측면에서 보육이 중요하므로 보육의 내용은 영유아의 기본 권리, 즉 생존권, 발달권과 교육권에 토대를 두고 영유아의 발달적 요구에 부응하는 교육프로그램으로 구성되어야 한다.

2) 가족

가족 구조와 기능의 변화로 인해 보육의 필요성이 증가하였다. 먼저, 우리나라 가족형태의 가장 큰 변화는 부부와 미혼자녀가 중심이 되는 핵가족이 지속적으로 증가한 반면, 3세대 확대가족은 급격히 감소하였다는 점이다. 핵가족이 증가함에 따라 부모가 취업한 경우 대리양육자가 부족하여 자녀양육에 어려움을 겪게 된다(나종혜, 김상림, 김송이, 신나리, 권연희, 2014). 이처럼 자녀양육 및 사회화 기능의 약화는 사회적 지원체계인 보육서비스의 요구를 증대시켰다.

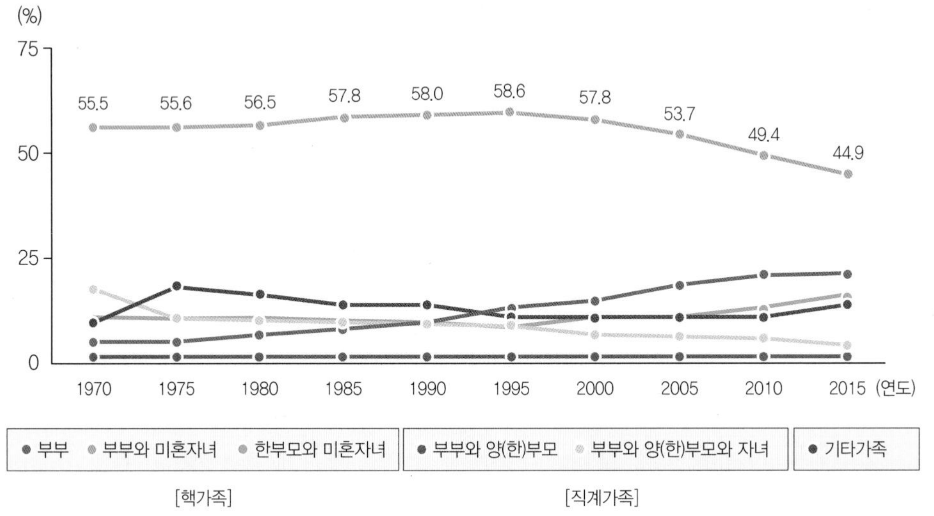

그림 1-7 우리나라 가족의 형태별 분포(1970~2015년)

출처: 통계청 홈페이지(www.kostat.go.kr).

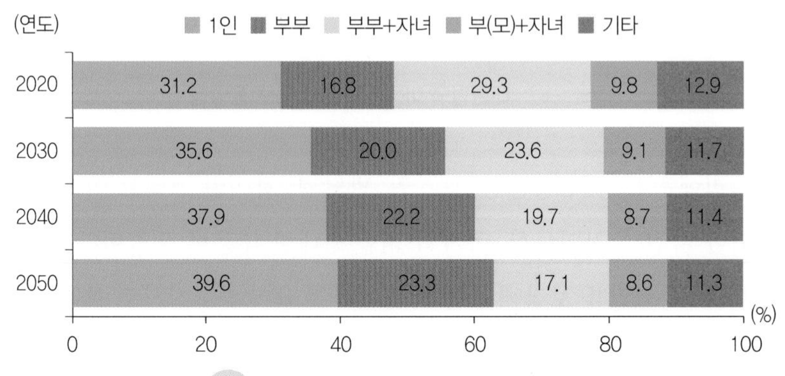

그림 1-8 주요 가구유형별 구성비(2020~2050년)

출처: 통계청(2022).

다음으로, 기혼여성의 경제활동 참여율이 높아지면서 맞벌이가정이 증가하였다. 기혼여성의 경제활동 참여가 증가한 것은 외벌이만으로는 생활에 어려움이 있고, 여성의 교육수준 향상과 사회적 인식의 변화, 여성에 적합한 직업 개발 등의 영향이다. 이렇게 여성의 경제활동 참여율은 증가하고, 여성 취업에 대한 인식 및 가정경제에 대한 기여도는 높아졌으나, 자녀양육에 대한 부담이 여성 취업의 장애 요인으로 작용하고 있다. 우리나라 여성의 연령대별 경제활동 참여율은 30대 초반과 후반에 감소하다가 40대 초반에 다시 상승하는 전형적인 M자 곡선을 그리는 것으로 나타났다. 이는 자녀양육 지원의 부족으로 30대 초반부터 후반의 맞벌이 여성들이 일과 육아를 병행하는 데 어려움이 있음을 보여 준다. 따라서 취업모의 일할 권리를 보장하고 늘어나는 보육수요를 충족시키기 위해 보육서비스의 필요성이 강조되었다.

마지막으로 가족유형의 다양화로 인해 보육의 필요성이 제기된다. 우리나라의 가족유형은 부부 및 미혼자녀로 구성된 가족뿐만 아니라 한부모가족 등 다양한 가족 형태를 보인다. 이혼, 별거, 사별 등으로 인한 가족해체 현상이 증가하고, 이러한 가정환경의 변화는 자녀양육 기능의 약화를 초래하였다. 특히 한부모가족의 증가는 양부모가 담당하던 경제활동과 가사노동을 한부모가 수행함으로써 자녀양육과 직장생활 병행의 어려움을 가중시켰다. 따라서 자녀양육을 가족만이 아니라 사회에서도 함께 책임져야 한다는 인식이 증대되었다(여성부, 2005).

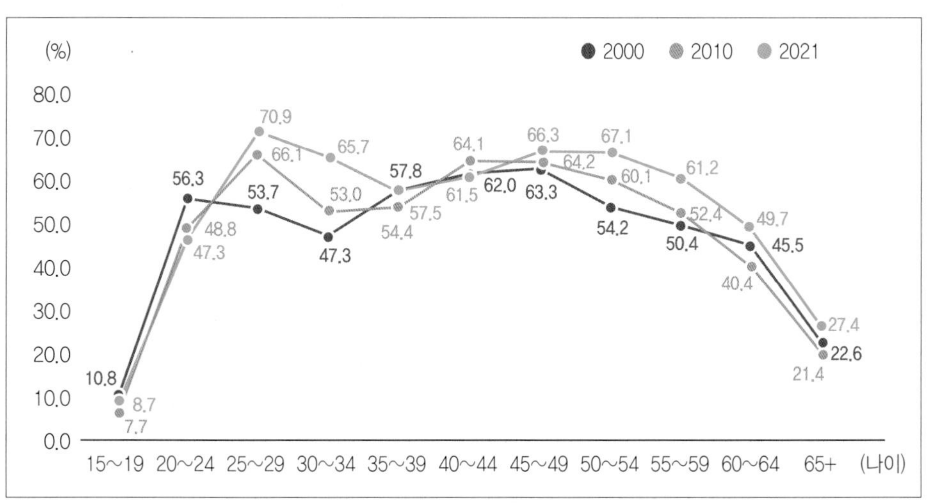

그림 1-9 우리나라 여성의 연령대별 경제활동 참여율(2000년, 2010년, 2021년)

출처: 여성가족부(2022).

3) 사회

산업사회 성장과 여성의 경제활동 참여 확대로 인해 남녀 모두에게 취업에 대한 기대는 증가한 반면, 미혼남녀의 결혼에 대한 선호는 약화되어 비혼과 만혼의 경향이 지속되고 있다. 또한 과거 자녀중심적 가치관에서 부부중심 가치관으로 변화하면서 전통적 부모 역할을 탈피해 자녀출산이 의무가 아닌 선택으로 바뀌고 있다. 이러한 사회 분위기로 인해 우리나라의 출생아 수는 감소하고, 합계출산율도 낮아졌다. 자녀양육에 대한 인식의 변화로 자녀양육이 개별 가정의 문제가 아닌 국가적 책임으로 대두한 것이다.

또한 저출산은 늘어난 기대수명과 더불어 인구구조의 변화를 유발함으로써 고령화 현상에 직접적인 원인을 제공하였다. 고령화는 평균수명의 증가에 따라 총인구에서 차지하는 고령 인구의 비율이 점차 높아지는 현상으로, 사회적·경제적 지속가능성을 위협하는 인구구조이다. 노동력은 감소하고 고령 인구는 증가하는 현상은 사회적 비용의 증가를 초래해 사회문제로 이어질 수 있다. 따라서 보육은 미래를 위한 투자이면서 저출산·고령화에 대응할 수 있는 가장 효과적인 수단이다.

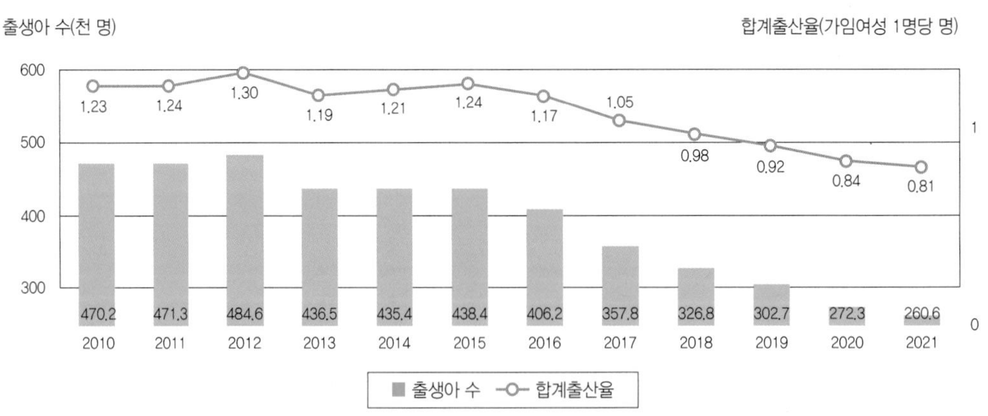

그림 1-10 우리나라 출생아 수 및 합계출산율 변화(2010~2021년)

출처: 지표누리 홈페이지(www.index.go.kr).

3. 보육 패러다임의 변화

우리나라 보육의 패러다임은 최근까지 선별주의에서 보편주의로, 가족책임에서 국가책임으로, 그리고 보육의 질 향상이라는 방향성을 가지고 변화되어 왔다.

1) 선별주의에서 보편주의로

역사적으로 우리나라의 보육사업은 빈민구제 차원에서 시작되었으나 여성의 경제활동 참여가 증가하면서 보육대상이 점차 확대되었다. 보육사업의 출발이 빈민구제 차원의 복지사업이었던 만큼 보육사업의 대상은 경제적으로 어려운 영유아로 한정되었다. 그러나 최근에는 취업여성의 수가 증가하면서 중류층가정의 영유아도 어린이집을 다니는 경우가 많아졌다. 따라서 보육서비스는 더 이상 경제적으로 어려운 영유아를 위한 지원이나 맞벌이가정만을 위한 지원이 아니라, 영유아 전반에 제공되어야 할 서비스로 변화하였다. 이에 따라 2000년부터 보육사업은 선별주의에서 보편주의로 방향을 전환하였다.

선별주의 차원에서 빈곤층 취업모의 자녀를 보육대상으로 제한했다면, 보편주의 차원에서는 일반 영유아로 보육대상을 확대하였다. 부모의 교육수준, 경제능력, 직업 등 사회경제적 지위를 결정하는 조건으로 제한하지 않고, 모든 영유아를 보육대상으로 받아들인다. 빈곤층가정의 영유아뿐 아니라 중류층가정의 영유아도 보육대상에 포함된다.

보육에서 보편성을 실현하기 위해 모든 영유아와 부모가 평등한 조건에서 차별 없는 보육혜택을 받을 수 있도록 2013년부터 무상보육제도가 시행되었고, 2018년부터 아동수당제도가 시행 중이다. 아동수당제도는 자녀양육의 경제적 부담을 경감시키고, 건강한 성장 환경을 조성해 아동의 기본적 권리와 복지를 증진하고자 도입된 제도이다. 2018년에 도입된 아동수당은 소득 · 재산 하위 90%인 가구에 월 10만원씩 지급되었으나, 2019년 1월 「아동수당법」이 개정됨에 따라 2019년부터 부모의 소득 · 재산과 무관하게 6세 미만 모든 아동에게 아동수당이 지급되었으며, 9월부터는 7세 미만으로 연령이 상향되었다. 2021년 12월 아동수당 지급 연령을 6세에서

7세까지 확대하는 「아동수당법」이 시행되어 2022년 4월부터 대상 아동에게 아동수당을 지급하였다.

보건복지부	보도자료		
배포일	2017. 8. 16.	담당부서	아동복지정책과 아동수당 도입 실무추진단

2018년 7월부터 0~5세 아동에게 월 10만 원 아동수당 지급

- 아동수당 도입 계획, 고위당정청협의회 논의를 거쳐 확정
- 아동수당 도입을 위한 「아동수당법」 제정안 입법예고(8. 17. ~ 9. 4.)

보건복지부	보도자료		
배포일	2019. 4. 25.	담당부서	아동복지정책과

4월 25일, 아동 231만 명이 보편지급 아동수당 받는다!

- 만 6세 미만(0~5세) 전체 236.7만 명 중 232.7만 명 신청(신청률 98.3%)
- 보편지급 전환으로 25만 명 추가 지급, 미지급 결정된 1.8만 명은 확인 후 지급 예정

보건복지부	보도자료		
배포일	2019. 7. 19.	담당부서	아동복지정책과

아동수당, 9월부터 만 7세 미만까지 연령 확대

- 아동수당을 지급받던 중 만 6세 생일이 지나 중단된 경우, 다시 신청하지 않아도 아동수당 받을 수 있어
- 아동수당 신청한 적 없다면, 주민센터나 복지로에 신청해야 지급 가능

보건복지부	보도자료		
배포일	2022. 4. 22.	담당부서	아동복지정책과

4월부터, 만 7세 아동도 아동수당 받아요!

- 2014년 2월생(生)~2015년 3월생(生) 아동 50여만 명을 대상으로, 월 10만 원 아동수당 지급 개시(4. 25.)

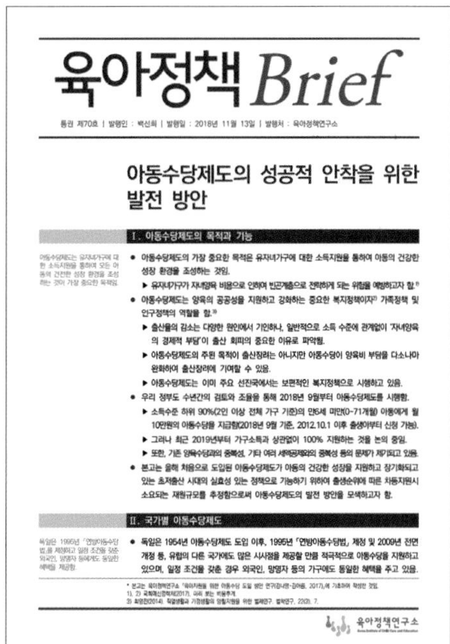

육아정책 Brief

통권 제70호 | 발행인 : 백선희 | 발행일 : 2018년 11월 13일 | 발행처 : 육아정책연구소

아동수당제도의 성공적 안착을 위한 발전 방안

Ⅰ. 아동수당제도의 목적과 기능

아동수당제도는 유자녀가구에 대한 소득지원을 통하여 모든 아동의 건전한 성장 환경을 조성하는 것이 가장 중요한 목적임.

- 아동수당제도의 가장 중요한 목적은 유자녀가구에 대한 소득지원을 통하여 아동의 건강한 성장 환경을 조성하는 것임.
  - ▶ 유자녀가구가 자녀양육 비용으로 인하여 빈곤계층으로 전락하게 되는 위험을 예방하고자 함.[1]
- 아동수당제도는 양육의 공공성을 지원하고 강화하는 중요한 복지정책이자[2] 가족정책 및 인구정책의 역할을 함.[3]
  - ▶ 출산율의 감소는 다양한 원인에서 기인하나, 일반적으로 소득 수준에 관계없이 '자녀양육의 경제적 부담'이 출산 회피의 중요한 이유로 파악됨.
  - ▶ 아동수당제도의 주된 목적이 출산장려는 아니지만 아동수당이 양육비 부담을 다소나마 완화하여 출산장려에 기여할 수 있음.
  - ▶ 아동수당제도는 이미 주요 선진국에서는 보편적인 복지정책으로 시행하고 있음.
- 우리 정부도 수년간의 검토와 조율을 통해 2018년 9월부터 아동수당제도를 시행함.
  - ▶ 소득수준 하위 90%(2인 이상 전체 가구 기준)의 만6세 미만(0~71개월) 아동에게 월 10만원의 아동수당을 지급함(2018년 9월 기준, 2012.10.1 이후 출생아부터 신청 가능).
  - ▶ 그러나 최근 2019년부터 가구소득과 상관없이 100% 지원하는 것을 논의 중임.
  - ▶ 또한, 기존 양육수당과의 중복성, 기타 여러 세액공제와의 중복성 등의 문제가 제기되고 있음.
- 본고는 올해 처음으로 도입된 아동수당제도가 아동의 건강한 성장을 지원하고 장기화되고 있는 초저출산 시대의 실효성 있는 정책으로 기능하기 위하여 출생순위에 따른 차등지원시 소요되는 재원규모를 추정함으로써 아동수당제도의 발전 방안을 모색하고자 함.

Ⅱ. 국가별 아동수당제도

독일은 1995년 「연방아동수당법」을 제정하고 일정 조건을 갖춘 외국인, 망명자 등에게도 동일한 혜택을 제공함.

- 독일은 1954년 아동수당제도 도입 이후, 1995년 「연방아동수당법」 제정 및 2009년 전면 개정 등, 유럽의 다른 국가에도 많은 시사점을 제공할 만큼 적극적으로 아동수당을 지원하고 있으며, 일정 조건을 갖춘 경우 외국인, 망명자 등의 가구에도 동일한 혜택을 주고 있음.

* 본고는 육아정책연구소 「육아지원을 위한 아동수당 도입 방안 연구」(김나영·김아름, 2017)에 기초하여 작성한 것임.

육아정책연구소

그림 1-11 아동수당 관련 육아정책연구소 연구보고서(2017년) 및 육아정책 Brief(2018년)

그림 1-12 아동수당(2018년, 2022년)

출처: 보건복지부 블로그(blog.naver.com/mohw2016).

2) 가족책임에서 국가책임으로

우리나라는 「영유아보육법」이 제정된 1991년 당시 아동보육의 1차 책임은 부모에게 있으며, 국가는 부모를 지원하는 역할을 담당하는 보조적 책임자임을 명시하였다. 최근에는 국가가 2차 책임자로만 머물 수 없는 상황에 이르렀는데, 그 이유는 저출산 현상이 확산되어 예비 사회구성원인 아동의 수가 급속하게 감소하였기 때문이다(이순형 외, 2013). 이러한 출산율 저하의 원인은 여성의 경제활동 참여 증가, 자녀양육에 대한 가정과 여성의 부담, 자녀에 대한 노후 보장 기대 감소, 결혼 가치관의 변화에 따른 혼인율 및 결혼 연령의 변화 등이다. 따라서 미래 인력을 양성하고 여성의 경제활동 참여를 확대하기 위한 육아 지원 방안으로 보육과 관련된 서비스와 정책의 확대가 필요해졌다(김경희 외, 2016; 성미영, 장영은, 2018).

힘이 되는 평생 친구 보건복지부 / 교육과학기술부		보도자료	
배포일	2013. 1. 25.	담당부서	보건복지부 보육사업기획과 교육과학기술부 유아교육과

보육료 · 유아학비 · 양육수당 2월에 사전 신청하세요
-만 0~5세 보육료 · 유아학비 · 양육수당 신청 · 접수 시작-

- **보건복지부(장관 임채민), 교육과학기술부(장관 이주호)는 2월 4일부터 만 0~5세 보육료 · 유아학비 · 양육수당 全 계층 지원 확대에 따른 보육료 · 유아학비 · 양육수당 신청, 접수를 시작한다고 밝혔다.**

<지원대상 확대 내용>

구분	2012년 지원대상	2013년 3월 이후 지원대상
보육료 유아학비	만 0~2세 全 계층(보육료만 해당) 만 3~4세 소득하위 70% 만 5세 全 계층	만 0~5세 全 계층 (유아학비는 만 3~5세만 해당)
양육수당	36개월 미만 차상위계층	취학 전 영유아 全 계층

이러한 상황에서 국가가 더 이상 저출산 문제를 방치할 수 없다는 인식이 확산되었고, 아동에 대한 국가적 책임 확대의 사회적 공감대가 형성되었다. 현재 「영유아보육법」은 보육사업의 대상을 모든 사회계층으로 확대하여 국가의 책임을 강조하고 있다. 2013년 3월부터 실시된 영유아 무상보육정책은 보육의 국가책임을 공포한 획기적 정책이다. 농어촌지역의 출산비용과 보육비용의 일부를 정부가 지원하던 소극적 대처에서 전 계층의 0세부터 5세아까지 무상보육을 전격적으로 실시하는 적극적 대처로 변화하였다. 이에 따라 어린이집을 이용하는 영유아에게 보육료를, 유치원을 이용하는 유아에게 유아학비를, 그리고 가정에서 보육 중인 영유아에게는 양육수당을 지원하고 있다.

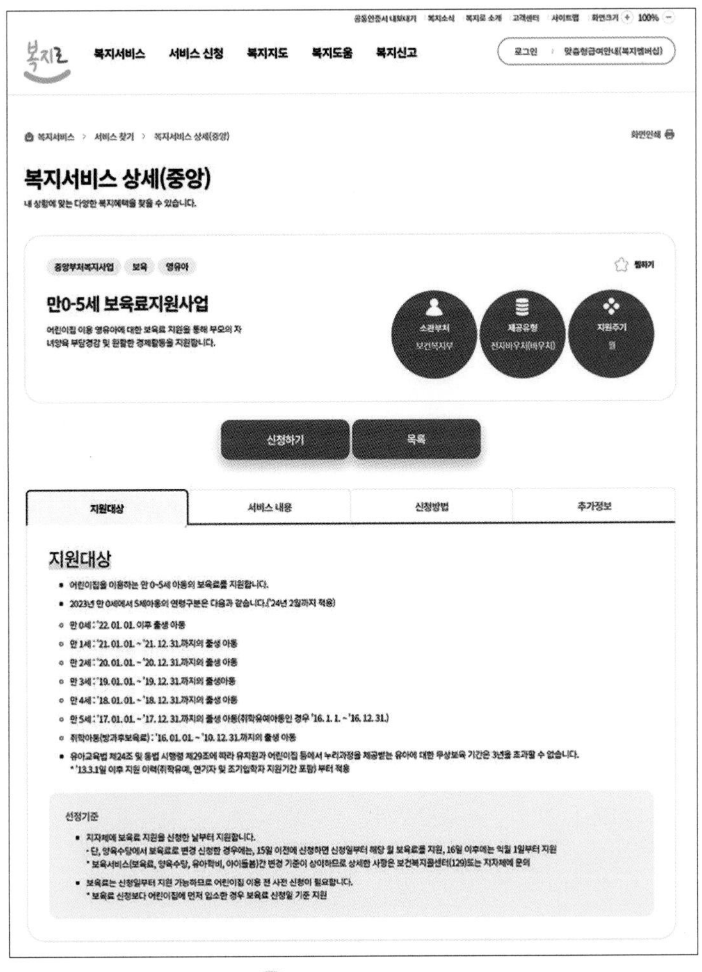

그림 1-13 보육료 지원 서비스

출처: 복지로 홈페이지(www.bokjiro.go.kr).

3) 보육의 질 향상

보육의 질을 확보하기 위해서는 부모의 욕구를 파악하고, 이에 맞는 서비스를 제공하며, 어린이집의 질 확보와 보육교사의 전문성 확보가 우선되어야 한다. 어린이집의 질 확보를 위해서는 어린이집 평가를 통해 일정 수준 이상의 보육환경을 마련하고, 보육교직원의 자격기준 및 인적성 교육의 강화를 통해 책임 있는 교사를 양성하며, 지속적인 현직교육을 마련해 교사로서 발전하도록 지원해야 한다(김경희 외, 2016; 성미영, 장영은, 2018).

힘이 되는 평생 친구 보건복지부	보도자료		
배포일	2016. 1. 12.	담당부서	보육사업기획과

보육교사의 인성 및 자질 향상을 위한 보육교사 자격기준 강화

- 대면교과목 지정(9개), 8시간 출석수업 · 1회 출석수업 의무화 등 대면교육 강화, 현장실습 확대(4주 160시간 → 6주 240시간)

보건복지부	보도자료		
배포일	2017. 6. 30.	담당부서	보육정책과 보육기반과

어린이집 평가 정보, 더욱 믿을 수 있게 만든다

- 중앙보육정책위원회 개최, '어린이집 평가인증제도 개편방안' 심의
- 어린이집 · 유치원 공통의 평가체계 적용, 전반적 질 관리 수준 향상

보건복지부	보도자료		
배포일	2019. 1. 21.	담당부서	보육정책과

'한국보육진흥원 설립위원회' 발족, 법정기관 출범 본격 추진

- 법정기관에 맞게 정관 · 규정, 조직 정비 방안 등 마련 착수

4) 유아교육과 보육의 통합

우리나라는 보육과 유아교육이 이원화된 체계로 운영되고 있다. 영유아보육은 보건복지부에서 주관하며, 유아교육은 교육부에서 주관하고 있다. 보육은 0세~취학 전 아동을 대상으로, 유아교육은 3세~취학 전 아동을 대상으로 이루어지고 있어 대상아동의 연령이 중복되고 있으나, 관련 법규, 감독체계, 교사체계, 정부 예산 규모 등에서 차이가 있다. 또한 교사 훈련과정, 고용 및 경력 등에 있어서 상호 호환이 되지 않고 별개로 운영되어 왔다(김경회 외, 2016; 육아정책연구소, 2009).

두 체계로의 운영은 재정의 중복 투자와 비효율적인 행정운영이라는 비판을 듣는다. 이에 2014년 유보통합을 추진했으나 2014년부터 1단계를 시작해 2015년까지 2단계, 2016년까지 3단계를 진행해 2017년 통합을 목표로 계획을 세웠음에도 2017년 8월까지 결제카드 통일과 정보공시체계 통합 외에는 별다른 성과를 내지 못했다(세계일보, 2017. 6. 11.).

이후 2023년 1월 정부는 국가가 책임지고 국민이 안심하는 책임교육 · 돌봄을 구현하고자 새로운 유보통합을 통해 2025년부터 어린이집, 유치원에 대한 관리체계를 교육부와 교육청으로 일원화하여 통합된 영유아 교육 · 돌봄 체계를 만들고자 하였다. 이에 2023년 4월 제1차 영유아교육 · 보육통합 추진위원회를 개최해 유보통합에 대한 사회적 논의를 본격적으로 시작하였다. 2023년 7월 제2차 영유아교육 · 보육통합추진위원회를 개최해 유보통합의 비전인 '아이행복 및 아이 키우기 좋은 환경'을 실현하는 10대 정책이 현장에 안정적으로 조기 실현될 수 있도록 관리체계 일원화를 추진해 유보통합을 실현하겠다고 밝혔다. 이를 위해 영유아 보육 업무(정원, 예산 포함)를 교육부와 시 · 도교육청으로 이관하고, 중앙 단위(복지부 → 교육부)에서 지방 단위(시 · 도 → 시 · 도교육청)로 순차적으로 이관하며, 안정적 업무 이관을 위해 「정부조직법」 우선 개정을 추진하고자 한다. 영아와 유아가 하나로 합쳐지는 유보통합이 필요한 시점이다.

교육부
보건복지부
출생부터 국민안심 책임교육·돌봄 실현을 위한
유보통합을
추진합니다
아이를 안심하고 맡길 수 있는
새로운 영유아 교육·보육 환경 조성

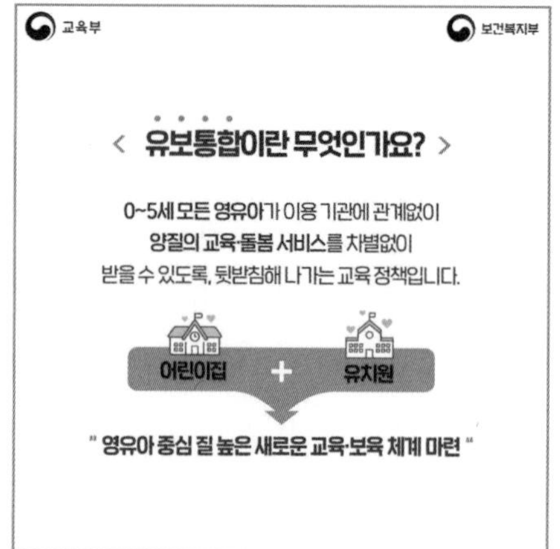

교육부
보건복지부
유보통합이란 무엇인가요?
0~5세 모든 영유아가 이용 기관에 관계없이
양질의 교육·돌봄 서비스를 차별없이
받을 수 있도록, 뒷받침해 나가는 교육 정책입니다.
어린이집
유치원
" 영유아 중심 질 높은 새로운 교육·보육 체계 마련 "

그림 1-14 유보통합 추진

출처: 보건복지부 블로그(blog.naver.com/mohw2016).

보건복지부	보도자료		
배포일	2023. 1. 12.	담당부서	보육정책관 보육정책과

보건복지부장관, 성공적 유보통합 위한 간담회 주재 및 교육감 환담

- **어린이집 방문 및 학부모 · 교직원 · 전문가 대상 간담회 진행**
- **임태희 경기도 교육감 환담, 유보통합을 위한 포괄적 협력 논의**

2장

보육제도와 정책

1. 한국의 보육제도 및 정책
   1) 한국 보육 관련법의 변천
   2) 한국의 보육정책 변천
   3) 한국 보육 · 양육제도 및 정책의 현황

2. 일본의 보육제도 및 정책
   1) 일본의 보육정책 변천
   2) 일본 보육 · 양육제도 및 정책의 현황

3. 미국의 보육제도 및 정책
   1) 미국의 보육정책 변천
   2) 미국 보육 · 양육제도 및 정책의 현황

4. 영국의 보육제도 및 정책
   1) 영국의 보육정책 변천
   2) 영국 보육 · 양육제도 및 정책의 현황

5. 프랑스의 보육제도 및 정책
   1) 프랑스의 보육정책 변천
   2) 프랑스 보육 · 양육제도 및 정책의 현황

6. 독일의 보육제도 및 정책
   1) 독일의 보육정책 변천
   2) 독일 보육 · 양육제도 및 정책의 현황

7. 스웨덴의 보육제도 및 정책
   1) 스웨덴의 보육정책 변천
   2) 스웨덴 보육 · 양육제도 및 정책의 현황

한 국가의 보육제도와 정책은 정치, 경제, 이념에 기반하고, 일 · 가정 양립 정책의 영향을 받는다. 우리나라를 비롯한 여러 국가의 보육제도와 정책을 비교하여 살펴봄으로써 우리나라 보육제도와 정책이 나아갈 바를 모색할 필요가 있다. 이 장에서는 먼저 우리나라의 보육제도와 정책을 살펴보고, 일본, 미국, 영국, 프랑스, 독일, 스웨덴의 보육정책과 제도에 대해 함께 알아본다.

1. 한국의 보육제도 및 정책

1) 한국 보육 관련법의 변천

우리나라의 보육제도와 정책은 여성의 경제활동 참여 증가, 맞벌이부부와 핵가족의 증가, 출산율 저하 등 가족구조의 변화에 대처하기 위해 지속적으로 변화되어 왔다. 1921년 태화기독교사회복지관에서 탁아 프로그램을 진행함으로써 시작된 우리나라의 보육사업은 1961년 제정된 「아동복리법」, 1982년 제정된 「유아교육진흥법」, 1987년 제정된 「남녀고용평등법」, 1989년 개정된 「아동복지법」에 근거하여 진행되어 왔다. 1961년 「아동복리법」이 제정됨으로써 탁아사업은 기존의 구빈적 성격에서 벗어나 아동의 복리를 증진시키기 위한 사업으로 변화되었다.

※ 2장은 성미영 외(2019). 비교유아교육론의 내용 중 일부를 요약 · 정리한 것임.

그림 2-1 **새마을협동유아원**

출처: 경기도 멀티미디어 홈페이지
(exciting.gg.go.kr/).

그림 2-2 **1960년대 탁아소**

출처: 우리역사넷 홈페이지
(contents.history.go.kr/).

보육사업이 여러 정부부처에서 제각기 관리되어 정부재정이 비효율적으로 투자되고, 영유아에 대한 체계적이고 효율적인 보육을 실시하는 데 있어서도 어려움이 가중됨에 따라 보육에 관한 독립된 입법의 필요성이 제기되었다. 이에 1991년 1월 「영유아보육법」, 1991년 8월 「영유아보육법 시행령 및 시행규칙」을 제정하고, 보육사업 주관 부처를 보건복지부로 일원화하였다.

「영유아보육법」은 0세부터 초등학교 취학 전 영유아의 보육에 관한 사항을 규정하는 법으로, 여성의 사회 진출로 인해 약화된 양육 기능을 지원하는 것이 이 법의 제정 취지이다. 법 제정 이후 10년이 지나면서 보육에 대한 정부의 참여 확대와 보육서비스의 수준 향상에 대한 요구가 높아지자 2004년 「영유아보육법」을 전면 개정하였다. 2004년 1월 29일 전면 개정된 「영유아보육법」이 시행(2005. 1. 30.)됨에 따라 보육서비스의 질적 수준 향상과 보육의 공공성 강화를 통해 보육사업이 획기적으로 발전할 수 있는 계기가 마련되었다.

2) 한국의 보육정책 변천

우리나라의 보육정책은 제1차 중장기 보육 기본계획인 '새싹플랜', 제1차 중장기 보육 기본계획을 수정한 '아이사랑플랜', 제2차 중장기 보육 기본계획인 '아이행복플랜', 제3차 중장기 보육 기본계획, 제4차 중장기 보육 기본계획으로 변화되어 왔다.

(1) 새싹플랜(2006~2010년)

2006년 1월 여성가족부에서 발표한 제1차 중장기 보육 기본계획인 '새싹플랜'은 맞벌이가구의 증가와 핵가족화로 인해 가정의 자녀양육 기능이 약화되어 영아를 둔 여성의 자녀양육과 경제활동 병행을 지원하기 위해 수립되었다. '새싹플랜'은 2006~2010년까지 5년간 '함께 키우는 건강한 아동'을 비전으로 제시하고, 저소득층을 대상으로 한 선별적 보육에서 시작하여 이후 중산층으로 지원을 확대해 보편적 보육으로 전환하고자 계획하였다. 보육의 공공성 강화 및 양질의 서비스 제공을 목표로 다섯 가지 주요 정책 분야에서 20개의 주요 정책과제를 제시하였다(여성가족부, 2006).

(2) 아이사랑플랜(2009~2012년)

새 정부의 국정 철학과 보육정책 환경 변화를 반영하기 위해 새싹플랜을 수정 · 보완한 '아이사랑플랜'이 2009년 제시되었다. '아이사랑플랜'은 공보육에서 진일보한 국가책임 보육으로의 발전을 추구하고, 능동적 복지를 구현하기 위해 보육의 국가책임을 강화하고 수요자 중심 보육정책으로 개편되었다(김경회 외, 2016).

'아이사랑플랜'은 '아이와 부모가 행복한 세상'이라는 비전을 달성하기 위해 부모의 비용부담 완화, 수요자 맞춤 지원, 어린이집 질 제고 및 균형 배치, 보육인력 전문성 제고, 전달체계 효율화, 보육사업 지원체계 구축의 6개 분야 20개 세부과제를 마련하였다(보건복지가족부, 2010).

(3) 아이행복플랜(2013~2017년)

정부는 제1차 중장기 보육 기본계획에 이어 아이와 부모, 보육교직원이 모두 행복한 참여와 신뢰의 보육생태계 조성을 핵심 정책 가치로 담고 있는 '아이행복플랜'을 제2차 중장기 보육 기본계획으로 수립하였다(보건복지부, 2013c). '아이행복플랜'은 '아이는 행복하고 부모는 안심할 수 있는 세상'을 비전으로 제시하고, 아이의 신체적 특성이나 부모의 사회적 · 경제적 여건 등에 상관없이 아이는 누구나 행복하게 자라고, 부모는 안심하고 맡기고 양육하며, 교사는 자긍심을 가지고 일하는 여건을 조성하도록 제안하였다.

(4) 제3차 중장기 보육 기본계획(2018~2022년)

보건복지부는 2017년 12월 27일 중앙보육정책위원회 심의를 거쳐 '보육 · 양육에 대한 사회적 책임 강화'를 실현하기 위한 '제3차 중장기 보육 기본계획'을 발표하였다. '제3차 중장기 보육 기본계획'은 '영유아의 행복한 성장을 위해 함께하는 사회'라는 비전 아래 보육의 공공성 강화, 보육체계 개편, 보육서비스 품질 향상, 부모 양육지원 확대의 4개 분야 14개 추진과제로 구성되어 있다.

보육의 공공성 강화	보육체계 개편	보육서비스 품질 향상	부모 양육지원 확대
1. 국공립 이용률 40%로 확대 2. 국공립 운영의 공공성 강화 3. 직장어린이집 활성화 4. 어린이집 운영의 건전성 제고	1. 어린이집 이용 및 지원 체계 개선 2. 표준보육비용 산정 및 적정 보육료 지원 3. 보육과정 개편	1. 보육교사 전문성 강화 2. 보육교사 적정 처우 보장 3. 영유아 보육환경 개선 4. 상시적 품질관리 강화	1. 부모의 양육역량 강화 지원 2. 시간제 보육서비스 확대 3. 취약보육 지원 개선

그림 2-3 제3차 중장기 보육 기본계획의 목표 및 전략

출처: 보건복지부(2018b).

그림 2-4 제3차 중장기 보육 기본계획 2019년 추진과제

출처: 따스아리 정책뉴스(2019. 2. 28.).

(5) 제4차 중장기 보육 기본계획(2023~2027년)

보건복지부는 2022년 12월 13일 중앙보육정책위원회 심의를 거쳐 '가정과 어린이집에서의 영유아 보육의 질적 도약'을 실현하기 위한 '제4차 중장기 보육 기본계획'을 발표하였다. '제4차 중장기 보육 기본계획'은 '영유아의 종합적 양육 지원'과 '보육서비스의 질 제고'에 중점을 두고 발달시기별 최적의 국가지원을 위한 비전과 과제를 제시하였다.

〈표 2-1〉 **제4차 중장기 보육 기본계획 전략 및 주요과제**

전략		주요과제
I	종합적 양육지원 강화	1 부모급여 도입으로 영아기 양육비용 경감 2 종합적 육아지원 서비스 제공 3 맞춤형 양육정보 제공으로 부모 양육역량 강화 4 육아 건강 · 상담서비스 지원 강화
II	영유아중심 보육서비스 질 제고	1 어린이집 보육 최적의 환경 조성 2 어린이집 품질관리 체계 개편 3 영유아의 건강한 성장 · 발달 지원 및 권리존중 확산 4 놀이중심 보육과정 내실화
III	보육교직원 전문성 제고 및 역량 강화	1 보육교직원 양성 및 자격체계 고도화 2 보육교직원 전문역량 강화 3 보육교직원 권익 보호 환경 조성 4 보육교직원 근무환경 및 합리적 처우개선
IV	안정적인 보육서비스 기반 구축	1 어린이집 안정적 · 효율적 지원체계 마련 2 공공보육 확대 및 내실화 3 인구구조 변화에 따른 보육의 사각지대 예방 4 전달체계, 시스템, 홍보 고도화

출처: 보건복지부(2022).

3) 한국 보육 · 양육제도 및 정책의 현황

우리나라에서는 휴가 · 휴직제도, 유연근무제도 등 일 · 가정 양립 지원제도가 시행되고 있다. 아동수당제도는 2018년 9월 신설된 이래 2019년부터 소득과 관계없이 만 6세 미만 아동을 대상으로 아동수당을 지급하였고, 2019년 9월부터는 지급대상 연령을 만 7세 미만으로 상향함으로써 아동에 대한 국가의 책임을 강화하였다. 우리나라의 유아교육 · 보육은 오랜 시간 이원화 체제를 유지해 왔으며, 유보통합을 위해 노력한 결과 3~5세 유아 대상의 국가 수준 교육과정을 누리과정으로 일원화하여 유치원과 어린이집에 다니는 3~5세 유아는 누리과정으로 교육받고 있다. 현행 우리나라 유치원교사는 준교사, 정교사 2급, 정교사 1급으로 구분되고, 보육교사는 3급, 2급, 1급 자격으로 구분되는데, 2급에서 1급으로의 승급 시 3년 이상의 경력과 승급교육을 받도록 하는 점은 유치원교사 양성과 유사하지만, 3급 자격증 발급은 차이점이다. 그동안 진행되어 온 유보통합을 위한 노력이 최근 들어 보다 구체적으로 추진되고 있다.

(1) 보육료 및 부모급여

정부는 2010년 소득 하위 50% 이하에 대한 보육료 지원을 시작으로 2013년 3월부터는 소득 구분 없이 전 계층을 대상으로 무상보육을 실시함으로써 어린이집 이용 시 보육료를, 유치원 이용 시 유아학비를, 그리고 가정양육 시 양육수당을 지원하는 것이 보편화되었다. 즉, 어린이집이나 유치원을 이용하는 0~5세의 모든 영유아는 부모의 소득수준에 상관없이 연령별로 동일한 수준의 보육료와 유아학비를 지원받고, 가정에서 양육되는 영유아도 연령에 따라 차등으로 가정양육수당을 지원받았다(김경희 외, 2016). 가정양육수당을 받았던 23개월 이하 영아를 대상으로 영아수당이 신설되어 2022년부터 만 0세 및 만 1세 아동에게 월 30만 원의 영아수당을 지급하였다. 저출산 대책의 일환으로 지급되던 영아수당이 2023년 부모급여로 명칭이 변경되고 만 0세 70만 원, 만 1세 35만 원의 금액이 지급되었다. 2024년부터는 지원금액이 확대되어 만 0세 아동은 월 100만 원, 만 1세 아동은 월 50만 원을 받게 된다(보건복지부, 2023).

그림 2-5 무상보육 안내문

'영아수당' 사실상 확정, 내년 이후 출생아 월 30만원

보육수당 현황 및 개편 방향

*양육수당은 어린이집 미이용자에 한함
*양육수당은 2022년 1월1일 이후 출생자만 적용

2021년

구분	양육수당	아동수당	영아수당
0~11개월	월 20만원	월 10만원	없음
12~23개월	월 15만원		
24~35개월			
36~84개월	월 10만원		
85~86개월		없음	

2022~2024년

구분	양육수당	아동수당	영아수당
0~11개월	없음	월 10만원	월 30만원
12~23개월			
24~35개월			없음
36~84개월	월 10만원		
85~86개월		없음	

그림 2-6 **영아수당 도입(2022년)**

출처: 보건복지부(2021).

오늘부터 부모급여 지급… '0세 70만원 · 1세 35만원'

	영아수당('22~)	부모급여('23~)		부모급여 인상('24~)
기간	'22.9~'22.12	'23.1~'23.8	'23.9~'23.12	'24.1~8
연령	만0세	만0세	만1세	만1세
지급금액	월 30만원	월70만원	월35만원	월 50만원

그림 2-7 **부모급여 도입(2023년)**

출처: 보건복지부 보도자료(2023. 1. 3.).

그림 2-8 **부모급여 포스터(2023년)**

그림 2-9 **부모급여 영상보고서**

(2) 맞춤형 보육에서 기본보육으로

맞춤형 보육은 아이와 부모의 보육서비스 요구 상황에 맞게 지원을 다양화하고자 2016년 7월부터 시행되었다. 어린이집 0~2세반을 이용하는 영아를 대상으로 부모의 필요에 따라 종일반 또는 맞춤반을 이용하도록 하였다. 종일반은 주중 12시간 보육을, 맞춤반은 주중 6시간 보육 및 월 15시간 긴급보육 바우처를 사용할 수 있다.

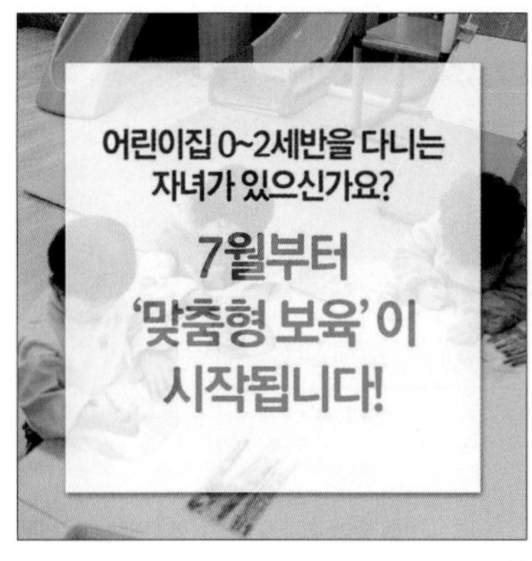

그림 2-10 **맞춤형 보육 안내문**

출처: 따스아리 정책뉴스(2016. 5. 18.).

2018년 8월 보건복지부는 기존 맞춤형 보육제도를 개편하여 기본보육과 연장보육의 보육체계로 변경한다는 내용의 보육지원체계 개편방안을 발표하였다(보건복지부, 2018a). 이는 어린이집 운영시간을 부모의 맞벌이 여부와 상관없이 모든 영유아가 공통으로 받는 '기본보육시간'과 이후 보육시간인 '연장보육시간'으로 구분한다는 내용으로, 2019년 시범사업 시행 이후 2020년부터 오전 9시부터 오후 4시까지는 모든 영유아에게 보육서비스를 제공하고, 이후부터 오후 7시 30분까지는 연장보육으로 운영하고 있다(보건복지부, 2023).

(3) 아동수당

2017년 정부는 국정운영 5개년 계획을 통해 저출산 극복 방안의 하나로 아동수당제도를 신설하여 2018년 9월부터 보육과 양육지원을 강화하였다. 아동수당제도는 만 6세 미만 아동에게 매월 10만 원씩 지급함으로써 아동의 건강한 성장 환경을 조성하여 아동의 기본적 권리와 복지 증진에 기여하기 위해 도입되었다. 2018년에는 만 6세 미만 아동 중 가구당 소득 인정액이 소득수준 하위 90% 이하인 아동만 지급대상이었으나, 2019년부터는 만 6세 미만 모든 아동에게 지급되는 보편수당으로 확대되었고, 2019년 9월부터는 지급 연령이 상향되어 만 6세 아동까지 지급되었다. 이후 2022년 「아동수당법」이 시행됨에 따라 2022년 4월부터는 만 7세 아동까지 지급 연령을 확대하였다(보건복지부, 2022).

그림 2-11 아동수당 신청 안내문

출처: 아동수당 홈페이지(www.ihappy.or.kr), 뉴시스(2019. 1. 15.).

그림 2-12 아동수당 부모교육 동영상

2. 일본의 보육제도 및 정책

1) 일본의 보육정책 변천

일본은 사회적 취약계층 및 요보호 아동을 위한 전통적인 복지서비스를 제공하면서 보육이 시작되었는데, 일본 보육정책의 역사는 다음과 같다(강현구, 이순형, 2014; 유해미, 유희정, 장경희, 2011).

(1) 제2차 세계대전 이전(1945년 이전)

제2차 세계대전 이전에 이미 공립보육소와 민간보육소가 존재하였다. 19세기 말 일본의 농촌에서는 여성이 농사일을 도와야 했고, 도시 빈곤가정에서는 맞벌이를 통해 생계를 해결해야 하는 상황이었다. 이로 인해 취학 아동이 나이 어린 영유아를 학교에 함께 데리고 오면 수업시간 동안 해당 영유아를 보호하는 코모리 학교가 등장하였고, 이농 현상과 빈곤층의 증가로 도쿄에 후타바 보육원이 설립되면서 본격적인 보육시설이 출현하였다.

(2) 유보이원화에 따른 차별화 및 억제 조치 시기(1945~1964년)

1947년 「학교교육법」과 「아동복지법」이 제정됨에 따라 탁아소라는 명칭이 보육소로 변경되었다. 모든 아동의 복지 증진을 위한 적극적인 관점에서 보육소는 '매일 보호자의 위탁을 받아 그 영유아를 보육하는 것을 목적으로 하는 아동복지시설'로 정의되었다(「아동복지법」 제39조). 그러나 1950년 이후 일본의 유보이원화 분리 정책에 따라 보육소는 유치원과 차이가 명확해졌고, 보육소 입소 대상을 제한하는 제도가 시행되었다(강현구, 이순형, 2014).

(3) 일본식 복지사회론 시기(1965~1990년)

1960년대 일본 정부는 폭발적으로 증가한 보육소 수요에 부응하기 위해 적극적으로 보육소를 설치하고자 하였으나, 1973년 오일쇼크로 저성장기에 접어들면서 정부재정이 압박받게 됨에 따라 보육관련 재정 부담을 최소화하려는 움직임이 다시 나타났다. 「육아휴업법」(1973년)을 제정하여 공립보육소 지원을 축소하고, 보육소 재정부담을 완화하고자 하였다.

(4) 엔젤 플랜 시기(1991~2000년) 및 '대기 아동 제로 작전' 시기(2001~2005년)

1989년 출산율이 1.57명으로 낮아진 이후 일본 정부는 1994년 출산 및 육아에 대한 안정적 환경을 구축하고, 사회 지원 체계 수립을 위해 '엔젤 플랜(1995~1999년)'을 발표하여 보육사업에 대규모 재정을 투입하였고, 이후 '신엔젤 플랜(2000~2004년)'을 수립하였다. 보육소 대기 아동을 줄이기 위한 노력으로 2001~2005년 '대기아동 제로 작전'을 추진하여 보육소의 기준을 완화하고 설립 주체를 확대시킴으로써 보육소 설립을 촉진하였으나, 공립보육소를 민간에 위탁하는 등 보육서비스의 질을 저하시켰다는 비판을 받았다.

(5) 유보일원화와 관련한 '인정어린이원'의 출현(2006년~현재)

2006년부터 기존의 보육소, 유치원 외에 '인정어린이원'이라는 제3의 기관이 등장하였다. 2000년대 갑자기 유보일원화 논의가 진행되었으나 보육소와 유치원을 단순히 일원화시키기는 어려우므로 '인정어린이원'을 통해 지속적으로 일원화를 추진해 나간다는 합의점을 도출하였다. 인정어린이원은 유치원과 보육소의 개별 특징과 함께 통합적 특징도 가지고 있다(백성숙, 2017). 일본 정부는 보육 관련 다양한 과제를 해결하기 위해 2012년 「아동 · 자녀양육 신 제도」에 관한 법률을 신설하여 2015년 4월부터 본격적으로 시행하였고, 이를 통해 인정어린이원 보급, 보육소 확충 및 대기 아동 감소, 보육의 양적 · 질적 향상을 추구하였다.

그림 2-13 아동 · 자녀양육 신 제도 심볼 마크

토리야마 보육원(일본 큐슈 가고시마 현)

그림 2-14 일본의 보육소

2) 일본 보육 · 양육제도 및 정책의 현황

일본은 보육과 유아교육을 구분하여 보육은 후생노동성이, 교육은 문부과학성이 관장하는 이원화 체제를 유지한다. 유아교육과 보육을 통합하려는 시도의 일환으로 유아교육과 보육이 통합된 형태로 제공되는 기관인 인정어린이원 제도를 시행하였으나, 관할 행정부처의 이원화 체제 유지로 인한 행 · 재정적 이원화가 계속되어 유아교육과 보육의 통합이 성공적으로 안착하지 못한 상황이다. 교육과정 역시 이원화되어 있어 보육소에서 운영하는 0~5세를 위한 국가 수준의 보육과정과 유치원에서 운영하는 3~5세를 위한 교육과정이 있다. 일본의 교사는 보육소에서 근무하는 보육사와 유치원에서 근무하는 유치원교사로 나뉘며, 각 교사가 소속된 부처는 구분되어 있으나 양성기관 및 체계, 자격요건은 동일하다. 한편, 0~5세 영유아를 담당하는 인정어린이원 교사에게는 유치원교사와 보육사 자격을 모두 취득하도록 권고한다.

(1) 아동수당제도

일본의 아동수당제도는 아동을 양육하는 부모에게 아동수당을 지급함으로써 가정생활의 안정에 기여하고, 다음 세대의 사회를 담당할 아동의 건전한 육성 및 자질 향상에 이바지하고자 1972년 시작되었다. 기존에는 3세 미만이면 월 1만 5천 엔, 3세부터 중학생까지는 월 1만 엔을 아동수당으로 지급하였는데, 저출산 대책 강화를 위한 차원에서 아동수당의 지급 범위 확대와 지원금액 인상을 위한 개선안을 마련하여 2024년에는 소득 제한을 철폐하고 대상 연령도 고등학생까지 확대할 예정이다(세계일보, 2023. 6. 1.).

(2) 아동부양수당제도

일본의 아동부양수당은 부모의 이혼 및 별거와 사망 등으로 부 또는 모와 생계를 같이하지 않는 부자가정 또는 모자가정의 생활 안정 및 자립 촉진과 아동복지의 증진을 도모하기 위해 부자가정 또는 모자가정에 수당을 지급하는 제도이다(전일주, 최영진, 2010). 아동부양수당제도는 아동복지권의 실현과 아동양육가정에 대한 소득지원의 필요성에 의해 1962년 도입되었다.

3. 미국의 보육제도 및 정책

1) 미국의 보육정책 변천

(1) 자선의 시기(1828~1854년)

유럽의 전통적 보육제도에 영향을 받은 미국의 보육은 가족의 책임하에 이루어져야 하는 사적 영역으로 인식되었다. 1930년대 경제공황으로 인해 정부가 직접적인 역할을 담당하기 전까지 보육은 빈곤아동을 대상으로 자선차원에서 제공하는 것으로 인식되었고, 대부분 지역사회의 자선단체에서 보육서비스를 제공하는 사적인 형태로 운영되었다.

(2) 확장기(1854~1930년대)

1860년 미국에서 다양한 유치원 프로그램이 운영되기 시작하였고, 초기 유치원 교육은 미국으로 이민 온 이민자가정의 사회적 의사소통 문제를 해소하기 위해 사회개혁적인 의도에서 이루어졌다. 미국의 유아교육은 1873년 공립유치원이 설립되면서부터 초등학교 교육과 연계되었고, 1880년에는 30개 주에 400개의 유치원이 설립되는 등 유치원 수가 급속히 증가되어 1892년 국제유치원연합이 조직되었

그림 2-15 보스턴 러글스 스트리트 유아원 전경

출처: 터프스 대학교 홈페이지(dl.tufts.edu).

다. 1854년 설립된 뉴욕의 아동병원 부설탁아소가 미국 탁아의 출발점이며, 유치원의 확장과 함께 영국으로부터 유아원(nursery school)이 도입되었다.

(3) 사회복지의 시기(1930~1950년대)

전쟁과 경제공황으로 인해 미국 내 세금 징수액이 줄어들자 공립학교의 운영기금이 부족하게 되어 많은 유치원이 폐원하게 되었다. 이와 달리, 빈곤아동과 장애아동에 대한 관심의 증가로 인해 유아원 수는 점차 증가하였다. 제2차 세계대전 동안 전쟁 관련 산업에 여성의 노동력이 필요해지면서 유아원이 증가하였으나, 제2차 세계대전 후 탁아기금이 철회되어 유아원이 다시 감소하였다. 이와 함께 시설에 수용된 고아들의 열악한 환경 문제로 인해 가정에서 자녀가 양육되어야 한다는 논쟁이 1950년대에 부각되었다. 이에 따라 유아원과 탁아소 신설이 감소하였고, 보육사업은 빈곤계층을 위한 사회서비스 수준에 머무르게 되었다.

(4) 유아교육의 황금기(1960~1970년대)

연방정부 기금으로 저소득층 자녀를 위한 헤드 스타트(Head Start) 프로그램이 시작되었다. 헤드 스타트는 저소득가정 유아를 위한 보상교육 프로그램으로 연방정

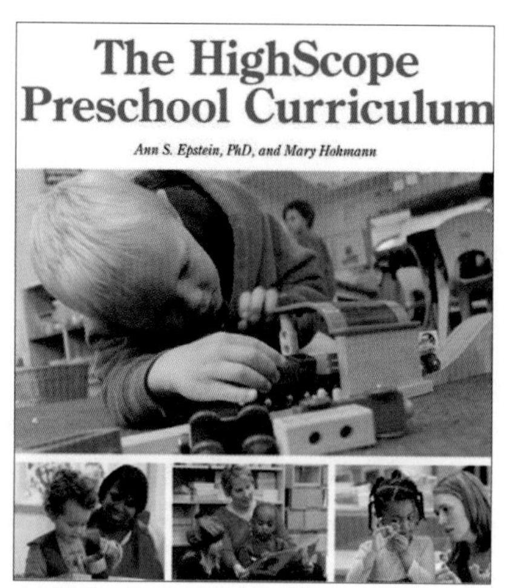

그림 2-16 **하이 스코프 프로그램 교육과정 매뉴얼**

출처: 하이 스코프 프로그램 홈페이지 (secure.highscope.org).

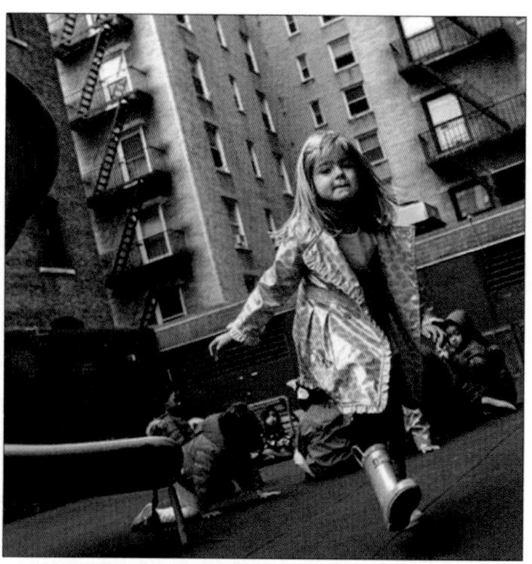

그림 2-17 **뱅크 스트리트 프로그램에 참여 중인 유아들**

출처: 뱅크 스트리트 홈페이지 (school.bankstreet.edu/about/at-a-glance/).

부의 주도하에 종합적인 유아교육 프로그램을 실시하여, 저소득가정 아동이나 이민자가정 아동의 학업성취 수준을 향상시키고자 시작된 프로그램이다. 기금 지원과 함께 하이 스코프, 카미-드브리스, 몬테소리, 뱅크 스트리트 등 다양한 유아교육 철학과 접근법이 개발 및 확산되어 교육사상 및 이론의 유아교육현장 적용이 이루어지면서 유아교육의 황금기를 맞이하였다.

(5) 다양성의 시기(1980년대)

경제 침체가 시작된 1980년대에는 아동의 건강 · 영양 · 양육 지원 프로그램을 위한 기금이 급격히 감소하여 유아발달 지원 프로그램에서 보호적 양육 측면이 강조되었다. 이 시기 공립학교에서는 4세 프로그램을 신설하여 취학연령을 낮추었고, 특별한 요구를 지닌 아동을 유아원이나 유치원에서 통합교육하고자 시도하였다. 4세 아동을 위한 예비유치원(pre-kindergarten)을 공립학교에 신설하거나, 유치원과 초등학교 1학년 사이에 전이학급(transitional 1st grade)을 신설하는 주가 증가하였다. 또한 보육사업이 다시 주정부와 민간에 의해 운영되는 방향으로 전환되었고, 연방정부 대신 주정부가 보육에 대한 주도권을 가짐에 따라 각 주마다 다양한 보육제도가 시행되었다.

(6) 유아교육의 재확대기(1990년대 이후)

1990년 부시 대통령이 교육개혁의 첫 단계로 '미국의 모든 취학 전 아동은 배울 자세를 갖춘 후 학교에 입학한다.'라는 목표를 설정한 이후 교육제도 전반에 걸쳐 통합적인 교육개혁을 추진하기 위한 기틀이 마련되었다. 1992년 클린턴 대통령은 모든 취학 전 아동에게 동등한 교육 기회를 제공하기 위해 저소득가정, 소수민족가정, 이민자가정 자녀를 위한 유아교육 프로그램을 강화하겠다는 교육공약을 발표하였다. 이후 1994년 「교육목표 2000: 미국 교육개혁법(Goals 2000: Educate America Act)」을 제정하여 교육이 주정부와 지방정부의 책임이자 동시에 범국가적 최고 관심사임을 주지시키고, 연방정부가 교육에 직접적인 지원을 제공하겠다는 의사를 표명하였다. 이는 유아교육 관련 내용을 미국 교육목표에 언급한 첫 사례이다. 2002년 1월 8일에는 부시 대통령이 「아동낙제방지법(No Child Left Behind)」에 서명함으로써 교육의 비전을 '최소 수준의 학업성취도 달성'에 두었으며, 이 법은

2015년 오바마 대통령에 의해 「모든 아동이 성공하는 교육법(Every Student Succeed Act: ESSA)」으로 개정되었다.

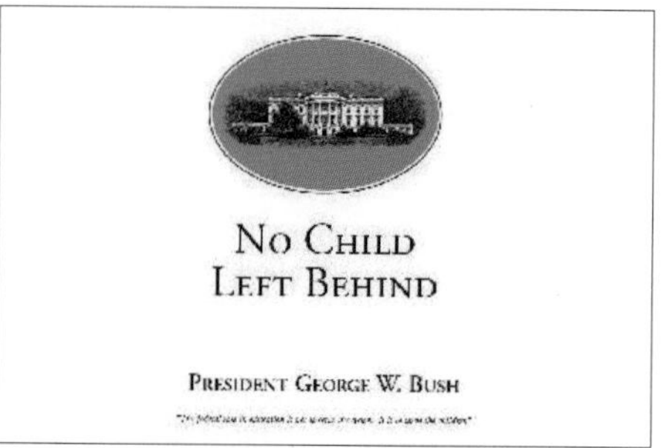

그림 2-18 2002년 1월 8일 「아동낙제방지법」에 서명하는 부시 대통령

출처: Wikimedia Commons(en.wikipedia.org).

그림 2-19 2015년 12월 10일 「모든 아동이 성공하는 교육법」에 서명하는 오바마 대통령

출처: Educationweek(www.edweek.org).

2) 미국 보육 · 양육제도 및 정책의 현황

미국의 유아교육 · 보육정책은 연방정부 차원에서 조직화된 체계를 갖추기보다는 주정부 차원에서 개별적으로 운영되고 있어 관련 자료의 통합적 수집을 위해 연방정부기관 연합포럼(FIFCFS)이 조직되었다. 또한 유아교육 · 보육정책에 관한 정부부처 간 협력체제를 수립하고 연방정부와 주정부 간 조율의 어려움을 해결하고자 각 부처 간 협력체제를 강화하기 위한 노력으로 GSGS(Good Start Grow Smart) 사업을 실시하였다. 이를 통해 헤드 스타트 프로그램을 강화하였고, 유아교육 증진을 위해 연방정부와 주정부가 동반자적 관계를 확립하였으며, 교사와 부모에게 유아교육과 관련된 다양한 정보를 제공하고 있다. 영유아기 교육의 중요성이 한층 더 강조됨에 따라 연방정부 및 주정부 차원의 공적 지원도 증가하였다. 예비유치원(Pre-K) 프로그램이 전국적으로 확산되었고, 기존의 헤드 스타트(Head Start) 프로그램과 함께 조기 헤드 스타트(Early Head Start) 프로그램이 진행되고 있다.

그림 2-20 **미국의 조기 헤드 스타트 프로그램에 참여 중인 영아와 교사**

출처: 텍사스 텍 대학교 조기 헤드 스타트 센터 홈페이지(www.depts.ttu.edu/hs/hdfs/earlyheadstart/).

4. 영국의 보육제도 및 정책

1) 영국의 보육정책 변천

(1) 유아교육·보육서비스 지원 확대(1990년대)

1997년 노동당이 집권하면서 유아교육 · 보육서비스(Early Childhood Education & Childcare : ECEC) 지원이 확대되었고, 영유아기 교육 · 보육서비스 증진을 국가의 최우선 과제로 채택하여 사회적 소외집단과 저소득가정 아동을 우선적으로 지원하였다. ECEC 서비스의 확대를 위해 설치된 영유아기발달협력체(Early Years Development Partnerships)는 1998년 유아교육 · 보육협력체(Early Years Development and Childcare Partnerships: EYDCP)로 명칭이 변경되었다. 1997년 교육고용부 통합을 계기로 교육과 사회복지로 분리되어 있던 ECEC 서비스를 교육고용부 산하의 아동국에서 총괄하게 되었다(장민영, 박은혜, 이진화, 2017).

1998년 5월 영국 정부는 0~14세 아동과 0~16세 장애아를 위한 국가 수준의 아동보육전략(The National Childcare Strategy Green Paper: Meeting the Childcare Challenge)을 발표하고 보육시설 확충에 주력하였으며, 1999년 1월 아동 빈곤문제를 해결하고자 범부처 간 협력을 통해 빈곤지역을 중심으로 슈어 스타트 지역 프로그램(Sure Start Local Programs)을 시작하였다.

그림 2-21 슈어 스타트 아동센터 전경

출처: Foundation Years 홈페이지(www.foundationyears.org.uk).

1999년 8월 사회사업부에서 담당하고 있던 ECEC기관 등록 업무를 교육고용부 산하의 교육기준청(Office for Standards in Education: OFSTED)으로 이관하고, 초·중등학교와 동일하게 등록된 ECEC기관을 장학사가 감독하였다(윤은주, 이진희, 2011). 1994년부터 4세 아동에게 제공된 무상교육(연간 33주, 주 5회, 1일 2시간 반씩)이 1999년 9월부터 3세 아동까지 확대 시행되었다.

(2) 아동을 위한 통합개혁안(2000년대 이후)

아동학대로 인한 빅토리아 클림비에 사망 사건을 계기로 2003년 영국 정부는 아동을 위한 통합개혁안(Every Child Matters)을 발표하였고, 모든 아동이 성취해야 할 학습과 발달의 성과, 즉 공통의 목표를 제시하고 목표의 달성을 보장하기 위한 법적 기반을 마련하고자 2004년 「아동법(Children Act 2004)」, 2006년 「아동보육법(Childcare Act 2006)」을 개정하였다.

영국 정부는 2004년 12월 아동보육 10개년 전략(Ten Year Childcare Strategy)을 발표하고, '부모를 위한 선택, 아동을 위한 최상의 출발(Choice for Parent, the Best Start for Children)'이라는 목표를 설정하였다. 2006년 4월에는 아동보육 10개년 계획의 실행계획(Ten Year Childcare Action Plan)을 발표하고, 슈어 스타트 아동센터(Sure Start Children's Centre)를 통해 저소득층과 소외계층아동뿐만 아니라 모든 아동을 위한 보편적인 서비스를 제공하기 시작하였다.

그림 2-22 영국 보육시설(Day Nursery) 전경

출처: Nutfield Day Nursery(www.nutfieldnursery.co.uk).

2007년 유아교육 · 보육서비스의 질적 제고를 위해 기초단계 교육과정(Foundation Stage)의 대상을 모든 5세 미만 아동으로 확대하는 영유아기 기초단계 교육과정(Early Years Foundation Stage: EYFS)을 실행하였다. 2017년 9월 모든 3~4세 유아의 교육시간이 주당 15시간에서 30시간으로 확대되었고, 기관의 유형에 관계없이 무상교육 지원을 받을 수 있어 부모는 자녀의 연령이나 필요에 따라 기관을 선택하게 되었다(육아정책연구소, 2017).

2) 영국 보육 · 양육제도 및 정책의 현황

육아 선진국으로 불리는 영국 보육 · 양육정책의 핵심은 통합적이고 포괄적인 서비스를 제공하기 위한 영국 정부의 의지와 일관된 노력이다. 영국 정부는 아동 및 가족과 관련된 모든 부처를 연계하고 총괄하는 조직을 발족하여 육아정책의 일관성을 유지하고 있다. 영국 전 지역의 슈어 스타트 아동센터를 통해 교육과 보육, 장애아 지원, 부모와 교직원 직업훈련, 상담, 정보제공 등을 총망라하는 포괄적인 서비스를 제공함으로써 아동과 가족이 다양한 요구를 충족시킬 수 있도록 지원하고 있다. 영국의 육아정책은 Every Child Matters에서 설정한 모든 아동을 위한 보편적 목표를 향해 단 한 명의 아동도 뒤처지거나 낙오되지 않도록 보장할 것을 천명하였고, 동시에 영국 정부는 빈곤아동, 장애아동과 같이 특별한 요구가 있는 아동에 대해서도 관심을 기울이고 있다.

그림 2-23 아동을 위한 개혁방안의 다섯 가지 목표

출처: www.poolhayesprimary.co.uk.

5. 프랑스의 보육제도 및 정책

1) 프랑스의 보육정책 변천

(1) 유아교육 · 보육의 형성과 배경

프랑스 유아교육 · 보육은 현대적인 의미의 첫 보육시설인 오베르랑(Jean Frederic Oberlin)의 편물학교에서 출발하였다. 초기에는 유아들에게 뜨개질, 바느질, 실감기 등의 활동을 강조하고, 종교교육, 올바른 습관형성, 자연교육 등을 실시하였다.

그림 2-24 오베르랑(1740~1826)

그림 2-25 오베르랑 박물관 전경

1801년 빈민구제 사업으로 '아동위탁소'를 설립하여 생후 6개월 이상의 영유아를 보호하였고, 1825년 16개월에서 6세까지의 저소득층 영유아를 대상으로 하는 '아동보호소'를 설립하였다. 이는 20세기 중반에 현대적 의미의 유치원인 '유아학교'로 발전하였다. 초기 보육시설인 크레쉬는 1844년 파리에 최초로 설립되어 1875년까지 그 수가 증가하였으나, 어머니의 역할과 의무를 약화시키며 모유 수유 의무를 이행하지 못한다는 이유로 보육시설에 대한 사회적 비판이 제기되었다.

(2) 유아교육 · 보육의 발전과정

초기 보육시설은 영유아의 건강 · 위생을 강조하는 복지서비스 성격으로 저소득층 자녀의 보호와 양육에 중점을 두었다. 1881년 법령을 통해 초기 보육시설은 공보육체제로 통합되었고, 1886년 프랑스 교육의 기본학제에 포함되어 발달에 기초한 교육을 강조하는 방향으로 변화하였다. 20세기 이후 출산장려정책을 실시하고, 아동양육과 교육에 대해 국가가 직접적으로 개입하기 시작하였다.

제2차 세계대전 이후 탁아와 보호 기능을 담당하던 보육시설이 의료 및 보건위생을 중시하다가 1960년대 아동발달에 관한 심리학 이론의 등장으로 보육시설의 역할이 재평가되면서 유아교육기관의 중요성이 강조되었다.

1980년대 이후 개별화된 보육서비스를 지원하고, 1994년 이후 신자유주의 경제원리의 도입으로 공공보육정책이 시행되었다. 오늘날 프랑스 보육제도는 초기 자선적 성격을 벗어나 가정생활과 사회생활의 조화를 돕는 지원체계 역할을 담당하며, 대부분의 3~5세 유아가 무상교육의 혜택을 제공받고 있다.

2) 프랑스 보육 · 양육제도 및 정책의 현황

프랑스는 일찍부터 수당 중심 지원체계를 마련하고, 저출산을 극복하기 위해 주로 영아를 위한 보육과 유아를 위한 교육이라는 이원화 체제를 유지해 왔다. 보육시설의 70% 이상이 공립으로 보육의 공공성 확보를 위해 지속적으로 노력하였으나, 여전히 보육시설 부족과 확충이 요구되는 상황이다. 저출산 극복을 위해 가족지원에 초점을 두고 있으며, 1939년부터 현금급여를 제공하는 정책을 위주로 지원 대상과 범위, 지원 수준을 확대하고 있다. 프랑스 정부는 출산휴가부터 가족수당 제공,

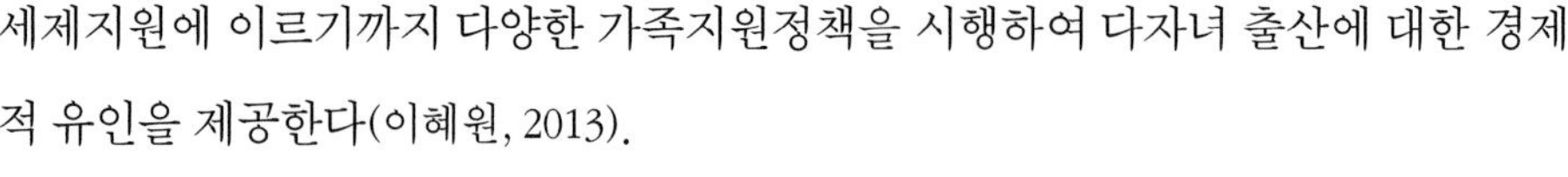

세제지원에 이르기까지 다양한 가족지원정책을 시행하여 다자녀 출산에 대한 경제적 유인을 제공한다(이혜원, 2013).

그림 2-26 **프랑스 육아의 비밀**

프랑스는 출산율을 높이고 여성의 경제활동 참여율을 유지하기 위해 다양한 유아교육 · 보육 정책을 지속적으로 시도한 결과, 유럽 출산율 1위 자리를 차지하게 되었다. 개별 가정의 양육 상황을 고려하여 현금지원, 서비스지원, 세제혜택 등 다양한 육아지원정책을 병행하며, 영아를 직접 양육하는 부모를 지원하기 위해 여성과 남성의 육아휴직제도를 시행한다. 유아교육 · 보육의 행정체계는 이원화되어 있지만 영유아의 연령에 따라 해당 서비스를 이용할 수 있도록 구분하고, 통합된 유아교육 · 보육서비스가 제공된다. 유아학교는 모두 공립으로, 보육시설은 70% 이상이 공립으로 운영되어 유아교육 · 보육에 있어서 공적 체계를 갖추고 있다.

그림 2-27 **프랑스 보육시설(Créche) 전경**

출처: Pride Global Bridge 홈페이지(pridegb.ngelnet.com/).

프랑스의 유아교육 체계는 제도적으로 잘 정립되어 있고, 교사 양성교육 역시 체계적으로 관리되고 있다. 영아기와 유아기로 나누어 보호와 교육의 통합서비스를 제공하며, 행정전달 체계는 이원화되어 운영 중이다. 보육은 노동고용건강부에서 담당하고, 시설의 설립 및 운영관리와 직접적으로 관련된 제반 업무는 지방정부의 책임으로 지역의 사회보건국에서 담당하며, 유아교육은 교육부에서 담당한다(서문희, 김미숙, 박세경, 최은영, 임정기, 2014; 신윤정, 2012). 영아 보육료의 경우 정부기관인 가족수당지급처(CAF)에서 부모의 소득수준에 따라 차등 지원하고 있다.

6. 독일의 보육제도 및 정책

1) 독일의 보육정책 변천

독일의 유아교육은 역사적으로 교회와 주정부를 토대로 발전하여 왔는데, 18세기 산업화 과정에서 여성의 사회진출과 노동시장 참여가 증가하면서 가정의 아동교육기능이 약화되었다. 그 결과, 어머니 대신 아동양육을 담당할 시설이 필요하게 되었고, 프랑스와 영국의 영향을 받아 영유아보육원이 설립되었다.

(1) 통일 이전

구동독은 제2차 세계대전 직후부터 국영으로 종일제 유아원과 유치원을 다수 설립하였고, 교육제도의 첫 관문인 유아원을 의무교육화하였다. 구동독의 유아교육제도는 전반적으로 구서독보다 체계적으로 이루어져 있었고, 체제 적응 훈련을 위해 단일화된 교육제도를 채택하였다. 그 이유는 교육제도가 개인에 대한 이데올로기 주입 및 사회 결속을 확보해 주는 수단이라고 믿었기 때문이다.

구서독에서는 부모가 자녀양육을 담당해야 한다는 인식이 보편적인 사회분위기였기 때문에 유치원에서는 주로 기혼취업여성의 자녀를 돌봐 주었다. 구서독에서 0~9세 자녀를 둔 어머니의 취업률은 다른 유럽국가들에 비해 낮은 수준이었고, 영유아를 위한 보육시설도 제대로 마련되어 있지 않았다. 구서독에서 3세 미만 자녀는 가정에서 어머니가 직접 양육하는 것이 가장 좋다는 인식이 팽배하여, 유아원은

빈곤가정을 위한 서비스기관으로 간주되었다. 또한 유급 출산휴가와 육아휴가 기간도 길기 때문에 어린 자녀를 유아원에 보낼 필요가 없었다. 구서독 여성의 사회참여 확대로 인해 유아교육기관 이용의 필요성이 증가하여 보호와 위생 차원에서 이루어지던 보육에 점차 교육적 측면이 강조되었다.

(2) 통일 이후

1990년 10월 3일 동독과 서독으로 분단되었던 독일이 통일되었다. 통독 이후 어려운 경제여건으로 인해 많은 미혼남녀가 결혼시기를 늦추었고, 이로 인해 출산율이 지속적으로 감소하였다. 1995년 이후 독일은 저출산과 노령화 문제에 대한 해결책으로 가족지원 대상을 지속적으로 확대하였다. 정부의 가족지원 확대 노력에도 불구하고 2005년은 1945년 이후 신생아 수가 가장 적은 해였다. 저출산 문제에 대한 대책으로 유치원 운영시간을 연장하고, 초등학생을 위한 방과후 프로그램을 활성화하였으며, 부모의 퇴근시간에 맞추어 보육시설을 이용할 수 있도록 시설을 확충하였다. 또한 「아동청소년복지지원법(Kinder und Jugendhilfegesetz: KJHG)」을 제정하여 3~6세 유아들이 유치원에 다닐 수 있는 권리를 보장함으로써 2010년에는 전체 유아의 90% 이상이 유치원 및 종일제 보육시설을 이용하였다.

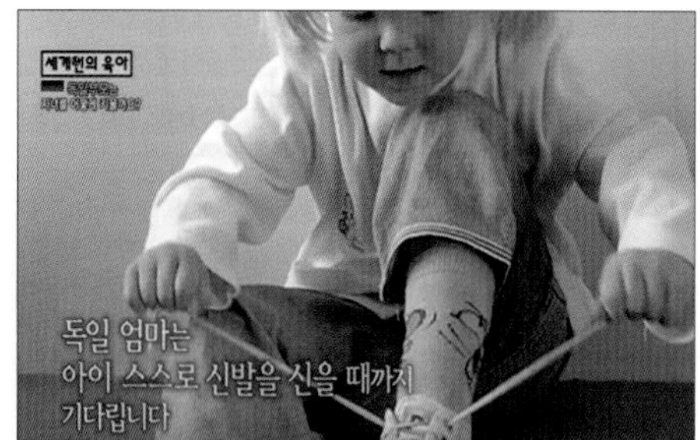

그림 2-28 자녀의 독립심을 키워 주는 독일의 부모

2) 독일 보육·양육제도 및 정책의 현황

독일 정부는 여성이 일과 육아를 병행할 수 있도록 부모휴직, 가족수당, 아동수당 등 다양한 양육지원정책을 제공하고 있다. 독일 정부의 청소년청과 각 주의 청소년국이 상호 협력하여 유아원부터 유치원, 호르트까지 일원화된 교육체계를 갖추고 있다. 독일의 유아교육 · 보육기관으로는 1~3세를 위한 유아원(kinderkrippe), 3~5세를 위한 유치원(kindergarten), 초등학교에 설치된 학교유치원(schulkindergarten)과 시작학급(Eingangsstufe), 그리고 6~12세 아동을 위한 방과후 기관인 호르트(hort, schulhort)가 있다(이명환, 박수연, 2010).

교사양성제도는 유치원교사와 보육교사 양성체계가 구분되어 있고, 각 주의 교사 자격 취득 조건 역시 다르다. 자연과의 상호작용을 통해 유아가 발달하고 성장하도록 숲 유치원, 발도르프 유치원이 활발하게 운영되고 있으며, 전통적인 몬테소리 유치원도 독일을 대표하는 유아교육 · 보육 프로그램이다.

그림 2-29 독일의 숲 유치원과 숲 탁아소

(1) 부모휴직수당(Elterngeld)

독일에서는 부모휴직수당 정책이 시행되고 있는데, 부모휴직수당은 자녀양육을 위해 휴직한 경우 국가가 지급하는 수당으로 자녀가 3세 이하인 경우에만 신청 가능하며, 신청 이후 12개월 동안 수당을 받을 수 있다.

(2) 부모휴직(Eltern)

부모휴직은 부모가 직장과 자녀양육을 병행하여 수행할 수 있도록 부여된 무급 휴가로 자녀와 함께 거주하면서 자녀를 직접 양육하는 모든 근로자가 청구할 수 있으며, 부모휴직수당과는 별도로 이용 가능하고, 외국인 근로자도 이용 가능하다.

(3) 가족수당(Familiengeld)

가족수당은 주당 28~36시간 근무하는 모든 부모에게 각각 150유로씩 2년 동안 지급되는데, 한부모가정의 경우 300유로가 지급된다. 가족수당은 부모휴직수당의

혜택이 끝나는 대로 연결되어 지급되고, 8세 자녀까지 신청할 수 있다.

(4) 아동수당(Kindergeld)

아동수당은 자녀가 있는 가정의 생계와 양육비 부담 경감을 위해 부모에게 지급되는 지원금이다. 자녀를 양육하고 있고, 납세 의무를 지닌 모든 부모에게 지급되며, 부모가 사망하였거나 행방불명인 경우 아동 자신이 직접 지급받을 수 있다.

그림 2-30 **독일의 가족수당 안내문**

출처: www.elternzeit.de/familiengeld/.

7. 스웨덴의 보육제도 및 정책

1) 스웨덴의 보육정책 변천

(1) 복지국가의 체계 확립

1905년 오스카르 2세의 통치기간 중 노르웨이와의 왕권 동맹이 해체되면서 스웨덴은 현재의 영토로 정비되었다. 1914년 덴마크 및 노르웨이와 '말뫼 협정'을, 대공황 이후 사회민주당 및 노사 대표와 함께 '잘트쉐바덴 협약'을 체결하면서 현대 스웨덴의 기본 체계인 복지국가로 확대 발전하였으며, 부의 재분배, 전쟁 불개입 등의 기본 골격이 확립되었다.

제2차 세계대전 후 국민 · 노후연금제도, 아동양육보조금 확대 등 복지정책의 확대와 더불어 눈부신 경제성장을 달성하였다. 1995년 EU에 가입하고, 2000년대 이후 정보통신, 환경보호, 생명공학 분야에서도 두각을 나타내며 북유럽 경제의 선두주자로, 민주주의의 안정, 사회보장제도의 발전 등을 고수하며 '복지국가의 요람'으로 자리매김하였다.

(2) 육아 친화적 사회 구축

스웨덴은 여러 가지 이유에서 육아 친화적인 사회로 자리매김하였는데, 그 배경에는 부족한 노동력을 보완하려는 목적이 있다. 북유럽의 척박한 자연환경, 상대적으로 적은 인구로 국가의 발전을 이끌기 위해서는 국민 한 명의 노동력이라도 절실히 필요하여 인구의 절반을 차지하는 여성의 노동시장 참여를 독려하였다. 또한 스웨덴은 다른 북유럽 국가와 마찬가지로 높은 조세율과 체계적인 복지정책을 펼치고 있어 고복지 사회를 지탱하기 위해서는 결혼과 출산, 자녀양육으로 인해 여성들이 노동시장을 떠나는 것은 국가적 손해라고 판단하였다. 이를 극복하고자 육아 친화적인 인프라와 정책을 구축하였고, 부모가 모두 일을 하면서 마음 놓고 아이를 낳아 기를 수 있는 환경을 마련하였다. 따라서 육아 친화적인 사회를 구축하는 일은 자녀와 가족을 위한 일일 뿐만 아니라 경제적 효율성을 고려하여 지속적으로 발전 가능한 사회를 건설하기 위한 목적이었다.

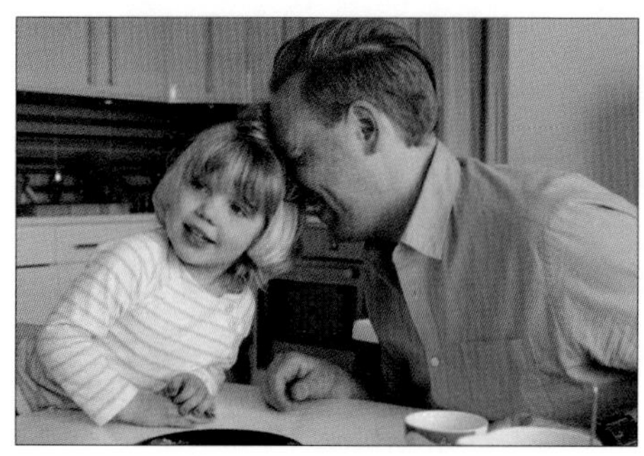

그림 2-31 스웨덴의 아빠와 유아

출처: 한겨레신문(2014. 10. 29.).

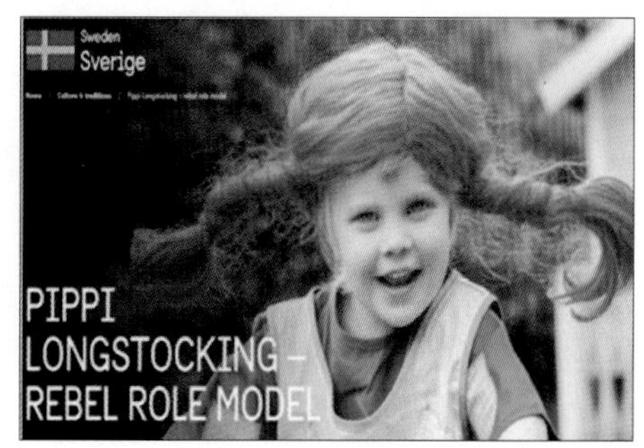

그림 2-32 스웨덴의 성평등 모델인 말괄량이 삐삐

출처: 스웨덴 정부 홈페이지(sweden.se).

스웨덴에서는 육아 친화적인 사회를 구축하기 위해 다양한 양육지원정책을 도입하였다. 가장 먼저 아동수당제도를 1948년에 도입하였고, 뒤이어 1955년 출산휴가제도를 도입하였다. 1974년에는 육아휴직과 아동 병간호 휴가, 1980년부터는 아버지 휴가제도가 시행되었으며, 1990년대 들어서 아버지 할당제가 시행되었다.

2) 스웨덴 보육 · 양육제도 및 정책의 현황

스웨덴의 영유아 대상 교육 · 보육정책은 「학교법」에 따라 진행되며, 육아 관련 업무가 290개의 지방자치단체로 이관되어 육아지원 및 ECEC 관련 모든 책임을 지방자치단체가 전담한다. 스웨덴의 유아교육 · 보육기관은 1~5세 아동을 대상으로 하는 '유치원(푀르스콜라)'과 '개방 유치원(오픈 푀르스콜라)', 6세 아동을 대상으로 하는 '취학 전 학급(Pre-School Class)', 1~12세 아동을 대상으로 하는 '가정 탁아(Family Day Care)', 6~12세 아동을 대상으로 하는 '방과후 학급(After School)'으로 구분된다. 스웨덴의 유치원은 부모의 근로시간을 고려하여 대부분 연중무휴 및 종일제(6:30~18:30) 운영을 원칙으로 한다.

그림 2-33 유치원에서 실외놀이 중인 스웨덴 유아들

(1) 아동수당(Child Allowance)

공보육 정책과 육아휴가 정책이 여성의 취업과 연계된 정책인 반면, 아동수당제도는 자녀가 있는 가정에 대한 경제적 비용 분담을 목적으로 하는 제도로 아동수당,

한부모양육지원비, 아동보호수당, 장애아수당, 아동연금, 주거수당, 입양수당 등이 있다.

(2) 임신급여(Pregnancy Benefit/Graviditetspenning)

임신한 여성이 육체노동이나 위험직종 등 직업 특성상 일을 계속 할 수 없으면서 대체업무가 제공되기 어려울 때 출산 60일 전부터 사용 가능하며, 최대 50일간 사용할 수 있다.

(3) 아버지 휴가(Paternity Leave)

아버지가 자녀 출생 시 출산을 전후하여 임산부를 동반하고, 자녀를 돌보는 방법을 학습할 기회를 제공하며, 자녀 입양 시 입양자녀와 부모가 친해지는 시간을 제공하기 위한 목적으로 10일간의 아버지 휴가제도를 시행하고 있다.

(4) 출산 · 육아휴직(Parental Leave/Föräldrapenning)

1955년 어머니의 출산휴가제도를 도입하였고, 1974년 세계 최초로 아버지 육아휴직제도를 도입하였다. 이는 자녀 출산 예정일 60일 전부터 사용 가능하며, 자녀 출산이나 입양 시 자녀 1인당 480일의 유급휴직을 사용할 수 있다.

3장

보육경험과 발달

1. 발달의 기초

1) 발달의 개념

2) 발달의 영역

2. 영아기 발달특성

1) 신체운동발달

2) 인지언어발달

3) 사회정서발달

3. 유아기 발달특성

1) 신체운동발달

2) 인지발달

3) 언어발달

4) 정서발달

5) 사회성 발달

4. 보육경험과 영유아발달

1) 신체운동발달

2) 인지언어발달

3) 사회정서발달

보육현장에서 영유아에게 적합한 보육경험을 제공하기 위해서는 영유아의 발달특성에 대한 이해가 필수적으로 선행되어야 하며, 영유아는 자신의 발달수준과 개인차에 근거하여 개별적인 보육을 받을 권리가 있다. 이 장에서는 발달의 기초와 영유아의 발달특성을 시기별로 살펴보고, 보육경험이 영유아의 발달에 미치는 영향에 대해 알아본다.

1. 발달의 기초

1) 발달의 개념

발달이란 삶이 시작되는 순간, 즉 난자와 정자가 수정되는 순간부터 전 생애에 걸쳐 연속적으로 일어나는 양적 · 질적 변화 과정이다. 양적 변화는 신장, 체중, 어휘력에서의 변화와 같이 크기 또는 양에서의 변화를 의미하며, 질적 변화는 지능의 본질이나 심리작용에서의 변화와 같이 본질, 구조 또는 조직상의 변화를 의미한다(정옥분, 2014). 이러한 양적 · 질적 변화는 신체적 · 인지적 · 언어적 · 정서적 · 사회적 측면 등 인간 발달의 모든 측면에서 일어나며 서로 영향을 주고받는다.

2) 발달의 영역

인간의 발달 영역은 서로 밀접한 관련을 맺고 영향을 주고받고 있어 영역을 획일적으로 구분하는 것은 어려운 일이지만, 일반적으로 신체운동, 인지언어, 사회정서

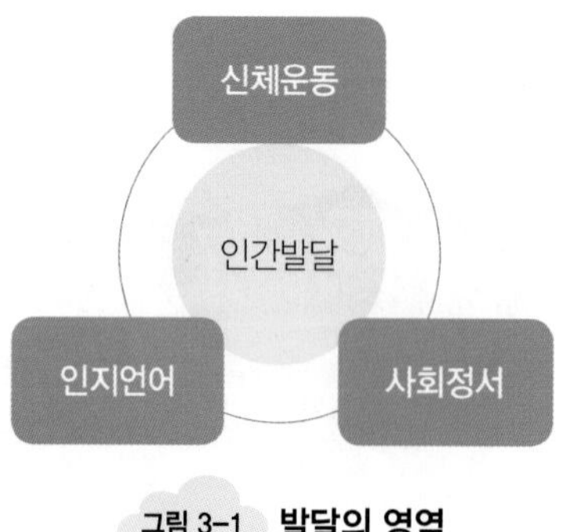

그림 3-1 발달의 영역

출처: Feldman (2001): 정옥분(2014)에서 재인용.

발달 영역으로 구분된다. 신체운동발달은 인간 신체의 성장과 변화, 그리고 신체 기능 및 운동 능력의 변화와 관련된 생물학적 과정이다. 인지언어발달은 정보를 인식하고 처리하며 지식을 습득하고 문제를 해결하는 정신적 과정과 관련되며, 뇌의 기능, 지각, 기억, 학습, 사고, 언어 등의 능력과 변화에 관한 영역이다. 마지막으로 사회정서발달은 타인과의 상호작용과 관련된 과정으로, 정서이해와 표현, 자기이해와 타인인식, 대인관계 기술, 또래관계 등에서의 변화를 포함한다(문혁준 외, 2016).

2. 영아기 발달특성

영아기는 생후 24개월까지를 말하며, 이 시기에는 발달의 모든 영역에서 급속한 성장과 함께 중요한 변화가 일어난다. 신체운동발달의 경우 '성장 급등기'라고 불릴 만큼 발달의 속도가 매우 빠르게 진행되며, 인지언어발달의 경우에도 신체 움직임에 의한 감각조절 능력이 발달함과 동시에 다른 사람과의 의사소통이 가능할 정도로 발달한다. 또한 사회정서발달의 경우 정서이해와 정서표현, 그리고 기질과 애착 형성에 있어 결정적 시기에 해당한다. 영아기에 다양한 영역 발달이 균형적으로 이루어지기 위해서는 새로운 자극을 많이 경험하는 것이 중요하다.

1) 신체운동발달

영아기는 일생에서 신체 성장이 가장 빠른 속도로 이루어지는 시기이다. 출생 시 신생아의 신장은 남아가 평균 49.88cm이고, 여아가 평균 49.15cm이다(질병관리본부, 2017). 첫돌이 되면 건강한 영아의 경우 신장은 1.5배 정도 증가하여 74~76cm가 되고, 두 돌 무렵에는 85~87cm 정도로 성인 신장의 절반가량이 된다. 신생아의 체중은 출생 시 남아가 평균 3.35kg, 여아가 3.23kg이고, 첫돌 무렵에는 출생 시 체중의 3배 정도인 약 10kg으로 급성장을 보인다.

운동기능은 팔 움직이기나 걷기와 같이 큰 근육을 사용하는 대근육 운동과 손 움직이기와 같이 작은 근육을 사용하는 소근육 운동으로 구분된다. 태어나서 머리를 제대로 가누지 못하고, 원시적인 반응에 대한 반사행동만 보이던 영아는 점차 목을 가누고 앉을 수 있게 되며, 서고 걷는 것까지 가능해진다. 3~4개월에는 몸을 뒤집을 수 있으며, 7개월경에는 혼자 앉을 수 있다. 9개월경에는 가구를 잡고 설 수 있고, 10~11개월경에는 잡아 주면 걸을 수 있다. 그러다가 14~15개월경에는 도움을 받지 않고 혼자 걸을 수 있는데, 이러한 발달 순서는 보편적이나 발달 속도에는 개인차가 있다. 태어나면서 신생아는 소근육을 전혀 조절하지 못하지만 점차 팔과 손, 손가락의 움직임이 정교해진다. 손을 뻗어 물건을 잡을 수 있게 되면서부터 영아와 환경의 기능적 상호작용은 급격히 증가한다.

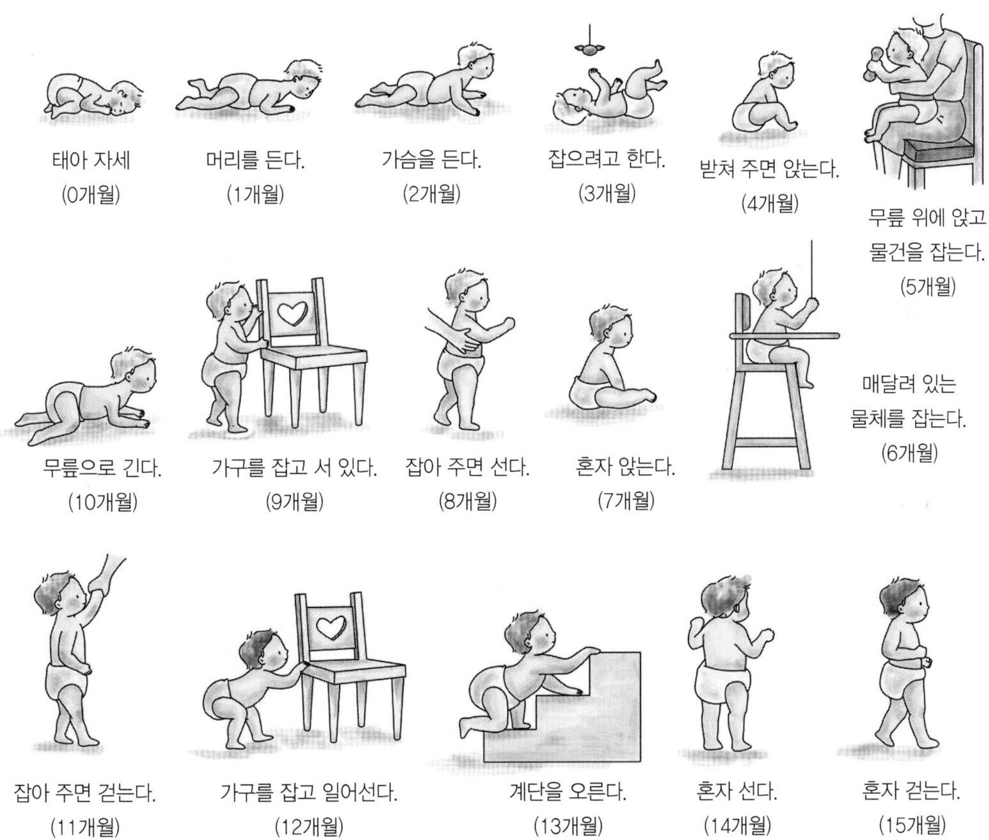

그림 3-2 월령별 대근육 운동발달

출처: 공인숙 외(2015).

2) 인지언어발달

(1) 지각발달

영아는 선천적으로 타고난 감각기관을 토대로 여러 가지 자극에 반응하는 감각 활동을 할 수 있다. 이러한 감각활동에 근거하여 지각경험을 하게 된다. 지각능력은 인지능력의 기초가 되며 영아기에 급속하게 발달하는 능력이다. 영아기 지각발달의 특징 중 하나는 감각기관의 감수성이 증가한다는 것이고, 다른 하나는 정보를 기억하고 해석하는 능력이 증가한다는 것이다.

신생아는 출생 직후 울거나 잠을 자는 것이 전부인 것처럼 보이지만, 어머니의 젖 냄새와 어머니의 목소리를 구별하고, 젖은 기저귀를 갈아 주지 않으면 불쾌감을 느끼며, 꼭 안아 주었을 때 행복감을 느낀다. 또한 신생아는 제한적이긴 하지만 기본적인 시각능력을 지니고 있다. 사물을 제대로 응시할 수 없던 신생아는 1개월쯤 되면 응시가 가능해지고, 4개월이 되면 사물을 따라가면서 볼 수 있으며, 이후에는 가까운 곳에 위치한 목표물을 응시할 수 있게 되는 등 시각능력은 점차 정교하게 발달한다.

영아의 청각능력은 출생 시에는 제한되어 있다가 점차 발달한다. 다양한 소리 중 영아는 사람의 목소리에 먼저 반응하며, 3개월경에는 세기나 진동수가 다른 소리에 신속한 반응을 보이고, 생후 8개월이 지나면 말소리의 의미를 알아듣고 행동할 수 있다. 미각과 후각은 다른 감각에 비해 출생 시 거의 완전하게 발달되어 있다. 생후 2~3개월 영아의 미각은 분화되어 있어 특정한 맛에 대한 선호를 나타낸다. 영아는 단맛, 쓴맛, 짠맛 모두에 차별적으로 반응하며, 생후 일주일의 영아는 어머니와 다

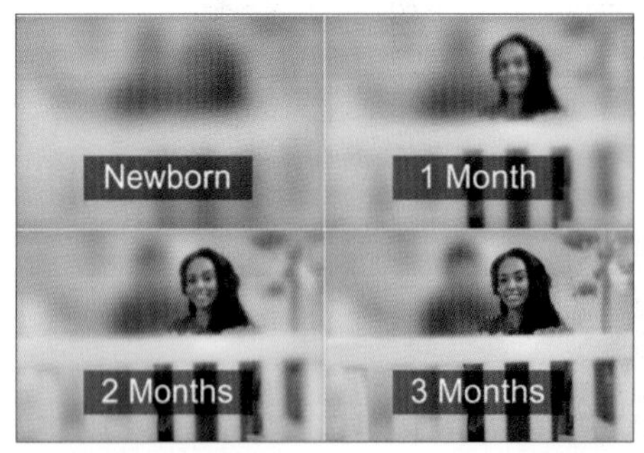

그림 3-3 신생아의 시각능력

출처: 나우뉴스(2017. 1. 22.).

그림 3-4 영아의 오감발달 관련 그림책

출처: 비룡소 홈페이지(bir.co.kr).

른 여성의 냄새를 구별할 수 있다.

(2) 인지발달

영아기는 피아제의 인지발달 단계 중 감각운동기에 해당한다. 이 시기에 신체적인 활동과 움직임에 따라 감각을 조절하고 조직화하는 능력이 놀라울 정도로 발달하기 때문에 감각운동기라고 하며, 여섯 개의 하위단계로 구분된다.

- 반사운동기(출생~1개월) 는 빨기나 잡기와 같은 반사적 행동을 통해 세상에 대해 이해하는 시기이다. 영아는 손이나 입에 닿는 것은 무엇이든지 잡거나 빨아 보고 사물의 크기에 따라 잡거나 빠는 방식을 조절함으로써 빨기와 잡기 같은 여러 형태의 감각운동적 도식을 발달시키고 정교화시킨다.
- 일차 순환반응기(1~4개월) 는 외부의 대상보다는 자신의 신체에 관심이 있으며 빨기나 잡기와 같은 감각운동을 반복적으로 경험하는 시기이다. 그러다가 영아는 물건을 잡아서 보거나 입으로 가져가서 빠는 등 개별적인 도식들을 통합하여 잡기-보기 도식, 잡기-빨기 도식과 같은 일련의 협응 도식을 발달시킨다.
- 이차 순환반응기(4~8개월) 에 영아의 관심은 더 이상 자신의 신체에 국한되지 않고 외부의 세계나 대상으로 관심이 옮겨 가며, 우연히 행한 행동에 흥미를 느끼면 그 행동을 반복적으로 한다. 예를 들어, 우연히 머리 위의 모빌을 잡아당겨 모빌이 움직이는 것에 흥미를 느낀 영아는 모빌이 움직이는 것을 보기 위해 반복해서 줄을 잡아당긴다.

출생~1개월
뭐든지 꽉 잡을 거예요.

1~4개월
내 관심 대상은 나의 신체~

4~8개월
재미있는 걸?

그림 3-5 감각운동기의 하위단계 1

출처: 놀이육아 엄빠야 홈페이지(umbbaya.com).

- 이차 순환반응의 협응기(8~12개월) 에 영아는 자신이 원하는 바를 얻기 위해 환경에 대해 직접적으로 행동함으로써 효과를 시도하고 두 가지 행동을 협응한다. 영아는 특정 목표를 성취하기 위해 적절한 방법을 찾으려는 과정에서 이미 습득한 많은 인지구조를 활용한다. 이 시기 영아는 인과개념이 형성되기 시작하고, 미숙하지만 대상영속성(object permanence) 개념이 나타나기 시작한다.
- 삼차 순환반응기(12~18개월) 가 되면 영아는 실험적 사고에 열중하며, 이전 단계에서 하지 못했던 새로운 행동유형을 만들기 시작한다. 이 시기 영아는 환경 내의 사물 자체에 강한 호기심을 보이며 여러 가지 형태로 사물의 속성을 탐색하게 된다. 영아는 마치 되풀이해서 새로운 실험을 하듯이 사물을 탐색하고 다루는 일련의 새로운 도식을 형성해 나가며, 매우 적극적이고 목적지향적이며 시행착오적인 행동특성을 보인다.
- 정신적 표상(18~24개월) 단계의 영아는 전조작기로 이행하기 위해 인지발달에서 중요한 질적 변화를 겪는다. 이 단계의 영아는 눈앞에 없는 사물이나 사건을 상징적으로 표상하며, 표상능력에 의해 문제를 해결함으로써 표상적 사고가 시작된다. 눈앞에 모델이 없어도 내적 표상을 할 수 있어 지연모방(deferred imitation)이 가능해지고, 대상영속성이 획득된다.

8~12개월
공을 치면
굴러가겠지?
12~18개월
흔들면 소리가
나는구나!
18~24개월
엄마를
따라 해야지.

그림 3-6 감각운동기의 하위단계 2

출처: 놀이육아 엄빠야 홈페이지(umbbaya.com).

(3) 언어발달

영아기 언어발달은 울음소리의 분화에서 시작되고, 그 이후 옹알이를 거쳐 한 단어 문장과 두 단어 문장을 구사하는 순서로 발달한다. 생후 1년이 될 때까지 영아는 첫 단어를 산출하지 못하지만, 말소리를 내는 능력은 생후 1년 동안 지속적으로 발달한다. 울음에서 시작하여 목 울리기(cooing), 옹알이(babbling)의 단계를 거치며, 단어가 포함되지 않으면서 알아들을 수 없는 말(jargon)을 중얼거리는 단계를 지나 첫 단어를 산출하게 된다. 4~5개월에 나타나는 옹알이는 언어와 유사한 최초의 말소리로 8~9개월까지 지속된다. 옹알이는 언어의 기본 단위인 음소를 생성하며, 그 자체로 의사소통 수단은 아니지만, 언어발달의 기초를 형성하기 때문에 언어발달의 관점에서 중요한 의의를 가진다(성미영, 유주연, 이세라피나, 2022).

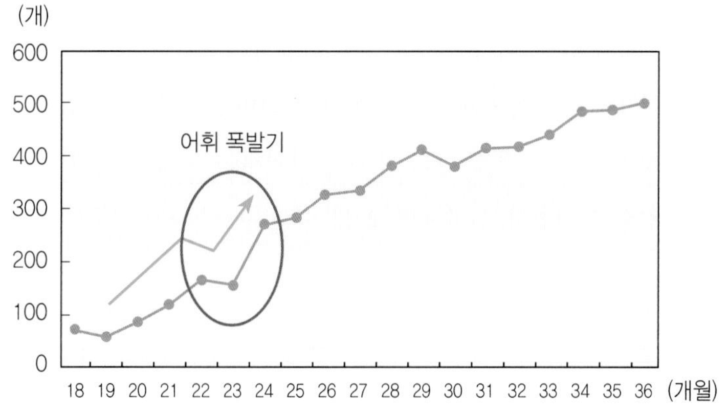

그림 3-7 영아의 월령별 표현어휘 수 변화

출처: 장유경(2004).

1세경이 되면 영아는 처음으로 유의미한 단어를 말하고, 단일음절을 단일어로 반복한다. 이 시기의 단어는 단어로서의 역할 이외에도 문장의 의미를 가지면서 문장의 기능을 수행하며, 얼굴표정이나 몸짓 등의 행동표현을 수반한다. 2세경이 되면 단어와 단어의 조합이 가능하며, 표현어휘 수가 폭발적으로 증가하여 영아는 250~300개의 단어를 표현할 수 있다.

3) 사회정서발달

영아는 출생 직후부터 서로 다른 기질적 특징을 보이며 영아와 양육자 간에 형성되는 친밀한 정서적 유대감인 애착을 형성한다.

(1) 정서발달

영아는 출생과 더불어 다양한 정서를 경험하기 시작한다. 영아의 정서는 점차 다양하고 복잡해지는데, 이러한 정서의 분화에는 생리적 요인의 발달, 경험과 환경의 영향, 성숙과 학습의 영향, 표현행동의 자극이 영향을 미친다. 출생 시 영아는 정서가 전혀 분화되지 않은 채 흥분상태로 존재하다가, 생후 2개월이 되면 쾌와 불쾌의 정서로 분화되기 시작하여, 5~6개월이 되면 불쾌의 감정은 분노, 혐오, 공포의 감정으로 나누어진다. 생후 1년 이전에 나타내는 기쁨, 분노, 슬픔과 두려움은 기본 정서로, 여기에서 다른, 더 분화된 정서가 발달한다(Witherington, Campos, & Hertenstein, 2001). 생후 1년이 지난 후에는 초기 정서가 점점 분화되어 당황, 수치, 부러움이나 자긍심과 같은 이차적이고 복합적인 정서가 나타나며, 두 살경 영아들은 자신의 정서를 더 잘 인식하게 된다. 세 살이 되면 초기 단계의 감정이입이 나타나고 자신의 감정과 성인의 감정 간의 차이를 인식하는 등 타인에게 많은 관심을 나타낸다(박경자, 김송이, 권연희, 김지현 역, 2011).

(2) 기질

기질(temperament)이란 한 개인의 행동양식과 정서적 반응유형을 의미한다. 체스와 토머스(Chess & Thomas)는 기질적 특성에 따라 영아를 순한 영아, 까다로운 영아, 반응이 느린 영아로 구분하였다(Chess & Thomas, 1977; Thomas & Chess, 1991). 체스와 토머스에 따르면 연구대상 아동의 약 40%는 순한 영아로, 10% 정도는 까다로운 영아로, 그리고 15% 정도는 반응이 느린 영아로 분류되었다. 그리고 나머지 35% 정도는 여러 기질적 특성이 혼합되어 있어 세 가지 유형 중 어느 하나에도 속하지 않았다. 한편, 영아기 초기의 기질은 이후에도 지속적으로 유지되며, 양육자와의 관계에 영향을 미침과 동시에 양육자의 양육태도 역시 영아의 기질을 변화시킬 수 있다. 따라서 양육자는 영아의 개인적인 특성에 민감한 반응을 보이고, 영아의 기질적 특성에 융통성 있게 반응하여 영아를 부정적인 시각으로 바라보지 않도록 해야 한다.

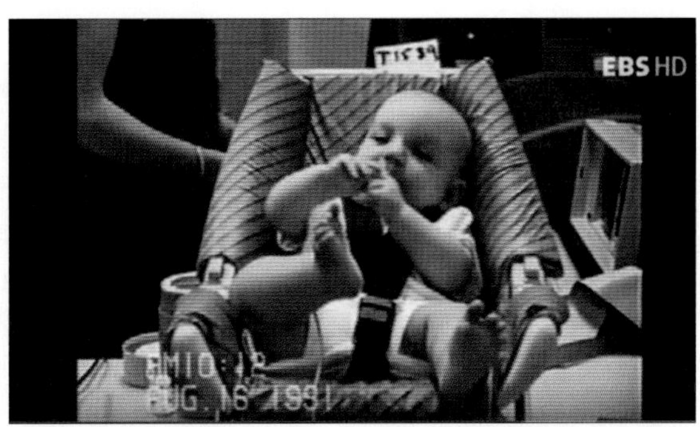

그림 3-8 기질에 따른 영아의 자극 반응

순한 영아	까다로운 영아	반응이 느린 영아
일반적으로 긍정적인 정서를 보이며, 규칙적인 일상활동에 빠르게 적응하고, 새로운 경험에도 쉽게 적응한다.	부정적으로 반응하고 자주 울며, 비규칙적인 일상활동을 하고, 새로운 경험을 받아들이는 데 어려워하며 시간도 걸린다.	활동수준과 적응력이 낮고, 조금은 부정적이며, 감정의 지속 상태가 짧다.

그림 3-9 기질의 유형별 특성

(3) 애착

영아기에 나타나는 가장 중요한 사회정서발달은 애착(attachment)이다. 애착이란 영아와 양육자 간에 형성되는 친밀한 정서적 유대감으로, 초기에 양육자와 어떠한 관계를 형성하였느냐에 따라 안정 애착을 형성하기도 하고, 불안정 애착을 형성하기도 한다. 안정 애착은 이후 심리적 발달의 중요한 토대가 되며, 안정 애착을 형성한 영아는 양육자를 안전기지로 삼아 환경을 적극적으로 탐색한다. 에인스워스

안정 애착	회피 애착	저항 애착	혼란 애착
안정 애착의 영아는 양육자를 안전기지로 삼아 활발한 탐색 활동을 벌인다.	회피 애착의 영아는 양육자를 회피한다든가, 양육자를 무시하거나 눈 맞추기를 피한다든가, 양육자에게 가까이 가지 않으려고 하는 등 회피 행동을 보인다.	저항 애착의 영아는 양육자에게 매달려 있으려고 하다가도 곧바로 차거나 밀어 버리는 등 저항 행동을 보인다.	혼란 애착은 불안정한 애착의 가장 심한 형태로 회피 행동과 저항 행동이 결합된 애착 유형이다.

그림 3-10 애착의 유형별 특성

그림 3-11 애착 검사에 의한 애착 유형

(Ainsworth, 1979)는 낯선 상황 실험을 통하여 애착 형성을 네 가지 유형으로 구분하였다.

3. 유아기 발달특성

영아기가 끝나는 24개월 이후부터 초등학교 입학 이전 6세까지 시기를 유아기라고 한다. 영아기에 이어 유아기에도 신체적 성장과 함께 운동능력이 지속적으로 발달한다. 이 시기 유아는 인지능력이 발달하고 상상과 환상이 풍부해지며, 주위 환경에 대한 활발한 탐색과 어휘 습득을 통해 다른 사람과의 의사소통이 활발해진다.

1) 신체운동발달

유아는 매년 신장이 7cm씩 증가하며, 체중은 2~3kg씩 증가한다. 6세가 되면 신장은 114~116cm, 체중은 20~22kg 정도가 된다. 유아기 동안 남아와 여아는 몸통이 길어짐에 따라 살이 빠져 보이고, 머리가 몸에 비해 상당히 크지만, 유아기 말이 되면 대부분의 유아는 머리가 더 이상 커 보이지 않는다. 유아기에 연골조직은 더욱 단단해지며, 이러한 뼈의 발달을 통해 몸의 균형이 유지되고, 내부기관도 보호된다. 2세 반 정도가 되면 유아는 20개의 유치가 모두 나고, 5~6세가 되면 유치가 빠지면서 영구치가 나온다.

유아기에는 대 · 소근육이 발달함에 따라 미끄럼틀 타기, 정글짐 오르내리기, 공 던지기, 공 차기, 자전거 타기, 그네 타기, 시소 타기 등 다양한 신체활동을 할 수 있다. 먼저, 대근육 운동발달의 경우, 3세 유아는 뛰기, 오르기, 앞뒤로 달리기 등의 반복적인 활동을 좋아하고, 이를 통해 자신감과 성취감을 얻는다. 4세 유아는 동일한 활동을 반복해서 하기보다 모험적인 활동을 좋아해서 정글짐을 기어 올라가거나

<표 3-1> **유아의 대근육 운동 능력 발달**

구분	3~4세	4~5세	5~6세
걷기	• 팔을 앞뒤로 흔들며 걷는다. • 직선 위를 잘 걷는다.	• 평균대 위를 걷는다. • 곡선 위를 걷는다.	• 성인처럼 걷는다.
달리기	• 유연하게 잘 달린다. • 출발과 정지를 잘한다.	• 빨리 잘 달린다. • 달리면서 방향도 바꾼다.	• 속력을 내서 잘 달린다.
뛰기	• 두 발로 높이 뛰어오른다. • 한 발로 장애물을 뛰어넘는다.	• 깡충깡충 뛰면서 앞으로 나아간다.	• 높이뛰기를 할 수 있다. • 멀리뛰기를 할 수 있다. • 줄넘기를 한다.
페달 밟기	• 세발자전거를 탈 수 있다.	• 세발자전거를 유연하게 잘 탄다.	• 두발자전거를 탈 수 있다.
오르기	• 계단을 오를 때 한 발로 차례차례 오른다. • 계단을 내려올 때 두 발을 모아서 내려온다.	• 발을 번갈아 가면서 계단을 오르내린다. • 사다리, 정글짐, 미끄럼틀, 나무 등을 타고 오르내린다.	• 성인처럼 오르내린다.
던지기	• 몸을 앞뒤로 흔들며 한쪽 팔로 공을 던진다.	• 팔꿈치를 사용해서 공을 던진다.	• 발을 앞으로 내밀고 팔을 쭉 뻗어 공을 던진다.

출처: Bealy (1986): 정옥분(2016)에서 재인용.

한번에 한 발씩 계단을 밟아 가며 올라가고, 내려올 때도 한 발씩 내디디며 내려올 수 있다. 5세가 되면 4세 때보다 모험심이 강해서 부모나 또래와 빠르게 뛰며 경주하기를 좋아한다.

다음으로 소근육 운동발달의 경우, 3세 유아는 엄지와 검지를 사용하여 작은 물건을 잡을 수 있지만, 아직은 다소 미숙하다. 또한 블록으로 높은 탑을 쌓을 수 있지만, 똑바로 세우지 못하고 삐죽삐죽하게 쌓으며, 딱딱한 보드나 그림 맞추기 퍼즐을 가지고 놀 때 조각을 움직이는 데 아직 서툴다. 4세가 되면 소근육 협응이 놀라울 정도로 향상되고 훨씬 정확해지나, 블록 쌓기가 마음대로 되지 않는 경우도 있다. 5세에는 소근육 협응이 훨씬 향상되어 손, 팔 그리고 신체의 모든 부분이 눈의 명령에 의해 함께 움직인다.

유아기에는 대 · 소근육 운동발달과 함께 다양한 자조기술(self-help skills)이 발달하는데, 2세경에는 대소변 가리기를 할 수 있고, 혼자서 음식을 먹을 수도 있다. 3세경에는 숟가락과 젓가락을 효율적으로 사용할 수 있고, 6~7세경이 되면 오른손으로 제대로 식사를 할 수 있다. 3세경에는 옷을 벗을 수 있고 4세경에는 옷을 입을 수 있으며, 5~6세가 되면 혼자서 옷을 입고 벗으며 단추나 지퍼를 열고 닫을 수 있다(이윤경 외, 2013).

그림 3-12 자조기술 관련 그림책

출처: 비룡소 홈페이지(bir.co.kr).

2) 인지발달

유아기는 피아제의 인지발달단계 중 전조작기에 해당한다. 이 시기에는 정신적 표상능력의 발달로 대상과 사건을 표상하기 위해 훨씬 더 많은 이미지와 언어를 사용할 수 있다. 이러한 표상능력의 발달로 사고의 발달이 급격히 이루어지지만, 여전히 전조작기 유아의 사고는 비논리적이고 비체계적이라는 한계가 있다(공인숙 외, 2015). 유아기 사고의 특징에는 자아중심적 사고, 상징적 사고, 직관적 사고, 물활론적 사고, 도덕적 실재론 등이 있다.

(1) 자아중심적 사고

전조작기 사고의 가장 두드러진 특징 중 하나는 자아중심성(egocentrism)이다. 자아 중심성이란 자기의 입장에서만 사물을 받아들이고 다른 사람의 입장을 이해하지 못하는 것을 뜻한다. 즉, 자신의 조망과 타인의 조망을 구별하지 못하는 것이다. 피아제는 유아의 자아중심적 사고를 입증하기 위해 '세 개의 산 실험'을 실시하였다. 이 실험에서 유아는 세 개의 산 모형이 놓인 책상을 앞에 두고 앉고, 맞은편에는 곰인형이 산의 다른 쪽을 바라보도록 앉힌다. 유아에게 곰인형이 보고 있는 모습을 선택하도록 했을 때 유아는 자신이 보고 있는 모습과 동일한 사진을 선택하였다. 즉, 유아는 세상을 자신만의 시각으로 바라보므로 타인의 시각에서 인식하지 못한다(공인숙 외, 2015).

A 방향: 눈 덮인 산과 집이 있는 산이 보이는 사진

B 방향: 눈 덮인 산이 가장 앞쪽에 보이고, 뒤쪽으로 집이 있는 산과 십자가가 있는 산이 보이는 사진

C 방향: 눈 덮인 산 앞에 십자가가 있는 산이 보이고, 옆에 집이 있는 산이 보이는 사진

D 방향: 집이 있는 산이 가장 앞에 보이고, 뒤쪽으로 십자가가 있는 산과 눈 덮인 산이 보이는 사진

그림 3-13 세 개의 산 실험

출처: 이영 외(2017).

(2) 상징적 사고

피아제에 의하면 전조작기의 가장 중요한 인지적 성취 중 하나는 상징적 사고의 출현이다. 유아의 사고가 더 이상 자신의 행동이나 감각에만 의존하지 않게 되면서 정신적 표상, 지연모방, 상징놀이 등이 가능해진다. 이 시기 유아는 놀이활동에서 다양한 비언어적 상징행동을 사용한다. 예를 들어, 베개를 아기처럼 업고 다니기도 하고, 막대기를 칼이나 총으로 생각하며 놀기도 한다. 이러한 가상놀이는 유아의 정신적 표상능력을 보여 준다(이순형 외, 2013).

(3) 직관적 사고

직관적 사고란 어떤 사물을 볼 때 그 사물의 두드러진 속성을 바탕으로 사고하는 것이다. 따라서 유아는 사물이나 사건의 여러 측면에 주의를 기울이지 못하며, 그 속에 내재된 규칙이나 조작을 이해하지 못한다. 즉, 직관적 사고에 의해 겉으로 드러나는 두드러진 특성만으로 사물을 판단한다. 이 시기 유아는 사물의 양이나 수는 그 모양이 변하거나 여러 부분으로 나뉘어도 변하지 않는다는 보존개념을 획득하지 못하며, 유목포함이나 서열화도 아직 가능하지 않다.

<표 3-2> 수와 양에 대한 전조작기 유아의 보존개념 실험

구분	과제	변형	질문	대답
수	크기가 같고 평행한 두 줄의 동전들	한쪽 줄 동전들의 간격을 조금 넓힌다.	"두 줄의 동전 개수가 서로 같니, 한쪽이 더 많니?"	"긴 쪽이 더 많아요."
양 (액체)	같은 양의 액체가 담긴 같은 컵 2개	한 컵의 액체를 낮고 넓은 컵에 붓는다.	"두 컵의 액체 양이 같니, 어느 하나가 더 많니?"	"높은 컵의 액체가 더 많아요."

출처: 이영 외(2017).

(4) 물활론적 사고

물활론적 사고란 모든 사물은 살아 있고 각자의 의지에 따라 움직인다는 생각을 말한다. 모든 사물이 살아 있다고 생각하는 유아는 연령이 증가함에 따라 움직이는 것만 살아 있다고 생각하고, 다음에는 스스로 움직이는 것만 생명이 있다고 생각한다. 8세경이 되면 비로소 동물과 식물에만 생명이 있다는 것을 알게 된다.

(5) 도덕적 실재론

이 시기의 유아는 규칙이란 지키지 않으면 벌을 받기 때문에 절대적으로 지켜야 하며, 규칙은 본래 정해진 것으로 변경될 수 없다는 생각이 지배적이다. 또한 이 시기의 유아는 잘못이 크면 클수록 의도에 관계없이 벌이 크고 더 나쁘다고 생각하여 의도보다는 결과에 치중한다.

3) 언어발달

2세경부터 세 단어 조합이 시작되지만, 세 단어 이상의 단어를 조합한 문장이 주류를 이루게 되는 시기는 유아기이다. 유아기 이후 아동은 성인과 유사한 형태의 문장을 구사한다. 구체적으로 문장의 길이가 증가하며, 전보식 문장에서 발달하여 접미사나 조사 등의 문법 형태소를 첨가하고, 부정문과 의문문, 복문 발달이 주도적으로 이루어진다. 5~6세경이 되면 대부분의 문법 규칙을 습득한다.

그림 3-14 유아의 자기중심적 대화: 집단적 독백

출처: 박영신, 이현진, 정윤경, 최영은 역(2007).

유아기에는 원활한 의사소통에 필요한 사회적, 상황적 요인을 인식하기 시작하여 의사소통 시에는 교대로 말해야 하고, 상대방을 바라보면서 말해야 한다는 것을 알게 된다. 그러나 유아기에는 상대방과 대화할 때 다른 사람의 입장은 생각하지 못하고 자신의 관점에서만 이야기하는 자기중심적 특성을 보인다.

4) 정서발달

유아기는 영아기에 비해 정서가 분화되고, 언어발달로 인해 자신의 정서를 보다 쉽게 표현할 수 있다.

(1) 정서 표현 및 이해

유아기에는 자신과 타인의 감정에 대해 더 깊은 이해가 가능하며, 양가감정과 같이 복잡한 정서에 대한 이해가 가능해진다. 3~4세경이 되면 기쁨, 슬픔, 분노, 놀람 등의 정서를 야기하는 원인에 대한 이해가 증가하고, 공포나 분노의 정서발달과 더불어 유아기에는 공격적 언어를 사용하여 자신의 분노를 표현하기도 한다.

유아기의 분노는 또래나 형제와의 관계에서 자주 나타나며, 이들에게 질투심을 보이기도 한다. 동생이 태어나면 부모가 동생에게 보이는 사랑에 대해 질투심을 드러내며, 이러한 질투심은 퇴행행동이나 공격성을 유발하기도 한다. 또한 유치원이나 어린이집에 다니게 되면서 교사가 다른 아이들에게 관심을 보이면 질투를 보이기도 하는데, 연령이 증가할수록 사회성이 발달함에 따라 질투의 표현이 억제된다.

영아기에는 생리적, 감각적, 운동적 원인에 의해 기쁨을 느끼지만, 유아기가 되면 사회적인 인간관계에 의해서 기쁨을 느끼게 된다. 2세경까지는 기쁨이 웃음이나 동작으로 표현되지만 3세경부터는 언어발달로 인해 기쁨이 언어로 표현된다. 또한 인지능력의 발달에 의해 몸짓이나 농담을 이해할 수 있게 되어 이에 대해서도 웃음을 보인다.

그림 3-15 정서표현 관련 그림책

출처: 비룡소 홈페이지(bir.co.kr).

(2) 정서조절

정서조절을 통해 주어진 상황에 알맞은 정서를 적절한 수준으로 표현하는 것은 긍정적인 사회적 관계를 맺고 유지하는 데 중요하다(곽금주, 2017). 정서조절은 영아기부터 시작되며, 유아기에는 정서에 대한 이해가 높아지면서 실망, 분노와 같은 부정적 정서는 물론 기쁨과 같은 긍정적 정서도 상황에 맞게 조절할 수 있게 된다. 3세 유아도 멋지게 포장된 큰 상자를 열었는데, 너무 작은 선물이 나온 경우, 실망감을 감추고 웃으며 감사를 표현할 수 있다(김정민, 2013). 부정적인 상황에서 정서를 조절할 때 영아들은 자신의 눈과 귀를 가린다거나 그 자리를 벗어나는 등의 전략을 사용하기 시작하는 반면, 유아는 단순히 눈과 귀를 가리기보다는 마음속으로 유쾌한 생각을 하는 내적인 전략을 사용한다(Thompson, 1994).

- 특정 정서 표현하지 않기: 경원이는 이긴 친구를 축하해 줄 때, 자신이 이기지 못한 실망감을 표현하지 않는다.
- 자기 자신 달래 주기: 강희는 컴컴한 지하실에 들어가면서 혼잣말을 한다. 승기는 피곤하거나 슬플 때는 곰 인형을 가지고 다닌다.
- 다른 사람으로부터 위로받기: 다른 아이가 장난감을 빼앗자 지호는 교사 무릎 위에 올라가 앉는다.
- 정서적으로 각성시키는 사건을 회피하거나 무시하기: 성실이는 영화를 볼 때 무서운 부분이 나오면 손으로 눈을 가린다.
- 달성하기 어려워 보이는 목표를 변경하기: 동일이는 축구 팀 만드는 것을 포기하고 자전거를 탄다.
- 정서적으로 각성시키는 사건을 다른 방식으로 해석하기: 형이 무뚝뚝하게 대해도 지훈이는 형이 화내는 것으로 생각하지 않고, 방금 전에 엄마에게 혼나서 그러는 것이라고 생각한다.

그림 3-16 유아의 정서조절 전략의 예시

출처: 박경자 외 역(2011).

부모의 행동은 유아의 정서발달에 큰 영향을 미친다. 부모가 아동의 부정적인 정서에 공격적으로 반응하거나 무시한다면 유아는 부정적인 정서를 효과적으로 다루는 방법을 배울 수 없을뿐더러, 다른 사람의 슬픔과 고통 같은 부정적인 정서를 이해하고 알아차리는 데에도 어려움을 겪을 수 있다(이지연, 곽금주, 2010). 유아의 정서발달을 촉진하기 위해서는 정서적으로 안정된 환경을 조성해 주고 정서이해 능력을 향상시킬 수 있도록 또래집단과 풍부한 정서적 상호작용을 하거나 이야기 나누기를 하도록 지도해야 한다. 또한 또래 간 상호작용을 통해 정서조절 능력을 향상시키고 정서표현을 위한 다양한 놀이활동을 제공하며, 유아의 정서표현 양식을 인정하고 존중할 뿐만 아니라 적절한 정서표현의 모델을 보여 주어야 한다(정미라, 박경자, 배소연 역, 1998).

5) 사회성 발달

유아는 성장과 더불어 생활범위가 가정에서 어린이집으로, 그리고 사회로 점차 확대된다. 가정에서의 역할뿐만 아니라 어린이집이라는 새로운 환경을 경험하는 것도 유아의 사회성 발달을 위한 자연스러운 기회가 된다. 특히 또래와의 풍부한 상호작용 경험은 사회성 발달의 중요한 요인이므로 또래와 잘 어울릴 수 있는 환경 조성이 필요하다. 유아가 주로 형성하는 사회적 관계는 부모자녀관계, 형제관계, 또래관계 등이다.

유아기에는 다른 사람에 대한 이해가 발달하기 시작하나 아직 성숙한 우정을 형성하지는 못한다. 유아는 아직 다른 사람의 관점을 이해하지 못하기 때문에 또래로부터 자신이 원하는 것만을 생각한다. 이 시기의 유아는 에너지와 활동 수준이 비슷하고 같은 활동에 참여하는 동성 또래와 친밀하게 지낸다(황혜정, 2002).

사회적 행동이란 다른 사람과 원만한 관계를 가지며 주변 환경에 잘 대처하는 행동을 말하는데, 특히 친사회적 행동이란 긍정적인 사회적 행동, 즉 도움 주기, 나누어 갖기 등 사람들 사이의 우호적인 관계를 촉진시키거나 유지시키는 행동을 말한다(이숙재, 이봉선, 1999). 친사회적 행동은 유아기에도 발달하여, 3세경의 유아도 다른 유아를 도와주거나 장난감을 나누어 주고 위로해 준다.

유아는 주도성이 강해지면서 점차 독립심과 자신감을 획득하고, 부모로부터 벗어나서 스스로 결정하고 행동하기 시작하며, 사회 속에서 나를 인식함으로써 자아개념을 확립하게 된다. 또한 유아는 성역할을 인식하게 되면서 여아는 여자다움을, 남아는 남자다움을 추구하고, 놀이행동에서도 성별에 따라 차이가 나타나 동성 또래와의 놀이에 더 많이 참여한다.

4. 보육경험과 영유아발달

보육을 경험하는 영유아의 수가 증가하면서 보육경험이 영유아에게 미치는 영향에 대한 관심은 커졌으나, 보육경험이 영유아에게 미치는 영향에 대한 답은 명백하게 제시하기 어렵다. 보육경험이 영유아발달에 미치는 영향은 보육의 질에 따라 다를 수 있으며, 보육특성 이외의 다른 요인들을 함께 고려해야 보다 정확하게 이해할 수 있다. 여기서는 최근까지 수행된 보육경험과 영유아발달의 관계에 관한 다양한 연구결과를 살펴보고, 보육이 영유아에게 미치는 영향과 관련된 요인들을 살펴본다.

1) 신체운동발달

보육경험이 아동의 신체 및 운동발달에 미치는 영향은 대체로 긍정적인 것으로 보고되고 있으나, 아동의 가정환경에 따라서 다르게 나타난다. 저소득층아동의 경우 어린이집에 다니는 것이 운동발달과 활동성을 증가시키며, 신장과 체중 증가에 긍정적인 영향을 미친다. 이처럼 저소득층아동의 경우 보육경험이 가정에서의 양육보다 신체적으로 긍정적인 결과를 가져오는 것은 질적으로 우수한 어린이집의 경우 가정에서보다 균형 잡힌 영양을 제공해 주며, 안전하고 위생적인 환경을 제공하기 때문이다. 반면에 가정에서 안전하고 위생적인 환경과 적절한 영양을 제공받는 아동의 경우에는 어린이집에 다니는지의 여부가 신체발달이나 운동능력발달에

그림 3-17 어린이집에서 활용하는 다양한 신체운동기구

출처: 아이소파 홈페이지(www.isopa.co.kr).

영향을 미치지 않는 것으로 나타났다(서영숙, 김경혜, 2006).

어린이집 보육경험은 아동의 신체발달 및 건강과 관련하여 가정환경의 취약한 측면을 보완해 주는 장점이 있지만, 가정에서 지내는 아동에 비해 감기 등의 전염성 질환에 걸릴 가능성이 높아진다는 단점도 있다. 어린이집에서는 다수의 아동이 집단생활을 하기 때문에 전염성 질환이 쉽게 퍼질 수 있는데, 이러한 경우에는 아픈 아동을 격리하고 충분히 휴식하도록 하여 확산을 방지해야 한다.

2) 인지언어발달

질 높은 보육은 인지·언어발달을 향상시킨다는 연구결과가 일관성 있게 보고되어 왔다. 질 높은 보육은 아동의 언어, 읽기, 수학능력과 장기적인 학업성취도를 높이는 것으로 나타났다(NICHD Early Child Care Research Network, 2000, 2003). 특히 보육의 질이 저소득층아동의 인지·언어발달과 관련이 높다는 연구결과가 있으나, 많은 연구에서 어린이집의 질을 직접적으로 측정하지 않았다는 방법론상의 문제점을 가지고 있다. 이러한 문제점을 극복하기 위해서 많은 인원의 아동을 대상으로 보육의 질을 직접 평가한 연구에서는 보육의 질과 인지·언어발달 간의 정적 관계가 저소득층아동과 중류층아동에게서 유사하게 나타났다(Burchinal, Peisner-Feinberg, Bryant, & Clifford, 2000). 따라서 보육의 질이 나쁘지 않다면 장시간을 어린이집에서 보내는 것은 아동의 인지·언어발달에 부정적인 영향을 미치지 않으며, 보육의 질적 차이에 의해 아동의 언어나 인지발달 결과에 상당한 차이가 나타날 수 있다.

아동이 어린이집에 다닌 기간도 인지·언어발달과 정적인 관계가 있는 것으로 나타났는데, 어린이집에 오래 다닐수록 인지발달과 언어발달이 더욱 증진되었다(Ahnert & Lamb, 2003). 이는 만 1세 이전에 기관보육을 시작한 아동을 대상으로 실시한 연구결과로서 양질의 어린이집에서의 영아기 보육경험은 인지적, 언어적으로 더욱 풍부한 환경을 제공함으로써 아동의 발달에 긍정적으로 작용하였다.

보육과 인지·언어발달 간의 관계를 논의할 때 보육의 질이나 보육기간과 더불어 고려할 사항은 아동과 가족의 특성이다. 보육경험이 인지·언어발달에 미치는 영향은 아동의 인지발달 수준이나 성별에 따라 다를 수 있다. 보육의 질은 인지능력이 낮은 아동의 인지발달에 더 큰 영향을 미치는 것으로 나타났으며, 영아기의 보육

그림 3-18 **아빠와 함께하는 그림책**

출처: 비룡소 홈페이지(bir.co.kr).

경험은 여아보다는 남아의 학업성취와 인지능력 향상에 더 큰 영향을 미치는 것으로 나타났다(Brooks-Gunn, Han, & Waldfogel, 2002). 가족의 특성으로는 가족이 아동에게 제공하는 인지적 자극의 정도와 어머니의 교육수준을 들 수 있는데, 인지적 자극이 충분하지 못한 가정환경의 경우에는 1세 이전에 보육을 시작했을 때 5~6세에 평가한 읽기능력이 더 높은 것으로 나타났으며, 어머니의 교육수준이 낮은 경우에도 보육경험이 아동의 인지·언어발달에 더 큰 효과를 가져오는 것으로 나타났다.

3) 사회정서발달

보육경험이 아동의 사회정서발달에 어떤 영향을 미치는지는 아동이 경험한 보육의 특성에 따라 다르다. 보육을 시작한 시기나 아동이 경험한 총 보육기간은 물론 보육기관의 질이나 부모자녀관계에 따라 보육경험의 영향은 달라질 수 있다.

먼저, 아동이 장시간의 보육을 영아기부터 유아기까지 지속적으로 받는 것은 사회정서적 적응에 부정적 영향을 미칠 수 있다(Belsky, 2001). 아동이 1세 이전에 보육을 시작했거나 주당 20~30시간 이상 보육경험을 할 경우, 3~8세 때 공격성 수준이 높고 성인의 요구에 잘 따르지 않는 경향이 높은 것으로 나타났다(Belsky, 1986, 1988). 1세 이전부터 어린이집에 다닌 아동은 3~4세 때 행동문제를 더 많이 보였는데, 이 결과는 어머니의 교육수준이나 지능을 통제해도 유의하였으며(Baydar & Brooks-Gunn, 1991), 1~2세 사이에 보육을 시작한 경우에도 공격적인 행동을 포함한 행동문제를 보이는 비율이 더 높은 것으로 나타났다(Hofferth, 1999).

아동의 총 보육기간이 아동의 사회적 유능성이나 행동문제에 영향을 미치는지를 알아본 연구(NICHD Early Child Care Research Network, 2003)에서도 오랜 기간 보육을 경험한 아동은 그렇지 않은 아동에 비해 사회적 유능성이 낮고, 외현화 문제를 더 많이 보이며, 보육교사와의 갈등 빈도가 높고, 부정적 놀이행동을 더 많이 하는 것으로 확인되었다. 출생 후 어린 시기에 보육을 시작할수록 아동의 행동문제 발생 가능성이 높게 나타나는 현상은 부모의 연령, 교육수준, 취업 여부, 가족구조, 형제자매 수 등 다양한 변인을 통제해도 유지되는 것으로 나타났다. 이와 달리, 이른 시기에 보육을 시작하는 것이 아동의 행동문제를 증가시킨다는 연구결과와 상반된 결과도 있다. 예를 들어, 크로켄버그와 리트먼(Crockenberg & Litman, 1990)의 연구에서는 어머니 양육 이외의 보육을 경험하는 2세 아동은 보육유형에 관계없이 부모나 다른 성인의 요구를 더 잘 따르는 것으로 나타났다. 또한 기관보육을 경험한 아동이 행동문제를 덜 보인다는 연구결과도 있다(Field, Masi, Goldstein, Perry, & Parl, 1988).

보육이 아동의 사회정서발달에 미치는 영향에 관해서는 이른 시기에 장시간의 보육을 지속적으로 경험하는 것이 아동의 사회정서발달에 부정적으로 작용한다고 보고한 연구와 오히려 긍정적인 영향을 미친다고 보고한 연구가 모두 존재한다. 보육의 질을 고려함으로써 보육경험이 아동의 사회정서발달에 미치는 영향을 보다 명확히 이해할 수 있다. 즉, 영아기에 보육을 시작했어도 적정 수준의 보육정원과 질 높은 보육환경을 경험한 아동은 오랜 기간이 지나도 집단생활에 협조적이며 성인의 지시에 잘 따르고 사회적 상호작용기술에서 앞서는 것으로 나타났다. 반면, 보육정원이 적정 수준보다 많은 집단에서 질이 낮은 보육을 장시간에 걸쳐 경험한 아동은 공격성과 같은 문제행동을 보일 가능성이 높은 것으로 나타났다(NICHD Early

그림 3-19 공격적인 아이의 어린이집 이용 시기

Child Care Research Network, 1999).

부모자녀관계도 보육이 아동의 사회정서발달에 미치는 영향을 보다 명확히 이해하기 위해서 고려해야 할 요인이다. 장시간을 어린이집에서 보내는 경우, 부모와의 관계가 원만하지 못한 아동은 부모와 친밀한 상호작용을 하는 아동에 비해 공격성 수준이 더 높은 것으로 나타났다(NICHD Early Child Care Research Network, 2003). 보육경험이 아동의 사회정서발달에 미치는 영향을 이해할 때는 보육의 질이나 아동과 부모의 관계를 함께 고려해야 한다. 보육의 질이 양호하며 부모가 아동과 친밀한 관계를 유지한다면 어린이집에 다니는 것이 아동의 사회정서발달에 긍정적인 영향을 미칠 수 있다(이순형 외, 2013).

여러 연구결과를 통해 알 수 있듯이, 보육 시작 시기나 보육기간만으로 긍정적 또는 부정적 영향을 미친다고 일반화하기는 어려운 상황이다. 따라서 보육경험이 아동의 발달에 미치는 긍정적 영향을 최대화하기 위해서는 보육의 질을 높이기 위한 노력과 동시에 보육경험의 부정적 영향을 최소화할 수 있는 방법을 가정에서 함께 지원하는 노력이 필요하다.

한편, 보육경험의 영향을 초등학교, 더 나아가 성인기까지 확대하여 인지능력이나 상급학교 진학, 사회성 발달 등에 미치는 장기효과를 살펴본 연구들도 있다(Barnett, 1995; Camilli, Vargas, Ryan, & Barnett, 2010; Magnuson, Ruhm, & Waldfogel, 2007). 대표적으로 카밀리와 동료들(Camilli et al., 2010)은 123편의 논문을 메타분석한 결과, 유아교육 및 보육경험이 인지능력에 미치는 영향력은 큰 것으로 나타났으며, 사회성 발달이나 상급학교 진학의 경우에도 유의한 영향을 미치는 것으로 나타

그림 3-20 **보육 · 교육 경험 관련 그림책**

출처: 비룡소 홈페이지(bir.co.kr).

났다. 국내에서도 유아교육기관 경험이 학업성취도 및 학교적응에 어떠한 영향을 미치는지 확인하기 위해 초등학생 및 중학생을 대상으로 다양한 연구가 진행되었다(김기헌, 신인철, 2012; 나인영, 이영, 2011; 최옥희, 김영호, 김용미, 2009).

4장

보육유형

1. 어린이집 설치 주체에 따른 유형
   1) 국공립어린이집
   2) 사회복지법인어린이집 및 법인 · 단체등어린이집
   3) 가정어린이집
   4) 직장어린이집
   5) 협동어린이집
   6) 민간어린이집

2. 보육시간에 따른 유형
   1) 종일제 보육
   2) 그 밖의 연장보육
   3) 시간제 보육
   4) 방과후 보육

3. 보육대상에 따른 유형
   1) 영아전담어린이집
   2) 장애아전문어린이집 및 장애아통합어린이집

0~5세 영유아를 대상으로 한 무상보육 정책 시행으로, 우리나라 영유아의 90%가 어린이집을 경험하고 있다(2022 보육통계 기준). 어린이집 보육은 저소득층 자녀를 대상으로 하는 신체적 보호 위주의 탁아 서비스가 아닌, 가정양육을 지원하는 질 높은 돌봄과 교육 서비스로 발전하고 있다. 이에 따라 영유아의 발달적 특성뿐 아니라 개별적 특성을 보다 세심하게 지원하고, 각 가정의 필요와 요구에 맞도록 보육의 유형도 점차 세분화되고 다양해지고 있다. 이 장에서는 보육 서비스의 유형을 어린이집 설치 주체와 보육시간 및 보육대상에 따라 구분하여 살펴본다.

1. 어린이집 설치 주체에 따른 유형

1) 국공립어린이집

국공립어린이집은 국가나 지방자치단체가 설치·운영하는 어린이집이다. 국공립어린이집은 상시 영유아 11인 이상을 보육하는 시설로, 어린이집의 명칭은 '○○어린이집'[1]으로 해야 한다.

국공립어린이집은 도시 저소득층 밀집주거지역 및 농어촌지역 등 취약지역, 「건축법」에 따른 공동주택 중 대통령령으로 정하는 일정 세대 이상의 공동주택을 건설하는 주택단지 지역에 우선적으로 설치하는 등 지역별로 균형 있게 배치해야 한다

1) 어린이집은 유치원, 학원 등 유사기관으로 오인할 수 있는 명칭은 사용할 수 없다.

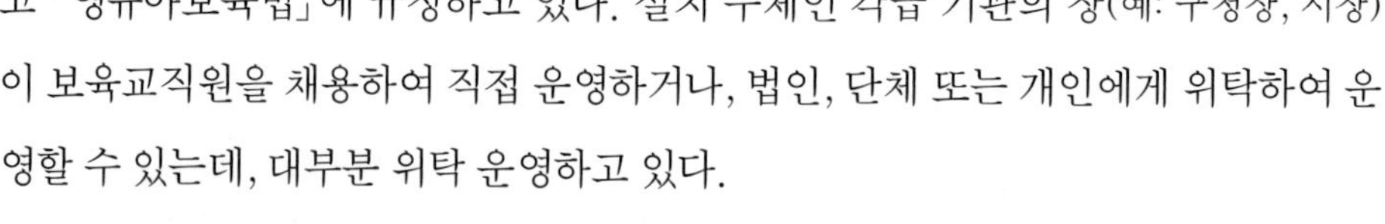

고「영유아보육법」에 규정하고 있다. 설치 주체인 각급 기관의 장(예: 구청장, 시장)이 보육교직원을 채용하여 직접 운영하거나, 법인, 단체 또는 개인에게 위탁하여 운영할 수 있는데, 대부분 위탁 운영하고 있다.

장점

- 보육료 이외의 기타경비에 대한 비용부담이 적다.
- 보육교직원 인건비, 교재교구비 등 정부의 추가지원이 제공된다.

단점

- 대기 인원이 많아 입소가 어렵다.
- 해당 지역 주민의 자녀만 입소 가능하여 선택권이 제한된다.

그림 4-1 국공립어린이집 설치 홍보영상

그림 4-2 국공립어린이집 확충

그림 4-3 500세대 이상 신축 아파트에 국공립어린이집 의무화

2) 사회복지법인어린이집 및 법인 · 단체등어린이집

법인어린이집은 사회복지법인어린이집과 법인 · 단체등어린이집으로 구분된다. 사회복지법인어린이집은 「사회복지사업법」에 의한 사회복지법인이 설치 · 운영하는 어린이집을, 법인 · 단체등어린이집은 각종 법인(사회복지법인을 제외한 비영리법인)이나 단체 등이 설치 · 운영하는 어린이집을 뜻한다. 상시 영유아 21인 이상을 보육하는 시설로, 어린이집의 명칭은 '○○어린이집'으로 해야 한다.

법인 · 단체등어린이집은 복지기관이나 종교단체 등 운영 주체가 다양하다. 종교단체에서 운영하는 어린이집은 종교기관 내에 위치하는 경우가 많고, 보육실은 때로 주일학교나 다른 종교 관련 활동을 위해 사용되기도 한다. 종교단체로부터 재정적 지원과 인력의 지원을 받는 경우도 있으며, 운영 주체인 특정 종교의 기본 철학에 영향을 받은 보육프로그램이 운영되기도 한다(이순형 외, 2013).

통합지표 3차지표 인증(1회) 재인증(2회) 재인증(3회) 재인증(4회)

번호	어린이집	분류	인증유형	정원	현원
1	○○○ 어린이집	법인·단체등 장애아통합		○○○	○○○

그림 4-4 **법인 · 단체등어린이집 검색 화면**

출처: 서울시육아종합지원센터 홈페이지(seoul.childcare.go.kr).

장점

- 법인의 자원연계(자원봉사 등 인력지원, 재정지원)가 수월하다.

단점

- 법인의 설립 철학이나 종교적 배경이 보육과정에 반영될 수 있다.

3) 가정어린이집

가정어린이집은 개인이 가정이나 그에 준하는 곳에 설치 · 운영하는 어린이집이다. 보통 아파트나 개인 주택의 1층에 설치하여 운영한다. 상시 5인 이상 20인 이하의 영유아를 보육할 수 있는 시설로, 어린이집의 명칭은 '○○어린이집'으로 해야 한다.

「영유아보육법」상의 설치기준을 모두 갖추어야 하며, 관할 시장 · 군수 · 구청장에게 사전에 인가신청을 하고, 지역 보육수요와 어린이집 공급현황 등을 감안하여 설치가 제한된다.

장점

- 집에서 가까운 곳에 위치하여 등 · 하원이 용이하다.
- 가정과 분위기가 유사하여 안정감이 있다.

단점

- 원장이 보육교사를 겸직하여 보육교사에 대한 감독이나 훈련이 어려울 수 있다.
- 주로 영아를 대상으로 운영되어 유아반을 다니기 위해서는 어린이집을 옮겨야 한다.

4) 직장어린이집

직장어린이집은 사업주가 사업장의 근로자를 위하여 설치 · 운영하는 어린이집으로, 국가 또는 지방자치단체의 장이 소속 공무원을 위하여 설치 · 운영하는 어린이집도 포함된다. 상시 영유아 5인 이상을 보육할 수 있으며, 어린이집의 명칭은 '○○어린이집'으로 해야 한다.

직장어린이집은 맞벌이 부부의 육아부담 해소를 통한 지속적 취업활동 보장 및 일 · 가정 양립제도로, 1988년 「남녀고용평등법」 제12조에 사업체의 직장보육사업을 법적으로 명시함으로써 정책화되었다. 2011년 6월 개정된 「영유아보육법」은 제14조 제1항에 이에 관한 내용을 규정하여, 대통령령으로 정하는 일정 규모, 즉 상시 여성 근로자 300명 이상 또는 상시 근로자 500명 이상을 고용하고 있는 사업장의 사업주는 직장어린이집을 설치해야 한다고 명시하였다. 직장어린이집의 설치를 미이행한 사업장의 경우, 시정명령 및 이행강제금 부과 처분을 받게 된다. 보건복지부에 따르면 2021년 직장어린이집 설치의무 이행률은 90.9%이다.

직장어린이집은 사업주가 보육교직원을 채용하여 직접 운영하거나 법인, 단체 또는 개인에게 위탁하여 운영할 수 있다. 직장어린이집을 위탁 운영하는 대표적인 단체로는 푸르니보육지원재단, 한솔어린이보육재단 등이 있다.

장점

- 부모는 출퇴근 시 자녀를 따로 맡기는 번거로움이 없다.
- 자녀는 부모와 물리적, 심리적 거리가 가까워 안정감을 느낀다.
- 직원의 근무태도가 안정되고, 직무만족도가 높아진다.

단점

- 출퇴근 거리가 먼 경우 등 · 하원 시간이 길어질 수 있다.
- 자녀의 어린이집 이용시간이 길어진다.
- 직장환경이 보육에 적합하지 않을 수 있다.

그림 4-5 직장어린이집 안내 카드뉴스

출처: 베이비뉴스 카드뉴스 (http://www.ibabynews.com).

그림 4-6 직장보육지원센터 홈페이지

(welfare.comwel.or.kr/escac/)

그림 4-7 푸르니보육지원재단

출처: 푸르니보육지원재단 홈페이지 (www.puruni.com).

그림 4-8 한솔어린이보육재단

출처: 한솔어린이보육재단 홈페이지 (www.hansolhope. or.kr).

5) 협동어린이집

협동어린이집은 부모들이 주체가 되어 자녀의 보육 문제를 해결하기 위해, 보호자 또는 보호자와 보육 교직원 11인 이상이 조합을 결성하여 비영리로 설치 · 운영하는 어린이집이다. 상시 영유아 11인 이상을 보육할 수 있는 시설을 갖추고 있어야 하며, 명칭은 '○○어린이집'으로 해야 한다. 부모 또는 부모와 보육교직원은 공동자금을 마련하여 조합을 설립하고, 어린이집 건물을 임대하며 교사의 채용뿐만 아니라, 교육과정 계획 및 운영에도 공동으로 참여한다. 부모들이 교사나 보조교사의 역할을 교대로 담당하기도 하고 각종 행사에 적극적으로 참여한다. 영유아가 자연을 가까이서 탐색하고 관찰할 수 있는 환경을 조성하여 자연과 교감할 수 있는 자연친화적인 교육프로그램 등을 실행하며, 영유아를 연령별로 구분하여 교육하기보다는 다양한 연령의 영유아가 교육활동에 함께 참여한다.

장점

- 어린이집 운영 전반이 투명하고 신뢰롭다.
- 함께하는 육아를 실천할 수 있다.
- 대안적 보육프로그램의 실행이 가능하다.

단점

- 조합 설립을 위한 초기 비용이 많이 든다.
- 다른 유형에 비해 보육비용이 많이 든다.
- 시간을 내기 힘든 부모에게는 부담이 된다.

그림 4-9 **협동어린이집: 해와달어린이집**

6) 민간어린이집

민간어린이집은 국공립어린이집, 사회복지법인어린이집, 법인 · 단체등어린이집, 직장어린이집, 가정어린이집, 협동어린이집에 속하지 않는 어린이집을 말한다. 상시 영유아 21인 이상을 보육하며, 명칭은 '○○어린이집'이라고 한다.

개인의 영리를 목적으로 운영하는 보육유형으로 정원규모, 보육프로그램, 시설 · 설비 등이 매우 다양하다. 넓은 대지에 자리 잡은 단독건물에 시청각실, 음률활동실, 동물사육장 및 자연학습장을 갖추고 있는 민간어린이집도 있으며, 영어를 비롯한 외국어와 다양한 특별활동을 운영하는 예도 있다.

장점

- 실외놀이터를 갖춘 대규모 시설이 많다.
- 교육에 대한 원장의 철학을 반영하기 용이하다.

단점

- 원장의 자질과 철학에 따라 보육여건의 차이가 크다.

2. 보육시간에 따른 유형

영유아가 어린이집에서 보육서비스를 제공받는 시간에 따라 보육유형을 구분할 수 있는데, 종일제 보육, 시간제 보육, 방과후 보육 등이 있다.

1) 종일제 보육

어린이집은 기본적으로 종일제 보육을 실시한다. 어린이집은 주 6일 이상, 연중 계속 운영하는 것을 원칙으로 하며, 운영 시간은 월~금요일은 오전 7시 30분에서 오후 7시 30분까지이며, 토요일은 오전 7시 30분부터 오후 3시 30분까지이다. 다만, 지역 및 시설 여건 등을 고려하여 어린이집 운영위원회의 결정에 따라 토요일은 휴무할 수 있다.

어린이집의 운영 시간은 기본보육 시간과 연장보육 시간으로 구분된다([그림 4-10] 참조). 기본보육 시간은 오전 9시부터 오후 4시까지 7시간이다. 기본보육 시간 전인 오전 7시 30분부터 오전 9시까지는 담임교사들의 당번제 통합보육으로 운영한다. 연장보육 시간은 기본보육 시간 이후인 오후 16시 30분부터 19시 30분까지이다. 영아(0~2세)는 맞벌이, 다자녀, 취업 준비 등 장시간 보육 필요성이 확인되어야 이용할 수 있으며, 유아(3~5세)는 가정에서 신청하면 이용할 수 있다. 연장보육반 교사는 기본보육의 담임교사 외에 추가적인 전담교사가 담당한다. 연장반의 프로그램은 표준보육과정에 기초하여 자유놀이와 휴식으로 구성된다.

7:30	9:00	16:00 17:00	19:30
과정	등원 지도	기본보육	연장보육
아동	어린이집을 이용하는 모든 아동		연장보육 신청 아동 *0~2세는 자격 필요
반 구성	통합보육	연령별 반 구성	연장반(연령 혼합)
교사	당번교사	담임교사	연장보육 전담교사
보육료	보육료		시간당 보육료

그림 4-10 어린이집 연장보육 운영체계

2) 그 밖의 연장보육

어린이집이 운영되는 기준시간(오전 7시 30분~오후 19시 30분) 외에 보육서비스가 제공되는 연장보육의 형태는 야간연장보육, 야간 12시간 보육, 24시간 보육, 휴일 보육이 있다.

연장보육 어린이집은 기준시간을 경과하여 운영되는 시설로, 해당 어린이집의 종일제 보육 아동을 연장하여 보육하는 것이 원칙이나, 주간에 다른 어린이집 등을 이용한 영유아의 경우에도 이용할 수 있다. 연장보육 어린이집의 경우 원칙적으로 별도 교사를 채용해야 하며, 국공립 및 정부지원 비영리법인시설의 경우 부모의 취업 등으로 1명 이상의 영유아가 보육시간 연장을 필요로 할 경우에는 시간연장보육을 의무적으로 실시해야 한다.

24시간 어린이집은 24시간 동안 보육서비스를 제공하는 시설을 의미하는데, 2010년 3월부터는 24시간 지정 어린이집에서만 야간보육 및 24시간 보육이 가능하다. 야간보육 및 24시간 보육은 밤늦게까지 영유아를 돌봐 주거나 잠을 재우며 밤새 운영하는 유형이다. 24시간 보육서비스를 이용하는 아동은 평일에는 하루 종일 어린이집에서 지내고, 주말에만 부모와 함께 지내는 경우가 많다. 낮 시간에는 종일제 보육프로그램과 동일하게 진행되고, 저녁에는 책 읽기, 취침준비 등이 이루어진다.

일반적으로 종일제 어린이집은 하루 12시간 동안 운영되므로 자녀를 돌봐 줄 다른 가족이 없는 맞벌이 부모는 어린이집의 운영시간에 맞추어 출퇴근시간을 조정해야 한다. 이때 부모가 갑자기 야근을 하거나 출장을 가게 되면 자녀를 맡길 곳이 없다. 맞벌이 부부뿐 아니라 한부모나 야간근무 직장에 다니는 부모의 야간 및 24시간

보육에 대한 수요는 있으나, 24시간 보육을 제공하는 어린이집은 많지 않다. 24시간 보육의 경우 냉난방비, 보육교사 인건비, 보안문제로 추가적인 비용이 발생한다. 영유아가 편안하게 잠을 잘 수 있는 공간과 시설의 확충, 위생문제, 응급상황 발생 시 대처시스템 등이 확립되어야 질 좋은 24시간 보육서비스를 제공할 수 있다.

휴일 어린이집은 어린이집이 운영하지 않는 일요일과 공휴일에 근무하는 부모를 위해 운영하는 보육서비스로, 공휴일에 보육서비스를 제공하기 때문에 원래 시설 정원과는 별도로 휴일 보육정원을 책정할 수 있다. 주 5일제 근무를 실시하지 않는 회사에 다니는 맞벌이 부모의 휴일보육에 대한 요구가 있으나, 휴일보육은 일부 어린이집에서만 운영되고 있다.

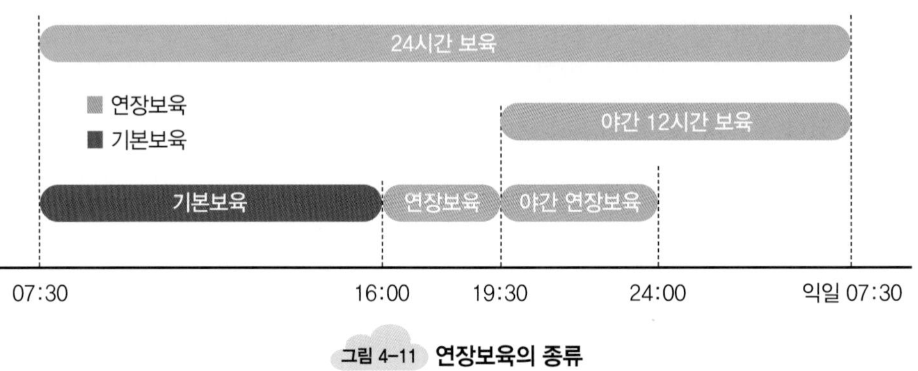

그림 4-11 연장보육의 종류

그림 4-12 거점형 시간연장 어린이집 홍보영상

3) 시간제 보육

시간제 보육이란 가정양육을 하는 경우에도 지정된 제공기관에서 시간 단위로 보육서비스를 이용하고 이용한 시간만큼 보육료를 지불하는 보육서비스를 의미한다. 시 · 군 · 구가 시간제 보육기관으로 지정한 어린이집, 육아종합지원센터 등에서 시간제 보육이 제공된다. 쇼핑, 운동, 여가 활용이나 여러 가지 용무를 보기 위해 낮 시간 동안 양육자가 영아를 비정기적인 시간제로 맡길 수 있다.

시간제 보육은 가정에서 양육하는 6~36개월 미만의 양육수당을 지원받는 영아를 대상으로 하며, 종일제 보육을 이용하지 않지만 지정된 제공기관에 시간단위로 신청하여 보육서비스를 이용할 수 있다.

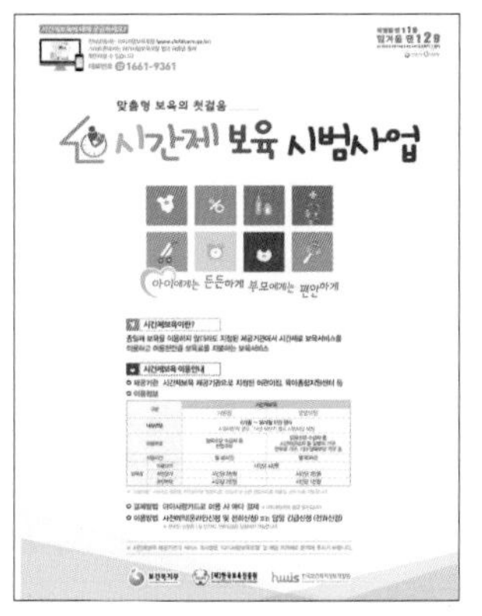

그림 4-13 시간제 보육사업 안내문

출처: 보건복지부 홈페이지(www.mohw.go.kr).

4) 방과후 보육

어린이집에서 영유아 이외에 초등학생을 대상으로 방과후 보육서비스를 제공하는 경우가 있는데, 방과후 보육서비스는 4시간 이상 제공된다. 방과후 보육은 어린이집과 초등학교를 비롯한 유아기 및 아동기의 공식적인 교육기관에서 정규적인 일과 이외의 시간 동안 성인의 보호 아래 보살핌과 지도를 받을 수 있는 모든 서비스를 의미한다(이순형 외, 2013). 일반 어린이집에서 방과후 보육을 운영하고자 할 경우 최소 인원 5명 이상에 대해 종일반 보육을 지속해야 하고, 별도의 방과후 교사를 채용해야 한다.

방과후 보육의 목적은 일차적으로 성인의 보호 없이 지내는 아동을 위험하고 위해한 환경으로부터 안전하게 보호하는 데 있고, 학교교육의 연장이라기보다는 가정교육의 연장이 되어야 한다. 따라서 초등학교에서 하교한 아동이 가정처럼 편안한 분위기에서 휴식을 취하고 또래와 어울리며 다양한 활동을 할 수 있도록 해야 한다.

정규 수업 후 제공되는 보육뿐만 아니라 학교 수업이 시작되기 전이나 공휴일 또는 동계와 하계 방학기간 중에 제공되는 보육서비스도 방과후 보육의 범주에 포함된다. 학기 중의 보육시간은 대부분 오후 1시 30분에서 오후 7시 30분 사이에 운영되며, 아동의 귀가시간에 따라 탄력적으로 운영할 수 있고, 방학기간 중에는 종일제로 운영할 수 있다.

기본정보

기관명	○○어린이집	설립유형	직장
대표자명	○○○	원장명	○○○
제공서비스	방과후 통합, 시간연장형	건물유형	전용
건물소유형태	자가	놀이터	실내, 실외

그림 4-14 ○○어린이집 방과후 보육서비스

출처: 서울시육아종합지원센터 홈페이지(seoul.childcare.go.kr).

3. 보육대상에 따른 유형

보육의 대상에 따라서도 보육의 목적이 달라지고 그 유형이 구분된다. 여기서는 보육의 대상에 따라 영아전담어린이집, 장애아전문어린이집, 장애아통합어린이집으로 구분하여 그 특성을 살펴본다.

1) 영아전담어린이집

영아보육은 3세 미만의 영아를 대상으로 보육서비스를 제공하는 것을 의미하며,

3세 미만 영아만을 20인 이상 보육하는 어린이집을 영아전담어린이집이라고 한다. 영아전담어린이집은 보육정원을 기준으로 가능한 한 2세 미만 반이 2세 반보다 많게 되도록 편성해야 하고, 2세 이상 반만으로 보육정원을 책정할 수는 없다. 취업모가 출산휴가를 마친 90일 이후에 어린 영아를 맡길 수 있는 어린이집이 많지 않아 취업경력이 단절되는 경우가 많다. 영아전담어린이집은 0~1세 영아만을 위한 반을 확보하고 있어서 어린 영아를 위한 입소기회가 보장된다. 영아전담어린이집의 경우 일반 어린이집의 시설기준 외에 바닥 난방시설, 냉・온수 샤워시설, 영아용 침대(반당 2개 이상), 우유병 소독기, 영아용 보육용품, 기타 영아보육에 필요한 시설을 갖추어야 한다.

2) 장애아전문어린이집 및 장애아통합어린이집

장애아보육을 지원하는 어린이집은 장애아전문어린이집과 장애아통합어린이집으로 구분되며, 국공립・법인 등 정부지원어린이집의 경우 우선적으로 장애아통합반을 구성하여 운영해야 한다.

장애아전문어린이집은 「장애아복지지원법」 제32조에 따라 요건을 갖추고 상시 12명 이상의 장애영유아를 보육하는 시설 중 시장・군수・구청장이 장애아전문어린이집으로 지정한 시설을 말한다. 장애아전문어린이집은 장애아의 연령, 장애의 종류 및 정도를 함께 고려하여 반을 편성・운영하고, 12세까지 입소 가능하다.

장애아전문어린이집의 보육대상은 중증의 장애아이며, 장애아전문어린이집에는 전문적인 특수교사, 언어치료사, 물리치료사 등의 전문치료사가 근무하여 장애아에게 필요한 서비스를 전문적으로 제공한다. 교사 배치의 경우 장애아 3인당 1인, 3인을 초과할 때마다 1인씩 장애영유아를 위한 보육교사를 증원하고, 교사 3인 중 1명은 반드시 특수교사 자격소지자로 배치한다.

장애아통합어린이집은 장애전담교사를 배치하고, 정원의 20% 이내에서 장애아 종일반을 편성・운영하거나 미취학장애아를 3명 이상 통합보육하고 있는 어린이집으로 시・군・구가 지정한 시설이다. 교사의 배치는 장애아와 비장애아를 통합하여 보육하되 교사는 장애전담교사, 일반 보육교사 각각 1인씩 배치한다.

장애영유아와 비장애영유아를 같은 시설에서 함께 보육하는 통합보육을 통해 장

애아는 정상발달 또래들과 함께 생활함으로써 비장애영유아의 연령에 맞는 행동을 관찰하고 학습할 뿐 아니라, 동일 연령의 또래와 상호작용할 수 있다는 장점이 있다. 비장애아동은 장애아동과의 상호작용을 경험하면서 장애아동에 대한 편견을 갖지 않는다는 장점이 있다.

<표 4-1> **구립 곡교어린이집의 장애아통합 보육프로그램**

프로그램	내용	세부 프로그램
교육	• 영아교육(0세~24개월) • 유아교육(3~5세) • 방과후교육(초등학교 1~3학년) • 특수교육	• 영역별 발달프로그램 • 개인별 특성에 따른 개별화 교육(IEP) • 가정연계교육 • 지역사회 연계교육(CBI)
특별활동	• 아동의 창의력과 잠재능력을 전문적으로 개발하는 창의성 발달 프로그램	• 사회체육 • 음악활동-통합적 음악활동, 음악감상, 리듬 익히기, 노래하기 • 연주하기, 미술 및 협동작업
통합	• 발달이 지체된 아동과 일반아동들이 함께 배우고, 생활하고 놀이할 수 있도록 돕는 프로그램	• 완전통합
치료 및 재활교육	• 발달이 지체되어 성장에 어려움을 겪는 아동들을 위해 전문적인 치료를 제공하는 프로그램	• 작업치료 • 언어치료 • 음악치료(방과후반)

출처: 곡교어린이집 홈페이지(gokgyo.co.kr).

• **장애영유아를 위한 보육교사**

장애영유아에 대한 체계적이고 전문성 높은 보육서비스 제공함으로써 장애아동이 안정된 보육환경 속에서 건강하게 성장할 수 있도록 함

• **장애영유아를 위한 보육교사 자격기준**

다음 각 호의 자격을 모두 갖춘 사람

1. 「영유아보육법」 제21조 제3항에 따른 보육교사 2급 이상의 자격증을 소지한 사람
2. 보건복지부령으로 정하는 특수교육 또는 재활 관련 교과목 및 학점을 「고등교육법」 제2조에 따른 학교에서 이수하거나 「학점인정 등에 관한 법률」 제7조에 따라 인정받은 사람

• **장애영유아를 위한 보육교사 배치기준**

가. 장애영유아를 위한 어린이집에 배치하는 특수교사 및 장애영유아를 위한 보육교사의 수는 장애영유아 수의 3분의 1 이상이어야 한다. 이 경우 배치된 특수교사 및 장애영유아를 위한 보육교사 2명당 1명 이상은 특수교사여야 한다.

1) 제1항에도 불구하고 장애영유아 수가 2명 이하인 경우에는 특수교사 및 장애영유아를 위한 보육교사를 배치하지 않을 수 있다.

2) 제1항 및 제2항에 따른 배치는 다음 각 호의 기준에 따라 순차적으로 실시한다.

나. 취학하지 아니한 만 5세 이상의 장애영유아: 2016년 3월 1일부터

다. 만 3세의 장애영유아: 2018년 3월 1일부터

그림 4-15 장애영유아를 위한 보육교사 자격기준

출처: 한국보육진흥원 홈페이지(www.kcpi.or.kr).

5장 보육과정

1. 보육과정의 이해

2. 표준보육과정 총론

1) 표준보육과정의 성격

2) 총론

3. 표준보육과정 영역별 목표 및 내용

〈0~1세 영역별 목표 및 내용〉

1) 기본생활

2) 신체운동

3) 의사소통

4) 사회관계

5) 예술경험

6) 자연탐구

〈2세 영역별 목표 및 내용〉

1) 기본생활

2) 신체운동

3) 의사소통

4) 사회관계

5) 예술경험

6) 자연탐구

〈3~5세 보육과정(누리과정)의 목표 및 내용〉

1) 신체운동 · 건강

2) 의사소통

3) 사회관계

4) 예술경험

5) 자연탐구

보육과정은 영유아를 보호하고 교육하기 위하여 보육계획과 실행, 평가로 이루어지는 일련의 보육 및 교육과정 전체를 말한다. 우리나라는 국가에서 영유아의 신체 · 인지 · 언어 · 사회정서 발달을 도모할 수 있는 내용을 포함한 표준보육과정을 개발 · 보급할 것을 법으로 명시하고 있으며, 어린이집은 이에 따라 영유아를 보육하도록 노력하여야 한다. 이 장에서는 보육과정의 계획과 운영을 위해 국가 수준의 보육과정인 표준보육과정(누리과정)의 목적, 목표, 구성 및 내용에 대해 파악하고, 이를 실제에 적용하는 방법을 살펴본다.

1. 보육과정의 이해

영유아 보육은 가정 외 보육기관에서 보육담당자가 영아와 유아를 보호하고 교육하는 일련의 전문적 활동을 의미한다. 따라서 영유아 보육활동은 어떤 목적과 목표를 설정할 것이고, 그 목적과 목표를 달성하기 위한 교수 · 학습방법을 선택할 것이며, 또한 이를 영유아가 경험해야 할 구체적 경험 및 내용에 대한 의사결정을 필요로 한다. 이와 같이 '영유아를 대상으로 보호하고 교육하기 위한 활동에 대한 목적 및 목표의 설정, 교육 내용의 선정과 조직, 교육과정과 결과의 평가 등에 관한 전체적 계획과 조직, 즉 전체적 설계도'가 영유아 보육과정이다.

표준보육과정은 0~5세 영유아가 어린이집에서 경험해야 할 바람직한 태도와 가치 · 지식 · 기술 등을 포함한 국가수준의 보편적 보육내용이다. 1991년 「영유아보육법」 제정 이후 어린이집이 늘어나고 보육의 필요성도 높아졌으나, 구체적인 보육목표와 내용에 대한 일관된 지침이 없이 어린이집이 운영되어 어린이집별로 보육의 질적 수준에 차이가 나타났다(이순형 외, 2013). 이에 따라 국가 수준의 표준화된 지침이 필요해졌고, 우리나라에서는 2004년 개정 「영유아보육법」 제29조에 의거해 국가 수준의 보육과정인 표준보육과정을 개발 및 보급하고 표준보육과정에 따라 영유아를 보육하도록 규정하였다(보건복지부, 육아정책연구소, 2013b).

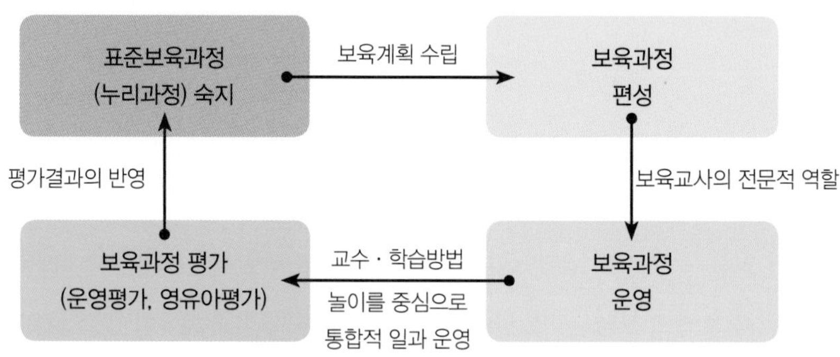

그림 5-1 보육과정 편성과 운영

출처: 보건복지부, 육아정책연구소(2013b).

2007년 1월 제1차 표준보육과정을 고시해 구체적인 보육내용을 제시하였고, 0~1세 보육과정, 2세 보육과정, 3~5세 보육과정에 따라 연령별로 보육현장에 적용되어 왔다. 이후 사회와 보육여건의 변화에 따라 표준보육과정에 대한 개정의 필요성이 대두되었고, 3~5세의 유아가 어린이집과 유치원에서 각각 운영되던 표준보육과정과 유치원교육과정이라는 각기 다른 교육과정으로 보육되는 실정에 대한 문제가 제기되었다. 이에 보건복지부와 교육과학기술부는 2011년 어린이집과 유치원의 5세 유아를 위한 공통의 교육과정인 5세 누리과정을 제정하였고, 2012년 5세를 제외한 0~4세 영유아를 대상으로 한 제2차 표준보육과정을 마련하였다. 이어서 2013년 5세 누리과정과 연계한 3~4세 누리과정이 개발되어 3~5세 연령별 누리과정이 만들어졌다. 이로써 2013년부터는 어린이집이나 유치원 어디에 다니든 3~5세의 유아는 공통과정을 통해 양질의 보육과 교육을 제공받도록 하였다(보건복지부, 교육과학기술부, 2013b).

이어서 0~5세 영유아의 연속적인 경험과 연령 간 발달적 연계를 위해 3~5세 누리과정에 맞추어 기존의 2차 표준보육과정을 개편한 제3차 표준보육과정을 개정하

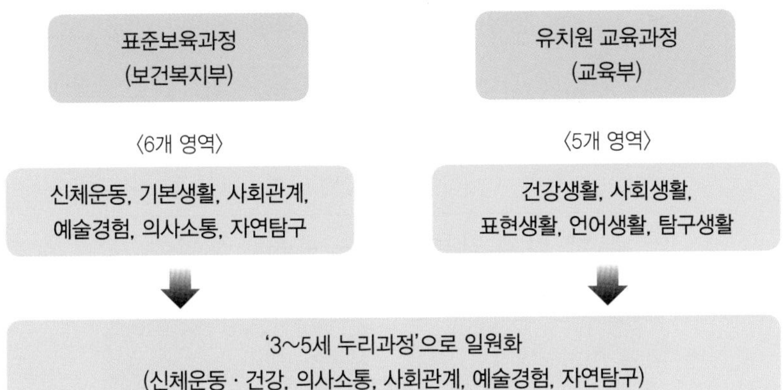

그림 5-2 공통의 보육 · 교육과정인 누리과정

출처: 보건복지부, 육아정책연구소(2013b).

<표 5-1> 표준보육과정의 구성

어린이집 표준보육과정		
0~1세 보육과정	2세 보육과정	3~5세 보육과정 (누리과정)
영아		유아

였다. 3차 표준보육과정은 어린이집을 이용하는 모든 영유아를 대상으로 하여 국가 수준에서 제공하는 보편적이고 공통적인 보육의 목표와 내용을 제시하며, 0~1세 보육과정, 2세 보육과정, 3~5세 보육과정(누리과정)으로 구성해 누리과정을 포함하는 넓은 개념으로 정리되었다. 이에 0~5세 영유아를 위한 국가 수준의 보육과정이 정립되었고 표준보육과정(누리과정)을 토대로 연령별 보육활동을 조직 · 운영할 수 있게 되었다.

2019년 7월에는 2020년 3월부터 시행하는 2019 개정 누리과정을 확정 · 발표하였다. 유아중심 · 놀이중심을 기본 방향으로 하는 개정 누리과정과의 연계 및 보육과정의 일관성을 높이기 위해 0~2세 보육과정을 포함하는 제4차 표준보육과정 역시 개정을 추진하였다. 개정된 보육과정은 교사가 미리 계획한 활동을 획일적으로 영유아에게 제공하는 것이 아니라 영유아가 놀이와 일상을 통해 자발적이고 주도적으로 경험하고 배우는 것을 강조한다. 따라서 교사 중심의 계획-실행-평가로 이루어지는 전통적 교육과정과 달리, 영유아의 흥미와 관심에 따른 놀이 실행이 우선하고 교사는 영유아의 놀이를 지원하는 '함께 만들어 가는 교육과정'을 지향한다.

영유아 · 놀이중심 보육과정

영유아의 놀이에서 의미 있는 배움의 순간,
배움의 내용을 포착해 내는 교사

"함께 만들어 가는 보육과정"

배움의 주체
놀이하며 배우는
유능한 영유아

배움의 내용, 방식, 과정
영유아의 놀이

그림 5-3 영유아중심 · 놀이중심 제4차 표준보육과정

2. 표준보육과정 총론

1) 표준보육과정의 성격

어린이집 표준보육과정은 0~5세 영유아를 위한 국가수준의 보육과정이며 0~1세 보육과정, 2세 보육과정, 3~5세 보육과정(누리과정)으로 구성한다.

가. 국가 수준의 공통성과 지역, 기관 및 개인 수준의 다양성을 동시에 추구한다.
나. 영유아의 전인적 발달과 행복을 추구한다.
다. 영유아중심과 놀이중심을 추구한다.
라. 영유아의 자율성과 창의성 신장을 추구한다.
마. 영유아, 교사, 원장, 부모 및 지역사회가 함께 실현해 가는 것을 추구한다.

2) 총론

(1) 표준보육과정의 구성방향

① 추구하는 인간상

표준보육과정이 추구하는 인간상은 다음과 같다.

가. 건강한 사람: 몸과 마음이 고루 발달하고 스스로 건강함을 유지하며 안정적이고 안전한 생활을 하는 사람

나. 자주적인 사람: 자신을 잘 알고 존중하며 자신감을 가지고 스스로 할 수 있는 일을 주도적으로 해 나가는 사람

다. 창의적인 사람: 주변 세계에 열려 있고 호기심이 많으며 자기만의 방식으로 상상하고 느끼고 표현하고 탐구하는 가운데 새롭고 독창적인 생각을 하는 사람

라. 감성이 풍부한 사람: 예술과 문화를 사랑하고 존중하며 자신을 둘러싼 주변 세계에 경이감과 아름다움을 느끼고 즐길 수 있는 풍부한 문화적 감수성을 지닌 사람

마. 더불어 사는 사람: 내가 속해 있는 사회에 소속감을 느끼고 다른 생명과 사람을 존중하고 자연과 더불어 살아가며 보다 나은 사회를 만들기 위해 사회문제에 관심을 갖고 협력하는 사람

② 목적과 목표

〈0~2세 보육과정 목표〉

가. 자신의 소중함을 알고, 건강하고 안전한 환경에서 즐겁게 생활한다.

나. 자신의 일을 스스로 하고자 한다.

다. 호기심을 가지고 탐색하며 상상력을 기른다.

라. 일상에서 아름다움에 관심을 가지고 감성을 기른다.

마. 사람과 자연을 존중하고 소통하는 데 관심을 가진다.

〈3~5세 보육과정 목표〉

가. 자신의 소중함을 알고, 건강하고 안전한 생활습관을 기른다.

나. 자신의 일을 스스로 해결하는 기초능력을 기른다.

다. 호기심과 탐구심을 가지고 상상력과 창의력을 기른다.

라. 일상에서 아름다움을 느끼고 문화적 감수성을 기른다.

마. 사람과 자연을 존중하고 배려하며 소통하는 태도를 기른다.

③ **구성의 중점**

표준보육과정 구성의 중점은 다음과 같다.

가. 영유아는 개별적인 특성을 지닌 고유한 존재임을 전제로 구성한다.
나. 0~5세 모든 영유아에게 적용할 수 있도록 구성한다.
다. 추구하는 인간상 구현을 위한 지식, 기능, 태도 및 가치를 반영하여 구성한다.
라. 표준보육과정은 다음의 영역을 중심으로 구성한다.
 1) 0~1세 보육과정과 2세 보육과정은 기본생활, 신체운동, 의사소통, 사회관계, 예술경험, 자연탐구의 6개 영역을 중심으로 구성한다.
 2) 3~5세 누리과정은 신체운동 · 건강, 의사소통, 사회관계, 예술경험, 자연탐구의 5개 영역을 중심으로 구성한다.
마. 0~5세 영유아가 경험해야 할 내용으로 구성한다.
바. 초등학교 교육과정과의 연계성을 고려하여 구성한다.

(2) 표준보육과정의 운영

① **편성 · 운영**

다음의 사항에 따라 표준보육과정을 편성 · 운영한다.

가. 어린이집 운영 시간에 맞추어 편성한다.
나. 표준보육과정을 바탕으로 각 기관의 실정에 적합한 계획을 수립하여 운영한다.
다. 하루 일과에서 바깥놀이를 포함하여 영유아의 놀이가 충분히 이루어지도록 편성하여 운영한다.
라. 성, 신체적 특성, 장애, 종교, 가족 및 문화적 배경 등에 따른 차별이 없도록 편성하여 운영한다.
마. 영유아의 발달과 장애 정도에 따라 조정하여 운영한다.
바. 가정과 지역사회와의 협력과 참여에 기반하여 운영한다.
사. 교사 연수를 통해 표준보육과정의 운영을 개선할 수 있도록 한다.

② 교수 · 학습

교사는 다음 사항에 따라 영유아를 지원한다.

가. 영유아의 의사 표현을 존중하고 민감하게 반응한다.

나. 영유아가 흥미와 관심에 따라 놀이에 자유롭게 참여하고 즐기도록 한다.

다. 영유아가 놀이를 통해 배우도록 한다.

라. 영유아가 다양한 놀이와 활동을 경험할 수 있도록 실내외 환경을 구성한다.

마. 영유아와 영유아, 영유아와 교사, 영유아와 환경 간에 능동적인 상호작용이 이루어지도록 한다.

바. 각 영역의 내용이 통합적으로 영유아의 경험과 연계되도록 한다.

사. 개별 영유아의 요구에 따라, 휴식과 일상생활이 원활히 이루어지도록 한다.

아. 영유아의 연령, 발달, 장애, 배경 등을 고려하여 개별 특성에 적합한 방식으로 배우도록 한다.

③ 평가

평가는 다음 사항에 중점을 두고 실시한다.

가. 표준보육과정 운영의 질을 진단하고 개선하기 위해, 평가를 계획하고 실시한다.

나. 영유아의 특성 및 변화정도와 표준보육과정의 운영을 평가한다.

그림 5-4 **누리과정 적용을 위한 현장지원 자료 3종**

다. 평가의 목적에 따라 적합한 방법을 사용하여 평가한다.

라. 평가의 결과는 영유아에 대한 이해와 표준보육과정 운영 개선을 위한 자료로 활용할 수 있다.

그림 5-5 누리과정포털(https://i-nuri.go.kr)

3. 표준보육과정 영역별 목표 및 내용

그림 5-6 표준보육과정의 영역별 발달 내용

0~1세 영역별 목표 및 내용

1) 기본생활

0~1세 영아가 편안한 분위기에서 청결과 위생, 즐거운 식생활, 수면과 휴식, 배변 등의 건강한 일상생활과 위험으로부터 안전하게 생활하는 경험을 하도록 하는 영역이다.

(1) 목표

건강하고 안전한 일상생활을 경험한다.

① 건강한 일상생활을 경험한다.

② 안전한 일상생활을 경험한다.

(2) 내용

내용범주	내용
건강하게 생활하기	• 도움을 받아 몸을 깨끗이 한다. • 음식을 즐겁게 먹는다. • 하루 일과를 편안하게 경험한다. • 배변 의사를 표현한다.
안전하게 생활하기	• 안전한 상황에서 놀이하고 생활한다. • 안전한 상황에서 교통수단을 이용해 본다. • 위험하다는 말에 주의한다.

그림 5-7 음식을 즐겁게 먹는 경험

그림 5-8 도움을 받아 몸을 깨끗이 하는 경험

2) 신체운동

0~1세 영아가 자신의 감각적 경험을 통해 신체를 탐색하고 대소근육 발달에 적합한 신체활동에 참여하면서 감각능력과 기본적 신체운동 능력을 기르기 위한 영역이다.

(1) 목표

감각으로 탐색하고 신체활동을 즐긴다.

① 감각 탐색을 즐긴다.

② 신체활동을 즐겁게 경험한다.

(2) 내용

내용범주	내용
감각과 신체 인식하기	• 감각적 자극에 반응한다. • 감각으로 주변을 탐색한다. • 신체를 탐색한다.
신체활동 즐기기	• 대소근육을 조절한다. • 기본 운동을 시도한다. • 실내외 신체활동을 즐긴다.

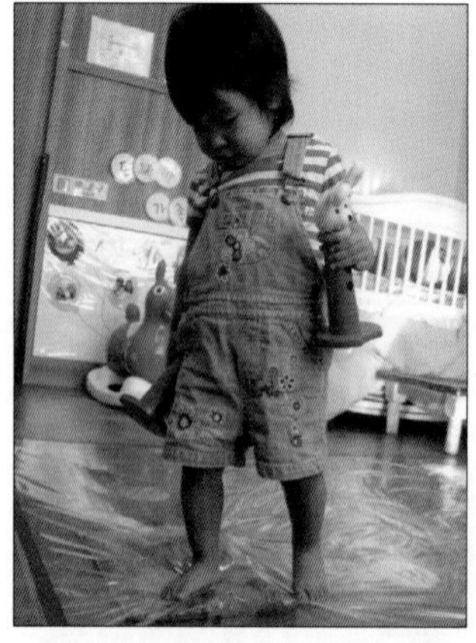

그림 5-9 감각으로 주변을 탐색하는 경험

그림 5-10 실외에서 신체활동을 즐기는 경험

3) 의사소통

0~1세 영아가 비언어와 언어를 이용하여 자신의 생각, 느낌, 감정을 표현하고 다른 사람의 생각, 느낌, 감정을 이해하는 과정을 경험하며 상대방과 소통하는 즐거움을 경험하는 영역이다.

(1) 목표

의사소통 능력의 기초를 형성한다.

① 일상생활에서 듣기와 말하기를 즐긴다.

② 읽기와 쓰기에 관련된 관심을 가진다.

③ 책과 이야기에 관심을 가진다.

(2) 내용

내용범주	내용
듣기와 말하기	• 표정, 몸짓, 말과 주변의 소리에 관심을 갖고 듣는다. • 상대방의 이야기를 들으면서 말소리를 낸다. • 표정, 몸짓, 말소리로 의사를 표현한다.
읽기와 쓰기에 관심 가지기	• 주변의 그림과 상징에 관심을 가진다. • 끼적이기에 관심을 가진다.
책과 이야기 즐기기	• 책에 관심을 가진다. • 이야기에 관심을 가진다.

그림 5-11 **표정, 몸짓, 말소리로 의사를 표현하는 경험**

그림 5-12 **책에 관심을 가지는 경험**

4) 사회관계

0~1세 영아가 자신을 다른 사람과 분리된 존재로 인식하고 주변의 친숙한 사람과 관계를 맺으며 함께 지낼 수 있게 됨으로써 다른 사람들과 더불어 생활하는 기초를 익히도록 하는 영역이다.

(1) 목표

나를 인식하고, 친숙한 사람과 관계를 맺는다.

① 나를 고유한 존재로 안다.

② 안정적인 애착을 형성하고 또래, 교사와 함께 지낸다.

(2) 내용

내용범주	내용
나를 알고 존중하기	• 나를 인식한다. • 나의 욕구와 감정을 나타낸다. • 나와 친숙한 것을 안다.
더불어 생활하기	• 안정적인 애착을 형성한다. • 또래에게 관심을 가진다. • 다른 사람의 감정과 행동에 관심을 가진다. • 반에서 편안하게 지낸다.

그림 5-13 거울 속 나를 인식하는 경험

그림 5-14 유사한 놀이를 하며 또래에게 관심을 가지는 경험

5) 예술경험

0~1세 영아가 자연과 생활 속에서 감각 자극에 호기심을 가지고 다양한 방법으로 표현하기를 즐기며 자연물, 사물, 환경의 아름다움에 관심을 가지고 즐김으로써 풍부한 정서를 경험하기 위한 영역이다.

(1) 목표

아름다움을 느끼고 경험한다.

① 자연과 생활에서 아름다움에 관심을 가진다.

② 예술적 경험을 표현한다.

(2) 내용

내용범주	내용
아름다움 찾아보기	• 자연과 생활에서 아름다움을 느낀다. • 아름다움에 관심을 가진다.
창의적으로 표현하기	• 소리와 리듬, 노래로 표현한다. • 감각을 통해 미술을 경험한다. • 모방 행동을 즐긴다.

그림 5-15 모방 행동을 즐기는 경험

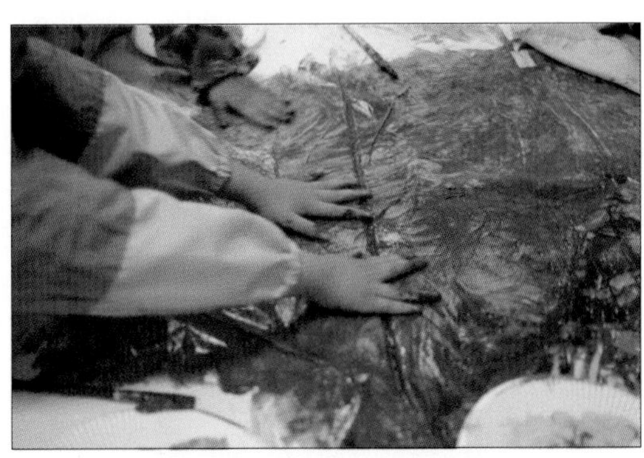

그림 5-16 감각을 통해 색을 즐기는 경험

6) 자연탐구

0~1세 영아가 보고, 듣고, 만지면서 주변 환경에 관심을 가지고, 주변 세계에 대한 탐색을 시도하며, 일상생활과 놀이에서 일어나는 수학적, 과학적 상황을 지각하고, 주변의 동식물과 자연에 관심을 가지도록 하는 영역이다.

(1) 목표

주변 환경과 자연에 관심을 가진다.

① 일상에서 탐색을 즐긴다.

② 주변 환경을 탐색한다.

③ 생명과 자연에 관심을 가진다.

(2) 내용

내용범주	내용
탐구 과정 즐기기	• 주변 세계와 자연에 대해 호기심을 가진다. • 사물과 자연 탐색하기를 즐긴다.
생활 속에서 탐구하기	• 친숙한 물체를 감각으로 탐색한다. • 물체의 수량에 관심을 가진다. • 주변 공간과 모양을 탐색한다. • 규칙성을 경험한다.
자연과 더불어 살기	• 주변의 동식물에 관심을 가진다. • 날씨의 변화를 감각으로 느낀다.

그림 5-17 물을 탐색하는 경험

그림 5-18 주변의 식물에 관심을 갖는 경험

2세 영역별 목표 및 내용

1) 기본생활

2세 영아가 익숙해진 일과에서 위생과 청결을 지키고, 바른 식생활 태도를 경험하며, 위험한 상황을 알고 스스로 조심하는 등 일상을 즐겁고 안전하게 경험하도록 하는 영역이다.

(1) 목표

건강하고 안전한 생활습관의 기초를 형성한다.

① 건강한 생활습관의 기초를 형성한다.

② 안전한 생활습관의 기초를 형성한다.

(2) 내용

내용범주	내용
건강하게 생활하기	• 자신의 몸을 깨끗이 해 본다. • 음식에 관심을 가지고 즐겁게 먹는다. • 하루 일과를 즐겁게 경험한다. • 건강한 배변 습관을 갖는다.
안전하게 생활하기	• 일상에서 안전하게 놀이하고 생활한다. • 교통수단을 안전하게 이용해 본다. • 위험한 상황에 대처하는 방법을 경험한다.

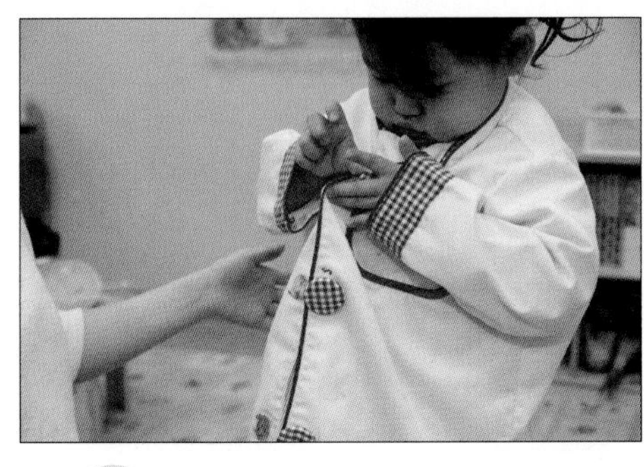

그림 5-19 스스로 옷을 입으며 일과를 즐겁게 경험

그림 5-20 이불을 정리하며 일과를 즐겁게 경험

2) 신체운동

2세 영아가 감각을 활용하여 신체의 각 부분을 탐색하면서 자신의 신체를 자연스럽게 인식하도록 하고 자신의 대소근육을 조절하여 기본운동 및 도구를 이용한 운동을 하며 실내외 신체활동을 즐기도록 하는 영역이다.

(1) 목표

감각을 활용하고 신체활동을 즐긴다.

① 감각을 활용하고, 신체를 인식한다.

② 신체활동을 즐긴다.

(2) 내용

내용범주	내용
감각과 신체 인식하기	• 감각 능력을 활용한다. • 신체를 인식하고 움직인다.
신체활동 즐기기	• 대소근육을 조절한다. • 기본운동을 즐긴다. • 실내외 신체활동을 즐긴다.

그림 5-21 신체활동을 즐기는 경험

그림 5-22 대소근육을 조절하는 경험

3) 의사소통

2세 영아는 의사소통 경험을 통해 일상의 기초적인 어휘를 습득하여 구어로 소통하는 능력이 향상되고 상징과 문자를 읽고 이를 활용하여 쓰기와 같은 소통 방식을 경험하는 시기이므로 다양한 상황에서 자신의 생각, 느낌, 감정을 상대방에게 표현하고 다른 사람의 생각, 느낌, 감정을 이해하며 소통의 즐거움을 경험하도록 하는 영역이다.

(1) 목표

의사소통 능력과 상상력의 기초를 형성한다.

① 일상생활에서 듣기와 말하기를 즐긴다.

② 읽기와 쓰기에 관심을 가진다.

③ 책과 이야기에 재미를 느낀다.

(2) 내용

내용범주	내용
듣기와 말하기	• 표정, 몸짓, 말에 관심을 갖고 듣는다. • 상대방의 이야기를 듣고 말한다. • 표정, 몸짓, 단어로 의사를 표현한다. • 자신의 요구와 느낌을 말한다.
읽기와 쓰기에 관심 가지기	• 주변의 그림과 상징, 글자에 관심을 가진다. • 끼적이며 표현하기를 즐긴다.
책과 이야기 즐기기	• 책에 관심을 가지고 상상한다. • 말놀이와 이야기에 재미를 느낀다.

그림 5-23 끼적이며 표현하는 경험

그림 5-24 책에 관심을 갖는 경험

4) 사회관계

2세 영아가 자신을 알고 소중히 여기며 자신을 존중하고, 자신과 다른 사람의 감정을 보다 명확히 인식할 수 있으며, 가족, 또래, 자신이 속한 집단의 다른 사람들과 생활해 보는 경험을 통해 기본적인 사회적 규칙이나 약속을 자연스럽게 익히도록 하는 영역이다.

(1) 목표

나는 알고, 다른 사람과 더불어 생활하는 경험을 한다.

① 나를 알고, 긍정적으로 여긴다.

② 다른 사람과 즐겁게 지내기 위한 태도를 기른다.

(2) 내용

내용범주	내용
나를 알고 존중하기	• 나와 다른 사람을 구별한다. • 나의 감정을 표현한다. • 내가 좋아하는 것을 한다.
더불어 생활하기	• 가족에게 관심을 가진다. • 또래와 함께 놀이한다. • 다른 사람의 감정과 행동에 반응한다. • 반에서의 규칙과 약속을 알고 지킨다.

그림 5-25 다른 사람과 나를 구별하는 경험

그림 5-26 또래와 함께 놀이하는 경험

5) 예술경험

영아가 자연과 생활 속에서 아름다움을 느끼고 이러한 경험을 통해 아름다움에 관심을 가지며, 노래, 움직임과 춤, 미술 표현, 상상놀이 등 다양한 방법으로 자유롭게 표현함으로써 일상에서의 아름다움과 예술경험을 즐기며 감성을 기르기 위한 영역이다.

(1) 목표

아름다움을 느끼고 즐긴다.

① 자연과 생활에서 아름다움을 느끼고 관심을 가진다.

② 예술을 통해 자유롭게 표현한다.

(2) 내용

내용범주	내용
아름다움 찾아보기	• 자연과 생활에서 아름다움을 느끼고 즐긴다. • 아름다움에 관심을 갖고 찾아본다.
창의적으로 표현하기	• 익숙한 노래와 리듬을 표현한다. • 움직임과 춤으로 자유롭게 표현한다. • 미술 재료와 도구로 표현해 본다. • 일상생활 경험을 상상놀이로 표현한다.

그림 5-27 노래와 움직임을 즐기는 경험

그림 5-28 아름다움에 관심을 갖고 즐기는 경험

6) 자연탐구

2세 영아는 호기심을 가지고 주변 세계에 대해 다양하고 반복적인 탐색하기를 즐기며 주변 환경과 자연세계에 대해 알고자 한다. 영아가 주변 환경과 자연에 호기심을 가지고 다양하게 탐색하기를 즐기고, 주변에서 경험하는 수학적, 과학적 상황을 인식하며 주변의 동식물과 자연에 관심을 가지도록 하는 영역이다.

(1) 목표

주변 환경과 자연을 탐색하는 과정을 즐긴다.

① 일상에서 탐색하는 과정을 즐긴다.

② 주변 환경에 관심을 가지고 탐색한다.

③ 생명과 자연에 관심을 가진다.

(2) 내용

내용범주	내용
탐구과정 즐기기	• 주변 세계와 자연에 대해 호기심을 가진다. • 사물과 자연을 반복하여 탐색하기를 즐긴다.
생활 속에서 탐구하기	• 친숙한 물체의 특성과 변화를 감각으로 탐색한다. • 물체의 수량에 관심을 가진다. • 주변 공간과 모양을 탐색한다. • 규칙성에 관심을 가진다. • 주변 사물을 같고 다름에 따라 구분한다. • 생활 도구에 관심을 가진다.
자연과 더불어 살기	• 주변의 동식물에 관심을 가진다. • 날씨와 계절의 변화를 감각으로 느낀다.

그림 5-29 주변의 동식물에 관심을 갖는 경험

그림 5-30 규칙성에 관심을 갖는 경험

3~5세 보육과정(누리과정)의 목표 및 내용

1) 신체운동 · 건강

3~5세의 신체운동 · 건강 영역은 유아가 다양한 신체활동에 참여하는 것을 즐기고, 청결과 위생, 즐거운 식사, 적당한 휴식을 통해 건강하게 생활하며, 일상에서 안전하게 생활하는 방법을 배우고 실천하는 내용이다.

(1) 목표

실내외에서 신체활동을 즐기고, 건강하고 안전한 생활을 한다.

① 신체활동에 즐겁게 참여한다.

② 건강한 생활습관을 기른다.

③ 안전한 생활습관을 기른다.

(2) 내용

내용범주	내용
신체활동 즐기기	• 신체를 인식하고 움직인다. • 신체 움직임을 조절한다. • 기초적인 이동운동, 제자리 운동, 도구를 이용한 운동을 한다. • 실내외 신체활동에 자발적으로 참여한다.
건강하게 생활하기	• 자신의 몸과 주변을 깨끗이 한다. • 몸에 좋은 음식에 관심을 가지고 바른 태도로 즐겁게 먹는다. • 하루 일과에서 적당한 휴식을 취한다. • 질병을 예방하는 방법을 알고 실천한다.
안전하게 생활하기	• 일상에서 안전하게 놀이하고 생활한다. • TV, 컴퓨터, 스마트폰 등을 바르게 사용한다. • 교통안전 규칙을 지킨다. • 안전사고, 화재, 재난, 학대, 유괴 등에 대처하는 방법을 경험한다.

그림 5-31 신체 움직임을 조절하는 경험

그림 5-32 질병을 예방하는 방법을 알고 실천하는 경험

2) 의사소통

3~5세의 의사소통 영역은 유아가 다른 사람의 말이나 이야기를 듣고 자신의 경험과 느낌을 바른 태도로 말하며, 주변의 상징을 읽고 그에 대한 자신의 생각을 표현해 보며, 다양한 책과 이야기에 관심을 가지고 상상하기를 즐기는 내용이다.

(1) 목표

일상생활에 필요한 의사소통 능력과 상상력을 기른다.

① 일상생활에서 듣고 말하기를 즐긴다.

② 읽기와 쓰기에 관심을 가진다.

③ 책이나 이야기를 통해 상상하기를 즐긴다.

(2) 내용

내용범주	내용
듣기와 말하기	• 말이나 이야기를 관심 있게 듣는다. • 자신의 경험, 느낌, 생각을 말한다. • 상황에 적절한 단어를 사용하여 말한다. • 상대방이 하는 이야기를 듣고 관련해서 말한다. • 바른 태도로 듣고 말한다. • 고운 말을 사용한다.

읽기와 쓰기에 관심 가지기	• 말과 글의 관계에 관심을 가진다. • 주변의 상징, 글자 등의 읽기에 관심을 가진다. • 자신의 생각을 글자와 비슷한 형태로 표현한다.
책과 이야기 즐기기	• 책에 관심을 가지고 상상하기를 즐긴다. • 동화, 동시에서 말의 재미를 느낀다. • 말놀이와 이야기 짓기를 즐긴다.

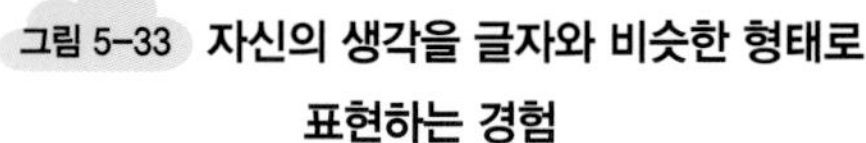

그림 5-33 **자신의 생각을 글자와 비슷한 형태로 표현하는 경험**

그림 5-34 **책에 관심을 가지고 상상하는 경험**

3) 사회관계

3~5세의 사회관계 영역은 유아가 자신을 존중하고 친구나 가족, 또는 다른 사람들과 더불어 살아가는 데 필요한 사회적 기술을 익히며, 유아가 속한 지역사회와 우리나라, 다른 나라의 문화에 관심을 갖는 내용이다.

(1) 목표

자신을 존중하고 더불어 생활하는 태도를 가진다.

① 자신을 이해하고 존중한다.

② 다른 사람과 사이좋게 지낸다.

③ 우리가 사는 사회와 다양한 문화에 관심을 가진다.

(2) 내용

내용범주	내용
나를 알고 존중하기	• 나를 알고 소중히 여긴다. • 나의 감정을 알고 상황에 맞게 표현한다. • 내가 할 수 있는 것을 스스로 한다.
더불어 생활하기	• 가족의 의미를 알고 화목하게 지낸다. • 친구와 서로 도우며 사이좋게 지낸다. • 친구와의 갈등을 긍정적인 방법으로 해결한다. • 서로 다른 감정, 생각, 행동을 존중한다. • 친구와 어른께 예의 바르게 행동한다. • 약속과 규칙의 필요성을 알고 지킨다.
사회에 관심 가지기	• 내가 살고 있는 곳에 대해 궁금한 것을 알아본다. • 우리나라에 대해 자부심을 가진다. • 다양한 문화에 관심을 가진다.

그림 5-35 친구와 사이좋게 지내는 경험

그림 5-36 내가 살고 있는 곳에 대해 관심을 갖는 경험

4) 예술경험

3~5세의 예술경험 영역은 유아가 자연, 생활, 예술에서 아름다움을 느끼고, 음악, 움직임과 춤, 미술, 극놀이에서 자신의 느낌과 생각을 창의적으로 표현하고, 다양한 예술작품을 감상하며 상상하는 과정을 즐기고, 다른 사람의 예술 표현을 존중하는 내용이다.

(1) 목표

아름다움과 예술에 관심을 가지고 창의적 표현을 즐긴다.

① 자연과 생활 및 예술에서 아름다움을 느낀다.

② 예술을 통해 창의적으로 표현하는 과정을 즐긴다.

③ 다양한 예술 표현을 존중한다.

(2) 내용

내용범주	내용
아름다움 찾아보기	• 자연과 생활에서 아름다움을 느끼고 즐긴다. • 예술적 요소에 관심을 갖고 찾아본다.
창의적으로 표현하기	• 노래를 즐겨 부른다. • 신체, 사물, 악기로 간단한 소리와 리듬을 만들어 본다. • 신체나 도구를 활용하여 움직임과 춤으로 자유롭게 표현한다. • 다양한 미술 재료와 도구로 자신의 생각과 느낌을 표현한다. • 극놀이로 경험이나 이야기를 표현한다.
예술 감상하기	• 다양한 예술을 감상하며 상상하기를 즐긴다. • 서로 다른 예술 표현을 존중한다. • 우리나라 전통 예술에 관심을 갖고 친숙해진다.

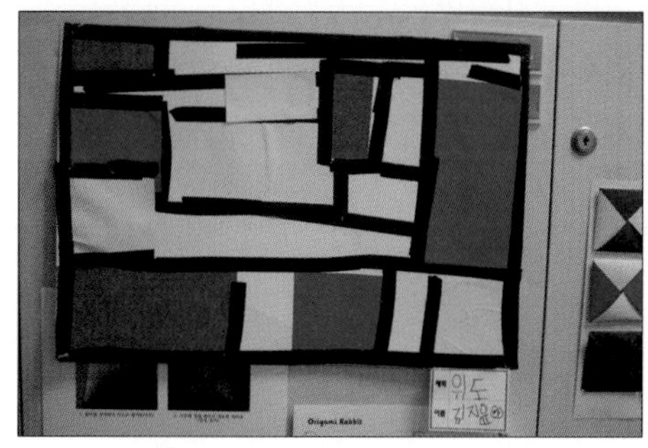

그림 5-37 예술적 요소에 관심을 갖고 찾아보는 경험

그림 5-38 다양한 미술재료와 도구로 자신의 생각과 느낌을 표현하는 경험

5) 자연탐구

3~5세의 자연탐구 영역은 유아가 호기심을 가지고 궁금한 것을 적극적으로 탐구하는 과정을 즐기며, 생활 속의 문제를 수학적, 과학적으로 탐구해 보면서, 생명과 자연환경을 존중하는 내용이다.

(1) 목표

탐구하는 과정을 즐기고, 자연과 더불어 살아가는 태도를 가진다.

① 일상에서 호기심을 가지고 탐구하는 과정을 즐긴다.

② 생활 속의 문제를 수학적, 과학적으로 탐구한다.

③ 생명과 자연을 존중한다.

(2) 내용

내용범주	내용
탐구과정 즐기기	• 주변 세계와 자연에 대해 지속적으로 호기심을 가진다. • 궁금한 것을 탐구하는 과정에 즐겁게 참여한다. • 탐구과정에서 서로 다른 생각에 관심을 가진다.
생활 속에서 탐구하기	• 물체의 특성과 변화를 여러 가지 방법으로 탐색한다. • 물체를 세어 수량을 알아본다. • 물체의 위치와 방향, 모양을 알고 구별한다. • 일상에서 길이, 무게 등의 속성을 비교한다. • 주변에서 반복되는 규칙을 찾는다. • 일상에서 모은 자료를 기준에 따라 분류한다. • 도구와 기계에 대해 관심을 가진다.
자연과 더불어 살기	• 주변의 동식물에 관심을 가진다. • 생명과 자연환경을 소중히 여긴다. • 날씨와 계절의 변화를 생활과 관련짓는다.

그림 5-39 주변에 동식물에 관심을 가지는 경험

그림 5-40 자료를 기준에 따라 분류하는 경험

<표 5-2> **기본생활, 신체운동(신체운동 · 건강)영역의 연령별 내용 비교**

내용범주	내용		
	0~1세	2세	3~5세
건강하게 생활하기	① 도움을 받아 몸을 깨끗이 한다.	① 자신의 몸을 깨끗이 해 본다.	① 자신의 몸과 주변을 깨끗이 한다.
	② 음식을 즐겁게 먹는다.	② 음식에 관심을 가지고 즐겁게 먹는다.	② 몸에 좋은 음식에 관심을 가지고 바른 태도로 즐겁게 먹는다.
	③ 하루 일과를 편안하게 경험한다.	③ 하루 일과를 즐겁게 경험한다.	③ 하루 일과에서 적당한 휴식을 취한다.
	④ 배변의사를 표현한다.	④ 건강한 배변습관을 갖는다.	
			④ 질병을 예방하는 방법을 알고 실천한다.
안전하게 생활하기	⑤ 안전한 상황에서 놀이하고 생활한다.	⑤ 일상에서 안전하게 놀이하고 생활한다.	⑤ 일상에서 안전하게 놀이하고 생활한다.
			⑥ TV, 컴퓨터, 스마트폰 등을 바르게 사용한다.
	⑥ 안전한 상황에서 교통수단을 이용해 본다.	⑥ 교통수단을 안전하게 이용해 본다.	⑦ 교통안전 규칙을 지킨다.
	⑦ 위험하다는 말에 주의한다.	⑦ 위험한 상황에 대처하는 방법을 경험한다.	⑧ 안전사고, 화재, 재난, 학대, 유괴 등에 대처하는 방법을 경험한다.
감각과 신체 인식하기	① 감각적 자극에 반응한다.	① 감각 능력을 활용한다.	
	② 감각으로 주변을 탐색한다.		
	③ 신체를 탐색한다.	② 신체를 인식하고 움직인다.	⑨ 신체를 인식하고 움직인다.
신체 활동하기	④ 대소근육을 조절한다.	③ 대소근육을 조절한다.	⑩ 신체 움직임을 조절한다.
			⑪ 기초적인 이동운동, 제자리 운동, 도구를 이용한 운동을 한다.
	⑤ 기본 운동을 시도한다.	④ 기본 운동을 즐긴다.	
	⑥ 실내외 신체활동을 즐긴다.	⑤ 실내외 신체활동을 즐긴다.	⑫ 실내외 신체활동에 자발적으로 참여한다.

<표 5-3> **의사소통영역의 연령별 내용**

내용범주	내용		
	0~1세	2세	3~5세
듣기와 말하기	① 표정, 몸짓, 말과 주변의 소리에 관심을 갖고 듣는다.	① 표정, 몸짓, 말에 관심을 갖고 듣는다.	① 말이나 이야기를 관심 있게 듣는다.
	② 상대방의 이야기를 들으면서 말소리를 낸다.	② 상대방의 이야기를 듣고 말한다.	② 상대방이 하는 이야기를 듣고 관련해서 말한다.
	③ 표정, 몸짓, 말소리로 의사를 표현한다.	③ 표정, 몸짓 또는 단어로 의사를 표현한다.	③ 자신의 경험, 느낌, 생각을 말한다.
		④ 자신의 요구와 느낌을 말한다.	④ 상황에 적절한 단어를 사용하여 말한다.
			⑤ 바른 태도로 듣고 말한다.
			⑥ 고운 말을 사용한다.
읽기와 쓰기에 관심 가지기			⑦ 말과 글의 관계에 관심을 가진다.
	④ 주변의 그림과 상징에 관심을 가진다.	⑤ 주변의 그림과 상징, 글자에 관심을 가진다.	⑧ 주변의 상징, 글자 등의 읽기에 관심을 가진다.
	⑤ 끼적이기에 관심을 가진다.	⑥ 끼적이며 표현하기를 즐긴다.	⑨ 자신의 생각을 글자와 비슷한 형태로 표현한다.
책과 이야기 즐기기	⑥ 책에 관심을 가진다.	⑦ 책에 관심을 가지고 상상한다.	⑩ 책에 관심을 가지고 상상하기를 즐긴다.
			⑪ 동화, 동시에서 말의 재미를 느낀다.
	⑦ 이야기에 관심을 가진다.	⑧ 말놀이와 이야기에 재미를 느낀다.	⑫ 말놀이와 이야기 짓기를 즐긴다.

<표 5-4> 사회관계영역의 연령별 내용 비교

내용범주	내용		
	0~1세	2세	3~5세
나를 알고 존중하기	① 나를 인식한다.	① 나와 다른 사람을 구별한다.	① 나를 알고 소중히 여긴다.
	② 나의 욕구와 감정을 나타낸다.	② 나의 감정을 표현한다.	② 나의 감정을 알고 상황에 맞게 표현한다.
	③ 나와 친숙한 것을 안다.	③ 내가 좋아하는 것을 한다.	③ 내가 할 수 있는 것을 스스로 한다.
더불어 생활하기	④ 안정적인 애착을 형성한다.	④ 가족에게 관심을 가진다.	④ 가족의 의미를 알고 화목하게 지낸다.
	⑤ 또래에게 관심을 가진다.	⑤ 또래와 함께 놀이한다.	⑤ 친구와 서로 도우며 사이좋게 지낸다.
			⑥ 친구와의 갈등을 긍정적인 방법으로 해결한다.
	⑥ 다른 사람의 감정과 행동에 관심을 가진다.	⑥ 다른 사람의 감정과 행동에 반응한다.	⑦ 서로 다른 감정, 생각, 행동을 존중한다.
			⑧ 친구와 어른께 예의바르게 행동한다.
	⑦ 반에서 편안하게 지낸다.	⑦ 반에서의 규칙과 약속을 알고 지킨다.	⑨ 약속과 규칙의 필요성을 알고 지킨다.
사회에 관심 가지기			⑩ 내가 살고 있는 곳에 대해 궁금한 것을 알아본다.
			⑪ 우리나라에 대해 자부심을 가진다.
			⑫ 다양한 문화에 관심을 가진다.

<표 5-5> **예술경험영역의 연령별 내용 비교**

내용범주	내용		
	0~1세	2세	3~5세
아름다움 찾아보기	① 자연과 생활에서 아름다움을 느낀다.	① 자연과 생활에서 아름다움을 느끼고 즐긴다.	① 자연과 생활에서 아름다움을 느끼고 즐긴다.
	② 아름다움에 관심을 가진다.	② 아름다움에 관심을 갖고 찾아본다.	② 예술적 요소에 관심을 갖고 찾아본다.
창의적으로 표현하기	③ 소리와 리듬, 노래로 표현한다.	③ 익숙한 노래와 리듬을 표현한다.	③ 노래를 즐겨 부른다.
			④ 신체, 사물, 악기로 간단한 소리와 리듬을 만들어 본다.
		④ 움직임과 춤으로 자유롭게 표현한다.	⑤ 신체나 도구를 활용하여 움직임과 춤으로 자유롭게 표현한다.
	④ 감각을 통해 미술을 경험한다.	⑤ 미술 재료와 도구로 표현해 본다.	⑥ 다양한 미술 재료와 도구로 자신의 생각과 느낌을 표현한다.
	⑤ 모방 행동을 즐긴다.	⑥ 일상생활 경험을 상상놀이로 표현한다.	⑦ 극놀이로 경험이나 이야기를 표현한다.
예술 감상하기			⑧ 다양한 예술을 감상하며 상상하기를 즐긴다.
			⑨ 서로 다른 예술 표현을 존중한다.
			⑩ 우리나라 전통 예술에 관심을 갖고 친숙해진다.

<표 5-6> **자연탐구영역의 연령별 내용 비교**

내용범주	내용		
	0~1세	2세	3~5세
탐구 과정 즐기기	① 주변 세계와 자연에 대해 호기심을 가진다.	① 주변 세계와 자연에 대해 호기심을 가진다.	① 주변 세계와 자연에 대해 지속적으로 호기심을 가진다.
	② 사물과 자연 탐색하기를 즐긴다.	② 사물과 자연을 반복하여 탐색하기를 즐긴다.	② 궁금한 것을 탐구하는 과정에 즐겁게 참여한다.
			③ 탐구과정에서 서로 다른 생각에 관심을 가진다.
생활 속에서 탐구하기	③ 친숙한 물체를 감각으로 탐색한다.	③ 친숙한 물체의 특성과 변화를 감각으로 탐색한다.	④ 물체의 특성과 변화를 여러 가지 방법으로 탐색한다.
	④ 물체의 수량에 관심을 가진다.	④ 물체의 수량에 관심을 가진다.	⑤ 물체를 세어 수량을 알아본다.
	⑤ 주변 공간과 모양을 탐색한다.	⑤ 주변 공간과 모양을 탐색한다.	⑥ 물체의 위치와 방향, 모양을 알고 구별한다.
			⑦ 일상에서 길이, 무게 등의 속성을 비교한다.
	⑥ 규칙성을 경험한다.	⑥ 규칙성에 관심을 가진다.	⑧ 주변에서 반복되는 규칙을 찾는다.
		⑦ 주변 사물을 같고 다름에 따라 구분한다.	⑨ 일상에서 모은 자료를 기준에 따라 분류한다.
		⑧ 생활 도구에 관심을 가진다.	⑩ 도구와 기계에 대해 관심을 가진다.
자연과 더불어 살기	⑦ 주변의 동식물에 관심을 가진다.	⑨ 주변의 동식물에 관심을 가진다.	⑪ 주변의 동식물에 관심을 가진다.
	⑧ 날씨의 변화를 감각으로 느낀다.	⑩ 날씨와 계절의 변화를 감각으로 느낀다.	⑫ 날씨와 계절의 변화를 생활과 관련짓는다.
			⑬ 생명과 자연환경을 소중히 여긴다.

6장

보육프로그램

1. 프뢰벨 프로그램

1) 프뢰벨 프로그램의 배경
2) 프뢰벨 프로그램의 교육목표 및 원리
3) 프뢰벨 프로그램의 교육내용 및 활동
4) 프뢰벨 프로그램의 일과 및 활동 구성
5) 프뢰벨 프로그램의 교사 및 부모 역할

2. 몬테소리 프로그램

1) 몬테소리 프로그램의 배경
2) 몬테소리 프로그램의 교육목표 및 원리
3) 몬테소리 프로그램의 교육내용 및 활동
4) 몬테소리 프로그램의 환경구성 및 평가
5) 몬테소리 프로그램의 교사 역할

3. 하이 스코프 프로그램

1) 하이 스코프 프로그램의 배경
2) 하이 스코프 프로그램의 교육목표 및 원리
3) 하이 스코프 프로그램의 교육내용 및 활동
4) 하이 스코프 프로그램의 교사 역할

4. 발도르프 프로그램

1) 발도르프 프로그램의 배경
2) 발도르프 프로그램의 교육목표 및 원리
3) 발도르프 프로그램의 교육내용 및 활동
4) 발도르프 프로그램의 일과 운영 및 환경구성
5) 발도르프 프로그램의 교사 역할

5. 레지오 에밀리아 접근법

1) 레지오 에밀리아 접근법의 배경
2) 레지오 에밀리아 접근법의 교육목표 및 원리
3) 레지오 에밀리아 접근법의 교육과정
4) 레지오 에밀리아 접근법의 구성원 역할

6. 프로젝트 접근법

1) 프로젝트 접근법의 배경
2) 프로젝트 접근법의 교육목표 및 원리
3) 프로젝트 접근법의 교육과정
4) 프로젝트 접근법의 교사 역할

7. 국내 프로그램

1) 주제탐구표현활동 프로그램: 서울대학교 어린이보육지원센터
2) 개방주의 프로그램: 연세대학교 어린이생활지도연구원 · 푸르니보육지원재단
3) 생태유아교육 프로그램: 부산대학교 부설어린이집

영유아를 위해 보육현장에서 실시되고 있는 보육프로그램은 시대별, 국가별로 매우 다양하다. 이처럼 다양한 보육프로그램은 개별 프로그램별로 고유한 특성과 장점을 지니고 있다. 이 장에서는 영유아 보육현장에서 적용될 수 있는 다양한 국내 · 외 보육프로그램을 소개한다.

1. 프뢰벨 프로그램

1) 프뢰벨 프로그램의 배경

프뢰벨

프뢰벨 프로그램은 19세기 낭만주의 시대를 배경으로 시작되었다. 프뢰벨(Friedrich Fröbel)은 아동을 독립적이고 자주적인 존재로 보는 아동중심적 아동관을 강조하였는데, 이러한 아동관은 19세기 페스탈로치의 영향을 받은 것으로 평가된다. 또한 프뢰벨은 아동도 자연의 아름다움에 눈떠야 하며 자연을 통해서 그 아름다움의 요구가 충족될 수 있다고 생각했으며, 생활의 중요성을 강조하여 '생활은 자연이 가르치고 있는 법칙을 활용하는 장이다.'라고 하였다.

페스탈로치

프뢰벨 프로그램에서는 아동이 자기주도적 의지를 가진 존재로 성장해야 한다는 점과, 아동이 스스로 길을 찾아가도록 교사가 인도해야 한다는 점을 강조하였다. 아동은 자연을 통해서 신의 섭리와 우주의 원리를 깨달을 수 있으므로 교구는 자연을 형상화해서 자연물로 만들어져야 함을 강조하였다.

프뢰벨은 특히 자연스러움이라는 교육적 접근방법을 강조하고, 이러한 생각에 기초하여 아동의 발달을 돕는 방법들을 저서에 제시하였다. 생애 후반에 유치원교사를 교육하는 훈련학교를 설립하고, 아동은 교육되는 것이 아니라 계발되어야 한다는 생각에서 '교사'보다 '유치원 선생님(킨더가르트너)'이라는 용어를 사용하였다. 유치원 선생님이란 정원을 가꾸는 정원사처럼 유치원에서 아동을 양육하는 사람을 뜻한다.

당시 여성들은 대부분 정규교육을 받을 수 없었지만 프뢰벨은 여성이 '인류를 육성하는 사람'으로서 교육을 받아야 한다고 생각했다. 프뢰벨은 자신이 설립한 아동 교육기관을 '아동의 마음을 채워 주는 곳(Kleinkinder-Beschäftigungsanstalt)'이라고 명명하였으나, 그 이름이 만족스럽지 않았던 그는 오늘날 널리 사용되고 있는 '유치원(Kindergarten)'으로 명칭을 변경하였다(Corbett, 2002).

2) 프뢰벨 프로그램의 교육목표 및 원리

프뢰벨 프로그램은 다음과 같은 교육목표 및 원리를 강조한다.

- 아동의 타고난 본성을 중시한다.
- 아동은 발전 가능성을 가지고 있다.
- 아동은 발달단계를 거치면서 나선형으로 성장한다.
- 아동은 발달하기 위해 발달과업으로 요구되는 것을 이루려고 노력한다.
- 부모와 성인은 아동의 발달을 지원하는 인적 환경의 역할을 담당해야 한다.
- 아동은 자연과 우주의 법칙에 다가가기 위해 수학을 통해 그 논리를 배워야 한다.

3) 프뢰벨 프로그램의 교육내용 및 활동

그림 6-1 **프뢰벨 은물 180주년 특별전**

출처: MBN 뉴스(2017. 9. 8.).

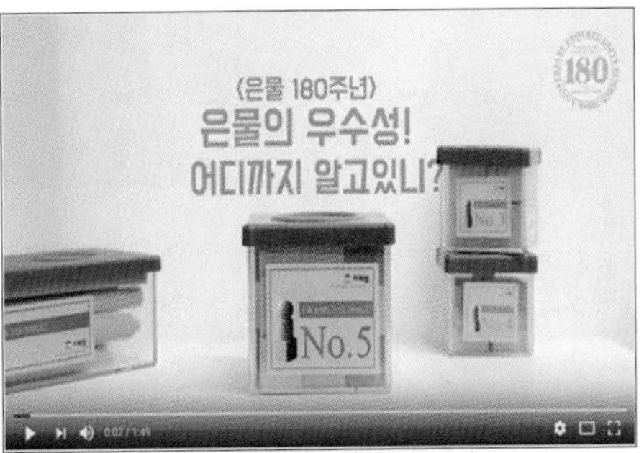

그림 6-2 **프뢰벨 은물의 우수성**

프뢰벨은 수학이 자연의 법칙에 다가갈 수 있는 원리를 제공해 준다고 생각하여 수학의 기초를 바탕으로 은물이라는 교구를 만들었다. 공, 입방체 등 다양한 기하물로 구성된 은물은 자연과 우주를 상징하며, 아동은 은물을 이용해 구분과 분류 활동에 참여한다.

프뢰벨 프로그램에서 교육활동은 열 가지 교구를 중심으로 구성된 인지활동 프로그램인 은물과 11~20까지 수작업에 해당하는 활동으로 구성된다. 열 가지 은물의 구체적인 특징은 다음과 같다.

 첫 번째 은물	 (공의 특성)	• 가장 기본적인 형태인 공은 단순한 모양이면서 완전한 모양으로 공의 특성을 관찰하고 비교할 수 있다.
 두 번째 은물	 (입체도형)	• 입체도형인 구, 정육면체, 원기둥을 이용해 면, 모서리, 꼭짓점을 비교하고 물체의 회전을 이해할 수 있다.

은물	교구	내용
세 번째 은물	 (분할과 조합)	• 모양과 크기가 동일한 작은 정육면체를 이용해 정육면체의 분할방법을 이해하고, 전체와 부분의 관계를 알 수 있다.
네 번째 은물	 (구성)	• 서로 다른 면과 모서리를 가진 직육면체를 이용해 구성에 대해 경험할 수 있다.
다섯 번째 은물	 (건축)	• 정육면체와 삼각기둥을 이용해 건축에 대해 경험할 수 있다.
여섯 번째 은물	 (비례)	• 직육면체, 기둥과 받침을 이용해 비례에 대해 이해할 수 있다.
일곱 번째 은물	 (면)	• 정사각형과 다양한 모양의 삼각형을 이용해 면과 입체의 관계를 이해하고, 다양한 색깔을 통해 색채감각을 경험할 수 있다.

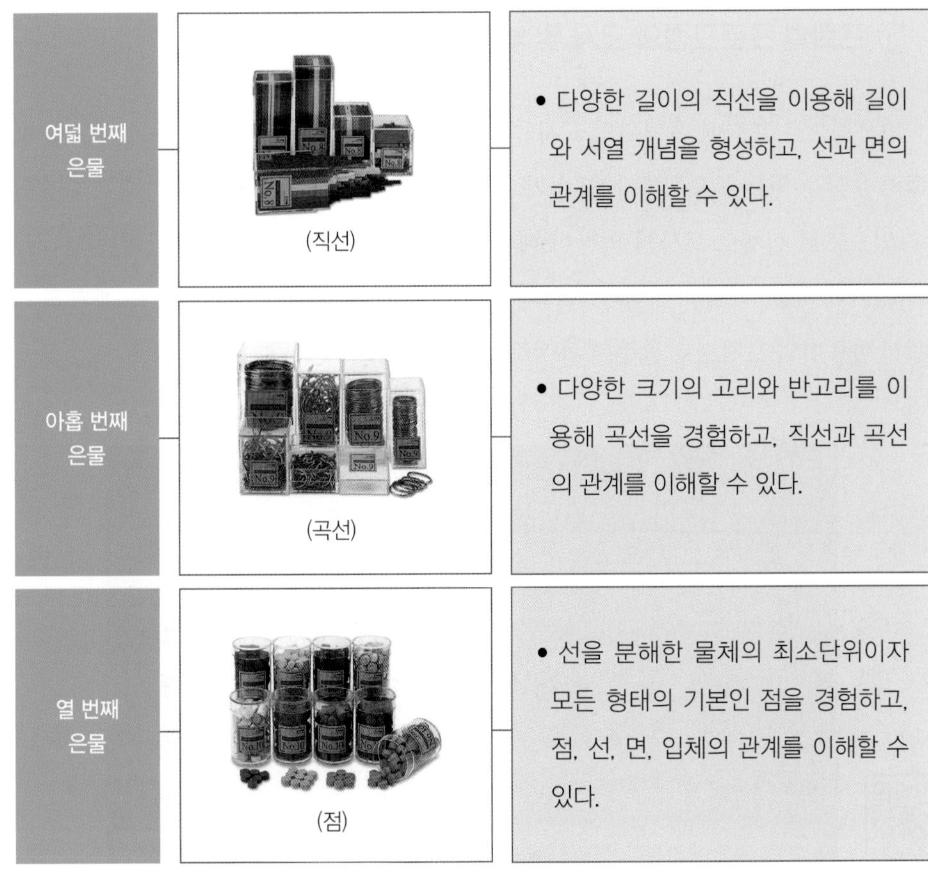

여덟 번째 은물
(직선)
• 다양한 길이의 직선을 이용해 길이와 서열 개념을 형성하고, 선과 면의 관계를 이해할 수 있다.
아홉 번째 은물
(곡선)
• 다양한 크기의 고리와 반고리를 이용해 곡선을 경험하고, 직선과 곡선의 관계를 이해할 수 있다.
열 번째 은물
(점)
• 선을 분해한 물체의 최소단위이자 모든 형태의 기본인 점을 경험하고, 점, 선, 면, 입체의 관계를 이해할 수 있다.

그림 6-3 프뢰벨 은물 교구

출처: 프뢰벨 홈페이지(total-system.co.kr).

4) 프뢰벨 프로그램의 일과 및 활동 구성

프뢰벨 프로그램은 다른 보육프로그램과 유사한 일과구성으로 진행되는데, 하루 일과에서 오전, 오후 모두 은물활동이 포함되고 꽃이나 농작물을 키우는 노작활동도 진행된다. 프뢰벨 유치원 활동지침서에는 은물활동이 인지활동에 국한된 것이 아니라 인지활동과 관련해 여러 측면의 다양한 활동을 여러 단계로 제시하고 있는데, 제시 절차는 다음과 같다.

단계 1	단계 2	단계 3	단계 4	단계 5	단계 6
• 은물 설명	• 묘사	• 활용수준	• 훈련방법	• 교수방법	• 개념학습

5) 프뢰벨 프로그램의 교사 및 부모 역할

전통적으로 프뢰벨 유치원의 교사는 아동을 관찰하고 인도하며, 아동의 활동을 방해하지 않는 역할을 수행한다. 교사가 이끌어 가는 대로 은물활동이 무한대로 확장될 수 있으므로 실제로 교사의 역할이 매우 크다. 교사는 아동의 이해를 살피는 민감성이 있어야 하고, 적절한 지식과 노래와 정서경험이 은물활동에 포함되도록 계획을 세워서 아동이 주도적으로 활동에 참여하도록 이끌어 가야 한다.

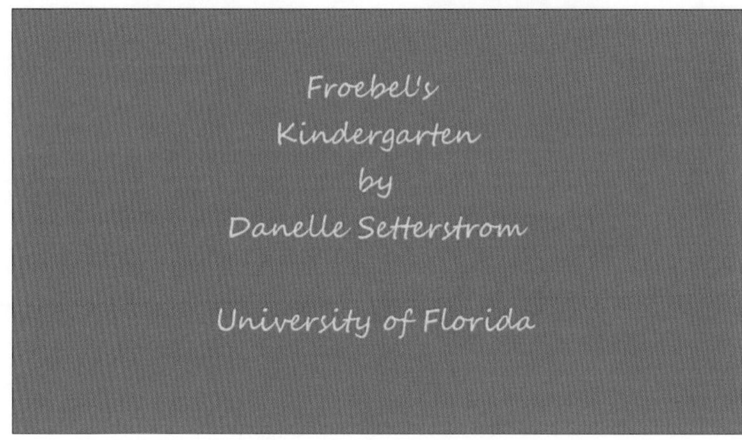

그림 6-4 **프뢰벨 유치원의 역사**

2. 몬테소리 프로그램

1) 몬테소리 프로그램의 배경

몬테소리

몬테소리(Maria Montessori)는 아동이 사물을 만지거나 느끼는 과정에서 가장 잘 학습한다는 원리에 근거하여 정신지체 아동을 위한 교육방법을 개발하였고, 이를 일반아동에게 적용하였다. 이 과정을 통해 몬테소리는 최상의 교육방법은 어떤 내용을 아동에게 일방적으로 가르치는 것이 아니라 구체적인 목적이 있는 활동을 하면서 아동 스스로 배우도록 하는 것임을 깨닫게 되었다.

몬테소리는 면밀한 관찰을 토대로 아동이 자유로운 환경에서 스스로 발달해 나갈 수 있는 잠재능력을 가지고 있다는 교육철학에 근거하여 아동이 자신의 성숙기제에 따라 스스로 학습한다는 자동교육 개념을 제시하였다. 몬테소리 이론의 핵심 개념은 민감기와 흡수정신인데, 민감기는 결정적 시기와 유사한 개념으로서 아동이 어떤 특정한 과제를 완수하고자 하는 열망이 강하고, 이를 완수할 수 있는 능력이 있는 유전적으로 계획된 기간을 말한다. 흡수정신은 아동이 어떤 환경에 있는 동안 그 환경을 무의식적으로 흡수하여 지식을 획득하는 능력을 말한다. 아동은 환경과의 관계 속에서 자신을 스스로 형성해 가므로 교육은 출생부터 시작되어야 하고, 강압적으로 아동에게 무엇을 학습하게 해서는 안 되며, 교육은 인간이 이루어 가는 자연스러운 과정으로서 다른 사람이 하는 말을 들으며 이루어지는 것이 아니라고 보았다.

몬테소리 교육에서는 준비된 환경, 준비된 성인, 책임을 동반할 자유를 강조한다. 준비된 환경은 아동발달에 장애가 될 요소가 완전히 배제된 채 잘 정리되어 있고 아름다우며 단순하고 아동의 활동과 집중에 도움이 되는 환경을 의미한다. 준비된 성인은 아동을 환경과 연결해 주는 안내자 역할을 하며, 아동 개개인의 발달 상태와 내적 요구를 파악하기 위해 관찰하고 아동의 요구에 맞는 교구를 소개해 준다. 아동은 성인이 소개해 준 교구를 가지고 독립적으로 활동하면서 스스로 학습한다. 자유는 아동이 자신을 스스로 통제하며 논리적인 사고과정에 의해 선택한 활동을 할 수 있다는 의미이다.

그림 6-5 **마리아 몬테소리의 철학**

2) 몬테소리 프로그램의 교육목표 및 원리

몬테소리 프로그램에서는 교구와 훈련을 포함하는 환경, 환경을 조성하는 교사의 역할을 중요하게 여겼다. 몬테소리는 아동의 학습요구를 충족시켜 주는 환경을 조성하는 것이 자신의 교육프로그램에서 중요하다고 생각하였고, 아동의 요구에 부합하는 교재가 학교환경에 제공된다면 아동은 그 교구의 기능을 완전히 습득할 때까지 반복하여 연습한다는 사실을 관찰을 통해 확인하였다. 어떤 과제를 집중하여 완수하고 나면 기쁘고 편안해지는데, 몬테소리는 아동이 이렇게 열중하여 어떤 과제를 해결하기 위해서 정상 상태에 도달하는 과정을 정상화라고 하였다.

3) 몬테소리 프로그램의 교육내용 및 활동

몬테소리는 유아교육과정을 일상생활, 감각, 언어, 수학, 문화영역으로 구분하였는데, 각 영역의 교구와 구체적인 내용은 다음과 같다.

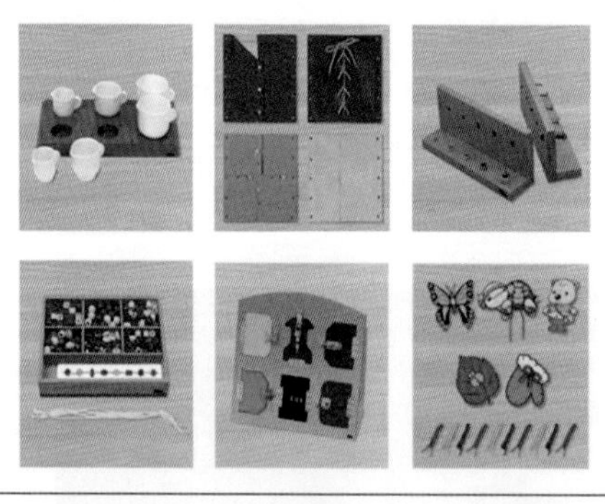

- 아동은 일상생활교구를 사용하면서 집중력과 독립성을 기르며, 문화적으로 요구되는 예절을 배운다.
- 예절은 수업이 아니라 모방을 통해 자연스럽게 배운다.

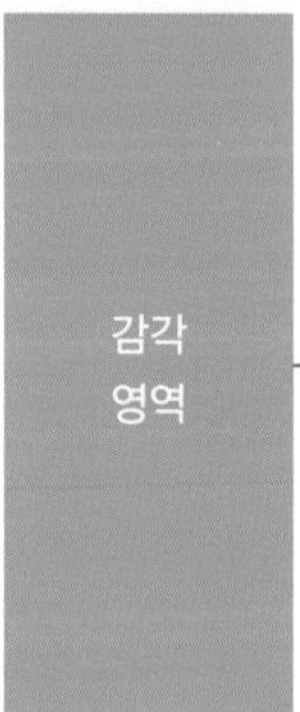

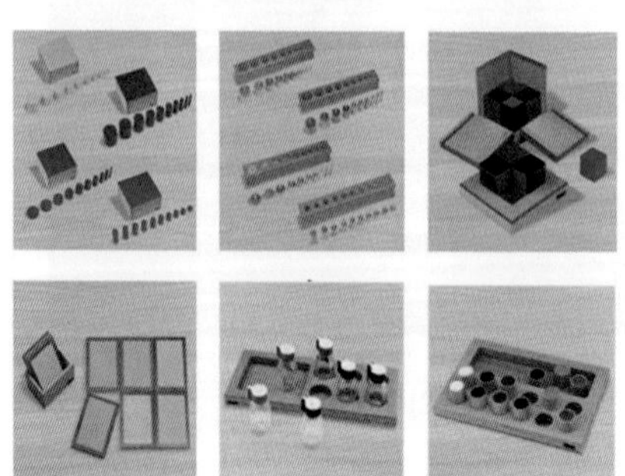

- 감각교구는 추상적인 개념이 구체적인 형태로 전달되도록 고안되어 있다.
- 모든 감각교구는 손을 사용하도록 되어 있으며, 손과 두뇌의 협응에 의한 활동은 추상적인 개념과 그 개념을 구체적으로 표현한 것을 연결시킨다.

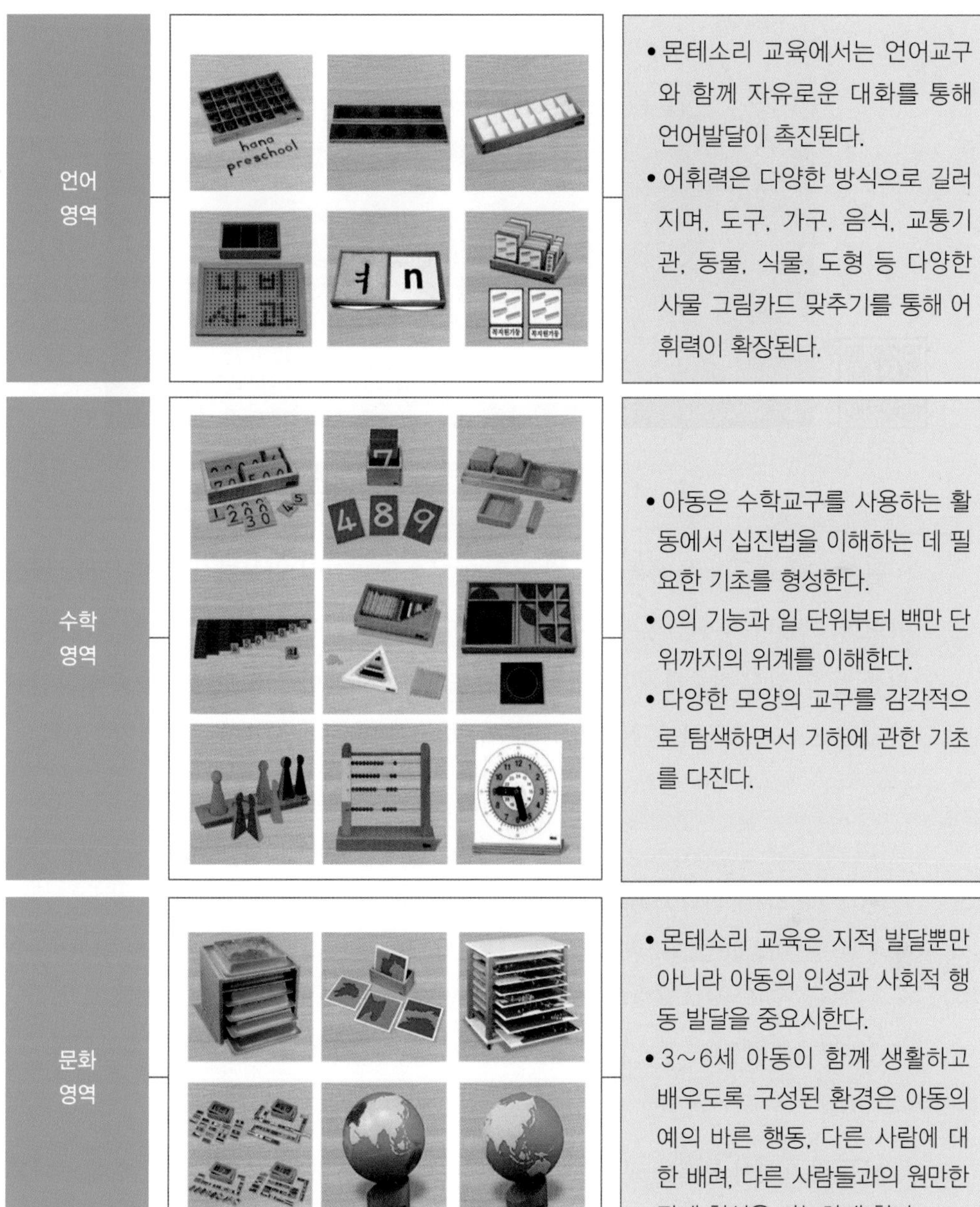

언어 영역
• 몬테소리 교육에서는 언어교구와 함께 자유로운 대화를 통해 언어발달이 촉진된다.
• 어휘력은 다양한 방식으로 길러지며, 도구, 가구, 음식, 교통기관, 동물, 식물, 도형 등 다양한 사물 그림카드 맞추기를 통해 어휘력이 확장된다.
수학 영역
• 아동은 수학교구를 사용하는 활동에서 십진법을 이해하는 데 필요한 기초를 형성한다.
• 0의 기능과 일 단위부터 백만 단위까지의 위계를 이해한다.
• 다양한 모양의 교구를 감각적으로 탐색하면서 기하에 관한 기초를 다진다.
문화 영역
• 몬테소리 교육은 지적 발달뿐만 아니라 아동의 인성과 사회적 행동 발달을 중요시한다.
• 3~6세 아동이 함께 생활하고 배우도록 구성된 환경은 아동의 예의 바른 행동, 다른 사람에 대한 배려, 다른 사람들과의 원만한 관계 형성을 가능하게 한다.

그림 6-6 몬테소리 교구

출처: 하나몬테소리 홈페이지(hanamontessori.co.kr).

그림 6-7 몬테소리 감각교구의 활용

몬테소리 교구의 목적은 아동에게 특정 기술을 가르치거나 지식을 전달하는 것이 아니며, 아동의 자아 형성과 정신적 발달을 내적으로 돕기 위한 것이다. 즉, 아동의 주의를 끌 수 있고 집중하게 할 수 있는 자극을 제공하여 아동의 성장을 돕도록 고안된 것이 몬테소리 교구이다. 몬테소리 교구는 다음과 같은 다섯 가지 원리를 강조한다.

- 교구 사용 과정에서 발생하는 오류는 교구의 한 측면에서만 나타난다.
- 교구의 디자인이나 사용방법은 단순한 것에서 복잡한 것으로 진행된다.
- 교구는 아동이 앞으로 학습할 내용을 간접적으로 준비하도록 고안되어 있다.
- 개념을 구체적으로 표현하는 교구에서 추상적으로 표현하는 교구로 옮겨 간다.
- 교구는 아동이 스스로 사용방법을 이해하고, 자신의 실수를 인식하도록 고안되어 있다.

아동은 자신이 선택한 교구를 스스로 가져와서 사용하고, 사용하고 난 후에는 다른 아동을 위해 원래 위치에 정리한다. 교구를 사용하는 동안 아동은 교사나 다른 아동의 방해를 받지 않을 권리가 있다. 아동이 어떤 교구를 처음 사용할 때는 교사가 기초수업을 통해 교구를 소개하고 무엇을 할 수 있는지 제시해 준다. 기초수업은 개인수업으로 이루어지고 정확하고 간결하고 단순하며 객관적이어야 한다. 교구가 아동의 발달에 의미가 있으려면 반복적으로 사용하는 것이 중요하다. 교사는 교구의 기본적인 사용방법만을 보여 주어야 하며, 창의적인 활용방법은 아동이 스스로 생각하도록 한다.

아동이 자신에게 부여된 자유를 활용하기 위해서는 자기수양을 위한 시간과 경험이 필요하므로 프로그램을 적용하기 이전에 교사가 모델이 되어 준비훈련을 한다. 예를 들어, 책상과 의자를 조용히 제자리에 정리하거나 발끝으로 조용히 걷기 등의 훈련을 하면서 자기행동을 통제하는 것에 집중하게 된다. 이를 통해 일상생활교육이 점진적으로 시작되고 교구를 사용하는 활동도 하게 된다.

4) 몬테소리 프로그램의 환경구성 및 평가

최선의 환경을 조성해 주는 것을 주요 교육목표로 하기 때문에 환경을 매우 중요하게 여긴다. 교실환경 조성에서 강조하는 원리는 자유로움, 구조와 질서, 현실과 자연에 대한 이해, 아름다움, 공동체의식이다.

몬테소리 프로그램은 관찰과 기록을 통해 아동의 성취를 평가한다. 이러한 평가를 통해 교사는 아동의 발달수준에 적합한 교구나 활동을 제공하고, 아동이 준비되었다고 판단되면 한 단계 높은 학습단계로 넘어가도록 안내한다.

5) 몬테소리 프로그램의 교사 역할

몬테소리 프로그램에서 교사는 아동에 대한 관찰자 역할을 수행한다. 교사는 아동의 활동을 관찰하는 데 대부분의 시간을 보내면서 아동이 무엇을 필요로 하는지, 새로운 과제를 할 준비가 되었는지 파악한다. 또한 환경제공자로서 교사는 아동이 독립적으로 어떤 과제를 달성하고 새로운 기능을 완전히 익힐 수 있도록 필요한 교재교구를 갖춘 환경을 조성해 주어야 한다. 안내자로서 교사는 때때로 아동에게 새로운 교구와 과제를 제시하기도 한다. 이때 아동이 특정 과제를 배워야 한다는 생각을 하도록 해서는 안 되며, 아동이 독립적으로 학습하도록 교사는 뒤로 물러나 있어야 한다.

3. 하이 스코프 프로그램

1) 하이 스코프 프로그램의 배경

와이카트

1960년대 미시간주 입실렌티의 저소득층아동을 지원하기 위한 인지지향적 교육과정으로 출발한 하이 스코프 프로그램(High Scope Program)은 와이카트(David P. Weikart)와 동료들에 의해 발전되어 왔다. 이 프로그램은 성인이 아동과 청소년을 보호하고 교육하기 위해 추구하는 일련의 지도원리와 실제가 포함된 영유아, 아동 그리고 청소년을 위한 교육프로그램으로서 피아제의 인지발달이론에 기초하여 '능동적 학습'을 프로그램의 기본 전제로 삼고 있다.

2) 하이 스코프 프로그램의 교육목표 및 원리

하이 스코프 프로그램의 교육목표는 우선 아동이 사건, 개념 등과 관련된 학습에 의욕적으로 참여하는 자세를 갖도록 하고, 이후의 학교생활에서 독립성, 책임감, 자신감을 고취하도록 돕는 것이다. 또한 아동 스스로 행동을 계획하고 실천하며, 학습한 내용을 또래 및 교사와 이야기 나누도록 한다. 아동이 언어능력(듣기, 말하기, 읽기, 쓰기), 사회성, 창의적 표현, 건강한 신체, 논리적 사고력 및 관련 지식을 습득하도록 하는 데 교육목표를 두고 있다. 또한 하이 스코프 프로그램에서는 능동적 학습, 주요 경험, 계획-실행-평가 과정, 부모참여를 강조한다.

3) 하이 스코프 프로그램의 교육내용 및 활동

• 능동적 아동

아동은 하루 일과 중 자신이 참여할 활동과 교재교구를 직접 선택한다. 자신이 선택하고 계획한 활동에 참여하면서 아동은 탐색, 질문 및 응답, 문제해결, 또래 및 성인과의 상호작용을 지속해 나간다. 교사는 지지적인 역할을 담당하며 아동의 장점을 장려하고 아동의 놀이를 촉진하는 적극적 상호작용 전략을 사용한다(Wortham, 2006).

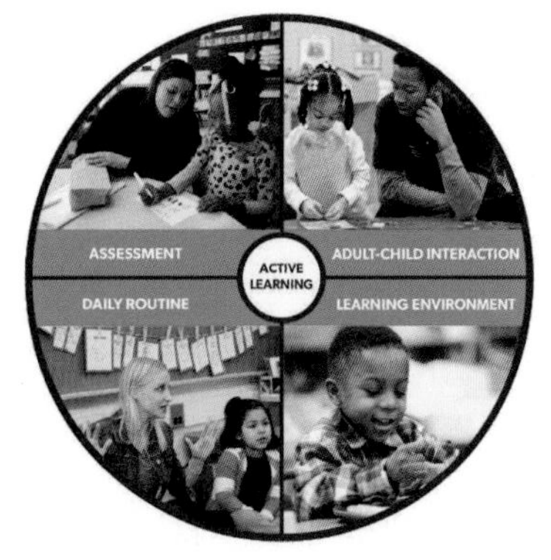

그림 6-8 하이 스코프 교육과정

출처: Welcome to Highscope! 홈페이지 (highscope.org).

• 주요 경험

하이 스코프 교육과정은 유아에게 일련의 조직된 주요 경험을 제공한다. 교사는 자기인식, 사회적 관계, 창의적 표상, 동작, 음률, 의사소통 및 언어, 사물탐색, 수, 공간, 시간 등을 포함한 조직화된 주요 경험을 활용하여 유아 스스로 선택한 활동을 지지하고 확장시켜 주며, 그 결과 유아는 발달에 적합한 경험에 지속적으로 참여한다. 교실에서의 학습경험은 상호 관련되어 있고, 개별활동은 몇 가지 형태의 주요 경험을 포함한다. 주요 경험을 이용한 접근법은 교육과정을 구조화시키고 새로운 형태의 경험에 대해서도 아동이 개방적 자세를 취하도록 도와준다(Weikart & Schweinhart, 2000). 이 접근법은 교사가 유아를 관찰하고 그들을 위한 프로그램에 대해 심사숙고할 수 있는 기회를 제공한다. 결과적으로 주요 경험은 하이 스코프 교육과정이 유아의 바람직한 성장과 발달을 도모하는 효과적인 방법으로 발전하기 위한 토대가 된다.

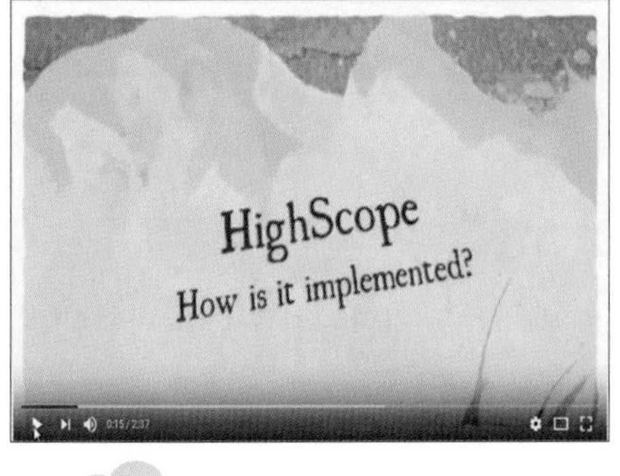

그림 6-9 하이 스코프 프로그램의 실행

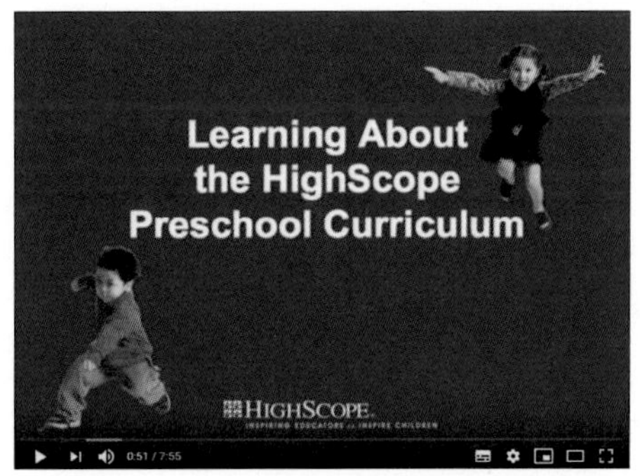

그림 6-10 하이 스코프 프로그램 유아용 교육과정

• 일과구성

유아가 능동적으로 학습할 수 있는 환경을 조성하기 위해서는 일정한 형태의 하루 일과가 유지되어야 한다. 하이 스코프 교육과정의 중심축은 계획-실행-평가(plan-do-review) 과정이며, 하루 일과 역시 계획-실행-평가를 중심으로 진행된다. 이 순서를 통해 유아는 자신의 활동에 대한 생각을 적극적으로 표현하는 기회를 가진다. 계획시간, 작업시간, 정리시간, 회상시간, 소집단활동시간, 대집단활동시간을 포함한 각 과정에서 유아는 스스로 활동을 계획하고 실행하고 평가하며, 교사는 지지적 역할을 수행한다.

• 환경구성

학습환경은 흥미영역별로 구분하고, 모든 교구를 개방된 선반과 정리장에 배치하며, 사용 후 유아가 스스로 제자리에 가져다 두도록 선반과 정리장에 교구 그림을 붙여 둔다. 유아가 자신의 흥미와 관심에 따라 교구를 마음껏 활용하도록 편리하고 융통성 있는 실내환경을 제공한다(이기숙, 2013).

• 평가

하이 스코프 프로그램의 평가는 프로그램의 질적 수준을 측정하는 평가도구(PQA)를 통해 프로그램 자체에 대한 평가가 이루어지고, 영아용 및 유아용 아동관찰기록(COR)을 통해 영유아의 발달수준을 평가한다.

4) 하이 스코프 프로그램의 교사 역할

하이 스코프 프로그램에서 교사는 유아와 더불어 능동적 학습자 역할을 담당한다. 매일의 일과계획 및 다양한 주요 경험 활동을 진행함으로써 개별 유아에 대한 통찰력을 토대로 하여 유아를 지지하고 상호작용을 적극적으로 유도한다. 상호작용자로서 교사 역할은 하이 스코프 교육과정에서 매우 중요한데, 교사는 세분화된 학습주제나 내용을 제공하는 대신 유아가 자신의 발달수준에 적합한 과제를 수행하도록 격려한다. 대화 상대방으로서 교사는 개방형 질문을 통해 자유롭고 풍부한 대화를 이끌고 유아 간 언어적 상호작용을 촉진시켜야 한다. 집단면담 등을 통한 부모와의 의사소통

역시 중요한 부분으로, 교사는 개별 유아에게 적절한 정보를 부모에게 제공하고 개별 가정의 고유한 문화에 대한 정보를 제공받아야 한다. 이를 위해 부모와 교사가 각자 자신이 담당하고 있는 영역에 대해 전문가라는 믿음을 가져야 한다.

4. 발도르프 프로그램

1) 발도르프 프로그램의 배경

발도르프 프로그램(Waldolf Program)은 19세기 유럽 자유학교 운동의 흐름 속에서 슈타이너(Rudolf Steiner, 1861~1925)의 인지학적 인간학에 기초하여 시작되었고, 1919년 최초의 발도르프 학교가 생긴 이후 오늘날에 이르기까지 개혁교육 또는 대안교육의 모델이 되어 왔다.

슈타이너

2) 발도르프 프로그램의 교육목표 및 원리

• 모방과 본보기 교육

7세 이전의 아동은 모방을 통해 배우므로 교사나 부모는 모태와 같은 교육환경을 형성하여 본보기가 되어야 한다. 발도르프 유아교육기관에서는 교사가 가르치지 않고 진지한 태도로 삶에 필요한 작업에 참여하면 유아가 모방을 통해 계절과 일상생활을 체험하면서 자신의 신체운동발달에 충분히 몰두하게 된다(Jaffke, 2000).

• 감각 중시 교육

영유아기는 신체감각이 발달하는 시기이나 현대 사회에서는 기술의 발달로 인해 이 감각들이 많이 손상되고 있다. 발도르프 유아교육기관에서는 자연물로 이루어진 놀잇감을 제공하고 유아에게 적합한 색깔로 환경을 구성하며, 유아가 신체운동감각을 충분히 경험하도록 라이겐(Reigen) 활동을 실시한다.

• 리듬과 반복을 중시하는 생활교육

리듬은 생활에 안정감을 주고 두려움을 없애 주며, 새로운 환경에 능동적으로 적응할 수 있는 힘을 길러 주고 조화롭게 살아가도록 도와주며, 삶의 근원적인 힘을 체험하게 하는 중요한 요소이다. 교사는 들숨과 날숨이 반복되는 하루 일과를 구성함으로써 리듬 있는 분위기를 조성하여 생활습관을 형성해야 한다. 발도르프 유치원은 아동에게 안정감을 주기 위해 3~4주 동안 한 가지 일을 계속해서 반복하며, 아동의 내적인 호흡작용을 고려한 반복적인 리듬이 담긴 하루 일과를 진행한다.

• 상상력 발달을 중시하는 창의성과 감성교육

아동의 상상력을 제한하지 않기 위해 완벽하게 만들어진 놀잇감을 제공하는 대신 나뭇가지나 나무토막 또는 눈, 코, 입 없이 단순하게 만들어진 발도르프 인형을 제공한다. 가능하면 동화도 그림 없이 들려주고, 인형극의 인형도 옷 색깔만으로 상징적으로 표현하여 상상의 여지를 남겨 둔다.

3) 발도르프 프로그램의 교육내용 및 활동

• 놀이와 놀잇감

발도르프 유치원에서는 구조화된 놀잇감과 비디오, TV 시청은 상상력의 시간과 기회를 빼앗아 유아의 집중력을 분산시킨다고 본다. 놀잇감은 대부분 바느질, 조각, 매듭, 바구니 짜기 등으로 교사가 만들며, 건전지나 전기를 이용한 장난감이나 버튼으로 조작되는 장난감 대신 나무로 만든 블록, 나무그릇, 천연염료로 염색한 천이 제공된다. 비디오나 TV를 보는 대신 요리, 설거지, 빨래, 진흙놀이, 모래놀이를 마음껏 할 수 있다.

그림 6-11 발도르프 인형

출처: 아이나무 '발트앤슈필' 홈페이지(inamu.org).

그림 6-12 독일의 발도르프 프로그램

그림 6-13 발도르프 프로그램의 실제

그림 6-14 발도르프 프로그램의 리듬활동: 라이겐

• 예술작업

주로 교사에 의해 이루어지는 예술작업에는 인형 만들기, 절기음식 만들기, 수놓기, 조각, 바느질, 놀잇감 만들기, 명절 등 특별한 날 준비하기 등이 포함된다. 아동은 교사의 예술작업을 통해 인간생활에 필요한 모든 문화적인 행위, 조형 과정을 직간접적으로 체험하며, 노동의 가치, 물건 제조 과정, 만든 물건의 소중함, 자연과 더불어 사는 즐거움을 배운다. 교사는 자신의 작업과정을 세밀하게 구성하여 아동에게 교육적 경험을 제공한다. 또한 아동이 자발적으로 참여하도록 재료가 담긴 바구니를 항상 준비해 둔다. 아동의 모방을 염두에 두고 작업을 진행하고, 절대 지시하거나 결과물을 요구하지 않는다(Jaffke, 2000).

• 동화 및 이야기 들려주기와 인형극

아동에게 상상력의 발달과 안정감을 느끼고 반복의 즐거움을 주기 위해 2~4주간 같은 시간에 같은 동화를 그림 없이 들려준다. 인형극을 보여 줄 때도 아동이 상상력을 최대한 발휘하도록 한다.

• 라이겐

리듬활동의 하나인 라이겐은 시나 동화, 노래를 신체적인 움직임으로 표현하는 것이다. 의미 있는 신체적 움직임은 치료적 효과가 있으며, 이후 수학이나 기하학교육에 필요한 기초능력도 발달시킬 수 있다.

• 그리기

그림은 아동의 내적 표현이자 색깔의 본질적인 체험이므로 주제를 제시하지 않고 교사가 시범적으로 그림을 그린다. 주로 크레용과 물감을 이용하고, 선보다 면으로 형태가 드러나는 그림을 그려서 아동이 생동감 있는 그림을 경험하도록 한다.

• 노래

슈타이너는 6~8세경까지는 5도 음정으로 구성되고, 꿈꾸는 듯하며 끝이 없는 듯한 음으로 이루어진 노래가 아동의 감성과 맞는다고 판단하여, 이러한 음정에 적당한 악기로 라이어(lyre)를 개발하였다.

4) 발도르프 프로그램의 일과 운영 및 환경구성

발도르프 프로그램에서는 자연스럽게 거닐 수 있는 자연적인 공간이 필수적이다. 실내환경은 밝고 넓게 트여 있고 자연적인 색감들로 채워져 있어서 영유아의 감각과 감성이 풍부해지도록 보조하는 환경을 갖추고 있어야 한다. 계절에 따라 자연의 변화와 인간 삶의 모습이 담긴 각종 자연물과 교사가 직접 만든 인형으로 꾸며진 계절탁자도 발도르프 교실의 특징이다.

그림 6-15 독일 발도르프 유치원의 교실 전경

출처: Wikipedia(de.wikipedia.org/wiki/Waldorfschule).

5) 발도르프 프로그램의 교사 역할

발도르프 프로그램에서 요구되는 교사는 자기수양 또는 자기교육을 지속적으로 실천하는 교사, 영혼과 정신과 신체를 통합하는 교육을 실시하는 교사이다. 북미발도르프연합회(Association of Waldorf Schools of North America: AWSNA)는 발도르프 교사가 사상가, 예술가, 과학자, 시인, 환경론자, 음악가의 역할을 모두 담당할 수 있어야 한다고 강조하였다. 부모회와 협력하고, 원장, 원감, 교사가 평등한 관계에서 의논하고 결정하는 '동료협의체(Kollegium)'의 일원이 되는 것도 교사의 역할이다.

5. 레지오 에밀리아 접근법

1) 레지오 에밀리아 접근법의 배경

로리스 말라구치

이탈리아 레지오 에밀리아 지역에서 제2차 세계대전 직후 부모들에 의해 시작된 레지오 에밀리아 접근법(Reggio Emilia Approach)은 아동이 어려운 상황을 잘 극복할 만큼 강하며 유능하다는 아동관을 기초로 한다. 레지오 에밀리아 접근법의 확립에 주도적 역할을 담당한 로리스 말라구치(Loris Malaguzzi)는 아동이 단순히 요구가 아닌 권리를 가지는 고유한 개인으로, 잠재력 있고 유연하며 개방적이고 성장 욕구가 있고, 호기심 많고, 다른 사람들과 소통하고자 하는 욕구를 가진 존재로 간주하였다. 또한 아동은 상호작용에 대해 개방적이며 사랑을 받을 뿐 아니라 사랑을 주고 싶어 하는 특성을 가지고 있다. 이에 따라 레지오 에밀리아 접근법에서는 유아교육에서 환경, 관계, 기록의 중요성을 강조한다.

2) 레지오 에밀리아 접근법의 교육목표 및 원리

레지오 에밀리아 접근법은 교육과정의 목표를 정해 놓고 있지 않다는 점에서 다른 일반적인 교육과정과 구분된다. 레지오 에밀리아의 교육 관계자는 아동이 잠재력, 유

그림 6-16 레지오 에밀리아 유치원

연성, 개방성, 성장욕구, 호기심, 다른 사람들과 관계를 맺고 의사소통하려는 욕구가 있다는 믿음을 갖고 있다. 따라서 교사는 미리 교육목표를 세부적으로 수립하여 학습을 이끌어 가기보다는 아동의 관심에 의해 시작된 프로젝트의 진행 과정에서 아동이 원할 때면 언제든지 필요한 지원을 제공하는 역할을 담당한다.

3) 레지오 에밀리아 접근법의 교육과정

레지오 에밀리아 접근법의 교육과정은 발현적 교육과정, 프로젝트 활동, 다양한 표상활동을 통한 학습, 제3의 교사로서의 물리적 환경 등으로 나타난다.

(1) 발현적 교육과정

레지오 에밀리아 접근법에서 교육과정은 발현적 교육과정(emergent curriculum)이란 용어로 가장 잘 설명된다. 발현적 교육과정이란 장 · 단기적으로 유아들이 학습할 일련의 내용과 개념을 미리 정해 놓고 순서에 따라 학습해 가는 것이 아니라, 유아의 흥미와 교육적 가치를 기초로 무엇을 배우고 학습하고 경험할 것인지 지속적으로 정하는 것을 말한다. 유아들은 심도 있게 주제를 탐색해 나가는 가운데 스스로 궁금증이 유발되고, 문제에 직면했을 때 자연스럽게 발현적 교육과정이 일어난다. 발현적 교육과정에서는 한 가지 주제나 개념을 깊이 학습해 나가는 형태를 보통 프로젝트라는 용어로 표현한다. 레지오 에밀리아 접근법에서는 주제를 사전에 결정하지 않고, 영유아의 아이디어나 사건이 주제가 된다(강은주 외, 2019).

(2) 프로젝트 활동

레지오 에밀리아 접근법은 프로제따지오네(progettazione)라고 불리는 교육과정을 운영한다. 프로젝트 접근법과 유사한 점도 있지만 그들만의 독특한 방식으로 운영하고 있다. 프로젝트를 실시할 때 확실히 정해진 것은 아무것도 없으며, 교사는 매일의 활동을 점검하고 서로의 아이디어와 가능성에 대해 토론하여 어려운 점이나 흥미 있는 점, 느낀 점을 살펴보면서 적절한 지원을 제공한다. 프로젝트의 계획과 가설, 실행은 교사와 영유아의 활발한 상호작용을 통해 개방적으로 이루어지며, 프로젝트의 진행 기간에 따라 단기, 중기, 장기 프로젝트가 가능하다(서영숙, 안소영, 안지혜, 김영명, 2019).

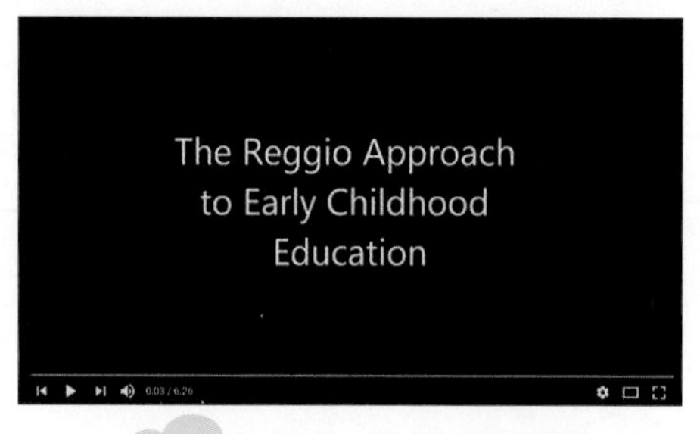

그림 6-17 레지오 에밀리아 접근법

그림 6-18 레지오 에밀리아 접근법의 역사

(3) 다양한 표상활동을 통한 학습

레지오 에밀리아 접근법에서는 다양한 상징 매체를 학습도구로 사용한다. 한 가지 주제나 개념을 이해하기 위해 영유아가 가설을 세우고 검증하는 과정에서 영유아에게 친숙한 그림, 몸짓, 조형물, 음악, 수 등 '백 가지 언어'로 표현되는 다양한 형태의 상징이 활용된다. 이 과정에서 영유아 자신의 생각과 이해를 표상해 보도록 격려하고 적절한 활동을 제안한다. 레지오 에밀리아 접근법에서 소개하는 '어린이의 수많은 언어'란 다양한 상징체계를 사용하여 지식을 심화시키고 가장 잘 학습할 수 있음을 의미한다. 표상(representation)은 영유아가 자신의 생각과 느낌을 외부로 드러내는 표현 행위로 레지오 에밀리아 교육에서 말하는 표상활동의 목표는 표상 그 자체의 심미성을 넘어 학습과 사고를 위한 도구로써 영유아가 탐구하는 주제 및 현상에 대한 깊은 이해가 가능하도록 돕는 것이다(서영숙 외, 2019). 실제 경험 후 다시 그림으로 표상하는 재표상은 유아가 자신의 지식을 강화하고 잘못된 개념을 재정의하고 수정하여 지식의 일관성을 갖도록 돕는다.

(4) 제3의 교사로서의 물리적 환경

레지오 에밀리아 접근법에서 물리적 환경은 제3의 교사라고 표현될 정도로 중요한 요인이다. 공간은 영유아가 자발적으로 호기심을 유발하고 유지할 수 있도록 지원하는 역할을 담당한다. 레지오 에밀리아에서의 환경은 사회적 상호작용과 탐구학습, 창의적 활동을 자극하는 유용한 그릇인 동시에 교육적 메시지도 담고 있다.

레지오 에밀리아의 물리적 환경 중 피아자와 아뜰리에는 관계와 소통을 위한 공간이다. 피아자(piazza)는 교실 사이 또는 현관 등 영유아들이 오고 가며 모일 수 있는 넓은 공간으로 광장을 뜻한다. 영유아가 교실로 들어가기 전 지나가는 공간이자 전체 영유아가 활동과 프로젝트를 공유하는 공간이 되기도 한다. 아뜰리에(atelier)는 영유아에게 질 높은 매체, 도구, 기술을 제공함으로써 수많은 경험의 가능성을 만들어 주는 공간이다. 아뜰리에는 영유아가 다양한 매체를 탐색, 활용하여 아이디어를 도출, 표현할 수 있는 공간이자 의사소통이 이루어질 수 있는 공간이다(서영숙 외, 2019).

4) 레지오 에밀리아 접근법의 구성원 역할

(1) 교사

레지오 에밀리아 접근법에서 교사는 관찰을 통해 얻은 자료를 바탕으로 아동의 경험과 발달과정을 기록하고, 제3의 교사인 환경을 조성하고, 지식 구성을 위해 관찰한 내용이나 아동의 대화내용에 관해 다른 교사들과 협력하며, 부모와 긴밀하게 협력해야 한다. 또한 교사는 아동과 다른 교사, 부모와 적극적으로 소통하며, 유능한 아동을 지지하는 역할을 하고, 아동, 교사, 부모, 지역사회를 포괄하는 학습자 간 상호 공동체를 형성하도록 지지한다.

(2) 페다고지스타(교육조정자)

교육조정자는 프로그램 운영이 질적 수준을 유지하도록 관리하며, 교육시스템의 행정적, 기술적, 교육적, 사회적, 정치적 영역을 통합하는 역할을 한다. 교육조정자들은 각 학교 교사들과 동등한 위치에서 협력하여 일하며, 다른 사람들과의 정보교환을 통해 계속 변화하고 직업적으로 성장해 간다. 교육조정자의 역할은 교육시스템을 운영하는 데 관여하고 있는 모든 기관과 담당자 간 의견을 조정하고 협력하는 것이다.

(3) 아뜰리에스타(미술전담교사)

미술전담교사는 시각예술 전공자로서 아동과 미술재료 간의 연계와, 아동이 그 재료를 통해 어떻게 학습하는지 깊이 이해하고 있다. 미술전담교사는 학교 구성원들과 긴밀한 관계를 맺고 장기적인 프로젝트를 개발하는 데 참여한다. 아동이 백 가지 언어를 사용할 수 있는 기회를 제공하며, 아동의 경험에 관한 기록을 만들어 내고 전시하기 위해 협력한다. 미술전담교사는 교사가 프로젝트 활동의 틀을 만들어 가는 과정에서 이를 지원하는 핵심적인 역할을 담당한다.

그림 6-19 레지오체험학습장

출처: 의왕시육아종합지원센터 홈페이지 (uweducare.or.kr).

그림 6-20 어린이의 수많은 언어

6. 프로젝트 접근법

1) 프로젝트 접근법의 배경

프로젝트 접근법(Project Approach)은 1886년에 듀이(John Dewey)가 세운 실험학교에서 시작되었다. 이 실험학교의 특징은 교사의 안내에 따라 아동이 학습할 가치가 있는 특정 주제를 능동적으로 탐구하는 교육 형태라는 점이다. 1960년대 후반 들어 사회 전반적으로 인간중심 교육에 대한 요구가 강조되면서 프로젝트법에 대한 관심이 다시 대두되었다. 프로젝트 접근법은 듀이의 진보주의 교육철학을 바탕으로 킬패트릭(William Heard Kilpatrick)이 체계화한 '프로젝트법'을 카츠와 차드(Katz & Chard)가 오늘날 유아교육의 현실에 맞게 재조직화한 것이다(김대현, 왕경순, 이경화, 이은화, 1999; 지옥정, 1996).

프로젝트 접근법은 영유아의 능동적 참여, 구체적인 경험에 의한 학습, 교사·또래·부모와의 상호작용을 통한 협력학습을 강조한다. 듀이의 경험을 통한 아동중심 교육과 통합교육, 피아제의 인지적 구성주의, 비고츠키의 사회문화적 학습과정 등 여러 이론적 요소를 부분적으로 반영하고 있다.

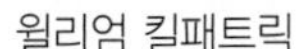

윌리엄 킬패트릭

실비아 차드

릴리언 카츠

2) 프로젝트 접근법의 교육목표 및 원리

카츠와 차드의 프로젝트 접근법에서는 지식과 기술을 획득하고 성향과 감정을 배양하는 것을 교육목표로 삼았다. 프로젝트 접근법의 구체적인 교육목표와 원리는 다음과 같다(서영숙 외, 2019).

- 영유아의 주변 세계에 대한 이해를 증진시키고 긍정적인 학습성향을 발전시킨다.
- 체계적 교수나 자발적 놀이를 통해 학습한 내용을 프로젝트 활동으로 강화한다.
- 학습과 영유아의 삶이 분리되지 않도록 교육을 실제 생활과 연결시킨다.
- 집단에 대한 소속감과 공동체 의식 발달을 돕는다.
- 교사는 도전 의식을 가지고 자신의 일을 수행한다.

3) 프로젝트 접근법의 교육과정

프로젝트 접근법에서는 교육내용이 주제를 중심으로 다루어지고, 주제의 범위는 유아 자신, 지역사회, 지역행사와 현재 사건, 장소, 시간, 자연현상, 일반지식 등 다양하다. 프로젝트를 성공적으로 이끌기 위해서는 주제를 잘 선정해야 한다. 주제는 교사와 유아들이 토론을 통해 협의하여 결정하는 것이 바람직하며, 주제가 정해지면 프로젝트 진행 과정은 준비 및 도입, 전개, 마무리의 3단계로 이루어진다. 1단계에서 3단계까지 단계별 중심사건 및 과정, 교사의 관심 및 유아의 활동은 〈표 6-1〉에 제시되어 있다.

<표 6-1> 프로젝트 접근법의 단계별 활동내용

단계 \ 내용	중심사건 및 과정	교사의 관심	유아의 활동
1단계 준비 및 도입 단계	• 주제에 관한 최초 토의 및 경험 표현 • 토의할 물건, 이야기, 비디오 보기 • 현재 지식을 기초로 한 주제망 구성 • 알아보고자 하는 질문 목록표 작성	• 주제와 관련된 유아의 사전 경험 내용은 무엇인가? • 주제에 대해 유아가 이미 알고 있는 내용은 무엇인가? • 주제에 관해 유아가 알고 싶어 하는 것은 무엇인가? • 부모는 이 활동에 어떤 방식으로 참여할 수 있는가?	• 개인적 경험 회상 • 개인적 경험이나 기억 표현 • 교사와 유아의 공통 경험과 다른 경험 토의 • 현재의 지식과 아이디어 개발 • 개인적으로 알고 싶은 것에 관한 질문목록 작성
2단계 전개 단계	• 현장견학 전 예비 토의 • 현장견학 • 견학에 대한 추후 토의 • 견학에서 학습한 것을 표현하기 위한 계획 • 전문가 방문 • 계획에 기초한 장기적, 다단계적 활동	• 유아에게 줄 수 있는 새로운 직접 경험은 무엇인가? • 유아가 획득할 수 있는 새로운 이해는 무엇인가? • 어떻게 하면 교육과정 목적과 가장 잘 부합하는가? • 어떻게 하면 개인의 흥미와 학습요구에 맞도록 다양화시킬 수 있는가?	• 현장견학 준비 • 현장견학 조사 · 탐구활동: 현장에 관한 것 현장 노트에 스케치하기, 질문하기, 관찰하기, 측정하기 등 • 현장견학 사후활동: 스케치해 온 것 정교화하기, 글로 표현하기, 삽화 그리기, 책 찾아보기 • 전문가와 함께 활동 및 면담
3단계 마무리 단계	• 학습과정 공유를 위한 마무리 행사 및 결과 • 새로운 지식의 내면화	• 어떤 종류의 마무리 행사가 가장 적합한가? • 새롭게 획득한 지식의 내면화를 위해 유아에게 가장 적합한 활동은 무엇인가? • 유아가 주제에 관해 잘 이해하지 못한 부분은 무엇이며, 이를 위해 무엇을 어떻게 해야 하는가?	• 프로젝트 활동 과정의 모든 결과물 또는 결론 검토 • 프로젝트 전 과정을 통해 이루어진 활동 평가 • 전시를 위해 자신의 대표적인 작품 스스로 결정 • 다른 사람이 학습 과정을 이해하고 감상할 수 있도록 프로젝트 활동 재창조: 활동 재정리, 배열 및 재구성 • 그리기, 쓰기, 극화 활동을 통한 새로운 지식의 내면화 • 가정으로 가져갈 작품과 원에 남길 작품 선별

출처: Chard (1994).

그림 6-21 프로젝트 접근법

그림 6-22 프로젝트 접근법 활동사례: 사과

4) 프로젝트 접근법의 교사 역할

교사와 유아가 함께 만들어 가는 프로젝트 접근법을 실행하기 위해서는 민감한 관찰자와 안내자로서 교사의 역할이 중요하다(지옥정, 2017). 프로젝트 단계별로 중요하게 간주되는 교사의 역할에는 차이가 있는데, 먼저 프로젝트 도입단계에서는 교사가 유아의 다양한 생각을 격려함과 동시에 유아의 흥미와 호기심을 유도할 수 있는 여러 가지 활동을 지원해야 한다. 다음으로 전개단계에서는 프로젝트에 필요한 자원을 조달하고 활동결과물을 공유하는 시간을 유아에게 제공함으로써 적절한 추후 활동으로 연결되도록 도와주어야 한다. 또한 프로젝트의 전체 단계에서 부모의 적극적인 참여를 유도하고 부모와 긴밀하게 협조적 관계를 유지하는 것도 교사의 중요한 역할이다.

그림 6-23 프로젝트 실행 모습

7. 국내 프로그램

1) 주제탐구표현활동 프로그램: 서울대학교 어린이보육지원센터

서울대학교 어린이보육지원센터는 서울대학교 대학원생 및 교직원 자녀의 보육을 지원함으로써 대학원생의 연구활동과 학업, 교직원의 후생복지에 기여할 뿐만 아니라 나아가 영유아보육 실천을 통한 영유아의 발달과 교육, 복지 분야의 연구에 기여하고자 1998년 생활과학대학 부속 어린이집으로 설립되었다. 2011년 9월 어린이집 증축과 함께 기존 어린이집을 백학어린이집으로, 새로 지은 어린이집을 느티나무어린이집으로 구분하여 운영하기 시작하였고, 2012년 7월 본부직속기관인 '어린이보육지원센터'를 설치하여 두 어린이집의 운영관리를 지원하고 있다.

서울대학교 어린이보육지원센터는 아동을 자율적인 존재로 존중하는 아동중심 교육철학에 근거하여 발달에 적합하고 한국문화와 정서에 토대를 둔 보육프로그램을 운영하며, 심신이 건강한 어린이 보육을 지향하고 있다. 개별 교과의 지식이나 기술적인 능력에만 초점을 두지 않고 전인발달과 통합교육을 교육목표로 하며, 건강하고 튼튼한 어린이, 마음이 따뜻한 어린이, 책임감 있고 자율적인 어린이, 슬기롭고 창의적인 어린이로의 성장을 강조한다.

서울대학교 어린이보육지원센터에서는 이탈리아의 레지오 에밀리아 접근법과 미국의 프로젝트 접근법을 우리나라 실정에 맞게 개발한 주제탐구표현활동 프로그램을 운영한다. 주제탐구표현활동이란 아동의 흥미와 몰입을 강조하는 활동으로 한 명 또는 그 이상의 유아가 특정 주제에 대해 깊이 있게 연구하는 프로젝트 활동을 말하며, 듀이의 아동중심 교육철학과 통합교육과정의 원리에 근거한다. 교사중심의 일방적인 수업이 아니라 교사와 유아가 함께 주제와 관련된 여러 질문에 대한 해답을 찾아가는 방식으로 언어, 수 · 과학 등의 교과와 연계하여 주제를 깊이 있게 탐구한다. 주제탐구표현활동 프로그램은 가까이는 유아의 일상과 삶을 담고, 멀게는 지역문화를 반영하여 활동이 진행된다. 어린이집과 가정의 미시환경과 사회문화적 거시환경을 모두 반영하고, 영유아 개인의 발달수준에 맞춰 개별활동과 집단활동이 가능한 주제탐구표현활동은 영유아의 개별 인지발달은 물론 창의성을 키울 수 있다.

그림 6-24 서울대학교 어린이보육지원센터 홈페이지 및 주제탐구표현활동 관련 자료집

출처: 서울대학교 어린이보육지원센터 홈페이지(kidshome.snu.ac.kr/).

2) 개방주의 프로그램: 연세대학교 어린이생활지도연구원 · 푸르니보육지원재단

(1) 연세대학교 어린이생활지도연구원

연세대학교 어린이생활지도연구원은 1970년대 후반부터 개방식 접근에 의한 유아교육과정을 실시하였다. 초기에는 반일제 유아반을 중심으로 운영되었으나, 현재는 반일제, 종일제 유아반과 더불어 엄마 · 아빠와 함께하는 영아교육프로그램으로 확대되었다.

연세 개방주의 프로그램은 듀이의 실용주의 철학, 피아제의 발생학적 인식론 그리고 인본주의 심리학을 이론적 배경으로 삼고 있다. 연세 개방주의 프로그램은 듀이의 철학에 기초하여 유아의 흥미와 요구를 중시하고, 유아의 경험과 문제해결을 위한 경험의 과정을 강조한다. 또한 피아제의 발생학적 인식론에 기반하여 유아가 스스로 놀이를 주도하고 적극적으로 참여하는 과정에 주목하며, 인본주의 심리학에 기초하여

그림 6-25 연세대학교 어린이생활지도연구원 홈페이지 및 프로그램 관련 자료집

출처: 연세대학교 어린이생활지도연구원 홈페이지(www.yonseichild.org).

유아의 자율성을 보장하고 유아의 자발적 동기, 학습보다 바른 가치관 형성을 중요시한다. 연세 개방주의 프로그램의 특징을 살펴보면, 첫째, 아동이 자율적으로 선택하고 주도하는 것을 강조한다. 둘째, 아동의 흥미와 요구에 기초하여 풍부한 환경을 제공하며, 그 안에서 아동이 스스로 탐색하고 배울 수 있도록 환경의 개방성을 강조한다. 셋째, 아동의 흥미를 가진 활동에 몰두할 수 있도록 교육 경험을 통합시키며, 과정을 중시한다.

연세 개방주의 프로그램은 개방주의 철학에 기초하여 교육목표를 설정하고, 목표를 중심으로 주제별 다양한 경험을 아동의 발달수준에 맞게 조직하여 교육내용으로 구성하였으나, 이는 교사가 주도하거나 아동이 반드시 실행해야 하는 활동은 아니다. 교육내용은 교사가 학습경험을 준비하고 아동이 발달에 필요한 경험을 할 수 있도록 자극을 주는 데 쓰이며, 아동이 다른 곳에 흥미를 보인다면 언제든지 변경할 수 있는 융통성을 가지고 있다.

(2) 푸르니보육지원재단

푸르니보육지원재단은 2003년 설립된 '푸른보육경영'에서 시작되었다. 기혼여성의 사회참여가 증가하면서 맞벌이가정의 자녀양육에 대한 사회와 직장의 관심과 책임이 요구되었다. 직장어린이집의 확대와 함께 직장어린이집에서 장시간 지내는 영유아를 위한 질 높은 보육에 대한 요구가 높아졌고, 이에 대교, 하나은행, 한국 IBM 세 회사가 연세대 어린이생활지도연구원과 협력하여 푸른보육경영을 설립하였다. 2012년 분리 설립된 푸르니보육지원재단은 현재 전국적으로 200개 이상의 직장어린이집을 위탁 운영하고 있다.

연세 개방주의 프로그램에 기반하고 있는 푸르니 보육프로그램은 맞벌이가정의 영유아를 건강하고 안전하게 보호하기 위한 최적의 환경을 제공하여 미래를 이끌어 갈 유능하고 창의적이며 행복한 어린이를 기르는 것을 보육철학으로 삼고 있다. 푸르니 보육프로그램은 영유아를 유능하고 행복한 어린이로 기르고 잠재력을 개발시키기 위한 교수학습원리로서 영유아의 흥미에 따른 자발적 놀이선택과 몰입경험, 주도적이고 활동적인 놀이를 제시한다.

푸르니 보육프로그램은 국가 수준의 표준보육과정을 기초로 하는 푸르니 연령별 프로그램과 직장어린이집의 특성을 반영한 차별화된 푸르니 특성화 프로그램으로 운영된다. 푸르니 연령별 보육프로그램은 표준보육과정의 연령별 발달수준과 발달과업에 따른 중점사항을 강조하여 영유아의 균형 있는 성장과 발달을 추구한다. 푸르니 보육프로그램의 연령별 중점사항은 0세는 안정애착을 위한 개별적 양육, 1세는 자발적 탐색을 위한 오감각 체험, 2세는 자율성 증진을 위한 주도적 놀이, 3~4세는 사고력 증진을 위한 통합적 활동, 5세는 초등연계를 통한 통합적 학습이다. 푸르니 특성화 프로그램은 영유아가 어린이집에서 장시간을 보내는 직장보육의 특성을 반영하여 영유아에게 다양한 경험과 즐거운 학습기회를 제공하는 데 중점을 두었다. 구체적으로, 교육주제에 따른 폭넓은 경험과 심화학습을 제공하는 현장체험프로그램 'Plan-Go-Play', 책을 만드는 과정을 통해 읽고, 쓰고, 말하고, 듣는 총체적 언어발달을 돕는 책만들기 프로그램 'Story TOC', 신체건강 증진을 위한 체조를 통한 신체 및 음률활동 프로그램 '풀리풀리'가 있다.

그림 6-26 푸르니보육지원재단 소개 동영상

그림 6-27 푸르니 프로그램 관련 자료집

출처: 푸르니보육지원재단 홈페이지(www.puruni.com).

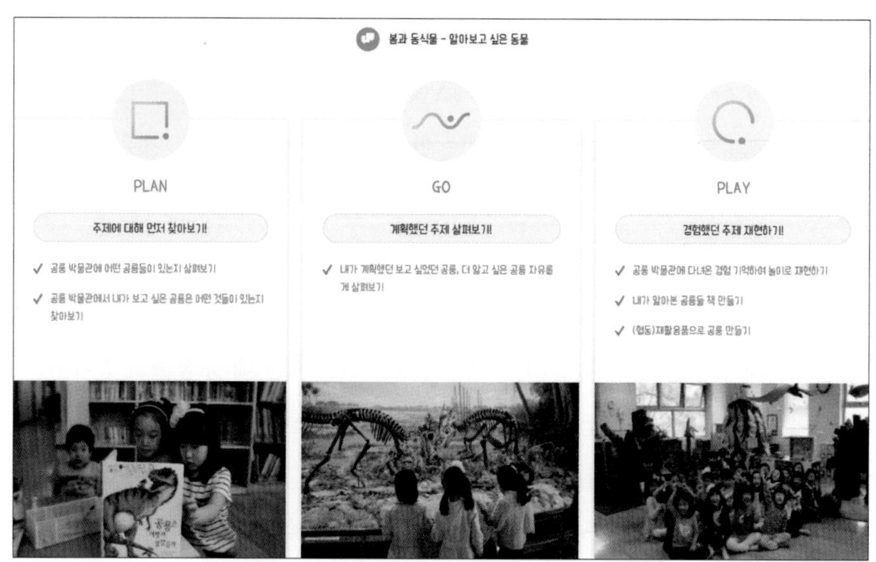

그림 6-28 푸르니 특성화 프로그램 Plan-Go-Play

출처: 푸르니보육지원재단 홈페이지(www.puruni.com).

3) 생태유아교육 프로그램: 부산대학교 부설어린이집

부산대학교 부설어린이집은 산업화 이후 생태계 파괴 및 환경문제가 심각해짐에 따라 이러한 변화들이 영유아의 삶에도 부정적 영향을 미치고 있다는 문제의식에서 출발하였다. 1990년 결성된 '우리 아이들의 보육을 걱정하는 모임'을 주축으로 생태유아교육에 대한 논의가 시작되었고, 1995년 어린이집의 설립과 더불어 생태교육에 대한 연구와 실천을 시작하였다(임재택, 2018). 생태유아교육 프로그램에서는 아이들에게 '자연'과 '놀이'와 '아이다움'을 되찾아 주기 위해 기존의 아동중심 교육과정에서 생명중심 교육과정으로, 기존의 개인중심 교육과정에서 공동체중심 교육과정으로, 기존의 이성중심 교육과정에서 영유아의 몸과 마음과 영혼을 함께 돌보는 교육과정으로의 전환을 요구하고 있다.

생태유아교육의 궁극적 목적은 영유아를 포함한 모든 생명체가 생명의 원리를 따라 서로 살리는 '살림의 교육'이다. 생태유아교육의 기본 틀을 상징하는 소재는 나무이다. 생태유아교육이라는 생명수는 아이살림, 교육살림, 생명살림을 통해 사람과 자연이 하나되는 생명 공동체, 사람과 사람이 더불어 사는 사람 공동체, 그리고 아이들이 행복하게 사는 세상을 꿈꾸면서 자라기를 기대한다(임재택, 2018).

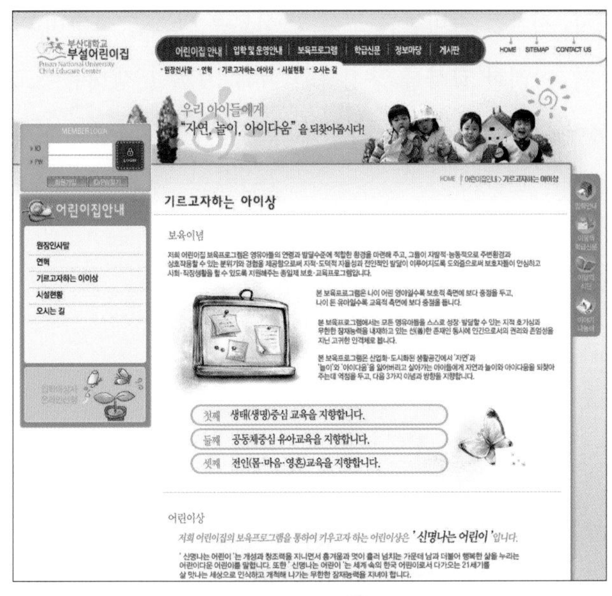

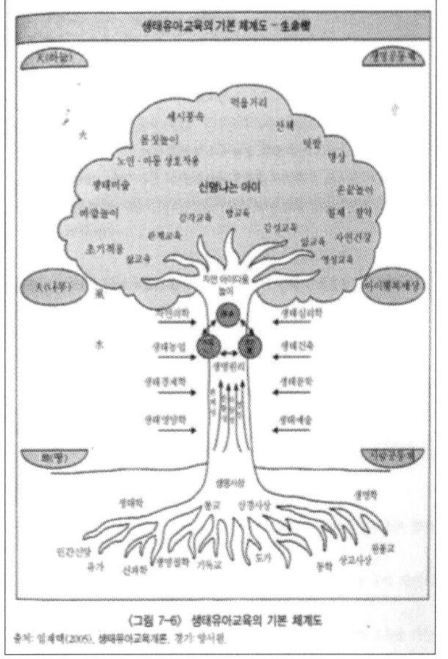

그림 6-29 생태유아교육 프로그램의 어린이상

출처: 부산대학교 부설어린이집 홈페이지(www.ecochild.or.kr/).

생태유아교육에서 추구하는 어린이상은 '신명나는 유아'이다. '신명나는 유아'의 구체적인 모습은 10가지 유아상으로 나타나는데, 이는 즐거운 어린이, 스스로 하는 어린이, 새로운 것을 생각하는 어린이, 예의 바른 어린이, 생명을 존중하는 어린이, 일을 귀하게 여기는 어린이, 우리 것을 아는 어린이, 지구를 지키는 어린이, 더불어 사는 어린이, 튼튼한 어린이이다. 이러한 10가지 유아상은 서로 유기적 관계를 맺으며 조화와 통합을 이루어 궁극적으로 '신명나는 유아'가 되도록 하는 것이다.

생태유아교육의 교육내용은 삶교육, 땀교육, 관계교육, 감각교육, 앎교육, 감성교육, 영성교육 등 7가지 영역으로 구분할 수 있고, 세부 활동은 산책놀이, 텃밭 가꾸기, 세시풍속, 먹을거리, 동물 기르기, 손끝놀이, 몸짓놀이, 명상, 바깥놀이 등의 프로그램으로 구성된다. 생태유아교육에서는 생명원리에 따르며 기다림과 느림의 미학을 강조하고 자유로운 표현을 격려하며 감각을 살리는 교육으로 놀이와 재미를 통한 삶과 깨달음의 교육방식으로 관계성과 순환성, 다양성, 영성교육을 실천한다. 교육과정 실행에서 강조하는 평가는 아이의 몸 · 마음 · 영혼의 평가, 아이들의 삶 전반에 대한 평가, 발달 · 변화 지향 평가보다 '지금 여기'를 지향하는 평가이다.

생태유아교육에서는 돌봄의 삶을 사는 교사, 땀을 흘리는 교사, 모심을 실천하는 교사, 생명의 결대로 키우는 교사, 지금을 준비하는 교사, 조화로운 관계를 이루며 미적 체험을 하는 교사를 강조하며, 이러한 교사를 양성하기 위해 1998년 '생태유아교육강좌'를 시작으로 한국생태유아교육학회와 전국 단위의 생태유아공동체에서 교사 교육을 지속적으로 실시하고 있다.

7장

보육환경

1. 보육환경의 중요성

2. 보육환경의 구성원리

1) 표준보육과정(누리과정)의 보육환경 구성원리

2) 프로스트의 보육환경 구성원리

3) 레지오 에밀리아 접근법의 보육환경 구성원리

3. 보육환경의 구성

1) 실내환경 구성

2) 실외환경 구성

영유아가 활동하고 머무는 환경은 영유아의 성장과 발달에 중요한 의미를 갖는다. 영유아기는 환경의 영향을 가장 많이 받는 시기이므로 보육교사가 보육환경을 어떻게 구성하는지에 따라 영유아의 발달에 미치는 영향도 달라질 수 있다. 이 장에서는 보육환경의 중요성과 구성원리를 파악하고, 영유아에게 적합한 환경의 실제에 대해 살펴본다.

1. 보육환경의 중요성

영유아는 환경과의 상호작용을 통해 학습하고 발달하므로 어린이집에서 교사가 보육환경을 어떻게 계획하고, 조직하고, 구성하는가는 매우 중요하다(보건복지부, 한국보육진흥원, 2017a). 어린이집의 보육환경은 신체운동, 인지언어, 사회정서발달 등 영유아의 모든 발달 영역에 영향을 주므로 영유아의 연령이나 발달수준 등 다양한 특성에 적합한 보호와 교육을 제공할 수 있는 환경을 계획하고 구성해야 하며, 영유아뿐만 아니라 교사나 성인의 요구와 필요에도 부합되는 환경을 구성해야 한다.

어린이집의 보육환경은 영유아를 둘러싼 모든 환경을 의미한다. 따라서 단순히 영유아가 활동하는 공간적 의미에서 보육실을 구성하는 물리적 환경과 더불어 상호작용이나 분위기와 같은 심리적 환경 그리고 시간적 환경도 고려해야 한다. 이러한 관점에서 보육환경은 세 가지 측면으로 구분된다(Estes, 2004). 먼저, 물리적인 측면에서의 환경은 다양한 놀잇감을 선택하고 배열하는 것을 통해 영유아의 발달적 요구를 지원하는 것을 의미한다. 따라서 물리적 측면의 환경을 구성하기 위해서는

영유아의 발달과 학습에 대한 이해가 필요하다. 다음으로 상호작용적 측면의 환경은 영유아 간의 상호작용을 비롯해 영유아와 교사, 교사와 교사, 교사와 부모 등 여러 구성원 사이에서 일어나는 상호작용을 지원하는 환경을 의미한다. 마지막으로 시간적 측면의 환경은 하루 일과를 계획하고, 다양한 활동 시간의 배분과 활동 간 전이 시간의 배분을 뜻한다.

2. 보육환경의 구성원리

1) 표준보육과정(누리과정)의 보육환경 구성원리

영유아를 위한 보육프로그램이 원활하게 운영되기 위해서는 적절한 보육환경이 갖추어져야 한다. 쾌적한 보육공간과 적절한 놀잇감이 마련된 어린이집의 물리적 환경은 보육활동 전반에 영향을 미치는 중요한 요인이다.

영아를 위한 환경은 편안하고, 안전하며, 영아의 발달에 적합하도록 구성되어야

그림 7-1 영아, 위생적이고 안전한 환경구성

그림 7-2 포근하고 편안한 환경

그림 7-3 안락한 환경

그림 7-4 일상생활영역: 기저귀장과 기저귀갈이대

하며, 다음과 같은 구성원리를 준수해야 한다(보건복지부, 육아정책연구소, 2013a).

- 영아의 건강과 안전을 최우선으로 고려한다. 쾌적하고 위생적인 공간과 설비, 놀잇감이 마련되고, 지속적으로 청결하게 관리되어야 한다.
- 영아에게 정서적 안정감을 제공한다. 가정과 같이 포근하고 편안하게 느껴지도록 환경을 구성하고, 영아가 안락하게 쉴 수 있는 휴식공간을 마련한다.
- 영아의 움직임과 이동성을 확보한다. 공간은 영아가 탐색하며 활동할 수 있을 만큼 충분히 넓어야 하고, 걸음마를 배우고 활동성이 증가하는 영아의 발달특성을 고려하여 공간을 배치한다.
- 영아에게 탐색과 발견의 기회를 제공한다. 영아의 특성을 반영하여 탐색과 놀이가 충분히 이루어지도록 다양한 놀이영역을 구성한다.
- 영아의 일과를 고려하여 일상생활영역과 놀이영역을 함께 구성한다. 영아를 위한 수유, 낮잠, 기저귀갈이 등 일상생활을 위한 공간을 제공한다.

그림 7-5 유아가 활동하기 충분한 공간 확보

그림 7-6 유아 개인 사물함

그림 7-7 유아 이불 정리장

그림 7-8 보육실의 적정 온도 관리

그림 7-9 보육실의 공기질 관리

유아를 위한 환경구성은 유아의 신체적 안전, 심리적 안정, 발달적 적합성, 다양성을 고려하여 구성하는 것이 바람직하다. 유아의 발달에 적합한 보육환경을 구성하기 위해서는 다음과 같은 구성원리를 준수해야 한다(보건복지부, 교육과학기술부, 2013a).

- 유아가 활동할 수 있을 만큼 충분히 넓은 공간을 제공한다.
- 유아의 신체발달에 적합한 교구를 제공하여 스스로 사용하고 정리할 수 있도록 한다.
- 유아가 장시간 어린이집에 머물 경우, 혼자 놀거나 쉴 수 있는 공간을 제공한다.
- 일상적인 보살핌이나 낮잠을 위한 물건을 보관할 공간을 마련한다.
- 유아에게 청결하고 안전한 환경을 제공하고, 적정 온도와 습도를 유지한다.
- 유아에게 매력적이고 교육적으로 의미 있는 활동을 제공하는 환경을 구성한다.
- 활동의 선택권이 유아에게 있는 다양한 흥미영역을 실내외 공간에 배치한다.

2) 프로스트의 보육환경 구성원리

보육환경 구성에서 가장 우선적으로 고려할 점은 발달적 적합성에 기초해 흥미영역을 구성하는 것이다. 흥미영역이란 교구장이나 매트 등에 의해 물리적 경계로 구분되는 보육실의 각 영역을 의미하며, 각 흥미영역 고유의 다양한 자료를 한 공간 안에 제시한다(신유림 외, 2013). 영유아 스스로 원하는 것을 선택해 놀이할 수 있도록 준비된 환경이 바로 흥미영역이다. 흥미영역은 영유아에게 탐색할 기회를 제공하고, 영유아의 흥미를 통한 자발적 참여를 촉진하며, 구체적인 경험을 통한 통합적 활동을 이끌어 낸다. 흥미영역의 구성과 자유선택활동이 영유아의 발달과 교육에 긍정적인 효과가 있음은 여러 연구를 통해 입증되었고, 오랜 시간 영유아 보육현장에서 확인된 교육 실제이다.

흥미영역을 구성할 때에는 보육실 영역을 '정적 또는 동적' '건조한 또는 물이 있는' 의 기준에 따라 활동적이고 건조한 영역, 활동적이고 물이 있는 영역, 조용하고 건조한 영역, 조용하고 물이 있는 영역으로 구분하여 배치한다(Frost & Kissinger, 1976). 흥미영역은 역할영역, 쌓기영역, 음률영역, 미술영역, 언어영역, 수 · 조작영역, 과학영역 등으로 구분되며, 보육실에서 흥미영역을 배치할 때 각 영역은 '정적 또는 동적' '건조한 또는 물이 있는'의 기준에서 비슷한 영역끼리 인접하게 배치하는 것이 좋다.

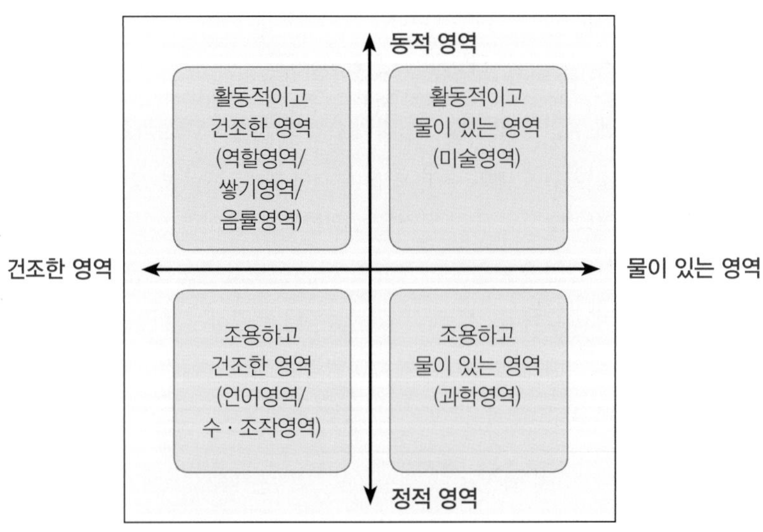

그림 7-10 프로스트의 보육환경 구성원리

예를 들어, 활동적이고 소음이 많은 역할영역, 쌓기영역, 음률영역은 서로 인접하게 배치하고, 조용한 과학영역, 언어영역, 수·조작영역을 인접하게 배치한다. 또한 각 영역은 독립성을 유지하면서 통합적으로 운영되어야 하므로, 낮은 이동식 교구장으로 영역을 구분해 공간의 크기와 배치를 자유롭게 변화시켜 운영할 수 있도록 구성한다. 이러한 구성원리와 영유아의 발달적 적합성에 기초해 영역을 구성할 때 개별 흥미영역에서는 다음과 같은 사항을 고려한다.

활동적이고 건조한 영역

- 역할, 쌓기, 음률영역은 영유아의 활동반경이 넓고 활동 시 소음이 크므로 보육실 안쪽보다 출입문 가까운 쪽에 배치한다.
- 소음도를 고려하여 음률영역을 출입문에 가장 가깝게 배치한다.
- 역할영역과 쌓기영역은 연합하여 구성하면 활동의 연계성이 높아진다.

그림 7-11 출입문과 가까운 쌓기영역

그림 7-12 쌓기영역과 역할영역의 연합 구성

활동적이고 물이 있는 영역

- 미술영역은 물을 사용하거나 영유아의 상호작용이 활발한 영역으로 보육실 안쪽보다 출입문 쪽에 있으면 편리하다.
- 보육실 안에 화장실이나 세면대가 있는 경우 인접한 곳에 배치한다.
- 미술영역 벽면을 영유아 활동 결과물 게시공간으로 사용한다.

그림 7-13 물 공급이 편리한 미술영역

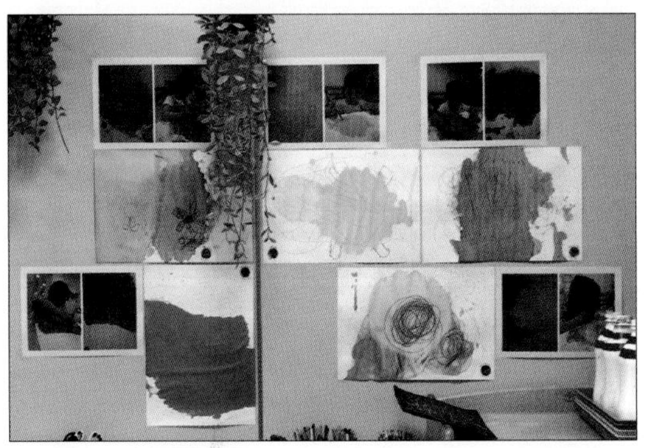

그림 7-14 미술활동 결과물 게시공간으로 사용한 벽면

조용하고 건조한 영역

- 언어영역과 수 · 조작영역은 보육실 안쪽에 위치하는 것이 좋다.
- 휴식영역은 보육실 안쪽에 배치하고, 보육실이 협소한 경우 언어영역에 매트와 쿠션, 소파 등을 비치하여 함께 사용한다.

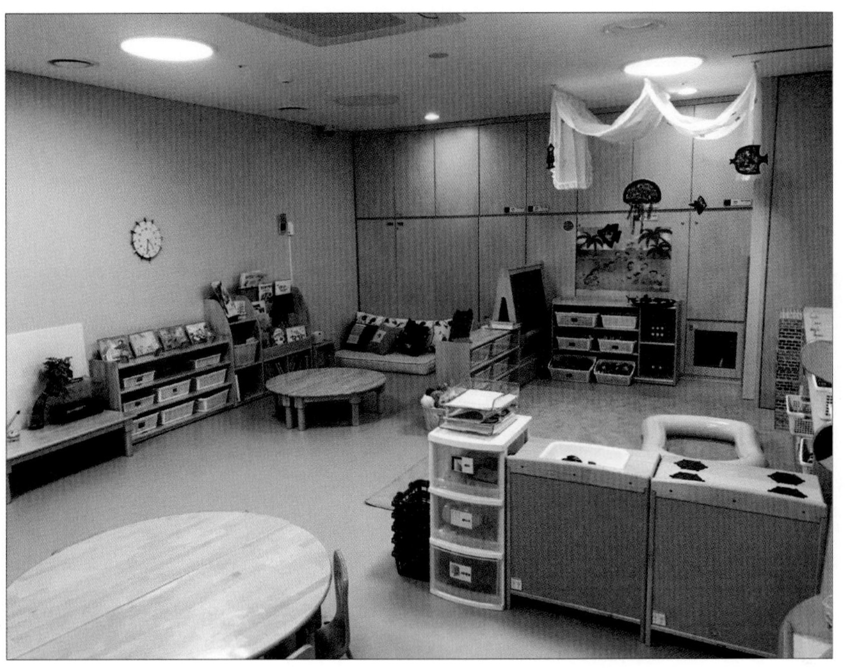

그림 7-15 보육실 안쪽의 언어영역과 수 · 조작영역

그림 7-16 매트와 쿠션이 비치된 언어영역

조용하고 물이 있는 영역

- 과학영역의 식물 기르기는 창문 쪽에 배치하는 것이 좋으며, 수 · 조작영역과 인접한 곳에 함께 배치해도 좋다.

그림 7-17 창문 가까이에 배치한 과학영역

그림 7-18 수 · 조작영역 옆에 함께 배치한 과학영역

그림 7-19 유아들이 개인 이불장을 사용해 만든 작품 전시장

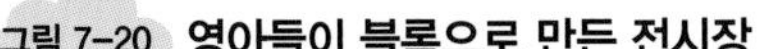
그림 7-20 영아들이 블록으로 만든 전시장

그림 7-21 구멍으로 볼 수 있는 영아 작품

영유아의 흥미에 따라 새로운 영역을 구성할 수도 있다. 선택의 기회를 가지고 주도적이고 자발적으로 구성한 영역에서 영유아는 활동에 더 흥미를 가지고 참여하며, 영유아 스스로 흥미영역을 잘 정리할 수 있다. 따라서 영유아가 놀이 중에 떠오른 생각과 만든 결과물을 활용해 보고 만질 수 있는 새로운 영역을 구성할 수 있도록 교사는 공간 변경이나 시간, 자료 등을 충분히 지원한다.

3) 레지오 에밀리아 접근법의 보육환경 구성원리

레지오 에밀리아 접근법에서는 환경을 두 명의 교사와 함께 '제3의 교사'로 여긴다. 영유아의 요구에 반응해 영유아가 지식을 구성해 나가도록 돕기 위해서는 교사와 영유아가 환경을 자주 변경할 수 있어야 한다는 점에서 환경의 융통성을 강조한다. 구조물, 물체, 재료는 변하지 않는 요소가 아니라 영유아와 성인의 행동을 조정하기도 하고 반대로 조정받기도 하는 움직이는 요소로 간주한다. 레지오 에밀리아 접근법에서의 환경은 다음과 같은 특징을 가진다.

- 기관을 방문하는 모든 사람이 편안하고 환영받는 느낌이 들도록 환경을 구성한다.
- 기관의 역사를 기록함과 동시에 생활하는 영유아의 생활 리듬에 맞는 시간을 고려하여 환경을 구성한다.
- 영유아와 교사, 교사와 부모, 또래 간 상호작용이 활발히 일어날 수 있고, 활동적으로 움직일 수 있는 환경을 구성한다.

- 연령별 발달수준에 적합하면서 동시에 여러 연령의 영유아가 사용할 수 있는 환경을 구성한다.
- 다양한 형태로 기록되어 영유아의 학습과정이 반영된 결과물을 전시하고 분석할 수 있는 환경구성을 통해 교사가 영유아의 정보를 파악하고, 교수적 판단을 하도록 돕는다.
- 심미적이고 창의적으로 제시된 교재와 교구, 영유아와 교사가 융통성 있게 조직할 수 있는 환경을 통해 학습이 자연스럽게 일어날 수 있도록 구성한다.

그림 7-22 로리스 말라구치 인터내셔널 센터(Loris Malaguzzi International Centre) 로비 환경

3. 보육환경의 구성

보육환경은 크게 실내환경과 실외환경으로 구분할 수 있다. 먼저, 실내환경의 경우 연령에 따라 영아를 위한 실내환경과 유아를 위한 실내환경으로 구분하여 연령별 특성에 적합한 환경구성의 실제에 대해 살펴본다. 이와 함께 연령별로 발달영역을 고려한 환경구성을 구체적으로 알아보고, 실외환경 구성에서 고려할 사항을 알아본다.

1) 실내환경 구성

어린이집의 실내환경은 보육실, 화장실, 목욕실, 식당, 실내동작실, 특별활동실 등 다양한 공간으로 구성되어 있다. 먼저, 보육실을 영아반과 유아반으로 구분해 연령에 적합한 실내환경 구성을 살펴본다.

(1) 영아를 위한 실내환경 구성

영아를 위한 양질의 보육 · 교육 프로그램은 나이 어린 영아의 신체운동, 인지언어, 사회정서적 요구를 적절하게 고려해야 한다. 영아를 위한 적절한 환경구성의 경우 나이 어린 아동의 발달적 요구에 적합한 물리적 환경을 구성하는 것이 중요하다(Wortham, 2006). 자유롭게 이동하고 사물을 탐색할 수 있고 안전하며 놀잇감 선택이 용이한 환경이 영아에게 보다 적합한 환경이다. 영아를 위한 환경의 구성은 일상생활영역과 놀이영역으로 구성된다. 영아반 보육환경 구성은 다음과 같다(보건복지부, 육아정책연구소, 2013a).

<표 7-1> **영아반의 연령별 보육환경 구성**

구분	일상생활영역		놀이영역					
0세반	수유	기저귀갈이	신체	언어	감각 · 탐색	–	–	–
1세반	수유	기저귀갈이	신체	언어	감각 · 탐색	역할 · 쌓기	–	–
2세반	–	–	신체	언어	감각 · 탐색	역할 · 쌓기	미술	음률

출처: 보건복지부, 육아정책연구소(2013a).

영아반의 흥미영역은 일반적으로 신체영역, 언어영역, 감각 및 탐색 영역, 역할 및 쌓기 영역, 미술영역, 음률영역으로 구분되며, 여기에서는 각 흥미영역별 환경구성의 특징에 대해 살펴본다.

① 신체영역

그림 7-23 영아반 신체영역

그림 7-24 걸음마 보조기

그림 7-25 끌고 다니는 교구

그림 7-26 투명터널

영아는 움직임에 대한 욕구가 강하여 끊임없이 움직인다. 영아기는 신체 및 운동 기능의 발달과 협응이 급격한 성장을 보이는 시기이므로 일상생활을 통해 자연스럽게 다양한 대근육 활동을 할 수 있는 환경을 제공해야 한다. 영아가 기고, 걷고, 움직이기 시작하면 영아의 움직임을 고려하여 안전하면서도 도전적인 환경을 제공한다.

1세 영아는 걷기 시작하면서 활동의 범위가 확장되기 시작하나, 스스로의 조절력은 충분히 발달하지 못하여 안전사고가 일어나기 쉬우므로 공간 구성 시 안전에 대한 배려가 필요하다. 비가 오거나 추워서 바깥놀이가 어려운 날에는 실내에서 대근육활동을 포함한 신체활동을 할 수 있도록 보육실의 중심 공간을 활용한다.

2세가 되면 신체의 움직임이 민첩해지고 신체활동을 더 즐기게 되므로 보다 넓은 대근육활동 공간이 필요하다. 대근육활동은 실외놀이터를 주로 이용하지만, 다른 활동에 방해가 되지 않는 범위 내에서 영아가 오르고 내리고, 타고, 밀고, 뛰고 길 수 있는 시설과 설비를 보육실 내에 갖춘다.

② 언어영역

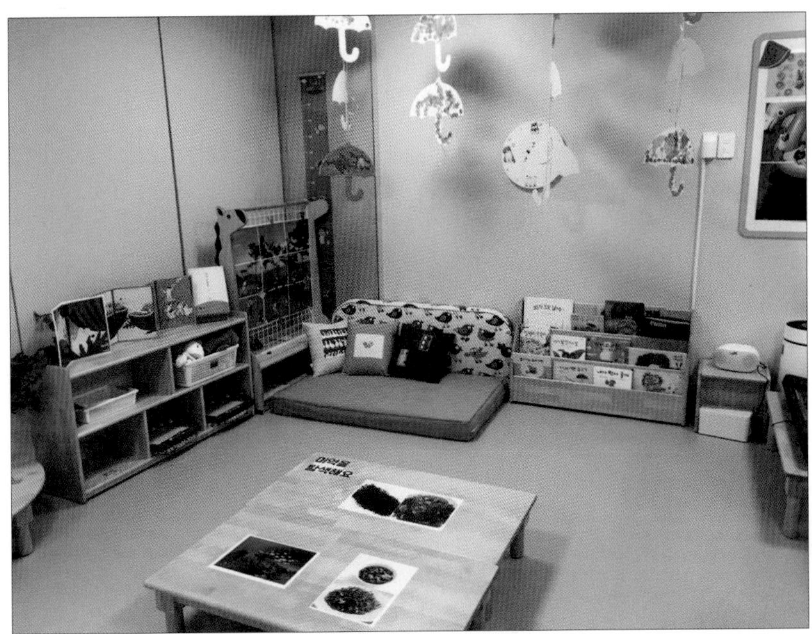

그림 7-27 영아반 언어영역

그림 7-28 듣기 헝겊책

그림 7-29 말하기 손인형

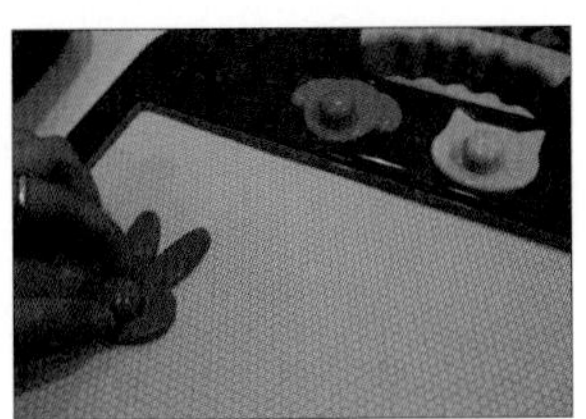

그림 7-30 쓰기 보드

언어영역은 보육실 중 가장 조용하고 밝은 곳에 두되 출입구, 화장실, 피아노 등과 떨어진 곳에 배치한다. 영아와 교사가 언어적 상호작용을 풍부하게 경험하도록 공간을 구성하며, 교사가 함께 앉아 책을 읽어 줄 수 있을 만큼의 공간을 확보한다. 이 영역에는 영아를 위한 감각책, 그림책뿐만 아니라 인형이나 그림, 사진 같은 다양한 자료를 준비하여 언어적 상호작용이 빈번하게 일어날 수 있도록 한다. 또한 책을 읽거나 놀이를 하면서 영아와 교사가 편안한 느낌을 경험하도록 아늑한 분위기의 공간을 구성한다.

2세 영아는 자신의 의사를 말로 표현하기 시작하며 즐기는 시기로 언어를 이용한 의사소통에 많은 흥미를 보인다. 영아가 말하고, 듣고, 읽고, 쓰는 의사소통의 기회를 충분히 경험할 수 있도록 공간과 놀잇감을 배치한다. 그림책뿐만 아니라 사진책, 포스터, 동시판, 노래판, 팸플릿, 전단지, 메뉴판 등을 준비하여 2세 영아가 생활 속에서 문자의 역할을 이해하고 문자와 친숙해질 수 있도록 돕는다. 또한 벽면에는 칠판이나 커다란 전지를 붙여 주고, 분필, 크레파스, 색연필, 사인펜을 비치하여 영아의 끼적이기 활동을 격려한다. 카세트와 녹음기, 마이크를 이용하여 자신의 말소리를 녹음하고 듣는 등의 말하기와 듣기 경험을 확장하도록 한다. 언어영역을 구성할 때는 다음과 같은 사항에 유의한다.

영아 언어영역

- 글자를 모르는 영아의 특성을 고려하여 책의 앞면이 보이도록 정리한다.
- 책이나 자료는 사용 후 영아 스스로 제자리에 정리할 수 있도록 구성한다.
- 자연채광이 들어오는 밝은 곳에 배치하고, 아늑한 분위기를 위해 적절한 조명을 사용한다.
- 언어영역을 편안하게 구성하여 영아의 휴식영역으로 활용한다.

③ 감각 및 탐색 영역

그림 7-31 영아반 감각 및 탐색 영역

그림 7-32 끼우기

그림 7-33 컵 쌓기

그림 7-34 동물 퍼즐

영아는 보고, 듣고, 만지고, 냄새 맡고, 맛보는 오감을 이용하여 자신의 환경을 탐색한다. 영아가 풍부한 감각적 경험을 형성할 수 있도록 다양한 재질과 형태의 놀잇감을 제공하며, 특히 영아의 발달수준에 맞추어 놀잇감의 종류를 선별해서 제공한다. 누워 있는 영아에게는 모빌, 딸랑이를, 앉거나 이동하기 시작하면 쌓기상자, 통 안에 모양 맞추어 넣기, 작동에 따라 소리 나는 놀잇감을 제공한다. 손과 눈의 협응과 소근육의 발달이 이루어지기 시작하는 영아에게는 소근육 조작 경험을 충분히 할 수 있도록 배려한다. 2세 영아는 손의 소근육 발달이 정교해지는 시기로 다양한 조작놀이를 제공해 주는 것이 효과적이다. 끼우기 도형상자나 소형블록, 구슬꿰기 등 영아가 정교하게 손을 이용할 수 있는 경험을 하도록 배려한다. 이 영역의 놀잇감은 바구니나 쟁반에 담아 낮은 교구장에 준비해 두어 영아가 홍미에 따라 선택하여 놀이할 수 있도록 배치한다.

그림 7-35 우리 아기 첫 손가락 놀이책 시리즈

출처: 어스본 코리아 홈페이지(www.usborne.kr).

그림 7-36 영아반 동식물 탐색영역

2세가 되면 동식물에 대한 관심이 증가하므로 실내에서 기를 수 있는 동물이나 곤충, 식물, 주변의 다양한 자연물을 관찰할 수 있는 공간을 마련해 준다. 감각 및 탐색 영역을 구성할 때는 다음과 같은 사항에 유의해야 한다.

영아 감각 및 탐색 영역

- 모든 자료는 항상 청결하게 관리하고, 파손된 자료는 즉시 수리한다.
- 놀잇감은 영아의 시선을 끌 수 있도록 영아의 눈높이에 맞추어 비치한다.
- 0~1세 영아가 삼킬 수 있는 작은 자료는 비치하지 않고, 2세 영아의 경우 삼킬 수 있는 작은 조작 놀잇감의 사용은 가능한 한 피한다.
- 교구장이나 바닥에 놀잇감 사진을 붙여 주어 영아 스스로 정리할 수 있도록 돕는다.

④ 역할 및 쌓기 영역

그림 7-37 영아반 역할영역

그림 7-38 아기놀이 인형

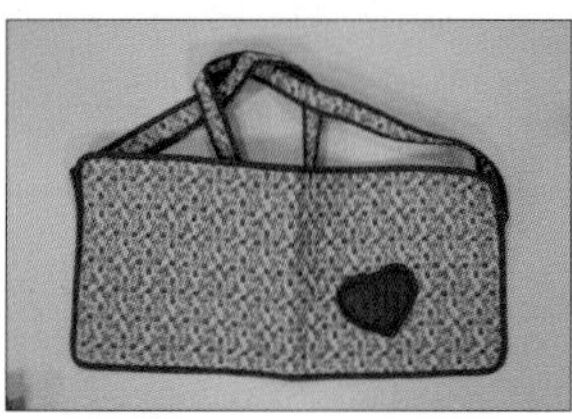

그림 7-39 아기놀이 포대기

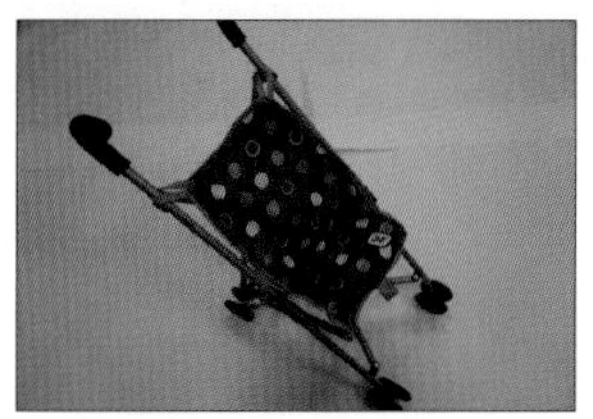

그림 7-40 아기놀이 유모차

영아는 초보적 수준의 역할놀이를 통해서도 자신을 표현할 수 있다. 가상놀이나 역할놀이가 가능한 놀잇감을 좋아하기 시작하면서 자신의 주변생활을 모방하는 놀이를 한다. 영아의 창의적 표현을 북돋울 수 있는 공간을 준비하고, 영아의 발달에 따른 흥미를 고려하여 역할놀이 공간을 준비한다. 이 시기 영아는 가족과 관련된 역할놀이를 선호하므로 가족놀이, 아기놀이를 위한 놀잇감을 제공한다.

그림 7-41 영아반 쌓기영역

그림 7-42 영아용 블록

그림 7-43 스펀지 블록

그림 7-44 자동차 모형

쌓기놀이를 통해 1세 영아는 공간에 대한 지각뿐 아니라 도형에 대한 이해의 기초를 형성한다. 쌓기놀이 과정에서 일어나는 또래와의 상호작용은 영아의 사회성 발달에도 긍정적 영향을 미친다. 2세 영아는 아직 또래를 배려하고 놀잇감을 공유하면서 활동하기는 어려우므로 다툼을 사전에 예방하기 위해 충분한 양의 쌓기 놀잇감을 준비한다. 역할 및 쌓기 영역을 구성할 때는 다음과 같은 사항에 유의해야 한다.

영아 역할 및 쌓기 영역

- 영아가 삼킬 수 있는 작은 놀잇감은 비치하지 않는다.
- 위생적이고 안전한 자료를 제공한다.
- 교구장 바닥에 밑면의 모양이나 사진을 붙여 주어 영아 스스로 정리할 수 있도록 돕는다.
- 여러 명의 영아가 가지고 놀기에 충분한 양의 놀잇감을 비치한다.

⑤ 미술영역

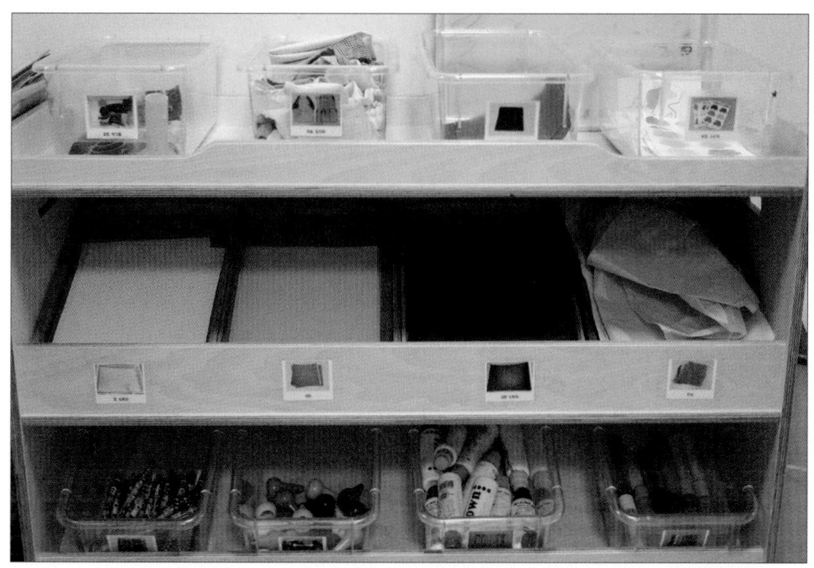

그림 7-45 영아반 미술영역

그림 7-46 전지 크기의 낙서판

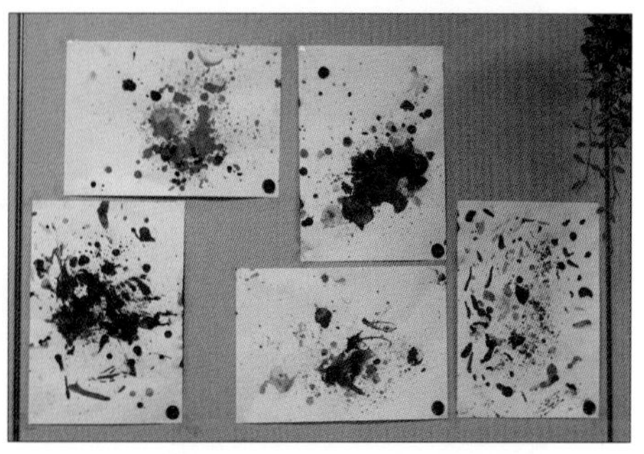

그림 7-47 벽면에 전시된 미술작품

영아의 창의적 표현을 북돋울 수 있는 공간은 활동성과 더불어 물 공급이 필요하므로 세면대나 출입구 가까운 곳에 배치한다. 끼적이고, 찢고, 오리고, 자르고, 붙이는 다양한 조형 경험은 영아의 탐색 능력과 더불어 대근육 및 소근육 조절능력과 협응력을 길러 준다. 2세의 표현 활동은 그리기, 찍기 같은 평면적 조형 활동과 꾸미기, 붙이기, 판화 같은 입체적 조형 활동으로 구분된다. 아름다움을 감상할 수 있는 공간적 배려도 필요하므로 명화나 아름다운 그림, 사진을 영아의 눈높이에 맞추어 붙여준다. 영아를 위한 미술영역을 구성할 때는 다음과 같은 사항에 유의해야 한다.

영아 미술영역

- 영아가 삼킬 수 있는 작은 미술재료는 비치하지 않는다.
- 책상 위나 바닥에 비닐 등의 깔개를 깔아 쉽게 청소할 수 있도록 한다.
- 제공하는 미술재료가 위생적이고 안전한지 점검한다.
- 바닥에 물이나 물감 등이 떨어져 영아가 미끄러지는 사고가 발생하지 않도록 유의한다.

⑥ 음률영역

그림 7-48 영아반 음률영역

그림 7-49 리듬 악기

그림 7-50 멜로디 악기

그림 7-51 딸랑이

영아는 악기를 이용하여 소리를 내 보며 음악을 통해 자신의 감정을 표현하는 경험을 할 수 있고, 여러 가지 음악을 들으면서 그 속에 담긴 감정을 느껴 볼 수도 있다. 음률영역을 구성할 때는 영아가 스스로 예술적인 경험을 할 수 있도록 여러 가지 매개체(악기, 음악 CD 또는 음원, 리본, 스카프, 의상 등)를 준비하고, 자신이 움직이는 모습을 볼 수 있도록 벽에 큰 거울을 부착한다.

(2) 유아를 위한 실내환경 구성

일반적으로 유아를 위한 실내환경은 흥미영역에 따라 구분된다. 개별 흥미영역에는 교육활동을 지원하기 위한 교재교구가 비치되므로 개별 흥미영역에서 이루어지는 아동중심 활동은 자기주도적 학습과 독립심을 촉진시킨다.

유아의 교수학습을 지원하기 위해 실내에 쌓기영역, 언어영역, 역할영역, 수·조작영역, 과학영역, 음률영역, 미술영역 등의 흥미영역을 구성하여 신체운동·건강, 의사소통, 사회관계, 예술경험, 자연탐구 영역의 다양한 활동을 경험하도록 한다. 게임, 발표, 토의, 관찰, 실험, 조사, 현장체험 등 다양한 유형의 활동 또는 주제와 흥미영역을 연계함으로써 유아의 학습을 심화시킨다.

흥미영역의 수는 전체 공간의 크기, 유아의 수, 연령, 흥미를 고려하여 조절할 수 있다. 대체로 연령이 높을수록 흥미영역의 수가 많아지며, 유아의 흥미에 따라 흥미영역을 가감할 수 있다. 흥미영역은 1년에 3~4회 위치를 바꾸어 변화를 줄 수 있고, 흥미영역의 배치는 공간의 크기, 소음, 채광, 물의 사용 여부 등을 고려하며, 벽에 붙이는 부착물은 유아의 눈높이에 맞추어 게시한다(보건복지부, 교육과학기술부, 2013a).

① 쌓기영역

그림 7-52 유아반 쌓기영역

그림 7-53 유니트 블록

그림 7-54 자동차 조립블록

그림 7-55 동물모형 소품

쌓기영역은 여러 가지 크기, 모양, 재질의 블록과 소품을 이용하여 구조물을 쌓아 보거나 꾸며 보는 과정을 경험하는 영역이다. 유아는 쌓기놀이를 통해 다양한 구성 활동을 하면서 관찰력, 측정 기술, 원인과 결과에 대한 사고력을 기를 수 있다. 쌓기영역은 활동적이며 소음이 발생하는 동적 영역이므로 언어나 과학 등 정적 영역과는 떨어져서 배치하며, 소음방지를 위해 바닥에 카펫을 깔아 준다.

쌓기영역은 유아의 연령별로 다르게 구성할 수 있다. 3세는 다양한 종류의 블록을 주기보다는 같은 종류의 블록을 충분히 제공하고, 서로 방해받지 않고 놀이에 몰입할 수 있도록 충분한 공간을 제공한다. 4세는 3세보다 소근육이 더 발달하므로 적당한 크기의 쌓기 블록과 중간 정도 크기의 끼우기 블록을 함께 제공하며, 3세보다는 블록과 소품의 종류를 다양하게 준비한다. 5세 유아는 다양한 구조물을 구성하고 경험한 내용을 중심으로 또래와 협의하여 다소 복잡한 구조물을 만들 수 있다. 쌓기영역을 구성할 때는 다음과 같은 사항에 유의해야 한다.

유아 쌓기영역

- 유아의 구성 및 조작 능력을 고려하여 다양한 종류의 블록을 순차적으로 제공한다.
- 확장 활동으로 발전시킬 수 있도록 관련 사진이나 그림카드를 제공한다.
- 쌓기놀이 공간의 높낮이를 조절하도록 책상, 널빤지, 의자 등을 제공한다.
- 유아가 방해받지 않고 활동에 몰두하도록 충분한 공간을 마련해 준다.
- 역할영역과 인접하게 배치하여 두 영역의 통합 활동이 활발하게 이루어지도록 한다.

② 언어영역

그림 7-56 유아반 언어영역

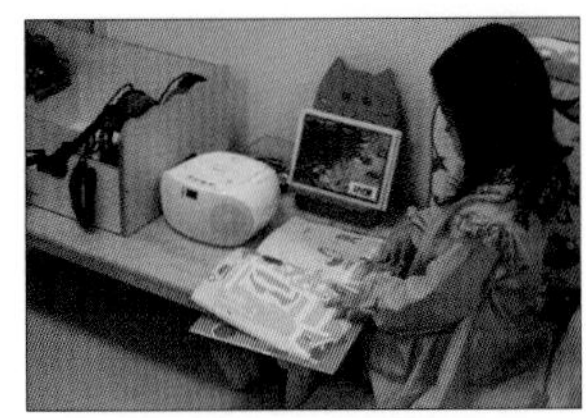

그림 7-57 동화 듣기

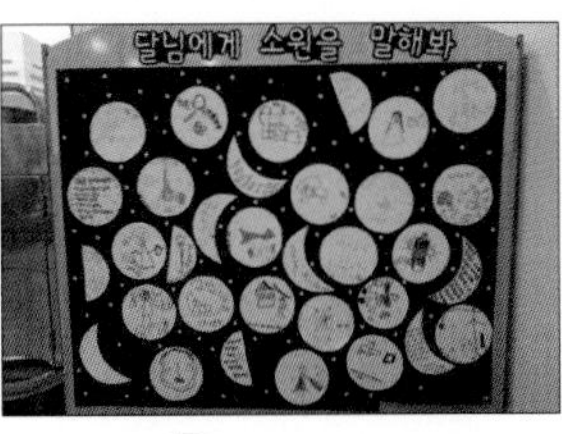

그림 7-58 소원 말하기

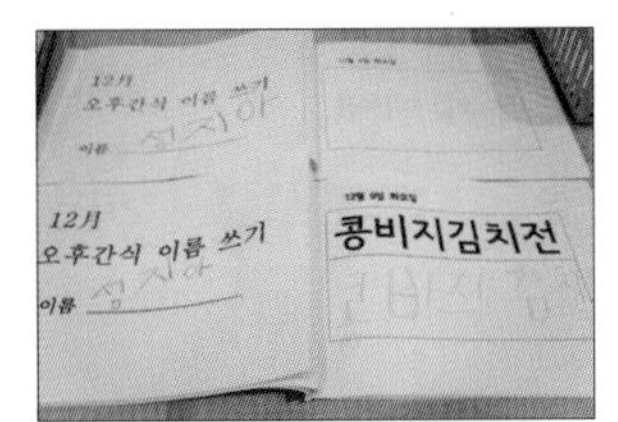

그림 7-59 간식 이름 쓰기

언어영역은 듣기, 말하기, 읽기, 쓰기와 관련된 활동을 경험하는 영역이다. 유아는 언어영역의 활동을 통해 일상생활에 필요한 언어 능력을 향상시키고 올바른 의사소통 능력 및 태도를 기를 수 있다. 언어영역은 조용하고 안정된 공간에 배치하는 것이 좋으며, 활동 주제나 유아의 흥미에 따라 다양한 언어활동 자료를 비치하여 듣기, 말하기, 읽기, 쓰기 활동이 고루 이루어지도록 하고, 안락한 의자나 쿠션을 두어 언어활동에 편안하게 몰입하도록 한다.

언어영역은 유아의 연령별로 다르게 구성할 수 있다. 3세는 친숙한 글자를 모양으로 인식하여 주변의 친숙한 인쇄물에 많은 관심을 보이며, 그림책을 즐겨 보므로 3세에게는 다양한 그림책을 제공해 준다. 듣기 활동을 위해 태블릿 또는 소리동화 기기, 이어폰을 비치하여 동화를 듣거나 유아가 자신의 목소리를 녹음하여 들어 볼 수 있게 한다. 말하기 활동을 위해 융판에 활동 주제 관련 자료를 제시해 주고, 읽기 활동을 위해 직접 조작할 수 있는 책, 책장을 넘기면 입체가 되는 책, 소리 나는 책 등 다양한 종류의 책을 구비하여 흥미를 갖도록 한다. 쓰기활동을 위해서는 자석쓰기판, 화이트보드와 마커펜, 필기류와 다양한 재질의 종이를 제시해 준다.

4세는 쉬운 단어와 짧은 문장 읽기가 가능해진다. 따라서 짧고 반복되는 단어와 문장이 있는 동시, 동화를 제시해 주어 유아 스스로 글자 읽기에 흥미를 가지도록 한다. 듣기 자료는 태블릿 또는 소리동화 기기, 음원, 다양한 책으로 구성하고, 말하기 자료는 이야기 꾸미기 자료와 융판, 이야기 꾸미기 그림카드, 여러 종류의 인형과 인형극 틀, 그림동화, 녹음기, 마이크를 제공한다. 쓰기 자료로는 자석판과 마커펜, 음각글자 판과 종이, 모래상자를 제공한다.

5세는 읽고 쓰는 활동이 활발하게 이루어지므로 슬라이드, 주제별 화보 모음책, 잡지류, 사전을 제시하고, 자신, 또래, 가족에게 하고 싶은 이야기를 글로 적어 보거나 단어카드를 이용해 문장을 만들어 보며, 활동주제와 관련된 책 만들기 활동도 해 볼 수 있다. 언어영역을 구성할 때는 다음과 같은 사항에 유의해야 한다.

유아 언어영역

- 책이나 자료는 사용한 후 유아가 제자리에 정리할 수 있도록 구성한다.
- 유아가 이야기를 직접 만들거나 소리를 녹음해 보는 기회를 제공한다.
- 처음에는 책 보기나 듣기 활동을 계획하고, 점차 읽기나 쓰기 활동을 구성한다.
- 자연채광이 밝은 곳에 읽기나 쓰기 활동 자료를 비치한다.

③ 역할영역

그림 7-60 유아반 역할영역

그림 7-61 결혼식 역할놀이 소품

그림 7-62 가을열매 마켓 역할놀이 소품

그림 7-63 **역할놀이 교구**

출처: 리틀빅키즈 홈페이지(littlebigkids.kr).

역할영역은 유아가 다양한 직업이나 사회구성원의 역할을 상상놀이 및 사회극놀이를 통해 경험하는 영역이다. 유아는 역할놀이를 통해 자기중심적인 사고에서 벗어나 자신과 다른 사람의 생각과 감정을 더 잘 알고 적절하게 상호작용할 수 있으며, 주변 사람들이나 공동체에서 함께 살아가는 방법을 익힌다.

역할영역은 유아의 연령별로 다르게 구성할 수 있다. 3세는 실제와 상상을 구별하기 힘든 시기로 실물사진과 실물자료를 준비하여 역할놀이를 촉진시킨다. 유아가 자발적으로 역할놀이에 흥미를 가지고 참여하도록 집이나 병원, 주유소, 마트 등 일상생활에서 자주 접하는 기관이나 장소를 나타내는 소품과 장치를 준비한다. 4세는 소품을 유아가 직접 만들어 놀이에 활용하도록 하고, 유아가 여러 종류의 옷을 입고 자신의 모습을 관찰할 수 있도록 유아용 전신거울을 설치한다. 5세는 주제활동의 전개와 유아들 간의 계획에 따라 병원, 미용실, 음식점, 세탁소, 서점 등의 사회극놀이를 통해 다양한 사회구성원의 역할을 해 볼 수 있도록 한다. 역할영역을 구성할 때는 다음과 같은 사항에 유의해야 한다.

유아 역할영역

- 많은 유아가 참여하도록 충분한 공간을 제공하며, 쌓기영역과 가깝게 배치한다.
- 양성평등교육, 다문화교육이 가능하므로 관련 소품을 제공한다.
- 교사가 적절하게 소품을 제시하여 유아의 적극적인 참여를 돕는다.
- 주도적인 유아가 역할놀이를 지배하지 않도록 자연스럽게 역할을 바꾸도록 지도한다.

④ 수 · 조작영역

그림 7-64 유아반 수 · 조작영역

그림 7-65 수 100판

그림 7-66 셈 막대

그림 7-67 모양 칠교놀이

수 · 조작영역은 일대일 대응, 분류, 비교, 서열 등의 수활동이나 퍼즐 맞추기, 끼워서 구성하기, 간단한 게임 등 논리적 문제해결, 소근육 조작과 관련된 활동을 주로 하는 영역이다. 유아는 수 · 조작 활동을 통해 눈과 손의 협응력과 소근육 발달, 논리 · 수학적 개념 발달, 문제해결력과 집중력을 향상시키며, 문제를 탐색하고 해결해 가는 과정에서 자신감과 자율성을 기를 수 있다.

수 · 조작영역은 유아의 연령별로 다르게 구성할 수 있다. 3세는 수 · 조작 놀이를 위해 의자에 앉는 것보다 낮은 책상을 활용하여 바닥에 앉는 것이 좋으며, 수 활동을 위해 1~10까지 셀 수 있는 구체물, 크기를 비교할 수 있는 놀잇감, 각종 수세기판, 주사위, 윷, 시계, 달력, 분류 자료를 제시한다. 조작활동을 위해 5~10조각의 퍼즐이나 일상생활 훈련 자료를 제시한다.

4세는 개별 놀이와 소집단 놀이가 모두 가능하도록 영역을 구성한다. 수 활동을 위해 색깔이나 형태, 크기가 다른 끼우기 블록, 수 막대 등 구체물을 제시하며, 조작활동을 위해 활동 주제를 반영한 퍼즐, 작은 블록류, 끈, 구슬 끼우기, 지퍼 올리기와 단추 끼우기 등 일상생활 훈련 자료를 제시한다.

5세는 게임판이나 교구를 바닥에 놓고 사용할 수 있도록 바닥에 카펫을 깔고 편안한 자세로 활동하며, 전략적인 수 놀이 게임을 즐기고, 개별적인 탐색을 즐기는 조작활동에 참여한다. 유아들 간 상호작용과 전략을 유발하는 그룹게임이나 일대일 게임이 가능하도록 다양한 게임판을 제시해 주며, 15~30조각 정도의 퍼즐 맞추기, 바느질하기, 실뜨기, 직조짜기 등의 조작활동을 제공한다. 수 · 조작영역을 구성할 때는 다음과 같은 사항에 유의해야 한다.

유아 수 · 조작영역

- 무거운 놀잇감은 유아가 안전하게 꺼내 사용할 수 있도록 낮은 곳에 비치한다.
- 공간, 도형 관련 대 · 소집단 활동으로 확장될 수 있도록 다양한 교재교구를 제공한다.
- 퍼즐 조각이 분실되지 않도록 바구니나 쟁반에 담아 보관한다.

⑤ 과학영역

그림 7-68 유아반 과학영역

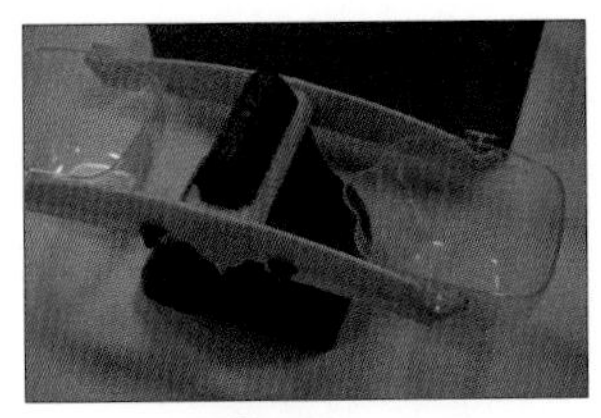

그림 7-69 양팔저울

그림 7-70 관찰, 실험 기록지

그림 7-71 사슴벌레

과학영역에서는 여러 가지 과학 기자재를 활용하여 생물과 무생물, 물질의 성질, 자연현상 등 유아가 접하는 자연환경을 관찰, 실험, 탐구, 감상하는 활동이 이루어진다. 유아는 과학영역의 활동을 통해 주변의 환경이나 사물, 생명체에 대해 알고 지속적으로 탐색하며, 과학적인 사고를 형성한다. 또한 과학영역에서 곤충이나 작은 동물, 식물을 기를 경우 조용하고 햇볕이 잘 들고 물 공급이 쉽게 되는 곳에 배치한다.

과학영역은 유아의 연령별로 다르게 구성할 수 있다. 3세는 살아 있는 생물 특히 움직이는 동물에 관심이 많다. 교사는 유아가 좋아하는 동물에 대해 자주 이야기할 기회를 제공하고 작은 곤충에서 큰 동물까지 직접 또는 비디오나 사진, 그림책을 자주 경험할 수 있도록 한다. 4세는 관찰하고 탐색하기 쉽도록 관찰대나 낮은 탁자를 사용하며, 자석, 현미경, 확대경, 기계류, 저울, 낙엽, 씨앗, 개미집, 조개껍질 등을 계절에 맞게 제시해 주어 유아가 자유롭게 탐색하도록 한다. 5세는 직접 경험이 가능하도록 동식물 기르기, 다양한 수집물 관찰하기, 과학적 도구 사용해 보기, 기계와 부품 탐구하고 조립하기 등의 활동을 위한 기록용지와 쓰기 도구를 제공한다. 과학영역을 구성할 때는 다음과 같은 사항에 유의해야 한다.

유아 과학영역

- 계절, 생활주제, 유아의 흥미에 기초하여 다양한 자연물이나 실물을 제시한다.
- 유아 스스로 관찰, 탐색 활동이 가능한 자료를 준비해 준다.
- 유아가 지속적으로 관찰, 예측, 기록할 수 있도록 기록지를 준비해 준다.

⑥ 음률영역

그림 7-72 유아반 음률영역

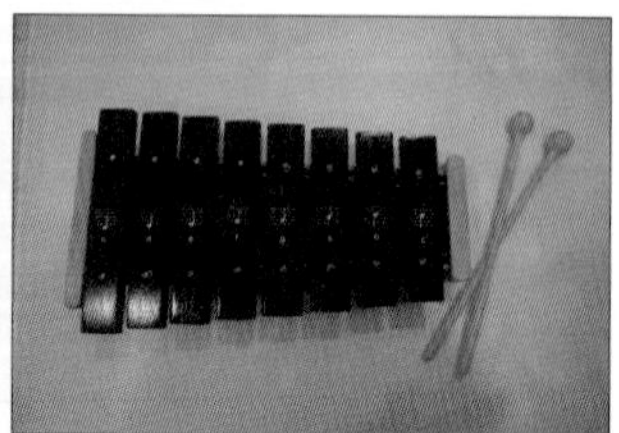

그림 7-73 유아용 멜로디 악기

음률영역은 생활 주변에서 듣는 다양한 소리에 관심을 가지고 탐색하고 음악을 들으며, 노래를 부르고 여러 가지 악기를 다루어 보고 음악에 맞추어 자유롭게 몸을 움직이거나 창의적인 신체표현 활동을 경험하는 영역이다. 유아는 음률영역의 활동을 통해 음악적 아름다움의 요소를 찾아보며, 음악이나 움직임과 춤으로 표현하고, 음악을 감상하는 능력을 키운다. 음률영역은 음악에 맞추어 신체를 자유롭게 움직일 수 있도록 충분히 넓은 공간이 필요하며, 소음이 많이 나는 영역이므로 다른 영역의 활동에 방해가 되지 않도록 배치한다.

음률영역은 유아의 연령별로 다르게 구성할 수 있다. 3세는 다양한 장르의 음악을 듣고 자유롭게 표현해 보는 활동을 하며, 다양한 리듬악기, 녹음기를 비치하여 활용하도록 한다. 4세는 음악과 함께 몸을 마음대로 움직여 보고 노래를 부르며 여러 가지 악기를 자유롭게 만지고 경험해 보도록 리듬악기와 마라카스, 리본막대, 우드블록, 핸드벨, 실로폰, 소고 등을 제시한다. 동작활동 자료에는 다양한 동작카드, 탈, 스카프, 접이부채, 응원 반짝이 수술 등이 있다. 5세는 스스로 조작 가능한 태블릿을 제공하며, 그림으로 된 가사악보를 벽에 부착하여 간단한 연주를 해 보도록 한다. 음률영역에 전신거울을 두어 유아가 자기의 표현 모습을 볼 수 있도록 한다. 음률영역을 구성할 때는 다음과 같은 사항에 유의해야 한다.

유아 음률영역

- 유아 스스로 음률활동에 참여하도록 다양한 매개체(악기, 리본, 의상 등)를 제공한다.
- 공연 관람, 전문가 초대 등 다양한 방법으로 음악적 표현 및 감상활동을 제공한다.
- 움직임이나 춤과 관련된 활동을 할 때 서로 부딪히지 않도록 미리 안내한다.
- 우리나라 전통악기와 다른 나라 악기를 다양하게 준비한다.
- 리듬악기나 타악기에서 시작하여 점차 멜로디악기로 확장한다.

⑦ 미술영역

그림 7-74 유아반 미술영역

그림 7-75 점토와 사진

그림 7-76 물감과 재활용품

그림 7-77 자연물과 종이류

미술영역에서 유아는 자연과 사물의 아름다움을 체험하고, 그리기, 만들기, 꾸미기, 구성하기 활동을 통해 자신의 느낌이나 생각을 자유롭게 표현하면서 미적 아름다움을 감상하는 경험을 한다. 유아는 미술활동을 통해 미술적 아름다움의 요소를 이해하며, 자신의 생각이나 느낌을 표현하면서 성취감을 얻고, 정서적인 긴장감도 해소한다. 미술영역은 밝고 조용하며, 물을 사용할 수 있는 공간 가까이에 배치한다.

유아가 미술활동에 집중하도록 충분한 공간과 시간을 마련하고, 여러 가지 모양과 색, 질감을 가진 종이류, 다양한 그리기 도구, 점토류를 포함하여 쉽게 이용할 수 있는 기본 미술영역 자료를 제시한다.

다양한 매체를 이용하여 자신의 생각과 느낌을 표현하는 작업활동과 함께 작품 전시 및 감상활동을 하도록 재료와 공간을 제공하며, 기본적인 미술자료 이외에 폐품이나 헝겊, 나뭇잎을 작업활동의 자료로 제공한다. 미술적 표현과 재료의 탐구를 통해 창의적 표현력을 길러 줄 수 있도록 풍부하고 다양한 재료를 항상 비치하여 유아가 필요에 따라 손쉽게 꺼내 사용할 수 있도록 한다. 미술영역을 구성할 때는 다음과 같은 사항에 유의해야 한다.

유아 미술영역

- 교사는 유아의 경험에 동참하면서 세심히 관찰하고 적절한 도움을 제공한다.
- 다양한 자료를 보관할 수 있는 자료 정리장을 구비한다.
- 완성된 미술작품을 말릴 수 있는 설비를 준비한다.
- 유아의 작품을 전시할 게시판이나 복도에 전시 공간을 마련한다.

2) 실외환경 구성

유아는 실외활동을 통해 대근육발달뿐만 아니라 개념학습, 사회적 기술과 관계의 발달, 창의적 활동에의 참여, 놀이를 통한 즐거움을 느끼는 기회를 제공받는다(이영자, 이기숙, 이정욱, 2000).

실외환경은 실내환경과는 질적으로 다른 종류의 놀이활동을 유아에게 제공한다. 일반적으로 실외환경은 그네 타기, 미끄럼틀 타기, 자전거 타기, 올라가기, 뛰기 등의 신체활동을 위한 영역으로만 인식하는 경우가 많지만, 실외환경은 유아가 교육활동으로 인한 긴장을 해소하고 신체운동이나 도전을 허용할 뿐만 아니라 동물과 식물 등 자연환경을 탐색하고 실험하며 조사하는 활동을 할 수 있는 장소이다. 또한 실외환경은 보다 활동적인 극놀이, 창의적인 구성놀이, 소란스러운 목공놀이, 물을 이용한 모래놀이, 휴식하면서 할 수 있는 조용한 놀이, 책 읽기 등 다양한 놀이가 가능한 장소이다. 실외활동은 실내활동에 비해 영유아를 위험에 노출시킬 가능성이 높으므로 유아가 특별한 제약을 받지 않고 자유롭게 탐색하고 활동할 수 있도록 실외환경의 안전에 대한 점검이 정기적으로 이루어져야 한다(양옥승 외, 2004).

(1) 영아를 위한 실외환경 구성

그림 7-78 영아를 위한 실외환경: 모래놀이장과 영아용 승용 자동차

그림 7-79 영아용 물놀이장

그림 7-80 영아용 대근육 조합놀이대

영아를 위한 실내환경 구성에서와 마찬가지로 실외환경의 경우에도 발달과 놀이를 촉진하는 경험을 영아에게 제공해 주기 위해 영아의 독특한 발달적 요구를 고려한 환경구성이 필요하다. 영아를 위한 실외환경은 영아의 신체 크기에 적합한 공간을 확보하고, 발달단계에 따른 지각력과 개별 운동능력을 고려하여 구성하며, 영아가 다양한 바닥소재와 흥미로운 시야, 소리, 냄새를 경험하도록 배려한다. 0~1세 영아는 신체조절 능력이 덜 발달되어 다른 연령에 비해 바깥놀이가 자유롭지 못하

지만, 실외 놀이터는 영아가 날씨의 변화와 자연현상을 감각적으로 경험할 수 있는 공간이자, 다른 연령 영유아의 놀이를 관찰할 수 있는 흥미로운 공간이다.

실외환경의 경우에도 실내환경과 마찬가지로 동적 영역과 정적 영역을 구분하여 배치한다. 0~1세 영아를 위한 동적 영역에서는 걷기 전 영아를 위한 유모차나 걷기 시작한 영아를 위한 붕붕차 등 영아의 발달수준에 맞추어 놀잇감을 준비한다. 2세 영아를 위한 동적 영역에서는 세발자전거를 탈 수 있는 단단한 바닥재가 필요하며, 미끄럼틀과 그네, 시소 등의 놀이기구를 배치하면 좋다.

0~1세 영아를 위한 정적 영역에서는 휴식하기나 물놀이나 모래놀이를 할 수 있도록 실외환경을 구성한다. 2세 영아를 위한 정적 영역에서는 휴식을 위한 공간과 더불어 영아가 만지고 탐색할 수 있도록 잔디, 모래, 돌, 진흙, 물 등의 탐색 공간을 포함하여 환경을 구성한다. 놀잇감과 놀이기구를 보관하기 위한 보관창고가 필요하며, 영아의 안전을 위해 교사가 놀이 상황을 한눈에 파악하고 필요시 즉각적으로 도울 수 있도록 공간을 구성한다.

(2) 유아를 위한 실외환경 구성

그림 7-81 **유아를 위한 실외환경: 자동차 도로와 자동차, 자전거**

그림 7-82 **유아용 물놀이장**

그림 7-83 **유아용 대근육 조합놀이대**

실외환경은 유아의 전인적 성장 발달을 촉진시키는 복합적인 기능을 수행하도록 영역을 구분하여 구성한다. 실외놀이터는 유아가 마음껏 뛰어놀 수 있는 장소이자 날씨의 변화와 자연현상을 직접 체험할 수 있는 곳으로, 유아에게 즐거움을 주고, 위험하지 않으면서 모험적이며 도전적인 놀이, 다양하고 창의적인 놀이가 가능하도록 구성한다. 따라서 실외놀이터는 유아의 안전을 위해 「어린이놀이시설 안전관리법」에 따른 시설기준을 적용하여 설치한다. 실외환경은 크게 정적 영역과 동적 영역을 분리하여, 달리기, 공놀이, 자전거 타기, 모래 · 물 놀이 등 적극적인 활동은 동적 활동영역에, 작업하기, 휴식하기, 책 읽기 등은 정적 활동영역에 배치한다. 실외환경의 영역은 운동놀이영역, 모래 · 물놀이 영역, 자연탐구 및 관찰 영역, 작업영역, 휴식영역 및 놀잇감을 보관하기 위한 보관창고 등으로 구성하고, 외부의 차량이나 사람들로부터 유아를 보호할 수 있도록 울타리나 담장을 실외놀이터에 설치한다.

운동놀이영역에서 유아는 미끄럼틀이나 그네와 같은 운동놀이기구를 이용하는 놀이와 공, 막대와 같은 작은 도구나 몸을 활용하는 놀이를 한다. 운동놀이는 유아의 바른 자세 형성과 운동 기능 발달의 기초가 되며, 유아는 운동놀이를 통해 몸의 균형을 유지하고 신체를 조절하여 움직이는 과정을 경험한다.

모래 · 물놀이 영역은 자연물인 모래와 물을 놀잇감으로 가지고 마음껏 놀이하는 영역이다. 모래와 물은 사용방법이 정해져 있지 않아 유아가 부담 없이 활동에 몰두함으로써 성취감과 만족감을 느낄 수 있고, 동시에 정서적 안정감과 즐거움을 갖게 된다.

자연탐구 및 관찰 영역은 식물 기르기와 동물 기르기 영역으로 구성할 수 있다. 유아는 동식물을 기르며 관찰하고, 조사하고, 실험하는 탐구과정에 적극적으로 참

그림 7-84 식물 기르기 영역: 텃밭 가꾸기

그림 7-85 텃밭 작물, 쪽파

그림 7-86 탐색과 휴식을 위한 조용한 공간

그림 7-87 놀잇감과 놀이기구 보관창고

여함으로써 탐구활동을 즐기며, 자연물에 대한 전문적 지식을 습득하고, 자연에 대한 이해와 정서적 교감을 나눈다. 작업영역에서 유아는 밖에서 접할 수 있는 환경 특성을 통해 다양한 주제와 활동으로 놀이를 확장하며, 물감으로 그림 그리기, 큰 블록 쌓기, 목공놀이, 점토놀이 등이 이루어진다.

휴식영역은 유아가 동적 활동 후 휴식을 취하거나 다른 유아들이 놀고 있는 모습을 보며 편안하게 시간을 보내는 영역이다. 유아들이 편안하게 휴식을 취할 수 있도록 조용한 공간을 마련하고, 나무 그늘이나 정자, 지붕이 있는 테라스를 설치하거나 텐트나 비치파라솔을 활용하여 그늘을 마련한다. 보관창고는 바깥놀이 기구를 정리하고 보관하기 위한 공간으로 놀잇감과 놀이기구를 적절하게 사용하고 보관하기 위해 필요하다.

유아를 위한 실외놀이터에서는 다음과 같은 사항에 유의해야 한다.

유아 실외놀이터

- 여름철에는 놀이기구 표면이나 바닥이 뜨거워 화상을 입을 수 있으므로 주의한다.
- 비가 오는 날 실외활동을 계획한 경우 장화와 비옷, 우산을 준비한다.
- 겨울철에는 하루 중 가장 따뜻한 시간에 실외활동을 계획한다.
- 눈이 오는 날 실외활동을 계획한 경우 장갑, 목도리, 모자, 외투를 준비한다.
- 일상적으로 대기오염 관련 지수를 매일 확인해 실외활동 여부를 결정한다.

(3) 실내놀이터의 환경구성

실외놀이터를 설치하기 어렵거나 대체활동을 위한 공간이 필요한 경우에 실내놀이터를 구성할 수 있다. 조합놀이대나 대형매트를 이용해 대근육활동을 할 수 있는 동적 영역과 탐색활동, 책 읽기, 휴식 등이 가능한 정적 영역, 그리고 별도의 모래놀이 영역으로 구성할 수 있다.

교사는 매일 아침 또는 실외활동 이전에 날씨에 주의를 기울여 실외활동 여부를 결정하고, 날씨, 기상현상, 영유아의 건강 상태를 고려하여 실내놀이터 또는 실외놀이터 활동을 융통성 있게 운영한다.

그림 7-88 실내놀이터의 대형매트

그림 7-89 실내놀이터: 조합놀이대

그림 7-90 실내놀이터: 휴식영역

그림 7-91 영유아를 위한 날씨판

8장

건강·영양·안전관리

1. 건강관리
 1) 건강진단
 2) 예방접종 및 감염병 대처
 3) 응급처치 및 투약

2. 급식관리
 1) 영양관리
 2) 급식위생

3. 안전관리
 1) 어린이집 안전관리
 2) 어린이집 안전교육
 3) 안전사고 예방대책

영유아의 건강과 영양 그리고 안전은 어린이집에서 가장 기본적으로 고려되어야 하는 사항이다. 영유아기는 발달이 가장 급격하게 진행되는 시기인 만큼 어린이집에서는 영유아의 건강 · 급식 · 안전관리에 주의를 기울일 필요가 있다. 이 장에서는 건강관리, 급식관리, 안전관리에 대해 살펴본다.

1. 건강관리

어린이집에서의 건강관리는 건강진단, 예방접종 및 감염병 대처, 응급처치 및 투약으로 구분해 볼 수 있다.

1) 건강진단

어린이집 원장은 보육아동과 보육교직원에 대해 정기적으로 건강진단을 실시하고, 관련 증빙서류를 비치하여 건강관리를 철저히 해야 한다.

(1) 영유아 건강진단

어린이집 원장은 영유아를 대상으로 매년 1회 이상 건강진단을 실시해야 하며(「영유아보육법」 제31조 및 같은 법 시행규칙 제33조), 「국민건강보험법」 제52조, 같은 법 시행령 제25조 및 「의료급여법」 제14조의 규정에 의한 영유아건강검진을 실시하거나, 보호자가 별도로 건강검진을 실시한 경우에는 해당 검진 결과 통보서 제출로 대신할 수 있다. 또한 어린이집 신규 입소 예정 아동의 경우, 전 어린이집에서 당해 연도 내 건강진단을 받았거나, 영유아건강검진을 실시한 경우에는 해당 검진 결과 통보서로 대신할 수 있다.

건강검진 결과자료는 보육통합정보시스템 내 건강검진내역조회 출력자료로 확인 가능하고, 부모가 영유아의 건강검진을 거부할 경우 원장은 건강검진에 대한 안내를 3회 이상 고지하고 안내한다. 건강검진 실시에 대해 3회 이상 고지 및 안내 후에도 보호자가 건강검진을 거부할 경우 원장은 건강검진 실시 여부와 거부 사유를 생활기록부에 기록한다(보건복지부, 2023).

모든 원아는 당해 연도 또는 전년도에 실시한 건강검진 확인서류를 구비해야 하며, 영유아검진기관으로 지정된 의료기관(보건소, 의원, 병원, 종합병원)에 방문하여 건강검진을 받아야 한다. 영유아 대상 건강검진 시 검사항목은 신체계측, 시력검사, 청력검사, 구강검사 등으로 영유아의 발달단계에 따라 필요한 항목을 검사하며, 영유아건강검진 검사항목과 검진주기는 [그림 8-1]과 같다. 건강검진 결과 치료가 필요한 영유아는 보호자와 협의하여 필요한 조치를 취하고, 감염성 질환에 감염된 것으로 밝혀지거나 감염이 의심되는 영유아는 어린이집으로부터 격리하여 치료하도록 한다.

- 검사항목: ① 문진과 진찰 ② 신체계측 ③ 발달평가 및 상담 ④ 건강교육 ⑤ 구강검진
- 검진주기: 총 8차에 걸쳐 검진
  ① 생후 14~35일 ② 생후 4~6개월 ③ 생후 9~12개월 ④ 생후 18~24개월 ⑤ 생후 30~36개월
  ⑥ 생후 42~48개월 ⑦ 생후 54~60개월 ⑧ 생후 66~71개월

  *구강검진의 경우 4차, 5차, 6차, 7차에 포함되어 있으나, 검진기간은 12개월로 연장됨
  (4차는 18~29개월, 5차는 생후 30~41개월, 6차는 42~53개월, 7차는 54~65개월까지 검진 가능)

  ※건강검진실시기준(보건복지부 고시 제2022-146호, 2022. 6. 30. 일부개정시행)

  ※원장은 보호자가 영유아건강검진을 받을 수 있도록 안내 · 협조(검진비: 무료)

  -영유아검진결과 발달장애가 의심되어 정밀평가가 필요하다고 판정받은 의료급여수급권자, 건강보험료 부과금액 하위 30% 이하인 자에 대하여 평균 20만 원의 정밀 검사비 지원(주소지 관할 보건소에 문의)

  ※기타 자세한 사항은 국민건강보험공단(www.nhic.or.kr 또는 ☎ 1577-1000)으로 문의

그림 8-1 영유아건강검진 실시기준

출처: 보건복지부(2023).

채용신체검사서

진료과:
작성자:
일자: 20　　년　　월　　일

직무별		수험번호		사진
성명		성별		
주민등록번호		연령		
주소				
체격		치아 질환		
신장	cm	호흡 질환		
체중	kg	소화 질환		
흉곽	cm	신경 질환		
혈압	mmhg	순환 질환		
시력	좌　　　우	피부 질환		
색신		비뇨 질환		
청력	좌　　　우	정신 질환		
안과 질환		흉부 질환		
이비인후과 질환		기타		
척추 질환		G.O.T	정상0-40U/L	
혈청검사(매독)		G.P.T		
ABO/RH		HBs-AG	Anti-Bs	

위와 같이 검사하였습니다.
20　　년　　월　　일

면허번호:
담당의사명:

검사 결과 합격 여부		병환의 주원인	
전문검사		유의사항	

위와 같이 판정했음을 증명합니다.
20　　년　　월　　일

○○대학교 의과대학부속 ○○병원장:　　　　　　(인)

그림 8-2 채용신체검사서 예시

(2) 보육교직원 건강진단

어린이집 보육교직원은 영유아와 마찬가지로 매년 1회 이상 건강검진을 받아야 한다. 보육교직원 건강진단은 신규채용인 경우 채용신체검사서로, 신규채용이 아닌 경우는 일반건강검진으로 가능하다. 건강진단 결과 감염병에 감염 또는 감염된 것으로 의심되거나 감염될 우려가 있는 보육교직원은 증상 및 감염력이 소멸되는 날까지 격리, 휴직 등의 근무 제한 조치를 취해야 한다.

2) 예방접종 및 감염병 대처

어린이집 원장은 영유아에 대해 매년 정기적으로 「감염병의 예방 및 관리에 관한 법률」 제33조의4에 따른 예방접종통합관리시스템을 활용하여 영유아의 예방접종에 관한 사실을 확인해야 하고, 영유아에 대해 최초로 보육을 실시하는 경우에는 보육을 실시한 날부터 30일 이내에 영유아의 예방접종 사실을 확인해야 한다. 예방접종을 받지 않은 영유아는 필요한 예방접종을 받도록 보호자에게 안내해야 한다. 영유아의 예방접종 여부 및 내역에 관한 사항을 생활기록부에 기록하여 관리해야 하고, 예방접종증명서 또는 이에 준하는 증명자료를 제출받아 영유아의 예방접종 사실을 확인할 수 있다(보건복지부, 2023).

그림 8-3 질병관리청 예방접종도우미 사이트(nip.kdca.go.kr)

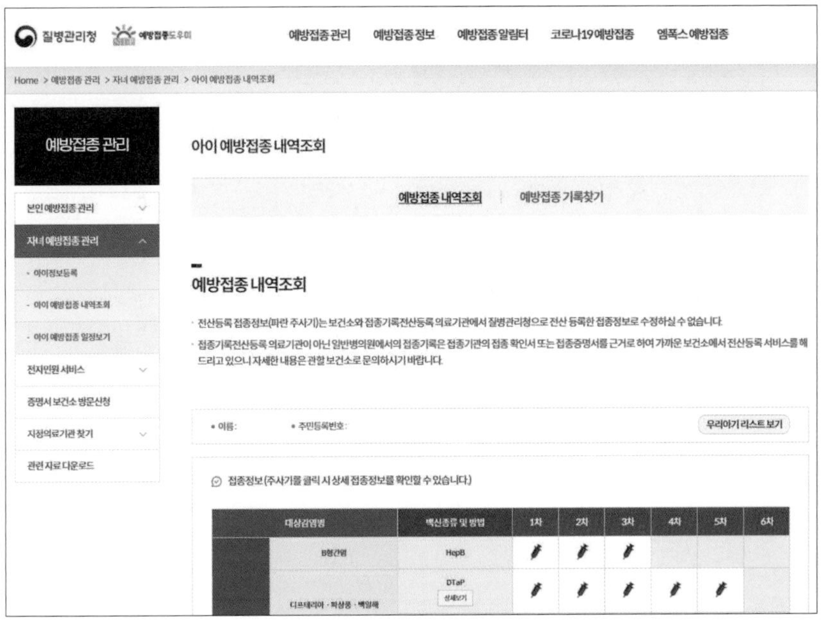

그림 8-4 예방접종도우미 사이트의 영유아 예방접종내역 예시

그림 8-5 어린이 인플루엔자 예방접종 포스터

그림 8-6 2023 영유아건강검진 안내

어린이집에서는 영유아에게 자주 발생하는 감염병에 대한 정보를 보호자에게 수시로 제공하고, 예방접종과 건강진단에 대한 정보를 가정통신문, 홈페이지, 게시판, 문자서비스 등을 통해 부모에게 안내한다. 어린이집 영유아의 감염병 발생 보고는 보육통합정보시스템에 입력하여 보고하며, 영유아 또는 보육교직원에게 식중독 및 감염병으로 의심되는 증상이 발견되는 즉시 시 · 군 · 구청장 및 관할 보건소에 신고한다. 예를 들어, 수족구병, 풍진, 유행성결막염, 인플루엔자(유행성 독감), 장염, 홍역, 유행성이하선염(볼거리), 전염성농가진, 수두, 무균성수막염, 결핵, 성홍열 등의 감염병과 식중독은 시 · 군 · 구청장에게 보고해야 하고, 「감염병의 예방 및 관리에 관한 법률」에 따른 감염병(결핵, 홍역, 콜레라, 장티푸스, 파라티푸스, 세균성이질, 장출혈성대장균감염증, A형간염)은 보건소에도 신고해야 한다(보건복지부, 2023).

3) 응급처치 및 투약

어린이집 원장은 질병, 사고, 재해 등으로 인해 영유아에게 위급한 상태가 발생한 경우 즉시 응급의료기관에 이송한다. 응급조치를 위한 비상약품과 간이 의료기구는 아동이 접근할 수 없는 안전한 장소에 보관한다. 구급상자의 약품은 종류별로 사용기간을 표시하여 사용기간이 지난 약품은 교체하고, 판매하는 구급상자를 구입하여 필요한 용품을 채우거나, 기본 의료용품이 담긴 구급상자를 구입해도 된다.

〈표 8-1〉 **구급상자 구성 사례**

의료기구 및 용품	외용약	주의사항
붕대, 거즈, 소독솜, 삼각붕대, 탄력붕대, 칼, 가위, 핀셋, 반창고, 일회용 장갑, 일회용 반창고, 부목류	과산화수소, 베타딘, 항생제, 외용 연고, 근육용 마사지 연고, 화상용 바세린 거즈, 생리식염수, 벌레 물린 데 바르는 연고	어린이집에서는 반드시 전문의사의 진료와 처방에 따라 의약품을 사용해야 한다.

출처: 중앙육아종합지원센터(2016).

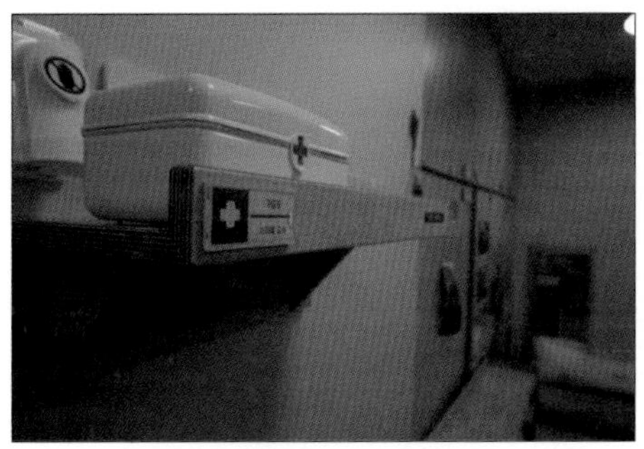

그림 8-7 **구급상자**

그림 8-8 **구급약품**

어린이집에서 영유아에게 해열제, 감기약 등을 투약할 경우 미리 부모의 투약의뢰서 또는 부모의 투약 요청 의사를 유선, 문자, SNS 등을 통해 확인하고 투약 요청에 대한 증빙이 가능할 경우 투약을 실시한다. 부모가 의뢰한 투약사항에 따라 영유아에게 투약을 실시하고 투약한 내용을 기록하여 부모에게 보고해야 하는데, 투약의뢰서에는 투약하는 약의 종류, 보관방법, 투약시간, 투약횟수, 의뢰자 등의 필수 기재사항이 포함되어야 하며, 투약의뢰 및 투약보고는 알림장, 스마트폰 어플리케

이션, 대화수첩을 활용한다. 특히 투약 시 약품에 기재된 용법, 용량, 유효기간 등의 투약기준을 준수해야 한다.

〈영유아 기본 정보〉

성명	(남/여)	반 이름	
주소		생년월일	
보호자	성명	영유아와의 관계	연락처

1. 응급처치 및 귀가동의

구분	처리내용
응급 처치	−응급상황 발생 시 위의 보호자에게 연락하여 주십시오. −필요시 119구조대에 연락하여 □ 기관지정 의료기관(　　　)이나 □ 보호자 지정 의료기관(　　　)으로 수송해 주십시오.

그림 8-9 응급처치 동의서

출처: 보건복지부(2023).

투약의뢰서	투약확인서
금일 투약을 의뢰합니다.	자녀의 투약을 보호자의 의뢰에 따라 아래와 같이 투약하였음을 알려드립니다.
원 아 명: 원아증상: 약의 종류: □ 물약 □ 가루약 □ 연고 보관방법: □ 상온 □ 냉장 투약시간: 시 분 투약횟수: 회 투약용량:	원 아 명: 원아증상: 약의 종류: □ 물약 □ 가루약 □ 연고 보관방법: □ 상온 □ 냉장 투약시간: 시 분 투약횟수: 회 투약용량:
20 년 월 일 요일 투약으로 인한 책임은 보호자(의뢰자)가 집니다. 의뢰자 (사인)	20 년 월 일 요일 담당자 (사인) ○○○ 어린이집

그림 8-10 투약의뢰서와 투약확인서

출처: 보건복지부(2023).

2. 급식관리

어린이집의 급식관리는 영양관리와 급식위생으로 구분되는데, 급식관리의 경우 식단관리, 원산지 및 소비기한 관리를 중심으로 살펴본다.

1) 영양관리

(1) 식단관리

어린이집 원장은 영유아에게 균형 있고 위생적이며 안전한 급식을 제공해야 한다. 급식은 영유아의 정상적인 발달에 필요한 영양을 섭취할 수 있도록 영양사가 작성한 식단에 따라 공급해야 하는데, 어린이집에서 제공되는 모든 급식과 간식에 대해 식단을 작성한다. 어린이집의 규모에 따라 식단 작성에 차이가 있는데, 먼저 영유아 100인 미만을 보육하는 시설의 경우 「어린이 식생활안전관리 특별법」 제21조의2에 따라 어린이급식관리지원센터에 등록하고 어린이급식관리지원센터 등의 영양사 지도를 받아 식단을 작성해야 한다. 다음으로 영유아 100인 이상을 보육하는 시설은 영양사 1인을 채용해야 하고, 영양사는 영유아의 건강 · 영양 및 위생을 고려하여 어린이집의 급 · 간식을 관리해야 한다. 2개 이내 어린이집이 공동으로 영양

그림 8-11 어린이급식관리지원센터 홈페이지(ccfsm.foodnara.go.kr/)

그림 8-12 어린이급식관리지원센터 홍보영상

사를 채용할 수 있으나, 이 경우 공동영양사는 2개 시설 중 어느 한 시설에 반드시 배치(임면보고)되어야 하고, 나머지 시설은 보육통합정보시스템을 통해 등록해야 한다. 2개 시설을 영양사 1인이 담당함으로 인해 영유아에 대한 영양관리가 소홀하지 않도록 담당시설에 대한 정기적인 순회지도를 통해 체계적으로 관리한다(보건복지부, 2023).

급식은 어린이집에서 직접 조리하여 공급하는 것을 원칙으로 한다(「영유아보육법 시행규칙」 제34조). 특별한 음식을 필요로 하는 영유아에게는 보호자의 의사를 반영하여 음식을 제공하고, 어린이집 입소 시 보호자 면담 및 서면 확인을 통해 영유아의 식품 알레르기 여부를 확인하여 급식 및 간식 제공 시 알레르기 유발 식품이 제공되지 않도록 주의한다. 「식품위생법」에 따라 상시 1회 50인 이상(영유아 및 보육교직원 포함)에게 식사를 제공하는 어린이집의 경우 시 · 군 · 구청 위생 관련 부서에 집단급식소로 신고 · 운영하고, 조리사를 배치하여 어린이집운영위원회의 결정에 따라 급 · 간식 내용을 공개한다.

(2) 원산지 및 소비기한 관리

모든 어린이집은 영유아의 건강 · 안전 및 소비자의 알 권리 확보를 위해 농수산물이나 가공품을 조리하여 제공하는 경우, 식단표에 원산지를 기재하여 공개해야 한다(「농수산물의 원산지 표시에 관한 법률」 제5조 제3항). 또한 집단급식소로 신고 · 운영하는 어린이집은 식단표 작성 시 「농수산물의 원산지 표시에 관한 법률」에 의한 대상 품목의 원산지를 기재하여 공개한다.

원산지 기재 대상 품목

쇠고기, 돼지고기, 닭고기, 오리고기, 양고기(염소 등 산양 포함), 쌀, 배추, 고춧가루, 콩, 넙치, 조피볼락, 참돔, 미꾸라지, 뱀장어, 낙지, 명태, 고등어, 갈치, 오징어, 꽃게 및 참조기, 수족관 등에 보관 · 진열하는 살아 있는 수산물

출처: 보건복지부(2023).

어린이집에서는 신선한 식자재를 구입하여 식품구입날짜를 표기하고, 유통기한(소비기한)을 준수한다. 소비기한은 식품에 표시하는 섭취 가능한 기간으로, 종래 유통이 가능한 기간으로 상품에 표시되었던 '유통기한'을 대신하여 2023년 1월 1일부터 시행하는 표시이다. 2021년 7월 25일 「식품 등의 표시 · 광고에 관한 법률」, 「화장품법」 등 관련 법안의 개정안이 국회를 통과함에 따라 '유통기한 표시제'가 '소비기한 표시제'로 변경되었다. '유통기한'이 식품을 판매할 수 있는 시한인 것에 비해, '소비기한'은 해당 상품을 먹어도 소비자의 건강이나 안전에 이상이 없을 것으로 인정되는 최종 시한을 의미한다(식품의약품안전처, 2022. 12. 1.). 재료를 보관하는 냉장고나 창고를 청결하게 관리하고, 식자재의 유통기한(소비기한)이 지나지 않도록 관리한다.

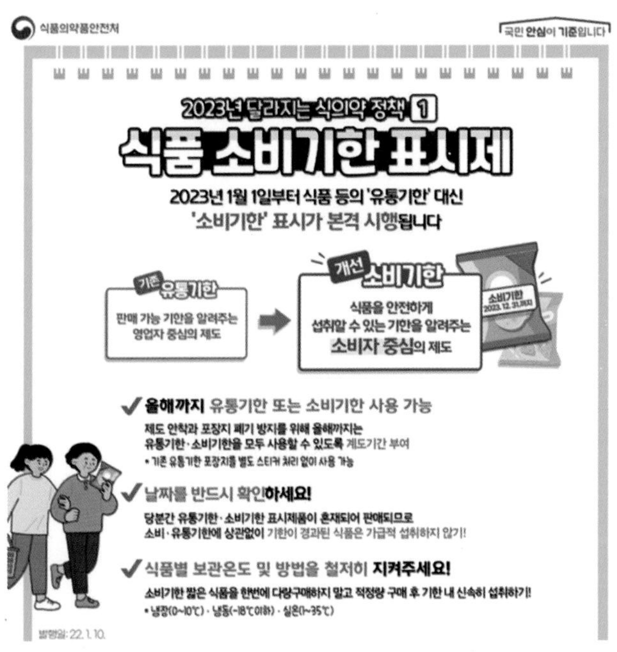

그림 8-13 식품 소비기한 표시제

출처: 식품의약품안전처(2022. 12. 1.).

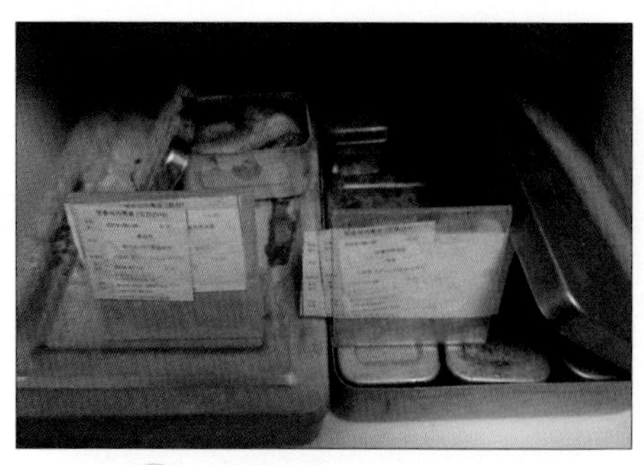

그림 8-14 급식운영일지에 따른 보존식

그림 8-15 식단 및 원산지 게시

구분	요일	월(Mon)	화(Tue)	수(Wed)	목(Thu)	금(Fri)
1주	오전 간식	바나나	야채죽	시리얼	키위	토마토
		우유	–	우유	호두우유	우유
	점심 식단	완두콩밥	백미밥	오므라이스	수수밥	찹쌀밥
		배추김치	총각김치	뭇국	배추김치	오이소박이
		뭇국	쇠고기국	땅콩조림	우거지된장국	시금칫국
		닭찜	북어볶음	배추김치	돈갈비 고구마찜	두부조림
		열무된장무침	어묵감자조림	–	야채겉절이	부추전
	오후 간식	찐옥수수	팬케이크	요구르트	롤빵	유부초밥
		–	우유	수박	우유	–
	저녁 식단	백미밥	찹쌀밥	팥밥	검정콩밥	백미밥
		배추김치	배추김치	배추김치	깍두기	배추김치
		동태맑은국	두부된장찌개	쇠고기탕국	조랭이미역국	동태맑은국
		떡갈비조림	삼치무조림	닭볶음	생선가스	떡갈비조림
		진미채무침	깻잎참치전	어묵조림	삼색나물	진미채무침

그림 8-16 유아반 주간 식단 예시

그림 8-17 오전 간식 예시

그림 8-18 점심 메뉴 예시

그림 8-19 유아반 오후 간식 예시

그림 8-20 1세반 급식시간

2) 급식위생

어린이집에서는 조리실 · 식품 등의 원료 및 제품 보관실 · 화장실 · 침구 · 놀잇감 등에 대하여 정기적으로 소독을 실시하고 청결하게 관리해야 한다. 영유아 40인 이상 80인 이하를 보육하는 어린이집의 경우 조리원 1인을 두며, 영유아 매 80인을 초과할 때마다 1인씩 증원한다. 조리사는 반드시 연 1회 건강진단을 받아야 하며, 건강진단 대상자인 영양사, 조리사, 조리원은 건강진단 시 감염성 질환(장티푸스, 폐결핵, 감염성 피부질환)에 대한 검사를 포함해야 한다.

어린이집의 조리실은 항상 청결을 유지하고, 정기적으로 식기, 도마, 칼, 행주, 기타 주방 용구를 세척 · 살균 · 소독하고, '어린이집 통합안전점검표 ① 급식 분야'를 참고하여 매일 위생 점검을 실시한다. 어류 · 육류 · 채소류를 취급하는 칼 · 도마는 각각 구분하여 사용하고, 조리도구와 행주 등 조리실 비품은 항상 청결한 상태로 관

그림 8-21 어린이집 급식위생 영상

생선, 날고기 등을 만진 경우

재채기, 기침을 한 경우

머리나 몸을 만진 후

쓰레기나 청소도구를 만진 경우

청소용품을 만진 경우

화장실을 다녀온 후

그림 8-22 조리원이 손을 씻어야 하는 경우

출처: 어린이집안전공제회(2016b).

리한다. 집단급식소의 경우 보존식 보관 의무 대상으로 제공한 모든 급식 및 간식 등을 종류별로 각각 1인분 이상 독립 보관한다(영하 18℃ 이하로 144시간 이상 보관)(보건복지부, 2023).

어린이집 급식재료의 안심 구매는 지방자치단체에서 추진하며, 어린이집연합회, 지방육아종합지원센터 또는 어린이급식관리지원센터와 공동으로 수행할 수 있다.

또한 사전 수요조사, 업체 선정 등을 위한 안심구매추진위원회는 지방보육정책위원회로 대체 가능하고, 자율적 참여가 원칙이나 국공립어린이집 등 인건비 지원 어린이집은 적극 참여를 독려한다. 공급업체에서는 어린이집의 다양한 수요에 맞춰 소량 포장 배달 서비스를 제공하고, 매일 배달을 원칙으로 하며, 급식량이 적은 어린이집의 경우 주 2~3회, 격일 배달 등 별도의 계약도 가능하다.

그림 8-23 조리실 조리기구

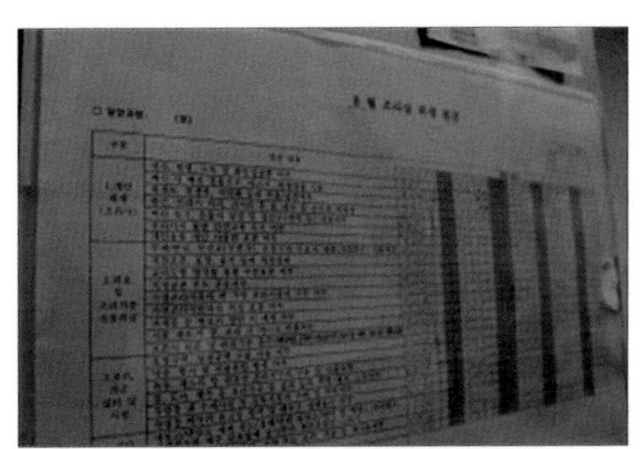

그림 8-24 조리실 안전점검표

그림 8-25 급식운영일지: 국의 염도 기록

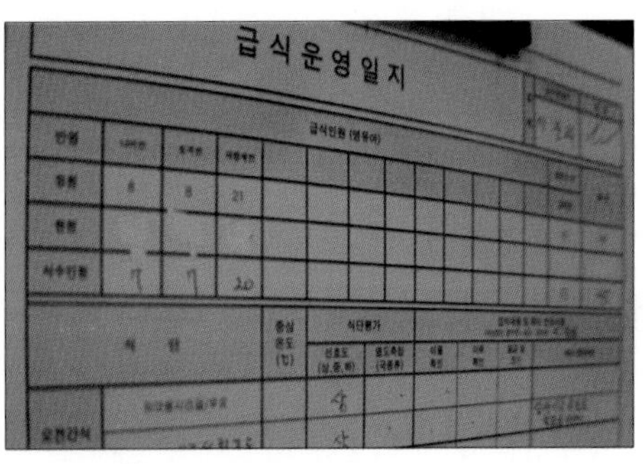

그림 8-26 급식운영일지: 식수, 메뉴 기록

그림 8-27 유통기한 점검

그림 8-28 냉장고와 냉동고 적정 온도 점검

일별 점검표(급식 분야)

(점검 상태: 양호 ○, 보통 △, 불량 ×)

구분	점검 항목	점검 결과						조치 사항
		/	/	/	/	/	/	
		월	화	수	목	금	토	
위생 관리 및 식재료 관리	작업 전 건강상태를 확인한다(감기, 설사, 손 상처자 등 조리 금지).							
	위생복, 위생화, 앞치마, 위생모를 착용하고, 배식 시에는 배식 전용기구, 마스크, 위생장갑을 사용하고 있다.							
	유통기간 확인 및 선입선출을 준수하고 있다.							
	식재료 보관실은 항상 청결을 유지하고 있다.							
	보존식 보존 및 관리기준을 준수하고 있다(배식 직전 소독된 전용용기에 150g 이상 채취하여 144시간 냉동 보관).**							
	어류 · 육류 · 채소류를 취급하는 칼 · 도마는 각각 구분하여 사용하고 있다.							
	식기류 및 조리기구의 세척, 소독을 철저히 하고 있다.							
	세제, 소독제, 살충제에 라벨을 부착하여 분리보관하고 방충, 방서 등을 위한 정기적인 방역 소독필증을 보관하고 있다.							
	식재료의 입고 날짜를 기록한 라벨을 부착하여 관리하고 있다.							
	식재료 검수일지를 작성하고 보관하고 있다.**							
작업 관리	조리 후 2시간 이내 배식하고 있다.							
	영양사가 작성한 식단을 사용하고 있다.							
	농수산물 및 그 가공품(쇠고기 등 16종)을 조리하여 제공하는 경우 식단표에 그 원산지를 기재하여 공개하고 있다.**							
	영양사나 교사는 검식 후 검식일지 작성 및 배식 점검을 하고 있다.							
시설 설비 관리	조리장 바닥과 배수로에 물고임 및 냄새역류가 없도록 관리하고 있다.							
	후드, 환풍기를 청결하게 관리하고 있다.							

그림 8-29 어린이집 통합안전점검표(급식 분야)

※ **가 표시된 점검사항은 집단급식소 아닌 어린이집의 경우 권고사항임.

출처: 보건복지부(2023).

3. 안전관리

안전관리 영역에서는 어린이집 안전관리, 어린이집 안전교육, 그리고 안전사고 예방대책으로 구분하여 관련 내용을 살펴본다.

1) 어린이집 안전관리

어린이집 보육교직원은 안전관리의 중요성을 인식하고 실천해야 하는데, 다음과 같은 안전관리 원칙을 준수해야 한다(「영유아보육법 시행규칙」 제23조 별표 8).

- 원장은 보육교직원 및 부모와 함께 영유아의 안전사고 예방을 위해 안전교육을 실시한다.
- 어린이집은 인근 소방서, 경찰서 및 가스, 유류 등의 안전 상태를 점검하는 유관기관에 의해 정기점검을 실시하고, 비상연락체계를 구축하며, 자체적으로 정기적인 시설안전 점검을 실시하고 기록 · 관리한다.
- 보육교직원은 영유아의 실내외 활동 시 영유아를 안전하게 보호 · 감독하며, 원장은 물리적 환경과 인적 환경에 대한 영유아의 안전을 확보하기 위해 시설을 조성하고 관리한다.

(1) 어린이집 비상대피시설 안전관리

어린이집 비상재해대비시설은 「영유아보육법」을 준수하여 설치해야 하는데, 설치기준은 어린이집이 1층인 경우, 2층과 3층인 경우, 4층과 5층인 경우로 구분된다. 먼저 어린이집이 1층인 경우, 비상시 양방향 대피가 가능해야 하므로, 양방향 대피를 위해 주 출입구 외에 지상과 바로 연결되는 비상구 또는 출구를 설치해야 한다.

그림 8-30 어린이집 비상구

다음으로 어린이집이 2층과 3층인 경우, 비상시 각 층별로 양방향 대피가 가능해야 한다. 양방향 대피를 위해 주 계단 외에 각 층별로 건물 내부를 경유하지 않고 직접 지상으로 바로 연결되는 비상계단 또는 미끄럼대를 건물 외부에 설치해야 한다. 특히 2층, 3층의 경우, 「화재예방, 소방시설 설치 유지 및 안전관리에 관한 법률 시행령」에서 규정하는 스프링클러가 건물 전체에 설치되어 있고, 화재안전기준의 피난기구를 설치한 경우에는 비상계단 및 미끄럼대를 설치하지 않아도 된다.

마지막으로 4층과 5층인 경우, 「화재예방, 소방시설 설치 유지 및 안전관리에 관한 법률 시행령」에 따른 스프링클러 설비 및 자동화재탐지설비를 건물 전체에 설치해야 한다. 건물 내 양방향 대피가 가능한 2개소 이상의 직통계단을 설치해야 하는 등 추가적인 기준을 모두 준수해야 한다.

비상시를 대비한 안전시설 및 설비는 평소에 잘 관리하여 비상시 효율적으로 사용할 수 있어야 하며, 유도등이 정상적으로 작동하는지 확인하고, 비상구를 교구장으로 막거나 통로에 짐을 쌓아 두지 않는다. 보육교직원은 비상재해대비시설과 설비의 작동방법을 숙지하고, 실습 및 훈련을 통해 소화기 등 소화설비의 작동방법을 알고 있어야 한다.

어린이집의 소방시설은 소화설비, 경보설비, 피난설비로 구분되는데, 시설별 설치기준은 어린이집 규모에 따라 다르고, 구체적인 설비의 종류와 수준은 관련 법령과 규정에 따른다. 어린이집에서 최소한 갖추어야 하는 소방시설에는 소화기, 가스누설 경보기, 비상시 양방향 대피가 가능한 비상구, 비상계단 또는 영유아용 미끄럼대, 비상구 유도등이 있다.

그림 8-31 **소화기, 비상구 유도등, 비상계단**

소화기 점검표

점검년도	년도	설치장소	
관리번호		종 류	

점검월일	점검자	점검결과	점검항목
/			
/			○설치장소
/			○설치거리
/			○적응성
/			○위치표지
/			○본체용기(손상 · 부식)
/			○레버 등(손상 · 부식)
/			○호스 및 노즐
/			○지시압력계(압력상태)
/			○소화약제
/			○안전핀
/			

※ 본 서식은 협회 홈페이지(www.kfsa.or.kr)에서 출력 가능

KFSA 한국소방안전협회 KOREA FIRE SAFETY ASSOCIATION

그림 8-32 소화기 위치 표시판 및 소화기 점검표

출처: 어린이집안전공제회(2016a).

(2) 어린이집 실내환경 안전관리

어린이집 보육실의 경우 영유아를 위해 다양한 안전장치를 갖추어야 한다. 먼저 창문 하단의 높이가 바닥으로부터 120cm 이하인 보육실의 모든 창문에는 영유아의 추락방지를 위해 창문 보호대를 설치한다. 창문 아래에 영유아가 딛고 올라갈 수 있는 가구가 있으면 위험하므로 반드시 창문 보호대를 설치한다. 보육실에서 안전사고가 발생하지 않도록 커튼이나 블라인드 줄은 영유아의 손이 닿지 않도록 짧게 정리하거나 박스 안에 넣어 두고, 전기콘센트에는 안전덮개를, 교구장에는 모서리 보호대를 설치한다.

보육실 이외의 공간 중 어린이집의 현관문은 영유아가 성인의 보호 없이 나가지 못하도록, 외부인이 침입하지 못하도록 개폐 관리를 해야 한다. 영유아가 사용하는 보육실, 화장실, 현관 등 모든 출입문에 손 끼임 방지 장치를 부착한다.

그림 8-33 보육실 문 손 끼임 방지 장치

그림 8-34 화장실 문 손 끼임 방지 장치

복도나 유희실 등에 설치된 수납장은 안전을 위해 아래쪽에 무거운 물건을 보관하고, 선반에는 물건이 떨어지지 않도록 지지대를 설치한다. 복도나 계단, 유희실 등의 벽에 설치된 게시판은 안전하게 고정한다. 유희실이나 실내놀이터의 고정식 놀이기구는 영유아가 사용하기에 안전하게 설치하고, 파손된 곳이 없도록 관리한다. 실내시설 및 설비에 고장 등 위험요소가 발견될 경우 바로 조치한다.

어린이집의 계단, 화장실이나 세면장의 바닥은 영유아가 넘어지지 않도록 미끄럼방지 장치를 하고, 온수는 사용 시 수온이 지나치게 높아 화상을 입지 않도록 안전 조치를 통해 조절한다. 어린이집에서는 안전을 위해 전기공급 개폐기와 누전차단기를 설치하고, 내부의 마감 재료는 불연재, 준 불연재 또는 난연재를 사용하며, 커튼 등의 실내 장식물은 방염 성능을 갖추어야 한다.

(3) 어린이집 실외환경 안전관리

어린이집 실외공간의 경우, 대문, 출입구, 울타리, 담장을 통해 외부와 분리시켜 영유아가 어린이집 외부로 쉽게 나갈 수 없고, 동시에 외부인이 접근할 수 없도록 한다. 에어컨 실외기, LPG 가스통 등이 영유아가 접근 가능한 곳에 위치한 경우 안전덮개를 덮어 두고, 축대, 맨홀 뚜껑, 감전위험물, 적재물은 안전하게 관리한다.

영유아의 실외놀이 시 놀이공간에 차량이 접근하지 못하도록 한다. 미끄럼틀, 볼풀장과 같은 고정식 놀이기구를 포함한 실외시설 및 설비가 고장나거나 파손된 경우 '접근 불가' 혹은 '수리 중' 표시를 붙인 후 영유아의 접근을 막고 즉시 수리한다.

놀이터, 놀이기구를 설치한 경우 「어린이놀이시설 안전관리법」에 따라 시설기준 및 기술기준 적합성을 확인하기 위해 안전검사기관으로부터 2년에 1회 이상 정기시설 검사를 받아야 한다. 어린이집에 다니는 아동을 보호하기 위해 어린이집 주변구역을 '어린이보호구역'으로 지정하여 폐쇄회로 텔레비전을 설치할 수 있고(「아동복지법 시행령」 제29조), 100인 이상을 보육하는 시설은 어린이보호구역으로 지정 · 관리할 수 있다.

(4) 어린이집 실내외 놀잇감 안전관리

어린이집 실내외 놀잇감이란 모든 보육실, 유희실, 다목적 활동실, 실외놀이터에 있는 이동 가능한 놀잇감을 의미하는데, 이러한 놀잇감의 위험요소를 항상 점검하여 영유아의 안전을 확보해야 한다. 실내외 놀잇감의 구체적인 안전관리 사항은 다음과 같다(보건복지부, 2017a).

- 놀잇감은 거친 표면이나 날카로운 모서리가 없고, 파손되지 않아야 한다.
- 놀잇감은 유해색소가 첨가되거나 유해색소로 표면이 도포되지 않은 제품이어야 하고, 안전검사를 받은 제품이어야 한다.
- 천장이나 벽에 모빌 등의 놀잇감을 부착할 경우 떨어지지 않도록 단단하게 고정한다.
- 끝이 깨진 사기그릇, 깨지거나 날카로운 조개껍데기 등은 놀잇감으로 적합하지 않다.
- 영아가 삼킬 수 있는 놀잇감이나 활동자료는 제공하지 않는다(예: 직경 3.5cm 이하 작은 크기의 블록이나 구슬, 솜공 등).

그림 8-35 영아가 삼킬 수 있는 놀잇감

어린이집에서 영상정보처리기기를 설치하기 위해서는 학부모 총회 개최, 운영위원회 개최, 교사, 학부모를 대상으로 하는 설명회와 설문조사를 실시한다. 영상정보처리기기는 보육실 등을 촬영하고 모니터를 통해 영상을 구현할 수 있으며, 그 영상정보를 녹화 및 저장할 수 있는 기능을 갖추어야 하고, 카메라는 일정한 장소에 일정한 방향을 지속적으로 촬영하도록 설치해야 하며, 사각지대를 최소화할 수 있도록 설치해야 한다. 어린이집 원장은 영상정보처리기기를 설치할 경우 정보주체가 영상정보처리기기의 설치 현황 및 영상정보의 수집에 대하여 인식할 수 있도록 안내판을 제작 및 설치해야 한다.

그림 8-36 어린이집 영상정보처리기기 화면 예시

2) 어린이집 안전교육

(1) 영유아 안전교육

어린이집에서는 영유아 스스로가 자신의 안전을 보호할 수 있는 능력과 기술을 가지도록 교육해야 한다. 이를 위해 어린이집 원장은 비상대응계획을 작성하고, 소방 대피, 지진 대피, 폭설 대비 훈련을 포함한 다양한 유형의 재난대비 훈련을 월 1회 실시해야 한다. 비상대응계획이란 소방, 지진, 폭설, 수해, 영유아 돌연사 등 어린이집에서 일어날 수 있는 다양한 유형의 비상사태와 재난에 대비하기 위해 세우는 계획을 의미하고, 화재, 지진, 폭설, 집중호우, 영유아 돌연사 등 어린이집에서 발생 가능한 다양한 유형의 비상사태와 재난에 대비하기 위해 수립된 비상대응계획에 따라 대처한다. 비상대피훈련은 '어린이집 비상대피훈련 표준안내'를 표준으로 어린이집의 실정에 따라 변경하여 운영 가능하며, 어린이집에서의 소방훈련 시 다음과 같은 내용을 고려한다.

- 어린이집의 모든 영유아와 보육교직원을 대상으로 매월 소방훈련을 실시한다.
- 신속한 대피가 가능하도록 정기 소방훈련 이외에 비정기적으로 소방훈련을 실시한다.
- 소방훈련 실시 후 실시 시기 및 내용을 보육일지 또는 어린이집 운영일지에 기록한다.

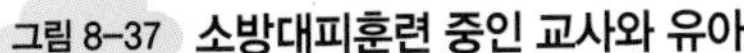
그림 8-37 소방대피훈련 중인 교사와 유아

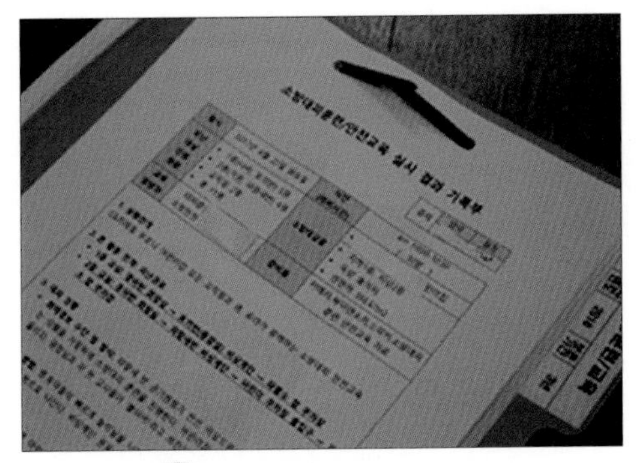
그림 8-38 소방대피훈련 결과 보고서

어린이집에서는 「아동복지법」의 안전교육 기준에 따라 매년 안전교육계획을 수립하여 교육을 실시하고, 계획 및 교육 실시 결과를 관할 시장・군수・구청장에게 매년 3월 31일까지 보고해야 한다(보건복지부, 2023). 2022년 1월 28일 보건복지부에서는 「아동복지법」 시행령 및 시행규칙 개정안 입법예고를 통해, 당초 아동의 안전을 위해 통합 실시하던 성폭력 예방교육과 아동학대 예방교육을 분리하였다(보건복지부, 2022). 따라서 어린이집에서는 영유아를 대상으로 성폭력 예방교육, 아동학대 예방교육, 실종・유괴의 예방・방지교육, 감염병 및 약물의 오용・남용 예방 등 보건위생관리교육, 재난대비 안전교육, 교통안전교육 등 총 6개 영역의 안전교육을 실시해야 한다. 영유아 대상 안전교육은 놀이, 역할극, 현장학습 등 다양한 방식으로 실시 가능하다. 또한 인터넷중독 예방 및 해소 관련 교육을 연 1회 실시해야 한다(「지능정보화 기본법」 제54조 제2항 및 같은 법 시행규칙 제11조 제1항).

영유아를 대상으로 안전교육을 실시할 경우, 영유아의 연령별 특성을 고려하여 놀이, 역할극, 이야기 나누기, 현장학습 등 다양한 방법으로 자연스럽게 안전교육 내용을 제공함으로써 영유아가 보다 쉽게 안전의식을 내면화하도록 지도한다.

그림 8-39 역할놀이를 통한 안전교육

그림 8-40 체험을 통한 안전교육

<표 8-2> 영유아 안전교육 기준(「아동복지법」 제31조 및 같은 법 시행령 제28조)

구분	성폭력 예방 교육	아동학대 예방 교육	실종·유괴의 예방·방지 교육	감염병 및 약물의 오용·남용 예방 등 보건위생관리 교육	재난대비 안전 교육	교통안전 교육
실시 주기 (총 시간)	6개월에 1회 이상 (연간 4시간 이상)	6개월에 1회 이상 (연간 4시간 이상)	3개월에 1회 이상 (연간 10시간 이상)	3개월에 1회 이상 (연간 10시간 이상)	6개월에 1회 이상 (연간 6시간 이상)	2개월에 1회 이상 (연간 10시간 이상)
교육 내용	1. 내 몸의 소중함 2. 내 몸의 정확한 명칭 3. 좋은 느낌과 싫은 느낌 4. 성폭력 예방법과 대처법 5. 성폭력의 개념 및 성폭력의 주체에 대한 교육	1. 나의 권리 찾기(소중한 나) 2. 아동학대 및 아동학대 행위자 개념 3. 자기감정 표현하기 및 도움 요청하기 4. 신고 이후 도움받는 방법	1. 길을 잃을 수 있는 상황 이해하기 2. 미아 및 유괴 발생 시 대처 방법 3. 유괴범에 대한 개념 4. 유인·유괴 행동에 대한 이해 및 유괴 예방법	1. 감염병 예방을 위한 개인위생 실천 습관 2. 예방접종의 이해 3. 몸에 해로운 약물 위험성 알기 4. 생활 주변의 해로운 약물·화학제품 그림으로 구별하기 5. 모르면 먼저 어른에게 물어보기	1. 화재의 원인과 예방법 2. 뜨거운 물건 이해하기 3. 옷에 불이 붙었을 때 대처법 4. 화재 시 대처법 5. 자연재난의 개념과 안전한 행동 알기	1. 차도, 보도 및 신호등의 의미 알기 2. 안전한 도로 횡단법 3. 안전한 통학 버스 이용법 4. 바퀴 달린 탈것의 안전한 이용법 5. 날씨와 보행 안전 6. 어른과 손잡고 걷기
교육 방법	1. 전문가 또는 담당자 강의 2. 장소·상황별 역할극 실시 3. 시청각 교육 4. 사례 분석	1. 전문가 또는 담당자 강의 2. 장소·상황별 역할극 실시 3. 시청각 교육 4. 사례 분석	1. 전문가 또는 담당자 강의 2. 장소·상황별 역할극 실시 3. 시청각 교육 4. 사례 분석	1. 전문가 또는 담당자 강의 2. 시청각 교육 3. 사례 분석	1. 전문가 또는 담당자 강의 2. 시청각 교육 3. 실습교육 또는 현장학습 4. 사례 분석	1. 전문가 또는 담당자 강의 2. 시청각 교육 3. 실습교육 또는 현장학습 4. 일상생활을 통한 반복 지도 및 부모 교육

출처: 보건복지부(2023).

그림 8-41 영유아 안전교육용 그림책

출처: 비룡소 홈페이지(bir.co.kr).

(2) 보육교직원 안전교육

어린이집의 모든 보육교직원은 안전교육지침을 숙지하고, 시・도 및 시・군・구의 안전교육에 참여하며, 화재 등 긴급사태에 대비한 계획수립 및 정기적인 점검・훈련을 실시한다. 어린이집 원장은 매년 보육교직원을 대상으로 안전교육을 실시해야 하는데, 모든 보육교직원은 어린이집안전공제회가 주관하는 온라인 보육교직원 안전교육을 이수해야 하고, 매년 응급처치 실습(소아심폐소생술 포함)을 받아야 한다(「어린이안전관리에 관한 법률」 제16조 제1항). 어린이집 보육교직원은 영유아의 안전사고 예방을 위해 영유아에 대한 보호와 감독을 철저히 해야 하고, 특히 보육교사는 실내외에서 영유아들의 전체 상황을 항상 주시해야 한다. 보육교직원은 안전점검 방법 및 안전점검표의 활용법, 영유아의 발달단계 특성을 고려한 보호 및 안전

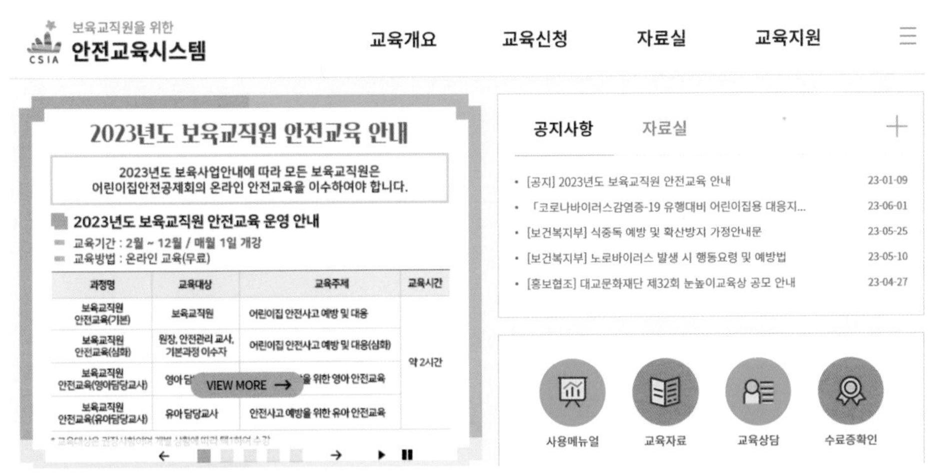

그림 8-42 어린이집안전공제회 안전교육시스템(e.csia.or.kr/)

교육 방법을 숙지하고, 영유아의 안전을 위해 부모와 상호 협력하여 부모를 대상으로 아동학대, 안전, CCTV 열람 등과 관련된 교육에 부모가 참여하도록 해야 한다.

3) 안전사고 예방대책

(1) 비상연락체계 및 사고보고체계

어린이집 원장은 안전사고에 대응하기 위해 인근 소방서, 경찰서 및 가스, 유류 등의 안전상태를 점검하는 유관기관 등과 비상연락체계를 구축하고, 부모와의 비상연락망을 확보한다. 특히 사고 발생 24시간 이내에 사고보고서를 작성하여 시장 · 군수 · 구청장에게 보고해야 하며, 중대사고(중상 이상의 안전사고, 감염병 및 식중독 등 집단 질병, 화재 · 침수 · 붕괴 등 재난사고 등)는 사고발생 즉시 보고해야 한다. 어린이집 영유아의 안전사고 및 감염병 발생은 보육통합정보시스템에 입력하여 보고하는 것을 원칙으로 한다. 원장은 자체안전점검 계획을 수립하여 매월 4일에 안전점검을 실시하고, 자체점검은 '어린이집 통합안전점검표'에 따라 매일, 매월 실시하여 화재, 상해 등 위험발생요인을 사전에 제거한다. 어린이집의 안전관리를 총괄적으로 관리감독함과 동시에 사고 발생 시 효과적인 대응을 위해 어린이집에서는 안전관리책임관을 지정하는 안전관리책임관 제도를 운영한다. 원장이 안전관리책임관 역할을 수행하며, 안전관리책임관은 평상시 다음과 같은 주요 업무를 담당한다.

- 어린이집이 직면할 수 있는 재난, 재해에 대해 비상대응계획 수립(연 1회)
- 어린이집 비상대응 훈련계획 수립 및 실시 총괄(월 1회)
- 어린이집의 비상연락망 수립 및 관내 안전관리기관과의 연락체계 수립

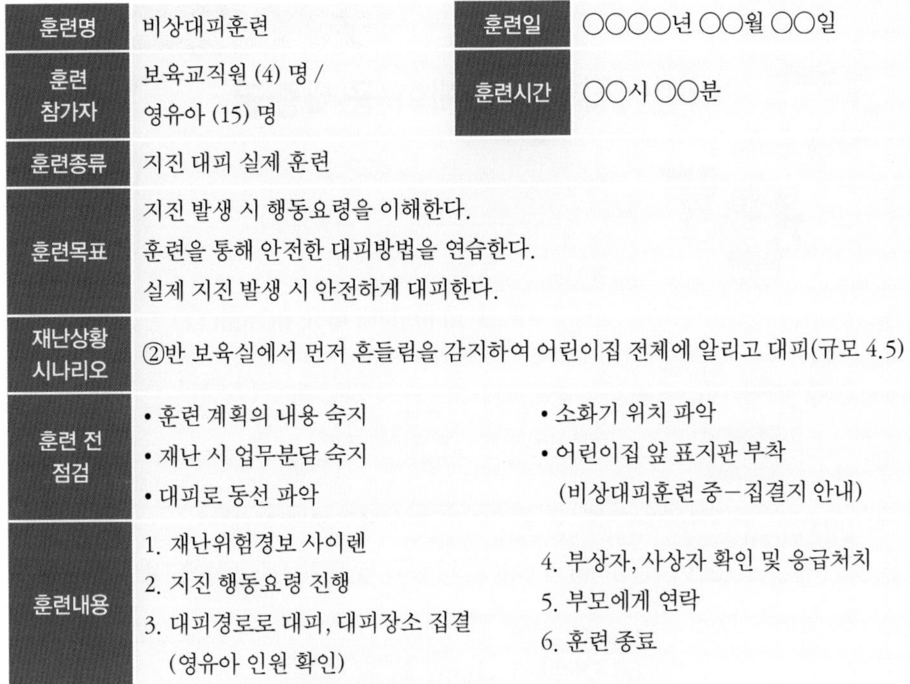

훈련명	비상대피훈련	훈련일	○○○○년 ○○월 ○○일
훈련 참가자	보육교직원 (4) 명 / 영유아 (15) 명	훈련시간	○○시 ○○분
훈련종류	지진 대피 실제 훈련		
훈련목표	지진 발생 시 행동요령을 이해한다. 훈련을 통해 안전한 대피방법을 연습한다. 실제 지진 발생 시 안전하게 대피한다.		
재난상황 시나리오	②반 보육실에서 먼저 흔들림을 감지하여 어린이집 전체에 알리고 대피(규모 4.5)		
훈련 전 점검	• 훈련 계획의 내용 숙지 • 재난 시 업무분담 숙지 • 대피로 동선 파악	• 소화기 위치 파악 • 어린이집 앞 표지판 부착 (비상대피훈련 중–집결지 안내)	
훈련내용	1. 재난위험경보 사이렌 2. 지진 행동요령 진행 3. 대피경로로 대피, 대피장소 집결 (영유아 인원 확인)	4. 부상자, 사상자 확인 및 응급처치 5. 부모에게 연락 6. 훈련 종료	

그림 8-43 지진발생대비 비상대피훈련 예시

그림 8-44 어린이집안전공제회 홈페이지(www.csia.or.kr/)

어린이집 안전공제회

어린이집안전공제회 공제증권

■ 공제가입자정보

주 소	
원 명	
계약자	

137-073

■ 공제계약 일반

공제가입기간	2012.03.24 00:00 – 2013.02.28 24:00
납 입 총 액	

☞ 설계번호가 "단"으로 시작하는 상품은 해당 지자체와 어린이집안전공제회와의 단체계약 체결에 따라 단체가입된 상품입니다.

■ **공제 보상범위**(설계번호가 미기재된 상품은 미가압 상품입니다)

설계번호	상품	보장내용	
-	영유아(방과후) 상해 및 배상책임	상해담보	치료비 100%, 365일 한도
		배상책임	대인 4억원/인, 20억원/사고, 대물 500만원 한도 *돌연사증후군 4천만원 정액 보상 *음식물배상책임담보 포함
개-12-직-01792	돌연사증후군특약	돌연사증후군 사고 시 8천만원 정액 보상 (영유아배상책임담보 4천만원 포함)	
개-12-직-01793	화재(건물)	사고발생시 건물의 감정가액을 한도로 보상	
개-12-직-01794	화재 (내부집기)	가입시 설정한 금액을 한도로 보상 (가입금액: 140,000,000원)	
개-12-직-01795	놀이터배상책임	대인 8천만원, 대물 2백만원 보장	
개-12-직-01796	가스사고배상책임	대인 8천만원, 대물 3억원 보장	
-	보육교직원상해	치료비 90%(500만원 한도), 사망 · 장해시 1.5억 한도	

※ 보장기간은 상품별 납입일 24시부터입니다.
※ 공제증권상의 보장내용은 이 계약의 보장에 대한 개략적인 안내이며 이 공제에 관한 사항은 해당약관과 관계 법령에 따릅니다.
※ 다수계약이 있는 경우 최초가입 상품의 가입시작일로 가입기간이 표시되며, 상품별 가입기간은 보육통합시스템에서 확인가능합니다.

어린이집안전공제회는 공제가입자와 해당 공제 약관에 의하여 공제계약을 체결하고 그 증거로 이 증권을 드립니다.

어린이집안전공제회 이사장

29

그림 8-45 어린이집안전공제회 공제증권 예시

사고보고서

<table>
<tr><td>어린이집명
(유형)</td><td colspan="3">(　　　　　　　　　　　　)
*전담지정종류 포함</td><td>인가일</td><td colspan="2">최초:　　년　　월　　일
변경:　　년　　월　　일</td></tr>
<tr><td>주 소</td><td colspan="3"></td><td>연락처</td><td colspan="2"></td></tr>
<tr><td>어린이집현황</td><td colspan="6">정원(　　)명, 현원(　　)명, 보육교직원(　　)명</td></tr>
<tr><td>반별 현황</td><td colspan="6">0세반(　　)명 1세반(　　)명 2세반(　　)명 3세반(　　)명 4세반(　　)명 5세반(　　)명
시간제(　　)명 방과후(　　)명 시간연장(　　)명 24시간(　　)명</td></tr>
<tr><td>사고아동명</td><td></td><td>성별</td><td>남　　여</td><td>생년월일</td><td colspan="2">년　　월　　일</td></tr>
<tr><td>사고일자</td><td>년　　월　　일</td><td>목격자명</td><td></td><td>사고시간</td><td colspan="2">오전/오후</td></tr>
<tr><td>사고 당시 원장 및
담임교사 근무상황</td><td colspan="6"></td></tr>
<tr><td>부모연락사항</td><td colspan="6"></td></tr>
<tr><td>연락시간</td><td>오전/오후</td><td colspan="2">119신고여부</td><td colspan="3">□안 함 □신고함(오전/오후 시)</td></tr>
<tr><td>사고발생 장소</td><td colspan="6">□ 수송중　□ 견학중　□ 실외놀이장　□ 실내놀이실
□ 화장실　□ 복도　□ 주방　□ 대근육활동실(유희실)
□ 교사실　□ 식당　□ 계단　□기타(　　　　　)</td></tr>
<tr><td>사고당시
활동내용</td><td colspan="6">□ 목욕 및 배변시간　□ 교실활동　□ 계단오르내리기
□ 실내자유놀이　□ 점심/간식/수유시간　□ 실외자유놀이
□ 계획된 실외놀이　□ 놀이시설 설비　□ 물놀이
□ 견학　□ 낮잠　□ 기타(　　　　　)</td></tr>
<tr><td>상해를 입은 시설
설비</td><td colspan="6">□ 오르기시설　□ 평균대　□ 크롤(기어나가는 시설)
□ 장애설비　□ 현관문/교실문　□ 실외고정물
□ 회전대　□ 놀이집　□ 시소
□ 미끄럼틀　□ 그네　□ 바퀴 달린 탈것
□ 바퀴 달린 장난감　□ 잘 모르겠음　□기타(　　　　　)</td></tr>
<tr><td>상해의 유형</td><td colspan="6">□ 화상　□ 쇼크/질식　□ 추락/강타　□ 물체에 끼임
□ 찢어짐　□ 뼈가 부러지거나 탈구　□ 압박, 눌림
□ 베임　□ 찰과상(벗겨짐)　□ 삠　□ 물림　□ 찔림
□ 식중독　□ 기타 중독　□ 호흡곤란　□ 기타(　　　　　)</td></tr>
</table>

상해를 입은 다른 아동이 있는가 ?	□ 예 □ 아니요

사고원인	ㅁ 바닥으로 떨어짐: 떨어진 높이 약 m 바닥의 형태: ㅁ 뛰거나 발을 헛디뎌 넘어짐 ㅁ 다른 유아에게 물림 ㅁ 다른 유아에게 맞거나 밀림 ㅁ 바퀴 달린 탈것(인라인 스케이트 등) ㅁ 물체에 의해 다침 ㅁ 음식물에 의한 질식 ㅁ 곤충에 물리거나 쏘임 ㅁ 동물에게 물림 ㅁ 열, 추위에 노출 ㅁ 기타( )
다친 부위 (좌, 우 표시)	ㅁ 머리 ㅁ 눈(좌, 우) ㅁ 귀(좌, 우) ㅁ 코 ㅁ 입 ㅁ 목 ㅁ 가슴 ㅁ 등 ㅁ 엉덩이(좌, 우) ㅁ 생식기 ㅁ 팔(좌, 우) ㅁ 손(좌, 우) ㅁ 다리(좌, 우) ㅁ 발(좌, 우)
사고 관련 특이사항	

보육기관에서 행해진 응급처치(상술 예: 압박붕대, 세척, 붕대, 위로 등)

상해 · 배상보험 가입 현황
ㅁ 상해 ㅁ 배상 ㅁ 기타( ) 보험금 최고한도 인당( )만 원 건당( )만 원

응급처치자		의료기관 진료여부	ㅁ 안 함 ㅁ 함
의료기관 진료를 한 경우	ㅁ 외래 진료를 받음(예: 진료실, 응급실) ㅁ 입원(시간/일)		

기타 사후처리 상황 (경찰조사, 피해합의 등)	
사고아동 보호(치료)를 위한 추후 계획	
재발방지를 위한 조치사항	

직원 서명	(인) 날짜 : . . 오전/오후
부모 서명	(인) 날짜 : . . 오전/오후

그림 8-46 **영유아 사고보고서**

출처: 보건복지부(2023).

일별 점검표(안전 분야)

(점검 상태: 양호 ○, 보통 △, 불량 ×)

구분	점검 항목	점검 결과						조치 사항
		/	/	/	/	/	/	
		월	화	수	목	금	토	
실외 환경	어린이집 보호벽 및 주변의 관리 상태는 양호한가?							
	실외놀이 공간 주변의 돌, 유리조각, 요철, 녹이슨 부분, 벗겨진 페인트, 돌출된 모서리가 방치되어 있지는 않은가?							
	놀이터 바닥에 오물, 방치된 물 웅덩이가 없는가?							
실내 환경	문과 창문 등의 추락 위험은 없는가?							
	바닥에는 다칠 수 있거나 미끄러운 곳이 없는가?							
	복도, 계단, 비상계단, 미끄럼대 등에 방치된 물건이 없어 피난계단, 미끄럼대 등을 사용하기에 양호한가?							
	보육용품이나 비품, 유리창 등에 날카로운 모서리 등이 없는가?							
놀잇감 및 놀이 기구	망가져 날카롭고 위험한 것 또는 부품이 빠지거나 작은 볼트 등이 빠진 것은 없는가?							
	유해 색소가 칠해진 놀잇감은 없는가?							
	영유아가 삼킬 만한 작은 놀잇감이나 부품은 없는가?							
	놀잇감 및 놀이기구의 수납 상태가 양호한가?							
화장실·세면대	화장실 내 세제나 락스 등 위험한 물건이 영유아들의 손이 닿는 곳에 방치되어 있지 않는가?							
전기·화기·위험물·	콘센트는 안전덮개로 보호되어 있는가?							
	화기에 의한 안전사고 위험은 없는가?							
	위험물에 의한 안전사고 위험은 없는가?							
	가스밸브와 가스중간밸브 잠금은 양호한가?							

그림 8-47 어린이집 통합안전점검표(일별 점검표: 안전 분야)

출처: 보건복지부(2023).

(2) 등 · 하원 안전관리

어린이집 원장은 매년 보육교직원을 대상으로 영유아 등 · 하원 안전교육을 실시해야 하는데, 영유아의 등 · 하원 방법 등에 대해 보호자와 사전 협의한다. 영유아의 인계과정을 어린이집 자체 규정으로 문서화하고, 영유아가 등 · 하원하는 구체적인 절차와 방법을 마련한다. 모든 영유아는 지정된 보호자에게 인계해야 하는데, 영유아가 안전하게 인계되지 않았을 경우에는 반드시 지정된 보호자에게 대면 및 유선 통화를 원칙으로 안내한다. 모든 영유아의 보호자에게 귀가동의서를 받고, 귀가동의서에 영유아의 이름, 귀가 시 영유아를 인계받을 보호자의 이름, 관계 및 연락처, 보호자의 서명 등의 필수기재사항을 반드시 기록한다.

〈영유아 기본 정보〉

<table>
<tr><td>성명</td><td colspan="2">(남/여)</td><td>반 이름</td><td></td></tr>
<tr><td>주소</td><td colspan="2"></td><td>생년월일</td><td></td></tr>
<tr><td rowspan="3">보호자</td><td>성명</td><td>영유아와의 관계</td><td colspan="2">연락처</td></tr>
<tr><td></td><td></td><td colspan="2"></td></tr>
<tr><td></td><td></td><td colspan="2"></td></tr>
</table>

1. 응급처치 및 귀가동의

구분	처리내용
귀가 동의	–위 영유아의 귀가 시 위의 보호자에게 인도하여 주십시오. –정해진 보호자 외 다른 사람에게 인계할 경우 사전에 반드시 연락을 취하겠습니다. ※우리 어린이집에서는 영유아를 성인 보호자에게 인계하는 것이 원칙입니다. 다만, 보호자가 보육아동의 13세(중학생) 이상 형제 · 자매에게 인계를 희망하는 경우에는 예외적으로 가능하며, 이때 인계 후 발생하는 안전사고 등에 대한 책임은 보호자에게 있습니다(동의함 □). –등 · 하원방법: □ 보호자 동행 □ 차량(어린이집) –차량이용 시 등하원 시간: 등원(시 분), 하원(시 분) (필요시 기재) –부모외 인계보호자: (필요시 기재)

그림 8-48 귀가동의

출처: 보건복지부(2023).

(3) 차량운행 안전관리

어린이집에서 차량을 운행하고자 할 경우 「도로교통법」에서 규정하고 있는 어린이통학버스 신고 요건을 구비하여 관할 경찰서장에게 신고해야 한다[「도로교통법」 제52조(어린이통학버스의 신고 등) 참조]. 차량운행 시 보육교사 등 어린이집 보육교직원이 동승해야 하며, 36개월 미만 영아는 영아용 보호장구를 착용하고, 교사와 영유아는 차량운행 시작 전 안전벨트를 착용한다. 영아용 보호장구는 안전인증 제품(안전인증 검사기준 W1, W2 또는 0그룹, 0+그룹, I그룹)을 사용해야 한다.

운전자는 통학차량에 승차한 영유아가 좌석에 앉았는지, 하차한 영유아가 보도 또는 길 가장자리구역 등 자동차로부터 안전한 장소에 도착했는지를 확인한 후에 통학차량을 출발시킨다. 어린이통학버스 운전자는 영유아의 하차 여부를 확인해야 하며, 이때 행정안전부령으로 정하는 '어린이 하차확인 장치'를 작동해야 한다. 등 · 하원 차량에 동승한 운전기사와 보육교사는 영유아를 안전하게 담당 보육교사나 보호자에게 인도하고, 모든 영유아가 안전하게 인도되었는지 반드시 확인한다.

그림 8-49 어린이 통학버스 하차확인 장치

출처: 고용노동부 정책뉴스(2019. 4. 18.).

9장

보육교직원 관리

어린이집에 근무하는 대표적인 보육교직원으로는 원장과 보육교사가 있으며, 그 외에도 어린이집의 규모에 따라 간호사, 영양사 등의 보육교직원이 근무한다. 이 장에서는 보육교직원 인사관리, 보육교직원의 배치와 자격, 보육교직원 임용, 보육교직원 업무분장, 그리고 보육교직원 교육에 대해 살펴본다.

1. 보육교직원 인사관리

보육교직원 인사관리에는 보육교직원 채용 후의 업무분장, 임금, 경력관리, 직무연수 및 평가 등이 포함된다. 어린이집의 보육교직원은 원장, 보육교사, 특수교사, 치료사, 간호사, 영양사, 조리원 등이 있다.

보육의 효과는 보육교직원의 질에 크게 좌우된다. 유능한 보육교직원을 확보하여 적재적소에 배치하고 지속적인 교육과 근무여건 개선을 통해 사기를 높여 어린이집의 협동체계와 인간관계를 잘 구성하는 것이 중요하다.

어린이집 보육교직원의 인사관리를 위해서는, 먼저 인사관리 원칙을 수립해야 한다. 이러한 원칙은 인사관리의 일관성을 유지하는 데 중요한 요소가 된다. 어린이집이 소규모 집단이라는 특성을 고려하여 수직적이고 위계적인 관리 방식보다는 인간적 만남에 근거한 민주적이며 협동적인 체제와 자율적 통제하에서 자기 책임의 원칙을 강조해야 한다(보건복지부, 2017a).

공정하고 합리적인 인사관리를 위해서 어린이집의 고유한 원칙과 특성에 따라 인사관리규정을 마련해야 한다. 인사관리규정은 보육교직원 관리를 위한 규정이므로 크게는 「영유아보육법」과 「근로기준법」 등 노동 관련 법령을 따르며, 이에 준하여 어린이집 내부 운영규정이나 취업규칙을 정한다.

〈표 9-1〉 **보육교직원 인사관리 관련 법령**

법령	내용
「영유아보육법」	보육교직원 배치기준 및 채용, 자격기준 및 관리 임면 등 채용절차, 경력관리, 호봉기준, 근무시간, 복무관리, 보수교육 등 교육훈련 관련
「근로기준법」	보육교직원 휴가, 휴식, 휴일 등 근로시간 관련
「남녀고용평등과 일·가정양립지원에 관한 법률」	보육교직원 고용, 산전후 휴가, 육아휴직 관련
「최저임금법」	보육교직원 최저임금 보장 관련
각 개별법 준용	기타 보육교직원 복무, 근로 등

출처: 성미영, 정현심, 이세라피나(2017).

2. 보육교직원 배치와 자격

1) 보육교직원 배치기준

보육교직원은 어린이집에서 영유아의 보육, 건강관리 및 보호자상담, 기타 업무를 담당하는 인력이다. 어린이집의 보육교직원에는 원장, 보육교사, 간호사, 영양사, 사무원, 조리원, 관리인, 위생원 등이 있으며, 이들 각자가 자신의 임무와 역할을 성실하고 효과적으로 수행할 때 보육의 효과가 극대화될 수 있다.

우리나라의 경우 「영유아보육법」 제17조에 의거하여 「영유아보육법 시행규칙」 제10조에 어린이집의 적정한 보육교직원 배치기준에 대해 규정하고 있다(〈표 9-2〉 참조).

<표 9-2> **보육교직원 배치기준**

구분	배치기준	자격기준	비고
원장	전 어린이집별 1인 ※ 다만, 영유아 20인 이하를 보육하는 어린이집은 어린이집의 원장이 보육교사를 겸임할 수 있음	「영유아보육법 시행규칙」 제10조 별표 2	정원 기준
보육교사	• 1세 미만: 영아 3인당 1인 • 1세 이상 2세 미만: 영아 5인당 1인 • 2세 이상 3세 미만: 영아 7인당 1인 • 3세 이상 4세 미만: 유아 15인당 1인 • 4세 이상 미취학 유아: 유아 20인당 1인 ※ 유아 40인당 1인은 보육교사 1급 자격자여야 함 • 취학 아동 20인당 1인 • 장애아 3인당 1인 ※ 장애아 9인당 보육교사 1인은 특수교사 자격소지자여야 함 • 연장반 3세 미만: 영아 5인당 1인 • 연장반 3세 이상: 유아 15인당 1인 ※ 연장반의 1세 미만 및 장애아: 3인당 1인	「영유아보육법 시행규칙」 제10조 별표 2	현원 기준
간호사	영유아 100인 이상을 보육하는 어린이집	–	현원 기준
영양사	영유아 100인 이상을 보육하는 어린이집	–	현원 기준
조리원	영유아 40인 이상을 보육하는 어린이집	–	현원 기준 (방과후 제외)

출처: 보건복지부(2023).

어린이집 원장은 영유아 20인 이하를 보육하는 경우 보육교사를 겸임할 수 있는데, 이때 원장 자격증과 보육교사 자격증을 모두 소지해야 한다. 현원을 기준으로 영유아 100인 이상을 보육하는 어린이집에서는 간호사와 영양사를 채용해야 한다. 어린이집 단독으로 영양사를 채용하는 것이 어려울 경우 동일 시 · 군 · 구의 5개 이내 어린이집이 공동으로 영양사를 채용할 수 있다. 영유아 40인 이상 80인 이하를 보육하는 어린이집의 경우 조리원 1인을 두며, 영유아 80인을 초과할 때마다 1인씩 증원한다.

<표 9-3> **조리원 채용기준**

조리원 수	1인	2인	3인	4인	5인
영유아 수	40~80인	81~160인	161~240인	241~320인	320인 이상

출처: 보건복지부(2023).

「식품위생법」에 따라 상시 1회 50인 이상에게 식사를 제공하는 어린이집은 시·군·구청 위생 관련 부서에 집단급식소로 신고하고, 조리사 면허를 소지한 조리원을 배치한다.

원장은 어린이집의 규모와 특성에 따라 의사, 사회복지사, 사무원, 관리인, 위생원, 운전기사, 치료사 등의 교직원을 채용할 수 있으며, 원장이 간호사 또는 영양사 자격이 있는 경우에는 겸직이 가능하다. 어린이집에 의무적으로 배치해야 하는 교직원 이외에 어린이집의 여건에 따라 어린이집 부담으로 교직원을 추가적으로 배치할 수 있으나, 어린이집 원장은 1인만 둘 수 있다.

「영유아보육법 시행규칙」제10조(보육교직원 배치기준)에도 불구하고, 「근로기준법」 제54조에 따른 휴게시간 부여를 위해 낮잠시간 등 특정 시간 동안에 한하여 예외적으로 〈표 9-4〉의 배치기준에 따라 운영할 수 있다. 예외 시간의 경우에도 원장, 보조교사 등이 해당 시간에 순환 근무하여 영유아를 관찰·보호해야 한다.

〈표 9-4〉 **교사 대 아동비율**

구분	교사 1인당 아동 수	
	일반기준	보육교사 휴게시간 시 예외
0세	3명	최대 6명
1세	5명	최대 10명
2세	7명	최대 14명
3세	15명	최대 30명
4세 이상	20명	최대 40명

출처: 보건복지부(2023).

2) 보육교직원 자격기준

보육교직원 채용에서의 기본적인 자격요건은 심신이 건강하고 보육에 대한 열의가 있으며 보육에 대한 전문적인 지식이 있는 사람이어야 한다. 우리나라에서는 「영유아보육법」 제20조, 제21조에 근거하여 「영유아보육법 시행령」 제21조에 원장 및 보육교사의 자격기준에 대해 규정하고 있으며, 원장은 원장 국가자격증, 보육교사는 보육교사 국가자격증을 발급받아야 한다.

(1) 어린이집 원장

어린이집의 원장은 어린이집을 총괄하고 보육교사와 그 밖의 직원을 지도 · 감독하며 영유아를 보육하는 역할을 한다(「영유아보육법」 제18조). 어린이집 원장의 자격기준은 일반 어린이집과 가정어린이집, 영아전담어린이집, 장애아전문어린이집으로 구분된다(〈표 9-5〉 참조).

〈표 9-5〉 **어린이집 원장 자격기준**

구분	내용
일반 어린이집	보육정원이 300명 이하인 어린이집
가정어린이집	개인이 가정 또는 그에 준하는 곳에 설치 · 운영하는 시설로 상시 5인 이상 20인 이하를 보육하는 어린이집
영아전담어린이집	3세 미만의 영아만을 20인 이상 보육하는 어린이집
장애아전문어린이집	「장애아동복지지원법」 제32조, 동법 시행규칙 제19조에 따라 장애영유아만을 12명 이상 보육하는 어린이집

출처: 보건복지부(2023).

어린이집 원장 자격을 취득하기 위해서는 다음의 자격기준을 갖추어야 하며, 보건복지부령으로 정하는 사전직무교육을 반드시 이수해야 한다.

① 일반 어린이집 원장 자격기준

- 보육교사 1급 자격을 취득한 후 3년 이상의 보육 등 아동복지업무 경력이 있는 사람
- 「유아교육법」에 따른 유치원정교사 1급 자격을 취득한 후 3년 이상의 보육 등 아동복지업무 경력이 있는 사람
- 유치원 원장의 자격을 가진 사람
- 「초 · 중등교육법」에 따른 초등학교 정교사 자격을 취득한 후 5년 이상의 보육 등 아동복지업무 경력이 있는 사람
- 「사회복지사업법」에 따른 사회복지사 1급 자격을 취득한 후 5년 이상의 보육 등 아동복지업무 경력이 있는 사람
- 「의료법」에 따른 간호사 면허를 취득한 후 7년 이상의 보육 등 아동복지업무 경력이 있는 사람
- 국가 또는 지방자치단체에서 7급 이상의 공무원으로 보육 등 아동복지업무에 5년 이상 근무한 경력이 있는 사람

② 가정어린이집 원장의 자격기준

- 일반기준에서 정한 자격을 갖춘 사람
- 보육교사 1급 이상의 자격을 취득한 후 1년 이상의 보육업무 경력이 있는 사람

③ 영아전담어린이집 원장의 자격기준

- 일반기준에서 정한 자격을 갖춘 사람
- 간호사 면허를 취득한 후 5년 이상의 아동간호업무 경력이 있는 사람

④ 장애아전문어린이집 원장의 자격기준

- 일반기준에서 정한 자격을 갖춘 사람으로서 다음의 어느 하나에 해당하는 사람
- 대학(전문대학을 포함한다)에서 장애인복지 및 재활관련 학과를 전공한 사람 + 원장 사전직무교육을 이수한 사람
- 장애 영유아어린이집에서 2년 이상의 보육업무 경력이 있는 사람 + 원장 사전직무교육을 이수한 사람

(2) 보육교사

보육교사는 영유아를 보육하고 어린이집의 원장이 불가피한 사유로 직무를 수행할 수 없을 때에는 그 직무를 대행하는 역할을 한다(「영유아보육법」 제18조). 보육교사로 근무하기 위해서는 보건복지부장관이 수여하는 보육교사 국가자격증을 소지해야 하며, 보육교사 자격증은 1급, 2급, 3급으로 구분된다. 자격급수별 자격기준은 〈표 9-6〉과 같다.

<표 9-6> 보육교직원 자격기준

등급	자격기준
보육교사 1급	1. 보육교사 2급 자격을 취득한 후 3년 이상의 보육업무 경력이 있는 사람으로서 보건복지부장관이 정하는 승급교육을 받은 사람
	2. 보육교사 2급 자격을 취득한 후 보육 관련 대학원에서 석사학위 이상을 취득하고 1년 이상의 보육업무 경력이 있는 사람으로서 보건복지부장관이 정하는 승급교육을 받은 사람
보육교사 2급	1. 전문대학 또는 이와 같은 수준 이상의 학교에서 보건복지부령으로 정하는 보육관련 교과목 및 학점을 이수하고 졸업한 사람
	2. 보육교사 3급 자격을 취득한 후 2년 이상의 보육업무 경력이 있는 사람으로서 보건복지부장관이 정하는 승급교육을 받은 사람
보육교사 3급	고등학교 또는 이와 같은 수준 이상의 학교를 졸업한 사람으로서 보건복지부령으로 정하는 교육훈련시설에서 정해진 교육과정을 수료한 사람

출처: 보건복지부(2023).

보육교사는 4년제 대학교의 유아교육학과, 아동학과와 2~3년제 전문대학의 유아교육과, 아동학과 등에서 자격증 취득에 필요한 소정의 학점을 이수한 후 자격을 취득할 수 있다. 대학 등에서 이수해야 할 교과목 및 학점은 〈표 9-7〉과 같다.

<표 9-7> 대학 등에서 이수해야 할 교과목 및 학점

영역	교과목		이수과목(학점)
교사 인성	필수	보육교사(인성)론, 아동권리와 복지	2과목 (6학점)
보육 지식과 기술	필수	보육학개론, 보육 과정, 영유아 발달, 영유아 교수방법론, 놀이지도, 언어지도, 아동음악(또는 아동동작, 아동미술), 아동수학지도(또는 아동과학지도), 아동안전관리(또는 아동생활지도)	9과목 (27학점)
	선택	아동건강교육, 영유아 사회정서지도, 아동문학교육, 아동상담론, 장애아 지도, 특수아동 이해, 어린이집 운영 관리, 영유아 보육프로그램 개발과 평가, 보육정책론, 정신건강론, 인간행동과 사회환경, 아동간호학, 아동영양학, 부모교육론, 가족복지론, 가족관계론, 지역사회복지론	4과목 (12학점) 이상
보육 실무	필수	아동관찰 및 행동연구, 보육실습	2과목 (6학점)

출처: 보건복지부(2023).

각 교과목은 3학점을 기준으로 하되, 최소 2학점이어야 한다. 17과목 이상, 51학점 이상 이수하여야 한다. 교과목의 명칭이 서로 다르더라도 교과목의 내용이 비슷하면 같은 교과목으로 인정하고, 보육실습은 교과목 명칭과 관계없이 보육실습기관과 보육실습기간의 조건을 충족하면 보육실습으로 인정한다.

2016년 1월 개정된 「영유아보육법 시행규칙」에 따라 보육교사 2급 자격을 취득하기 위한 교과목 중 일부 과목이 대면교과목으로 지정되었고, 대면교과목은 8시간 이상 출석 수업과 1회 이상 출석 시험을 실시해야 한다.

〈표 9-8〉 **대면교과목**

영역	교과목
교사 인성	보육교사(인성)론, 아동권리와 복지
보육 지식과 기술	놀이지도, 언어지도, 아동음악(또는 아동동작, 아동미술), 아동수학지도(또는 아동과학지도), 아동안전관리(또는 아동생활지도)
보육 실무	아동관찰 및 행동연구, 보육실습

출처: 보건복지부(2023).

보육실습은 보육교사 자격 취득을 위한 필수적인 과정이며, 이론 수업과 보육현장실습으로 진행된다. 보육현장실습의 구체적인 사항은 다음과 같다.

- **보육현장실습기관**

법적으로 인가받은 정원 15명 이상으로 평가제 평가결과가 A, B등급인 어린이집 또는 방과후 과정을 운영하는 유치원에서 이루어져야 한다. 보육교사 1급 또는 유치원 정교사 1급 자격을 가진 사람이 보육실습을 지도해야 하고, 실습 지도교사 1명당 보육실습생은 3명 이하로 해야 한다.

- **보육현장실습기간**

6주 이상 240시간 이상을 원칙으로 하며, 2회에 나누어 실시할 수 있다. 평일 오전 9시부터 오후 7시 사이에 한 경우에만 인정하며, 실습시간은 하루 8시간을 초과할 수 없다.

그림 9-1 **보건복지부 보육교사 홍보영상**

● 보육현장실습평가

보건복지부장관이 정하는 보육실습일지와 실습평가서에 근거하여 평가하며, 평가점수가 80점 이상인 경우에만 보육실습을 이수한 것으로 인정한다.

3. 보육교직원 임용

보육교직원은 기관의 질을 좌우하는 결정적 요인이므로 어린이집 근무에 적합한 능력과 자질을 갖춘 보육교직원을 임용하고, 이들을 위한 근무여건에 관심을 가지고 지원하는 것이 어린이집의 질을 높이는 중요한 요인이다.

1) 보육교직원 채용

보육교사의 경우 「영유아보육법 시행령」 제21조 별표 1의 보육교사 자격기준에 해당하며, 보육교사 국가자격증을 발급받은 자를 채용한다. 자격증 발급을 신청하고 자격검정이 완료되어 자격증 발급이 예정된 경우(예: 자격번호가 부여된 경우)는 자격증을 발급받은 것으로 본다. 국가 또는 지방자치단체로부터 보육교직원의 인건비를 보조받는 어린이집의 경우 공개경쟁을 원칙으로 보육교직원을 채용한다.

보육교사 채용공고 내용

- 모집 내용, 모집 인원
- 어린이집 위치, 연락처
- 지원 자격 요건
- 전형일정
- 제출서류 및 제출기간, 제출방법
- 기타 기관에서 원하는 조건

보육교사 채용공고 예시

OO어린이집에서 근무할 보육교사를 아래와 같이 모집합니다.
관심 있는 분들의 많은 지원 바랍니다.

- 모집대상: 평교사 OO명, 기간제교사 OO명
- 지원자격: 보육교사 자격증 소지자(2023년 8월 졸업 예정으로 자격증 취득 예정자 가능)
- 근무지역: 경기도 OO시
- 급여 및 처우: 보건복지부 보육교직원 인건비 지급기준
- 지원서 접수 기간: 2023. 6. 26. ~ 7. 7.
- 접수방법: 채용 홈페이지를 통한 온라인 접수
  - 채용 홈페이지 메인 화면 '채용접수' 메뉴 이용
  - 제출서류: 최종학교 졸업증명서, 최종학교 성적증명서, 보육교사자격증, 경력증명서(해당자)

※ 온라인지원서 접수 시 첨부파일로 제출(jpg 파일만 가능)

- 전형절차: 서류전형, 면접/필기/인성검사 등 어린이집 내부 채용절차에 따름
  - 모든 전형결과는 합격자에 한하여 개별 통보합니다. (E-mail 및 SMS)
  - 모든 전형결과는 채용 홈페이지 '채용결과'에서 확인할 수 있습니다.
- 문의처: ○○○@○○○.com

그림 9-2 ○○어린이집 교사채용 공고문

보육교직원은 인터넷 사이트를 통한 공고, 대학의 관련 학과와 연계한 공고, 육아종합지원센터를 통한 공고 등을 통해 채용한다.

〈표 9-9〉 **보육교직원 채용공고 방법**

공고 방법	내용
인터넷 사이트를 통한 공고	보육통합정보시스템 등 보육 관련 인터넷 사이트를 통한 공고는 실시간으로 모집공고를 할 수 있어 매우 신속하고 광범위하다는 장점이 있다.
대학의 관련 학과와 연계한 공고	보육 관련 학과사무실을 통해 어린이집이 원하는 경력과 교사상을 제시하고 채용을 지원받을 수 있다.
육아종합지원센터를 통한 공고	지역 육아종합지원센터의 구인란에 채용공고를 할 수 있다.

출처: 성미영 외(2017).

보육교직원의 채용은 다음과 같은 절차를 통해 진행한다.

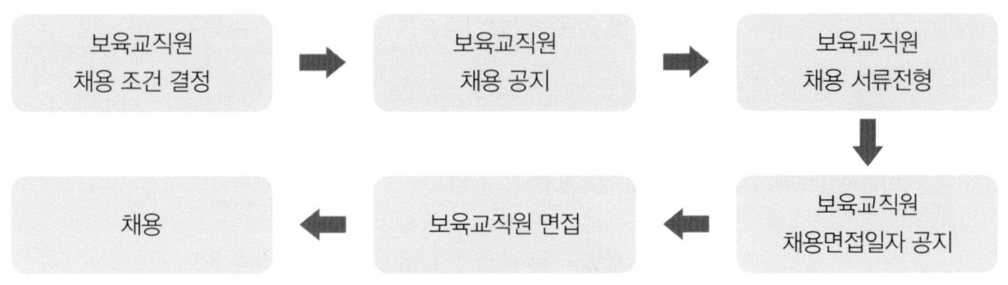

그림 9-3 **보육교직원 채용 절차**

출처: 성미영 외(2017).

서류전형에서는 지원자의 능력이나 문제점 등을 사전에 파악하고, 서류 검토를 통해 부적격 사유가 있는 경우에는 서류전형에서 탈락 조치한다. 채용과 관련된 서류의 경우 채용 전에는 이력서, 자기소개서, 자격증 사본, 경력증명서(경력자인 경우)가 필요하며, 채용 후에는 임용 관련 서류를 제출해야 한다.

면접전형을 통해 지원자들의 성격과 성품, 전문성을 판단하여 채용을 결정할 수 있으므로 면접은 보육교직원 채용에 있어 중요한 과정이다. 어린이집 운영에 있어 인적 자원은 다른 어떤 자원보다 중요하므로 채용 시 다각적인 면접을 통해 어린이집의 운영철학과 원장 및 다른 보육교직원과의 조화를 이룰 수 있는지 세밀히 관찰 및 분석하여 채용 여부를 결정한다. 보육교직원 면접요소별 평가항목의 예시는 〈표 9-10〉과 같다.

<표 9-10> **보육교직원 면접요소별 평가항목 예시**

구분		평가항목
면접 요소	기본 자질	• 태도, 건강, 친절, 교양: 보육교직원으로서의 품위를 유지할 만한 건강 및 교양, 태도 • 긍정적 사고, 정서적 안정성: 영유아에게 정서적 안정감을 주고 모범이 될 긍정적 가치관
	조직 적응력	• 융화력, 협조성, 성실성: 원장, 교사, 부모와 협조적 관계 형성 • 지도력, 적극성, 적응력: 지도력을 발휘하여 조직 목표 달성에 기여
	표현력	• 명확성, 판단력, 유창성: 자연스러운 답변 태도, 질문요지에 적합한 답변, 분명한 의사표현
	직업 적성	• 가치관, 직업관, 성취도: 인생, 직업에 대한 장·단기 목표와 자기계발 계획 • 사명감: 보육사업에 대한 확고한 책임의식과 사명감 • 교육관, 아동관: 미래 세대 보육에 이바지할 수 있는 교육관과 아동관
	전문 능력	• 영유아 발달에 대한 이해, 문제행동지도: 연령에 따른 아동발달의 이해 및 그에 따른 문제행동 지도력 • 교수방법 실기테스트: 현장에서 사용될 기본적인 교수방법 습득

출처: ○○어린이집 보육교사 면접요소별 평가항목.

그림 9-4 한국보육진흥원 보육교사 홍보영상

- 최근 사회의 구조적 변화로 인해 성인의 민감한 보살핌이 필요한 어린 영아들이 일찍부터 어린이집에 다니며 성장하고 있습니다. 보육교사는 이러한 사회적 필요에 의해 부모 외의 가장 중요한 양육자이자 보육전문가로서 영유아의 전인적 성장발달을 돕는 일을 합니다.
- 모든 직업은 적성이 맞아야 그 일을 더 잘 수행할 수 있습니다. 보육교사는 발달이 미숙한 영유아가 보이는 행동에 대해 수용적이며 온정적으로 반응함으로써 영유아가 건강하고 행복하게 자랄 수 있도록 도와주어야 한다는 점에서 적성과의 관련성이 매우 높은 직종에 포함됩니다.
- 보육교사는 보육전문가로서의 지식과 기술, 태도를 갖춘 사람이 종사할 수 있는 직업입니다. 보육교사는 영유아의 발달적 특성을 이해하고, 교육활동을 계획하고 실행하며, 전문적인 교수방법을 사용하여 보육과정에서 발생하는 다양한 상황에서 책임 있는 결정을 내려야 합니다.

출처: 한국보육진흥원(2018).

2) 보육교직원 임면

보육교직원을 선발하고 나면 임용에 필요한 서류를 구비하고 정식으로 임용한다. 어린이집 원장은 보건복지부령으로 정하는 바에 따라 보육교직원의 임면에 관한 사항을 관할 시 · 군 · 구청장에게 보고해야 한다. 보육교직원의 임면 절차는 [그림 9-5]에 제시되어 있다.

어린이집 원장은 경력관리시스템에 임면사항이 제대로 입력되었는지 확인하고, 보육교직원 관리대장을 비치하여 기록 · 관리해야 한다. 임용과 더불어 반드시 수행해야 할 것은 보육교직원의 직무연수이다. 신임교사 직무연수의 내용에는 보육서비스의 역할, 어린이집의 운영방침, 보육프로그램의 운영, 교사의 역할과 책임 및

복무규정 등이 포함된다. 이 과정을 통해 어린이집 교직원으로서의 소속감 및 동기부여, 책임감을 형성하게 된다.

보육교직원 채용 시 임금, 계약기간 등 근로조건을 명시한 근로계약을 체결해야 하며, 근로계약서를 작성하여 교직원이 1부, 어린이집에서 1부를 각각 보관한다.

보육교직원 채용 (원장, 보육교사, 특수교사, 조리원 등)	• 채용주체: 어린이집 설치자 • 채용조건: 자격기준을 갖춘 자 • 채용 시 구비서류 – (공통) 인사기록카드, 주민등록등본, 채용신체검사서, 성범죄경력조회결과서, 아동학대관련범죄 전력 조회 회신서, 개인정보제공 및 고유식별정보 처리동의서 – (자격이 필요한 자) 자격증 또는 면허증 사본 ※ 간호사 채용 시, 면허신고증도 제출해야 함
교직원 임면보고 	• 임면보고 절차: 어린이집 → 시 · 군 · 구청장(채용 후 14일 이내) • 임면보고 시 구비서류 – 인사기록카드, 채용신체검사서, 자격증사본, 성범죄경력조회결과서, 아동학대관련범죄 전력 조회 회신서, 개인정보제공 및 고유식별정보 처리 동의서, 보수교육 수료증 ※ 간호사 채용 시, 면허신고증도 제출해야 함 ※ 자격증 사본은 보육통합정보시스템으로 확인 가능한 경우 제출 제외 ※ 인사기록카드는 '임신육아종합포털(아이사랑)' '보육통합정보시스템'을 통해 임면보고 가능('15. 2. 2.~) ※ 어린이집 및 시 · 군 · 구에서는 교직원 임면보고를 시스템을 통해 실시하고 적극 지도
 교직원 자격의 적격성 확인	• 확인주체: 시 · 군 · 청장 • 확인대상: 어린이집 원장, 보육교사, 특수교사, 장애영유아를 위한 보육교사, 치료사, 간호사, 영양사, 조리원 중 조리사 • 확인방법: 각 자격별 자격증명 서류 및 보육통합정보시스템
교직원 결격사유조회 및 범죄경력조회	• 결격사유조회 및 범죄경력조회 주체: 시 · 군 · 구청장 • 내용: 교직원 결격 사유(법 제20조)
경력관리시스템 입력 관리	• 교직원 임면 사항을 경력관리시스템에 입력 관리

그림 9-5 보육교직원 채용 및 임면보고 절차

출처: 보건복지부(2023).

근로계약서 작성 시 복무규정, 보수 및 후생복지를 규정한 운영규정 및 운영세칙을 제공하여 이를 충분히 살펴본 다음 근로계약서를 작성하도록 한다.

4. 보육교직원 업무분장

어린이집에서 원장과 보육교사는 자신의 업무와 역할을 정확하게 파악하고 있어야 할 뿐 아니라 어린이집과 관련된 공동 업무를 적절하게 분장함으로써 어린이집을 합리적으로 운영할 수 있다. 또한 원장과 보육교사는 정기적인 교사회의에서 분장된 업무 내용이 적합한지, 균형적인지를 분석하여 어린이집이 합리적이고 효율적으로 운영될 수 있도록 하고, 보육교직원들이 자신의 역할을 적절히 수행할 수 있도록 해야 한다. 보육교직원의 업무분담은 일반 업무 분장과 비상상황 시 업무분장으로 구분되는데 일반 업무분장과 비상상황 시 역할분담이 문서화되어 있어야 한다.

업무분장은 보육교직원들 간의 협력과 자발적인 참여 및 합의에 의해 공평하게 분담되어야 하고 고유 업무, 공동 업무로 나누어서 작성한다. 각자의 특성에 맞게 적합한 역할을 배정하기 위해 경력교사와 신입교사, 연장자와 연소자, 교사와 기타 직원 간의 적절한 배치가 필요하다. 필요하다면 학기가 진행되는 과정에 분장된 업무내용에 대한 평가를 통해 재구성할 수 있다. 어린이집에서 일어나는 다양한 비상상황에서는 비상시 역할 분담의 체계로 정확하고 신속하게 이루어져야 하므로 보육교직원은 비상시 자신의 역할에 대해 정확히 파악하고 있어야 한다.

5. 보육교직원 교육

보육의 질은 교사의 질과 직접적인 관련이 있는 만큼 교사의 전문성을 향상시키기 위해 교사에게 다양한 보수교육 기회를 제공한다. 원장 및 보육교사는 다양한 교육훈련 기회를 가져서 질적으로 높은 보육을 제공할 수 있도록 노력해야 한다. 다양한 원외 교육훈련뿐만 아니라 신입교사교육, 교사내부 세미나, 교직원회의 등을 활성화하여 교직원들 간의 의사소통 및 보육활동에 대한 교육을 활발히 진행한다.

보육교직원은 경력에 근거하여 보수교육을 이수해야 하는데, 보육교직원 보수교육이란 보육교직원의 자질 향상을 위해 실시하는 교육으로서, 보육에 필요한 지식과 능력을 유지 · 개발하기 위하여 보육교직원이 정기적으로 받는 직무교육과 보육교사가 상위 등급의 자격(3급 → 2급, 2급 → 1급)을 취득하기 위해 받아야 하는 승급교육 및 어린이집 원장의 자격을 갖추기 위하여 받아야 하는 사전직무교육을 말한다(「영유아보육법」 제23조, 제23조의2).

보수교육은 어린이집 원장의 보수교육과 보육교사 등의 보수교육으로 구분된다. 어린이집 원장의 보수교육은 〈표 9-11〉에, 보육교사 등의 보수교육은 〈표 9-12〉에, 교육구분별 보수교육 대상자는 〈표 9-13〉에 제시되어 있다. 원장 및 보육교사 등의 일반직무교육에서 기본 및 심화교육과정은 보육업무경력 등을 감안하여 교육대상자가 선택하여 이수할 수 있다.

〈표 9-11〉 **어린이집 원장의 보수교육**

직무교육					사전직무교육
일반직무교육		특별직무교육			어린이집 원장 사전직무교육
기본교육/심화교육	장기 미종사자 교육	영아보육 직무교육	장애아보육 직무교육	방과후보육 직무교육	

출처: 보건복지부(2023).

〈표 9-12〉 **보육교사 등의 보수교육**

직무교육					승급교육	
일반직무교육		특별직무교육			2급 보육교사 승급교육	1급 보육교사 승급교육
기본교육/심화교육	장기 미종사자 교육	영아보육 직무교육	장애아보육 직무교육	방과후보육 직무교육		

출처: 보건복지부(2023).

1) 직무교육

어린이집 보육교직원의 직무교육은 일반직무교육과 특별직무교육으로 구분된다.

(1) 일반직무교육

일반직무교육에는 보육교사 직무교육과 어린이집 원장 직무교육이 있으며, 직무교육시간은 40시간을 원칙으로 한다.

• 보육교사 직무교육

현직에 종사하고 있는 보육교사로서 보육업무 경력이 만 2년이 지난 사람과 보육교사 직무교육(승급교육을 포함)을 받은 해부터 만 2년이 지난 사람을 위한 교육

• 어린이집 원장 직무교육

현직에 종사하고 있는 어린이집 원장으로서 어린이집 원장의 직무를 담당한 때부터 만 2년이 지난 사람과 어린이집 원장 직무교육을 받은 해부터 만 2년이 지난 사람을 위한 교육

• 장기미종사자 직무교육

어린이집 원장의 자격 또는 보육교사 자격을 가진 사람으로서 만 2년 이상 보육업무를 수행하지 아니하다가 다시 보육업무를 수행하려는 사람을 위한 교육

그림 9-6 서울시 보육교직원 보수교육 안내

출처: 서울시 보육포털(boyuk.eseoul.go.kr).

(2) 특별직무교육

특별직무교육에는 영아보육 직무교육, 장애아보육 직무교육, 방과후 보육 직무교육이 있다. 영아 · 장애아 · 방과후 보육을 담당하고 있는 일반직무교육 대상자 및 영아 · 장애아 · 방과후 보육을 담당하고자 하는 보육교사 및 어린이집 원장을 위한 교육이다.

<표 9-13> **교육구분별 보수교육 대상자**

교육구분			교육대상	교육시간	비고
직무교육	일반직무교육	보육교사	현직에 종사하고 있는 보육교사로서 보육업무 경력이 만 2년을 경과한 자와 보육교사 직무교육(승급교육 포함)을 받은 해부터 만 2년이 경과한 자	40시간	매 3년마다
		원장	어린이집 원장의 직무를 담당한 때부터 만 2년이 지난 경우	40시간	매 3년마다
		장기미종사자	만 2년 이상 보육업무를 수행하지 아니하다가 다시 보육업무를 수행하고자 하는 보육교사 또는 원장 자격 취득자	40시간	이수하고자 하는 자
	특별직무교육	영아보육	영아보육을 담당하고 있는 일반직무교육 대상자와 영아보육을 담당하고자 하는 보육교사 및 어린이집 원장	40시간	이수하고자 하는 자
		장애아보육	장애아보육을 담당하고 있는 일반직무교육 대상자와 장애아보육을 담당하고자 하는 보육교사 및 어린이집 원장	40시간	이수하고자 하는 자
		방과후보육	방과후보육을 담당하고 있는 일반직무교육 대상자와 방과후 보육을 담당하고자 하는 보육교사 및 어린이집 원장	40시간	이수하고자 하는 자
승급교육	2급 승급교육		보육교사 3급의 자격을 취득한 후 보육업무 경력이 만 1년이 경과한 자	80시간	이수하고자 하는 자
	1급 승급교육		보육교사 2급의 자격을 취득한 후 보육업무 경력이 만 2년이 경과한 자 및 보육교사 2급의 자격을 취득한 후 보육 관련 대학원에서 석사학위를 취득한 경우 보육업무 경력이 만 6개월이 경과한 자	80시간	이수하고자 하는 자
원장사전직무교육	-		「영유아보육법」 시행령 [별표1] 제1호의 가목부터 라목(일반, 가정, 영아전담, 장애아전담 어린이집 원장)까지 어느 하나의 자격을 취득하고자 하는 자	80시간	이수하고자 하는 자

출처: 보건복지부(2023).

2) 승급교육

승급교육은 보육교사가 승급하는 데 필요한 교육으로 승급교육시간은 80시간을 원칙으로 하고, 승급교육은 2급 승급교육과 1급 승급교육으로 구분되며, 승급교육을 받은 사람은 일반직무교육을 이수한 것으로 간주한다.

2급 보육교사 승급교육은 3급 보육교사 자격취득 후 보육업무경력이 만 1년이 지난 사람을 대상으로 한다. 1급 보육교사 승급교육은 2급 보육교사 자격취득 후 보육업무경력이 만 2년 이상이 경과한 사람을 대상으로 한다. 다만, 보육교사 2급 자격을 취득한 후 보육 관련 대학원에서 석사학위 이상을 취득한 경우는 보육업무 경력이 만 6개월이 지난 사람들이 1급 승급교육을 받을 수 있다.

3) 어린이집 원장 사전직무교육

일반, 가정, 영아전담, 장애아전문 어린이집 원장 중 어느 하나의 자격을 취득하고자 하는 자는 어린이집 원장 사전직무교육을 받아야 한다. 원장 사전직무교육을 받은 사람은 일반직무교육을 이수한 것으로 본다.

4) 어린이집 자체 교육

어린이집에서 자체적으로 보육교직원에 대한 교육을 실시할 수 있으므로 보육교직원을 대상으로 다양한 교육을 통해 교수능력 향상과 전문지식의 고취를 통해 전문적인 교사 및 전문성 향상을 도모하기 위하여 대내·외교육 및 연수에 적극적으로 참여하도록 한다. 보육교직원의 교육은 직종별(경력과 신입 구분)로 보육교사, 조리원, 영양사, 간호사, 사무원 등으로 나누어 교육할 수 있다.

5) 외부 교육

한국보육진흥원에서는 현직 보육교직원을 대상으로 보육업무를 수행하면서 느끼는 스스로의 마음상태를 점검하고, 그 결과에 따라 맞춤형 교육을 실시함으로써

보육교직원의 직무스트레스 경감 및 인성 함양을 지원하고자 '보육교직원 마음성장 프로젝트'를 실시하고 있다.

그림 9-7 마음성장 프로젝트

출처: 한국보육진흥원 마음성장 홈페이지(mindup.kcpi.or.kr/).

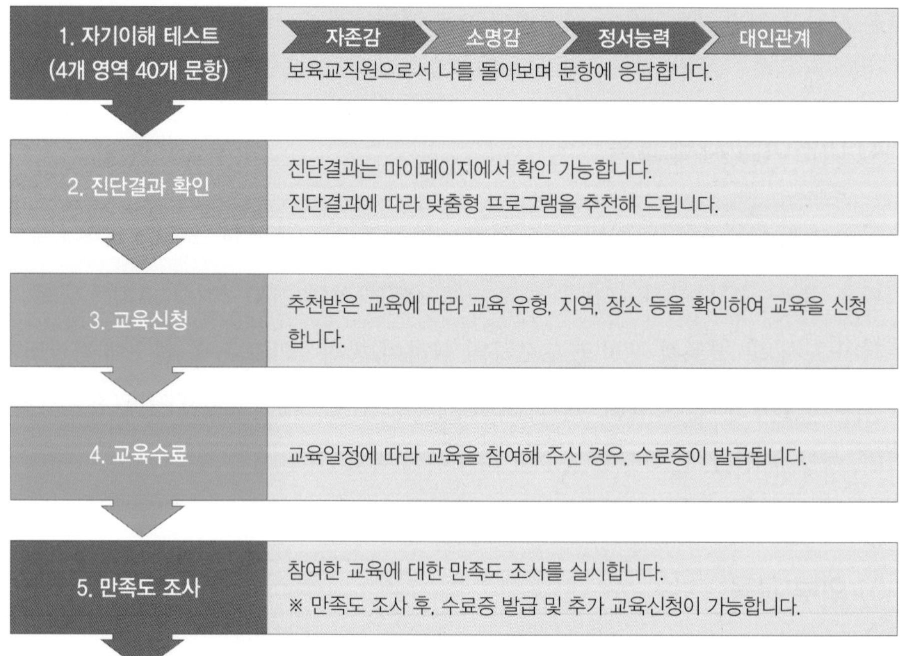

그림 9-8 마음성장 프로젝트의 진행 절차

출처: 한국보육진흥원 마음성장 프로젝트 홈페이지(mindup.kcpi.or.kr/).

육아종합지원센터에서는 상담전문요원을 배치하여 보육교직원의 심리적·정서적 안정을 도모하고 아동학대예방 관련 업무 수행으로 안전하고 건강한 보육 환경을 마련하기 위한 '심리상담 서비스 Tee움'을 제공하고 있다. 어린이집 유형과 보육교직원의 특성 및 상황을 고려한 온라인상담, 전화상담, 방문상담 등의 상담프로그램을 통해 보육교직원이 심리적 안정감을 유지하고 직무스트레스를 해소할 수 있도록 지원한다.

그림 9-9 보육교직원 마음성장 프로젝트-인성보육포럼 자료집 (2014년)

T.e.e.움이란
Teacher+engage in=emotion
(교사) (참여하다) (감정, 정서, 기분)의 합성어로, '다양한 문제로 인해 어려움을 경험하고 있는 보육교직원의 감정에 참여하는 것'으로 보육교직원이 상담 참여를 통해 행복한 마음의 싹을 틔어 가는 새로운 출발을 의미합니다.

그림 9-10 T.e.e.움

출처: 중앙육아종합지원센터 홈페이지(central.childcare.go.kr).

육아종합지원센터에서 제공하는 보육교직원 상담 내용은 〈표 9-14〉에 제시되어 있다.

〈표 9-14〉 **보육교직원 상담 내용**

심리·적성 성격검사	진로고민	업무 관련	아동학대예방
학부모와의 관계	원아들과의 관계	동료·상사관계	개인사 관련

육아종합지원센터에서는 '보육교직원 상담 카드뉴스'를 발행해 원아를 대하는 방법이나 자신의 감정을 관리하는 방법에 대해 소개하고 있다.

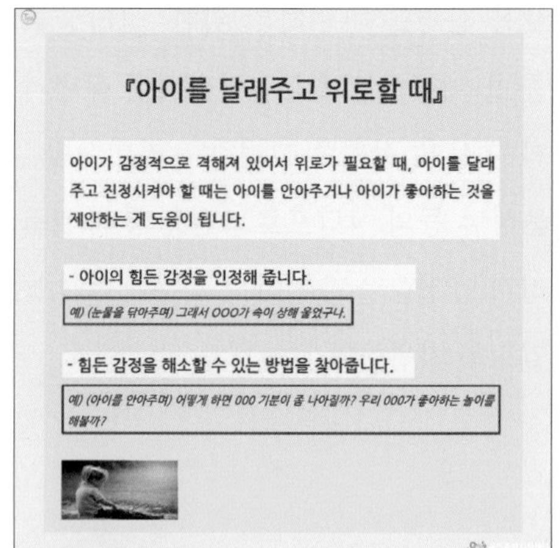

그림 9-11 "잘 우는 아이 어떻게 해야 할까요?"

출처: 중앙육아종합지원센터 홈페이지(central.childcare.go.kr/).

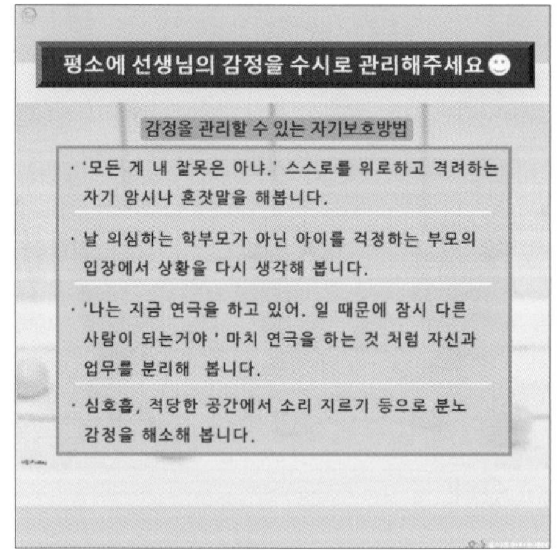

그림 9-12 "아이에 대한 마음, 선생님도 다르지 않아요"

출처: 중앙육아종합지원센터 홈페이지(central.childcare.go.kr/).

10 장 운영관리

1. 시설관리

1) 시설설비 종류

2) 시설설비 기준

3) 시설설비 관리

2. 사무관리

1) 문서의 종류

2) 문서 작성 및 관리

3. 재정관리

1) 재정관리의 기본원칙

2) 예산 편성

3) 예산 결산

어린이집 운영관리는 어린이집의 목표를 효율적으로 달성하기 위해 인적, 물적, 재정적인 자원을 합리적으로 배정하고 과업을 성취하며, 설정된 기준에 근거하여 목표달성을 조정하고, 필요한 개선을 도모하는 일련의 활동과정이다. 어린이집을 운영하기 위해서는 법적 기준에 따라 시설을 설치하고 설치된 시설의 유형과 특성에 따른 체계적인 운영관리가 이루어져야 한다. 대부분의 어린이집에 공통적으로 요구되는 운영관리 영역은 인력관리, 시설관리, 사무관리, 재정관리이며, 이 장에서는 시설관리, 사무관리, 재정관리에 대해 살펴본다.

1. 시설관리

영유아가 어린이집에서 안전하고 건강하게 생활하기 위해서는 물리적 환경이 영유아의 발달수준에 적합하게 구성·관리되어야 한다. 시설관리란 어린이집 공간에 포함된 개별 공간과 각 공간에 비치된 각종 설비들을 기준에 맞게 설치하고 운영하는 것을 말한다. 어린이집 시설설비에 대한 기준은 「영유아보육법 시행규칙」 제9조와 별표 1에 명시되어 있다.

1) 시설설비 종류

어린이집에서 시설은 건물 및 건물 속의 현관, 복도, 활동실과 부속실 등의 크기 등과 관련된 건축적 요소와 건물의 구조에 해당하는 공간적 개념이며, 설비는 시설의 기능을 원활히 하기 위하여 구비되어야 하는 내용물로 건물구조와 연결된 시설마다 반드시 갖춰야 하는 장치물을 총칭한다(이순형 외, 2012). 어린이집에서 관리해야 하는 시설 및 설비의 종류는 크게 실내와 실외로 구분된다. 특히 실내 시설설비는 공간의 사용 목적에 따라 보육활동을 위한 공간, 행정관리를 위한 공간, 서비스를 위한 공간으로 구분할 수 있다(문혁준 외, 2015; 이경희, 정정옥, 2014; 이순형 외, 2012).

<표 10-1> **어린이집의 시설 및 설비 구분**

구분			내용
실내 시설설비	시설	보육활동	• 보육실, 화장실, 유희실 등
		행정관리	• 원장실, 교사실, 사무실, 자료실,
		서비스	• 조리실, 양호실, 세탁실, 현관, 복도 및 계단 등
	설비		• 비상재해대비시설, 소방 및 가스 안전설비, 채광설비, 급배수 설비, 냉난방 설비, 폐쇄회로 텔레비전(CCTV)
실외 시설설비	시설		• 실외놀이터, 담장 및 바닥, 외부 출입문
	설비		• 놀이시설, 모래놀이영역, 물놀이영역, 기타 영역

출처: 이순형 외(2012).

그림 10-1 **어린이집 실외 시설설비 안전점검**

조리실 및 식당
• 영유아 활동 공간과 분리
• 출입구 및 창문 방충망
복도 및 계단
• 미끄럽지 않은 바닥재
• 공간 확보
• 손잡이형 계단
• 좁은 간격의 난간
• 계단 끝부분 미끄럼방지대
• 중간문
• 가구 및 물품 관리
현관문 및 출입구
• 개폐관리, CCTV 안내판 부착
• 벨 또는 인터폰
• 문닫힘방지대, 속도조절 장치
• 끼임방지대, 모서리방지대
• 미끄럼방지대
• 공간 확보
• 가구 및 물품 관리
유희실
• 놀이기구 안전 배치
• 충격완화 장치
화장실
• 영유아용 변기 및 세면대
• 미끄럼방지대
• 온수조절장치
• 비품 및 세제 안전 보관
기타 공간
• 잠금장치
보육실
• 영아반 1층 우선 배치
• 연령별 활동 공간 배치
• 놀잇감 안전한 선택 · 세척 · 보관
• 위험요소 없는 바닥 · 벽
• 신체 크기에 맞는 영유아용 가구
• 모서리보호대
• 위험한 물건 안전 보관
• 전선 관리
• 콘센트 안전덮개
문 및 창문
• 안과 밖에서 열 수 있는 미닫이문
• 2층 이상 창문의 안전장치
• 채광 고려, 투명문의 강화유리
• 둥근 모양 문손잡이
• 블라인드, 커튼 등의 선 정리
• 닫힘방지대, 속도조절장치
• 끼임방지대, 모서리방지대

그림 10-2 **어린이집 공간별 안전관리**

출처: 어린이집안전공제회(2016b).

2) 시설설비 기준

어린이집의 일반기준에 따르면, 보육실을 포함한 시설면적(놀이터 면적 제외)은 영유아 1명당 4.29m^2 이상으로 하며, 보육실은 1층 또는 건물 전체(5층 이하)에 설치해야 한다. 다만, 담 또는 울타리로 둘러싸인 동일 대지 안에 여러 개의 건물(모두 5층 이하여야 함)이 있는 경우 모든 건물의 전체가 어린이집으로 사용되고 옥외놀이터가 설치된 경우에는 예외적으로 여러 동 건물에 어린이집 설치를 허용한다. 어린이집의 실내외 공간별 설치기준은 〈표 10-2〉와 같다.

<표 10-2> **어린이집 시설 · 설비기준**

구분	시설기준
화장실	• 미끄럼방지 장치 • 냉온수 온도 조정 및 고정 • 수세식 유아용 변기 설치, 보육시설과 동일한 층의 인접 공간에 설치
교사실	• 보육정원 21명 이상 어린이집은 교사실을 설치해야 함 • 교육활동준비, 행정사무, 휴식 등에 필요한 설비
놀이터	• 영유아 50인 이상 보육하는 시설 • 영유아 1인당 3.5㎡ 이상 • 놀이기구 3종 이상이 설치된 옥외놀이터 • 지역의 특성에 따라 실내놀이터 설치 및 인근 놀이터 활용 가능
급배수 시설	• 상수도 또는 간이상수도에 의한 물 공급 시 직접 수도꼭지에 연결하여 공급 • 음용수로 지하수를 사용할 경우 저수조 등의 시설 경유 • 더러운 물, 빗물 등이 잘 처리되도록 배수설비
비상재해 대비시설	• 소화용 기구 비치 및 비상구 설치 • 2층 이상인 경우 비상계단 또는 영유아용 미끄럼대 설치 • 비상재해에 대비한 피난시설, 장비 구비
폐쇄회로 텔레비전	• 「개인정보 보호법 시행령」 제3조 제1호에 근거. 보육실 등을 촬영, 모니터를 통한 영상 구현, 영상정보를 녹화 · 저장할 수 있는 기능을 갖추어야 함 • 보육실, 공동놀이실, 놀이터 및 식당, 강당에 1대 이상씩 설치

출처: 「영유아보육법 시행규칙」 제9조 관련 [별표 1].

이 외에도 시설 규모에 따라 사무실, 양호실, 식당, 자료실, 상담실, 강당, 놀이터 등의 설치가 가능하며, 사무실은 보육실과 동일 층 설치가 바람직하다.

그림 10-3 사무실

그림 10-4 교사실

그림 10-5 자료실

3) 시설설비 관리

시설설비는 어린이집 개원 이후부터 지속적으로 관리하고 유지해야 한다. 효율적인 관리를 위해 유지와 보수에 대한 연간계획을 세우는 것이 바람직하고, 관련 업체의 연락처를 정리해 두는 것이 유용하다. 또한 시설설비관리 책임자를 임명하고, 관리대장을 작성해 일상적으로 시설 전반에 대해 관찰하도록 하며, 시설설비에 대해 주기적인 교체나 유지보수를 통해 청결하게 관리하도록 한다. 특히 시설설비의 교체나 보수에는 많은 비용과 시간이 소요될 수 있으므로, 미리 예산을 확보할 수 있도록 점검하고 계획적으로 관리할 필요가 있다. 시설 전반에 대한 유지와 보수를 통해 영유아에게 보다 쾌적한 환경을 제공한다는 의미에서 시설설비의 관리는 중요하다.

2017년 시설안전 관리대장

다음점검일		구분	주기	주체	3월	4월	5월	6월	7월	8월	9월	10월	11월	12월	1월	2월
	1	[illegible]	[illegible]	[illegible]												
[illegible]	2	실내공기질 관리	[illegible]	[illegible]									11.08			
			[illegible]	[illegible]									11.08			
	3	전기안전 점검	연 1회	전기공사												
	4	도시 가스 점검	연 2회	도시가스												
	5	소방시설 점검	매월	한국소방												
	6	[illegible]	매월	[illegible]												
	7	[illegible]	연 2회	[illegible]												
	8	[illegible]	연 2회	자체관리												
	9	정수기	매월	웅진												
	10	공기청정기	매월	웅진												
	11	수족관 관리	매월	자체관리												

그림 10-6 시설안전 관리대장

그림 10-7 비품관리

2. 사무관리

사무관리는 보육서비스를 효율적으로 하기 위해, 보육활동의 수행과정에서 수반되는 기록과 장부의 작성 및 보관, 공문서의 발송과 접수 등 문서관리를 집행하고 처리하는 업무를 뜻한다. 어린이집의 효율적인 행정업무를 위해 각종 문서의 표준화 및 전산화 작업이 필요한데, 표준화된 문서양식은 교사의 업무처리를 수월하게 해 주고 전산화 작업은 서류의 기록과 보관작업을 쉽게 해 준다(이순형 외, 2012).

어린이집에서는 많은 업무가 기록되고 관리 · 보관되어야 하므로, 어린이집 현장에서 보육교사의 서류업무 부담이 많다는 의견이 제기되었다. 2016년부터 한국보육진흥원은 행정업무 부담을 완화해 보육에 집중할 수 있는 환경을 조성하고 보육서비스의 질적 수준을 개선하기 위해 어린이집 문서간소화 및 서식정비를 진행하였다(보건복지부, 한국보육진흥원, 2017b).

1) 문서의 종류

어린이집에서 갖추어야 할 서류는 운영관리, 건강 · 영양 · 안전, 보육교직원 관리, 보육과정 운영, 회계 및 사무관리의 다섯 가지 영역으로 구분할 수 있으며, 세부서식은 중앙육아종합지원센터 및 한국보육진흥원 홈페이지에서 다운받아 사용할 수 있다.

<표 10-3> **어린이집 비치 서류**

1) 재산목록과 그 소유를 증명하는 서류(부동산을 임차하는 경우 임대차 계약서를 포함한다)
2) 어린이집 운영일지 및 출석부
3) 보육교직원의 인사기록카드(채용구비서류, 이력서 및 사진을 포함한다)
4) 예산서 및 결산서
5) 총계정원장 및 수입 · 지출 보조부
6) 금전 및 물품출납부와 그 증명서류
7) 소속 법인의 정관 및 관계 서류
8) 어린이집 이용신청자 명부
9) 생활기록부, 영유아보육일지
10) 보육교직원의 인사 · 복무 및 어린이집 운영에 관한 규정 등
11) 통합안전점검표
12) 영상정보 열람대장
13) 그 밖에 어린이집 운영에 필요한 서류

※ 상시 영유아 20명 이하인 어린이집으로서 어린이집의 원장이 보육교사를 겸임하는 어린이집의 경우에는 1) · 3) · 4) · 5) · 6) · 8) · 9) · 11) 및 12) 외의 장부 및 서류(전자문서를 포함한다)는 갖춰 두지 아니할 수 있다.

출처: 「영유아보육법 시행규칙」 제23조 [별표 8].

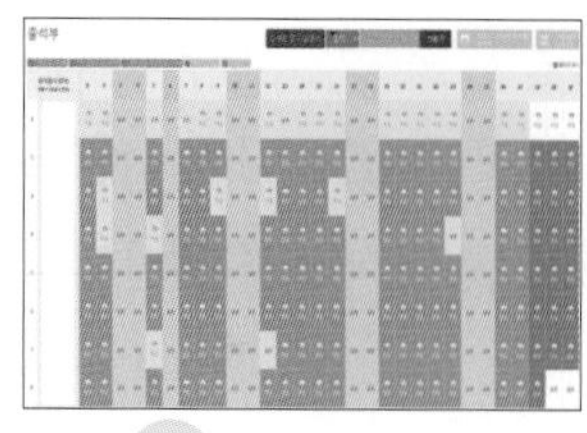

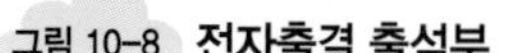

그림 10-8 전자출결 출석부

그림 10-9 영유아 보육일지

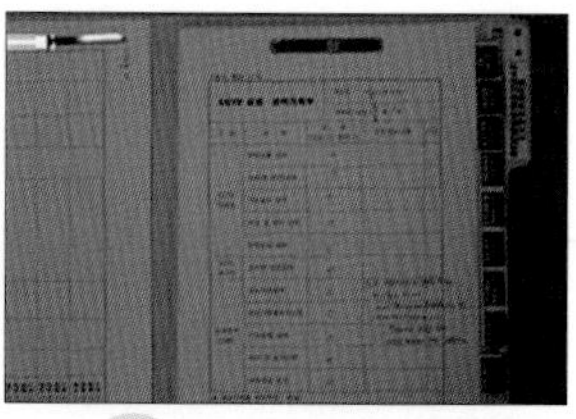

그림 10-10 영상정보 열람대장

2) 문서 작성 및 관리

문서 작성 시에는 각 업무별 문서 작성서식과 작성방법을 충분히 숙지하여, 작성하고자 하는 내용을 명확하고 간결하게 기술한다. 작성하는 모든 서류는 표준화된 양식에 따라서 기한에 맞게 작성하여 한 학기나 학년이 마감될 때 서류를 정리하여 전체적으로 보관해야 한다. 어린이집에서 구비해야 하는 각종 문서의 비치 및 보존 연한은 「영유아보육법」「공공기록물 관리에 관한 법률」, 보육사업안내를 참고하여 정한다.

<표 10-4> **어린이집 문서 보존 연한**

구분	보존 기간
• 기관 및 단체의 신분, 재산, 권리, 의무를 증빙하는 서류 – 인사기록카드, 보육교직원관리대장 등	준영구
• 공사 관련 장부 및 증빙서류	10년
• 회계 관련 장부 및 증빙서류 – 현금출납부, 총계정원장, 재산대장, 비품관리대장 – 과목전용조서, 수입 · 지출 원인행위 위임에 관한 위임장 – 보육료대장, 봉급대장 – 수입과 지출에 따른 증빙서류 등 • 영유아 생활기록부 • 출석 인정 특례에 해당하는 결석 사유를 증빙할 수 있는 서류	5년
• 기타 어린이집 운영에 관한 서류 – 어린이집 운영일지 – 어린이집 이용신청자명부 및 이용아동연명부 – 연간 · 월간 · 주간보육계획안, 보육일지 등	3년
• 기타 업무연락, 통보, 조회 등과 관련된 기록물	1년

출처: 보건복지부(2023).

그림 10-11 어린이집 문서관리 사례

3. 재정관리

재정관리에는 1년의 수입과 지출을 예상하여 적절한 예산을 편성하고 편성된 예산안에 따라 투명하게 지출하여 결산을 통해 마무리하는 전 과정이 포함된다(이순형 외, 2012). 어린이집의 재무회계 관리는 「사회복지법인 및 사회복지시설 재무·회계 규칙」의 법적 기준에 따라 운영관리가 이루어진다. 보건복지부(2023)는 어린이집 운영의 명확성, 공정적, 투명성을 제공하기 위하여 어린이집의 특성이 반영된 재무회계 절차를 마련하였다(〈표 10-5〉 참조).

〈표 10-5〉 **재무회계 절차 총괄표**

구분	예산편성	예산집행		결산
원칙	• 모든 세입과 세출은 예산에 포함	• 예산의 목적 외 사용금지/예산의 전용 • 수입·지출의 관리는 예금통장에 의해 행한다.		• 세출예산의 이월
관련 서류	• 사업계획서 • 세입세출 예산서 • 준예산 • 추가경정예산	[장부] • 현금출납부 • 총계정원장 • 봉급대장 • 보육료대장 • 비품관리대장	[증빙서류] • 계좌입금증빙서류 • 수입·지출결의서 • 반납결의서 • 과목전용조서 • 예비비 사용조서 • 정부보조금 명세서	• 세입세출·결산총괄 설명 • 세입·세출결산서 • 연도말 잔액증명 • 퇴직적립금 통장사본 및 잔액증명서
과정	• 예산편성지침 (2개월 전) • 예산안 제출 (개시 5일 전)	• 수입·지출 사무의 관리책임자 선정		• 제출 (다음 연도 5월 31일까지)

출처: 보건복지부(2023).

예산편성은 기관 운영에 사용될 재원을 추계하고 이를 위한 지원에 지출할 규모를 확정하는 작업이고, 예산집행은 기관의 수입 · 지출을 실행 · 관리하는 모든 행위를 의미한다. 예산편성과 심의 때 미처 예견하지 못했던 사태에 대응하기 위한 제반 행위도 모두 포함된다. 마지막으로 예산결산은 한 회계연도 내에서 세입예산의 모든 수입과 세출예산의 모든 지출을 확정적인 계수로 표시하는 작업이다.

1) 재정관리의 기본원칙

어린이집의 재정관리는「사회복지법인 및 사회복지시설 재무 · 회계 규칙」에 명시된 규정에 따라 운영한다. 재무 · 회계규칙에 따른 어린이집 재정관리의 기본원칙은 다음과 같다.

- 수입 및 지출사무 관리주체는 별도의 수입담당과 지출담당을 두는 것이 원칙이나 어린이집의 경우 회계규모나 보육교직원 수 등을 고려할 때 어린이집 원장이 수입과 지출의 현금출납업무를 담당하되 필요할 경우 보육교직원에게 회계업무를 겸임하게 할 수 있다.
- 어린이집의 모든 수입 및 지출관리는 어린이집의 수입 · 지출만 관리하는 별도 어린이집 명의로 된 통장을 개설하여 사용하여야 한다.
- 수입과 지출 행위 시에는 수입 · 지출 결의를 한 후 현금출납부, 총계정원장에 기록하고 청구서, 영수증, 지급내역서 등 관련 근거서류를 반드시 첨부한다.

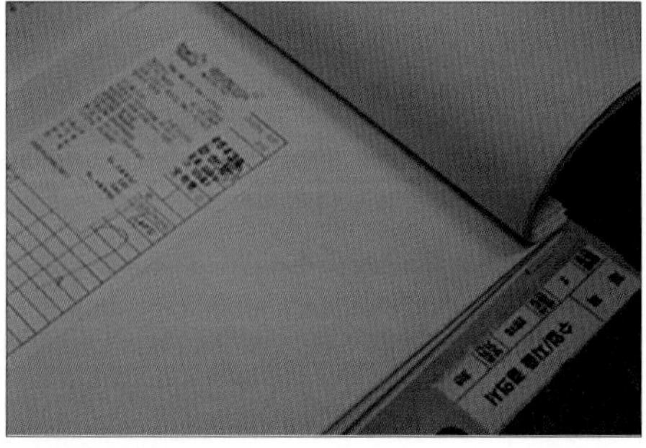

그림 10-12 수입 · 지출 관련 서류

(1) 수입의 원칙

모든 수입금의 수납 관리는 금융기관에 취급시키는 경우를 제외하고는 원장과 위임받은 수입원이 아니면 수납하지 못한다. 출납 완결 연도에 속하는 과년도 수입과 기타 예산외 수입은 모두 현년도 세입에 편입한다. 지출된 세출의 반납금은 각각 지출한 세출의 당해 과목에 여입하며 과오납된 수입금은 수입한 세입에서 직접 반환한다.

그림 10-13 아이행복카드

보육료 수납은 보건복지부 앱, ARS, 어린이집에 설치된 카드단말기를 이용할 수 있다. 아이행복카드로 지원되는 정부보조금 이외의 수납은 신용카드, 무통장입금 또는 통장 자동이체, 계좌이체 등 금융기관을 통하여 수납해야 한다. 현금 수납은 원칙적으로 불가능하나, 불가피한 사유로 현금 수납하는 경우에는 기타 원칙을 준수하고 관련서류를 첨부해 두어야 한다.

(2) 지출의 원칙

지출은 지출사무를 관리하는 어린이집 원장 및 그 위임을 받아 지출명령이 있는 것에 한하여 지출원이 행할 수 있다. 지출은 계좌입금, 어린이집 전용 신용(체크)카드를 사용하고, 이 경우 (세금)계산서, 카드결제영수증 등 관련 증빙서류를 첨부한다. 시 · 도지사가 정하는 소액의 범위 내에서 현금 결제가 가능하며, 이를 위해 지출원은 100만 원 이하의 현금을 보관할 수 있다. 현금 지출 시에는 증빙서류로 현금영수증을 첨부한다.

(3) 어린이집 재무회계 규칙에 의한 회계보고 의무화

어린이집 원장은 매월 보조금 신청 시 보육통합시스템(CIS)에서 정한 형태와 내용에 따라 수입 · 지출 항목 등 재무회계 관련 자료를 전송 또는 입력한다. 이 외에도 보육교직원의 근로소득을 관할세무서에 신고하여야 한다.

2) 예산 편성

어린이집 회계연도는 정부의 회계연도에 의해 운영되며 1 회계연도에 속하는 어린이집의 세입 · 세출의 출납사무는 당해 연도 3월부터 다음 연도 2월 말일까지(예: 2023. 3. 1.~2024. 2. 29.) 완결해야 한다. 예산총계주의 원칙에 따라 1 회계연도의 모든 수입은 세입으로, 모든 지출은 세출로 하되, 세입과 세출은 모두 예산에 계상되어야 한다.

그림 10-14 어린이집 예산 편성 절차

출처: 중앙육아종합지원센터(2016).

어린이집 재무회계규칙의 세입 및 세출 예산과목은 다음 〈표 10-6〉〈표 10-7〉과 같다.

<표 10-6> 어린이집 시설회계 세입예산과목 구분(제10조 제3항 제2호 관련)

과목						내역
관		항		목		
01	보육료	11	보육료	111	정부지원 보육료	만 0~5세아, 장애아, 다문화 · 맞벌이가구 등에 지원되는 보육료 및 카드수수료 환급금 등
				112	부모부담 보육료	보호자로부터 받은 보육료
02	수익자 부담 수입	21	선택적 보육 활동비	211	특별활동비	보호자가 부담하는 특별활동 비용
		22	기타 필요경비	221	기타 필요경비	보호자가 부담하는 입학준비금, 현장학습비, 차량운행비, 아침 · 저녁급식비, 졸업앨범비 등 기타 필요경비
03	보조금 및 지원금	31	인건비 보조금	311	인건비 보조금	국가 및 지방자치단체로부터 받은 인건비(어린이집으로 지원되는 처우개선비 등을 포함한다)
		32	운영보조금	321	기관보육료	국가 및 지방자치단체가 보육비용의 일정 부분을 어린이집에 지원하는 보조금
				322	연장보육료	국가 및 지방자치단체가 연장보육비용의 일정 부분을 어린이집에 지원하는 보조금
				323	공공형 운영비	국가 및 지방자치단체가 공공형 어린이집에 지원하는 운영 보조금
				324	그 밖의 지원금	국가 및 지방자치단체가 지원하는 급식 · 간식 재료비 및 냉난방비, 누리과정운영비 등
		33	자본 보조금	331	자본보조금	신증축비, 개 · 보수비, 장비비 등
04	전입금	41	전입금	411	전입금	법인, 단체, 개인 등 운영 · 경영자로부터의 운영지원금
		42	차입금	421	단기차입금	회계연도 내 상환을 원칙으로 시설운영에 필요한 비용을 금융기관 등으로부터 일시 차입한 단기차입금
				422	장기차입금	시설 개 · 보수 등을 위해 금융기관 등으로부터 차입한 장기차입금
05	기부금	51	기부금	511	지정후원금	국내외 민간단체 및 개인으로부터 후원명목으로 받은 기부금 · 결연후원금 · 위문금 · 찬조금 중 후원목적이 지정된 수입

				512	비지정후원금	국내외 민간단체 및 개인으로부터 후원명목으로 받은 기부금 · 결연후원금 · 위문금 · 찬조금 중 후원목적이 지정되지 않은 수입과 자선행사 등으로 얻어지는 수입
06	적립금	61	적립금	611	적립금 처분 수입	적립금 및 퇴직적립금에서 이전받은 금액
07	과년도 수입	71	과년도 수입	711	과년도 수입	전년도 출납정리기간 이후에 납입된 수입
08	잡수입	81	잡수입	811	이자수입	금융기관에 예치한 예금의 이자수입
				812	그 밖의 잡수입	차량 · 물품 등 어린이집 재산 매각수입, 변상금, 위약금 수입, 교육 외 수입(보증금 수입 등), 보육교사 실습비, 보험 수령액(만기환급금을 포함한다) 등
09	전년도 이월액	91	전년도 이월액	911	전년도 이월금	전년도 불용으로 이월된 금액
				912	전년도 이월사업비	전년도에 종료되지 못한 이월사업비

출처: 사회복지법인 및 사회복지시설 재무 · 회계 규칙 [별표 7]〈개정 2020. 5. 6.〉

<표 10-7> 어린이집 시설회계 세출예산과목 구분(제10조 제3항 제2호 관련)

과목						내역
관		항		목		
100	인건비	110	원장 인건비	111	원장급여	원장인건비 중 기본급 등
				112	원장수당	원장에게 지급하는 상여금과 제(諸)수당
		120	보육교직원 인건비	121	보육교직원급여	보육교직원 인건비 중 기본급 등
				122	보육교직원수당	보육교직원에게 지급하는 상여금과 제(諸)수당
		130	기타 인건비	131	기타 인건비	기타 일급 또는 단기 채용 임시 · 일용직 급여
		140	기관부담금	141	법정부담금	어린이집에서 부담하는 법정부담금(건강보험, 국민연금, 고용보험, 산업재해보상보험 등)
				142	퇴직금 및 퇴직적립금	어린이집에서 부담하는 퇴직급여 및 퇴직적립금

200	운영비	210	관리 운영비	211	수용비 및 수수료	소모품 및 집기 구입비, 도서구입비, 인쇄비, 홍보물, 각종 사무용 및 교구비품의 수선비, 수수료, 구급약품, 치료비, 대관 · 비품대여료, 협회비, 우편료, 광고료 등
				212	공공요금 및 제세공과금	세금 및 공과금, 안전공제회비, 전기료, 상 · 하수도료, 도시가스료, 자동차세, 각종 보험료(자동차 · 화재 등), 전신 · 전화료(통신비) 등
				213	연료비	보일러 및 난방시설연료비, 취사에 필요한 연료비
				214	여비	국내 · 외 출장여비
				215	차량비	차량 관련 유류대, 정비유지비, 소모품 등
				216	복리후생비	보육교직원 복리후생을 위한 현물 · 서비스 지급비(교직원 건강검진비 · 피복비 · 치료비 · 급량비 등)
				217	기타 운영비	그 밖에 운영경비로서 분류되지 않은 경비(건물임대료, 건물융자금 이자 등)
		220	업무 추진비	221	업무추진비	어린이집 운영 및 유관 기관과 업무협의, 종무식 등 공식적인 업무추진에 소요되는 제반경비
				222	직책급	어린이집 원장의 직책수행을 위하여 정기적으로 지급하는 경비
				223	회의비	어린이집운영위원회, 부모회의 등 각종 회의 등에 소요되는 경비
300	보육 활동비	310	기본 보육활동비	311	교직원연수 · 연구비	교직원에게 지급하는 연수비 및 연구비
				312	교재 · 교구 구입비	보육 기자재, 도서 등 구입 및 제작비
				313	행사비	아동과 직접 관련되어 발생하는 각종 행사경비
				314	영유아복리비	영유아 건강 및 안전관련 비용(건강검진 비용 등)
				315	급식 · 간식 재료비	정규보육시간 내 제공되는 주 · 부식 재료 구입비 및 간식비

400	수익자 부담경비	410	선택적 보육활동비	411	특별활동비 지출	특별활동에 따라 지출하는 비용
		420	기타 필요경비	421	기타 필요 경비 지출	입학준비금, 현장학습비, 차량운행비, 아침 · 저녁급식비, 졸업앨범비, 기타 필요경비
500	적립금	510	적립금	511	적립금	어린이집의 안정적인 기관운영 및 완성에 수년을 요하는 공사나 제조 등 특정목적사업을 위한 적립금
600	상환 · 반환금	610	차입금 상환	611	단기 차입금 상환	단기 차입금 원금 및 이자 상환액
				612	장기 차입금 상환	장기 차입금 원금 및 이자 상환액
		620	반환금	621	보조금 반환금	정부보조금 미사용분에 대한 반환금
				622	보호자 반환금	보호자 부담비 미사용분에 대한 반환금
				623	법인회계 전출금	법인에서 지원한 전입금과 연계하여 지출하는 법인회계로의 전출금
700	재산 조성비	710	시설비	711	시설비	시설 신 · 증축비 및 부대경비, 그 밖에 환경개선을 위한 개 · 보수비
				712	시설장비 유지비	시설, 장비 및 물품 등의 유지를 위한 수선경비
		720	자산 구입비	721	자산취득비	시설운영에 필요한 비품구입비, 노후업무용차량 교체 등 차량구입비(차량할부금 포함), 그 외 자산 취득비
800	과년도 지출	810	과년도 지출	811	과년도 지출	과년도 미지급금 및 과년도 사업비의 지출(지출대상 부도 등 부득이한 경우에 한해 제한적으로 인정)
900	잡지출	910	잡지출	911	잡지출	보상금 · 사례금 · 소송경비 및 원 단위 절사금 등
1000	예비비	1010	예비비	1011	예비비	예측할 수 없는 불가피한 지출소요

출처: 사회복지법인 및 사회복지시설 재무 · 회계 규칙 [별표 8]〈개정 2020. 5. 6.〉

3) 예산 결산

어린이집은 매 회계연도 말에 의무적으로 결산한다. 이 과정을 통해 어린이집의 지출이 원래의 계획대로 합리적으로 잘 이루어졌는지 확인할 수 있다. 어린이집 원장이 수입과 지출의 현금출납업무를 담당하고, 필요한 경우 보육교직원에게 회계업무를 겸임하게 할 수 있다. 결산 시에는 세입 · 세출을 예산의 과목별로 세분하여 결산하며, 산출기초는 상세하게 기재하여야 한다. 어린이집 원장은 세입 · 세출 결산보고서를 작성한 후에 시장 · 군수 · 구청장에게 제출해야 하며, 확정된 결산개요를 어린이집 게시판이나 홈페이지에 20일 이상 공지하여 기관 운영의 투명성과 신뢰성을 높이도록 한다. 어린이집 예산 결산 절차는 [그림 10-15]와 같다.

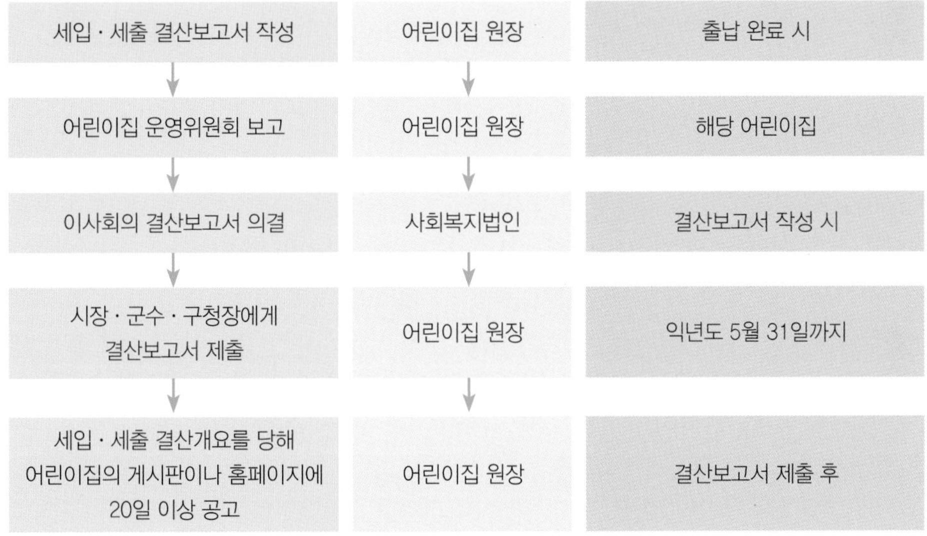

그림 10-15 어린이집 예산 결산 절차

출처: 중앙육아종합지원센터(2016).

11 장

부모와 지역사회 연계

1. 부모참여

1) 부모 오리엔테이션

2) 수업참관 및 부모참여수업

3) 부모강연회 및 워크숍

4) 부모면담

5) 알림장 및 가정통신문

6) 어린이집 운영위원회

2. 지역사회 연계

1) 지역사회 인적 자원과의 연계

2) 지역사회 기관 자원과의 연계

3) 지역사회 자원관리

어린이집과 부모의 원만한 관계 형성 및 유지는 영유아의 성장과 발달을 돕는 데 중요한 역할을 담당한다. 또한 어린이집과 지역사회의 협력적 관계를 통해 이웃, 지역사회 등 더 넓은 환경과 상호작용할 수 있는 기회를 영유아에게 제공한다. 이 장에서는 부모참여 및 지역사회 연계의 중요성과 유형, 운영방법에 대해 살펴본다.

1. 부모참여

어린이집에서의 부모참여는 다양한 형태로 이루어진다. 어린이집 입소와 더불어 신입원아 부모를 대상으로 부모 오리엔테이션이 진행되고, 수업참관 및 부모참여수업, 부모강연회 및 워크숍, 부모면담, 알림장 및 가정통신문 등의 형태로 영유아의 부모가 어린이집 운영에 참여한다. 이 외에도 부모모니터링단, 어린이집 운영위원회 등의 활동을 통해 어린이집 운영에 부모의 의견을 반영할 수 있다(성미영 외, 2017).

1) 부모 오리엔테이션

그림 11-1 부모 오리엔테이션에서 담임교사를 소개하는 원장과 교사

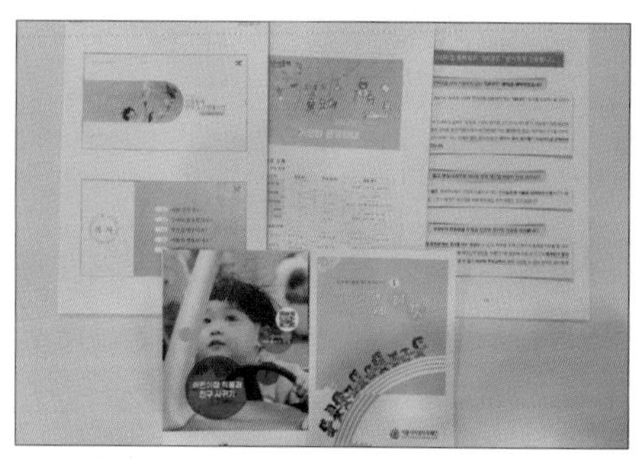

그림 11-2 어린이집 운영안내 책자와 유인물 배포

그림 11-3 어린이집 운영안내 소개

신입 원아의 부모를 대상으로 진행하는 부모 오리엔테이션은 어린이집의 보육철학과 운영방침, 하루 일과 등을 어린이집 입소 이전에 전달함으로써 영유아와 부모가 입소한 이후 어린이집 환경에 특별한 어려움 없이 적응하도록 도와주는 역할을 한다. 부모 오리엔테이션의 내용은 보육교직원에 대한 소개, 어린이집 운영시간, 보육프로그램 및 보육환경, 어린이집 개방 원칙, 등·하원 절차 및 안전지침 등이다(정옥분 외, 2016). 이러한 내용과 함께 근거법령과 어린이집규정을 모두 담은 '○○ 어린이집 운영 안내서'를 부모 오리엔테이션 시 배부하여 어린이집 운영 전반에 대한 부모의 이해를 돕는다.

○○어린이집 운영 안내서

Ⅰ. 보육철학 및 목표
  1. 보육철학
  2. 보육목표

Ⅱ. 운영현황
  1. 어린이집 연혁
  2. 어린이집의 환경
  3. 보육시간
  4. 보육료(기타 필요 경비 수납한도액 포함 가능)
  5. 연령별 집단크기와 교사 수
  6. 보육교직원 구성

Ⅲ. 보육프로그램

Ⅳ. 하루 일과

Ⅴ. 건강 · 영양 · 안전관리
  1. 건강관리
  2. 영양관리
  3. 안전관리(아동학대 예방지침 포함)

Ⅵ. 부모 및 지역사회와의 협력
  1. 부모참여 프로그램
  2. 어린이집 운영위원회
  3. 지역사회자원과의 연계 및 보육프로그램
  4. 지역사회 및 아동발달 전문가 정보

Ⅶ. 공지사항
  1. 신입원아 적응 프로그램
  2. 어린이집의 개방원칙 및 인계규정
  3. 감염병 질환의 예방과 관리 대책
  4. 아프거나 다친 영유아에 대한 처리 절차
    (환아처리지침, 상해유형에 따른 응급처치 등)
  5. 부모동의 및 조사서 작성 안내
    (귀가동의, 응급처치동의, 식품알레르기 관련, 개인정보활용 등)
  6. 상해, 화재, 배상보험 가입 안내
  7. 안전사고 발생 시 어린이집이 갖는 책임한계에 관한 규정
  8. 맞춤형보육 프로그램 운영
  9. 보육교직원 윤리강령
  10. 기타

그림 11-4 ○○어린이집 운영 안내서 목차 예시

출처: 보건복지부(2023).

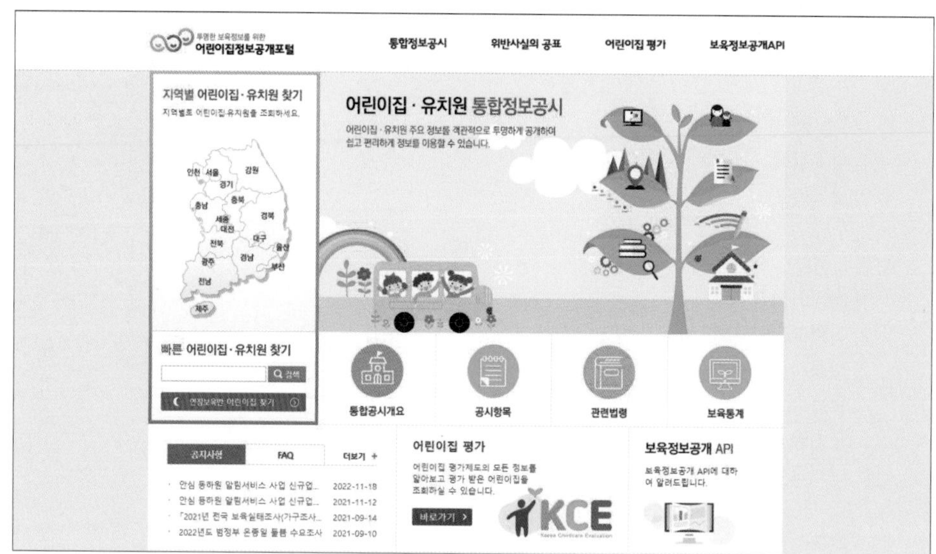

그림 11-5 어린이집 정보공개포털 홈페이지 메인 화면(info.childcare.go.kr)

2) 수업참관 및 부모참여수업

수업참관은 부모가 영유아의 교육활동을 직접 볼 수 있다는 점에서 부모의 관심과 참여도가 높은 프로그램 중 하나이다(이경희, 정정옥, 2014). 부모가 수시로 영유아의 교육활동을 관찰함으로써 자녀의 발달특성을 이해하도록 어린이집에서는 '보호자의 어린이집 참관 신청' 제도를 운영한다.

보호자의 어린이집 참관 신청

보호자는 영유아의 보육환경, 보육내용 등 어린이집의 운영 실태를 확인하기 위해 원장에게 참관을 요구할 수 있다. 어린이집 원장은 참관 신청이 있는 경우 보육에 지장이 없는 시간대를 선택하여 부모가 참관하도록 한다.

근거법령: 「영유아보육법」 제25조의3(보호자의 어린이집 참관)
「영유아보육법 시행규칙」 제27조의2(보호자의 어린이집 참관 방법)

출처: 보건복지부(2023).

열린어린이집

어린이집의 물리적 구조 · 프로그램 운영을 개방하고 부모의 일상적인 참여를 도모해 안심보육 환경을 조성하고자 열린어린이집 제도를 시행하고 있다. 시 · 도지사 또는 시장 · 군수 · 구청장은 개방성, 참여성, 지속가능성, 다양성이 높은 어린이집을 선정하여 2년간 열린어린이집으로 지정하고, 2회 이상 연속하여 재선정 시 선정일로부터 3년간 지정한다.

근거법령: 「영유아보육법」 제4조 및 제25조의3(보호자의 어린이집 참관)

출처: 보건복지부(2023).

그림 11-6 **부모참여수업: 미술활동을 함께 즐기는 유아와 조부모**

그림 11-7 **부모참여수업: 신체활동을 함께 즐기는 유아와 아빠**

그림 11-8 **부모참여수업: 미술활동을 함께 즐기는 유아와 엄마**

그림 11-9 **부모참여수업: 음률활동을 함께 즐기는 유아와 엄마**

부모참여수업은 아버지나 어머니, 조부모가 영유아와 함께 교육활동을 직접 경험하는 방법으로 가장 적극적인 방식의 부모참여 유형이다. 일반적으로 연 1~2회 정도 실시하며, 미술활동, 음률 또는 신체 활동, 과학활동 등 부모와 함께하기 적절한 활동을 위주로 사전에 계획하여 진행한다. 영유아와 부모가 함께 부모참여수업에 참여하면서 활동의 즐거움을 경험하게 되므로 친밀한 부모자녀관계를 증진시킬 수 있다.

수업참관이나 부모참여수업 전후에 부모를 대상으로 설문지를 작성하도록 요청하여 부모의 의견을 수렴하고 평가 내용을 다음 행사에 반영한다.

3) 부모강연회 및 워크숍

그림 11-10 **지역연합 부모강연회: 좋은 부모 역할**

부모강연회의 경우 자녀양육에 도움이 되는 양육기술이나 부모의 자아실현을 위해 필요한 정보를 강연 주제로 정하고, 해당 분야 전문가를 초청하여 강연회를 개최하는 경우가 일반적이다. 효과적인 강연회가 되기 위해서는 부모의 요구 및 관심사를 사전에 파악해야 한다(이기숙, 김순환, 조혜진, 2014).

그림 11-11 **워크숍: 식단운영과 저염 조리실습**

그림 11-12 **워크숍: 2세 발달과 훈육실습**

그림 11-13 육아종합지원센터 홍보영상

그림 11-14 중앙육아종합지원센터 공통 부모교육 소개영상

워크숍은 강연회보다 적은 수의 부모를 대상으로 진행하기 때문에 특정 주제를 깊이 있게 다루면서 실제적인 활동을 경험할 수 있는 대표적인 부모참여 유형이다. 예를 들어, 부모가 간단한 교구를 직접 제작해 보거나 영유아와의 대화기법, 저염식단 조리실습 등의 활동으로 진행할 수 있다. 소규모 어린이집이나 특정 부모를 대상으로 한 주제일 경우, 어린이집에서 직접 진행하기보다 해당 지역의 육아종합지원센터에서 운영하는 부모교육 프로그램을 안내하거나 신청을 대행하는 방식으로 부모교육을 운영할 수 있다.

전국의 시·도 및 시·군·구 육아종합지원센터에서는 입문, 기본, 심화 과정의 부모교육 프로그램을 개설해 공통으로 운영하고 있다. 입문과정으로 '클로버 부모교육과 클로버 부모-자녀 체험활동', 기본과정으로 '존중받는 아이, 함께 크는 부모' '아동학대 0%, 가족행복 100%', 심화과정으로 '우리 집 놀이환경은?' '발견! 아이 강점, 키움! 가족놀이' '자녀 놀이에 어떻게 참여하나요?'를 개설해 행복한 부모역할을 지원하고 있다.

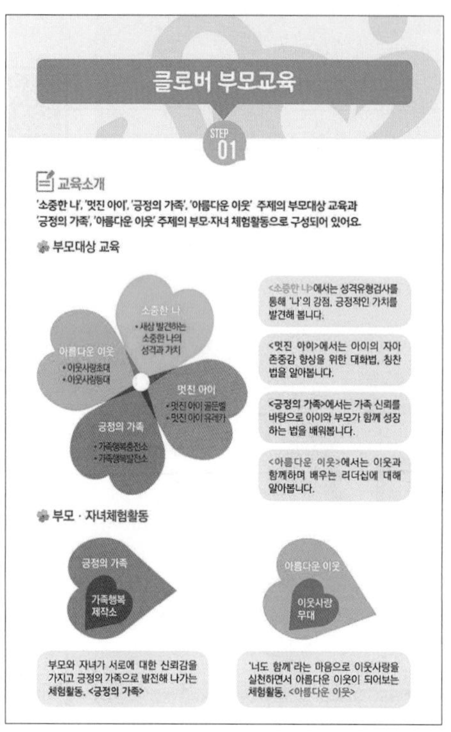

그림 11-15 클로버 부모교육

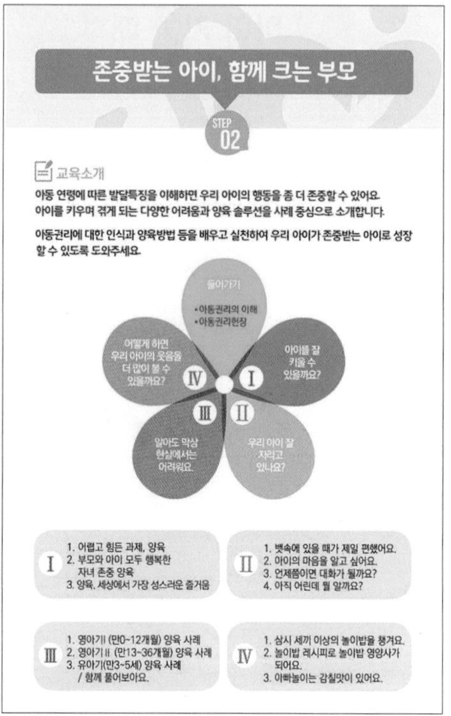

그림 11-16 존중받는 아이, 함께 크는 부모

출처: 중앙육아종합지원센터 홈페이지 (central.childcare.go.kr).

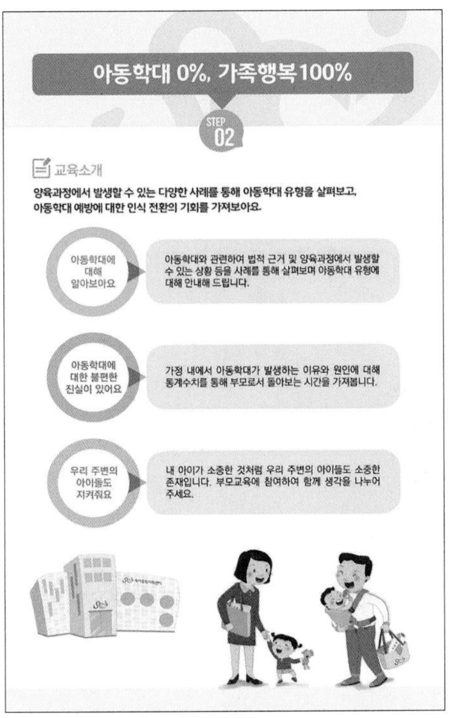

아동학대 0%, 가족행복100%

STEP 02

교육소개

양육과정에서 발생할 수 있는 다양한 사례를 통해 아동학대 유형을 살펴보고, 아동학대 예방에 대한 인식 전환의 기회를 가져보아요.

아동학대에 대해 알아보아요

아동학대와 관련하여 법적 근거 및 양육과정에서 발생할 수 있는 상황 등을 사례를 통해 살펴보며 아동학대 유형에 대해 안내해 드립니다.

아동학대에 대한 불편한 진실이 있어요

가정 내에서 아동학대가 발생하는 이유와 원인에 대해 통계수치를 통해 부모로서 돌아보는 시간을 가져봅니다.

우리 주변의 아이들도 지켜줘요

내 아이가 소중한 것처럼 우리 주변의 아이들도 소중한 존재입니다. 부모교육에 참여하여 함께 생각을 나누어 주세요.

그림 11-17 아동학대 0%, 가족행복 100%

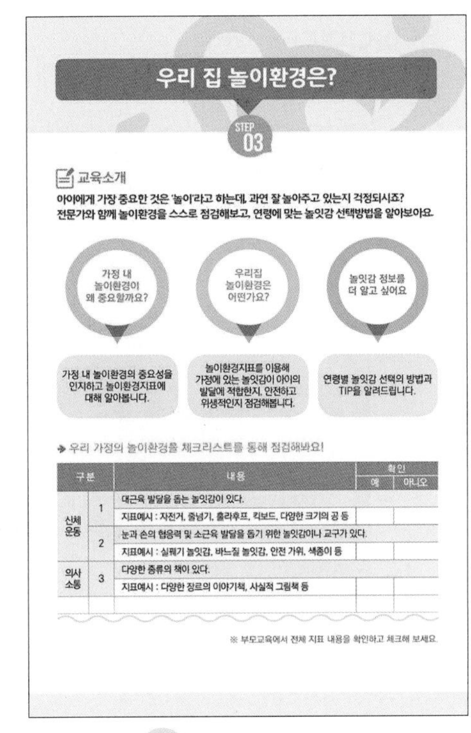

우리 집 놀이환경은?

STEP 03

교육소개

아이에게 가장 중요한 것은 '놀이'라고 하는데, 과연 잘 놀아주고 있는지 걱정되시죠? 전문가와 함께 놀이환경을 스스로 점검해보고, 연령에 맞는 놀잇감 선택방법을 알아보아요.

가정 내 놀이환경이 왜 중요할까요?

가정 내 놀이환경의 중요성을 인지하고 놀이환경지표에 대해 알아봅니다.

우리집 놀이환경은 어떤가요?

놀이환경지표를 이용해 가정에 있는 놀잇감이 아이의 발달에 적합한지, 안전하고 위생적인지 점검해봅니다.

놀잇감 정보를 더 알고 싶어요

연령별 놀잇감 선택의 방법과 TIP을 알려드립니다.

우리 가정의 놀이환경을 체크리스트를 통해 점검해봐요!

구분		내용	확인	
			예	아니오
신체 운동	1	대근육 발달을 돕는 놀잇감이 있다.		
		지표예시 : 자전거, 줄넘기, 훌라후프, 킥보드, 다양한 크기의 공 등		
	2	눈과 손의 협응력 및 소근육 발달을 돕기 위한 놀잇감이나 교구가 있다.		
		지표예시 : 실꿰기 놀잇감, 바느질 놀잇감, 안전 가위, 색종이 등		
의사 소통	3	다양한 종류의 책이 있다.		
		지표예시 : 다양한 장르의 이야기책, 사실적 그림책 등		

※ 부모교육에서 전체 지표 내용을 확인하고 체크해 보세요.

그림 11-18 우리 집 놀이환경은?

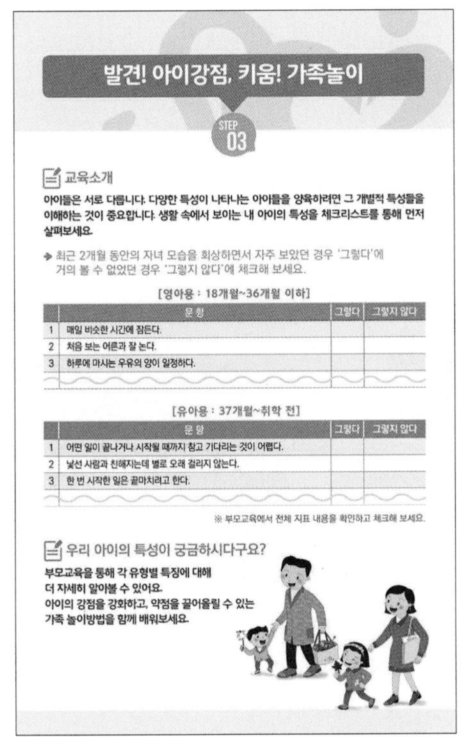

발견! 아이강점, 키움! 가족놀이

STEP 03

교육소개

아이들은 서로 다릅니다. 다양한 특성이 나타나는 아이들을 양육하려면 그 개별적 특성들을 이해하는 것이 중요합니다. 생활 속에서 보이는 내 아이의 특성을 체크리스트를 통해 먼저 살펴보세요.

최근 2개월 동안의 자녀 모습을 회상하면서 자주 보았던 경우 '그렇다'에 거의 볼 수 없었던 경우 '그렇지 않다'에 체크해 보세요.

[영아용 : 18개월~36개월 이하]

	문항	그렇다	그렇지 않다
1	매일 비슷한 시간에 잠든다.		
2	처음 보는 어른과 잘 논다.		
3	하루에 마시는 우유의 양이 일정하다.		

[유아용 : 37개월~취학 전]

	문항	그렇다	그렇지 않다
1	어떤 일이 끝나거나 시작될 때까지 참고 기다리는 것이 어렵다.		
2	낯선 사람과 친해지는데 별로 오래 걸리지 않는다.		
3	한 번 시작한 일은 끝마치려고 한다.		

※ 부모교육에서 전체 지표 내용을 확인하고 체크해 보세요.

우리 아이의 특성이 궁금하시다구요?

부모교육을 통해 각 유형별 특징에 대해 더 자세히 알아볼 수 있어요. 아이의 강점을 강화하고, 약점을 끌어올릴 수 있는 가족 놀이방법을 함께 배워보세요.

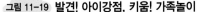

그림 11-19 발견! 아이강점, 키움! 가족놀이

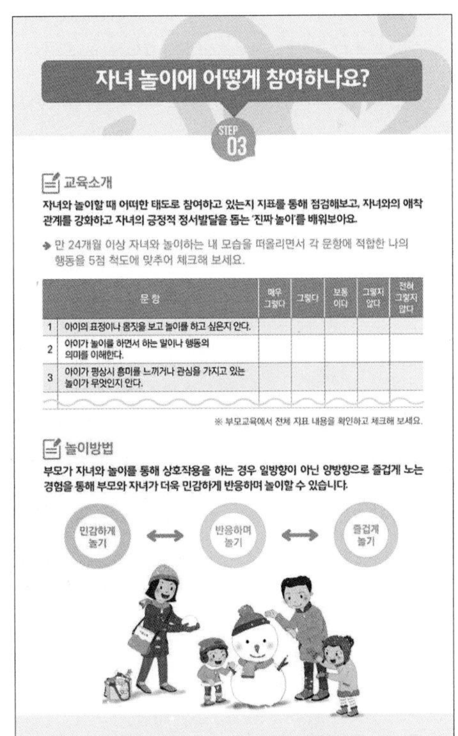

자녀 놀이에 어떻게 참여하나요?

STEP 03

교육소개

자녀와 놀이할 때 어떠한 태도로 참여하고 있는지 지표를 통해 점검해보고, 자녀와의 애착 관계를 강화하고 자녀의 긍정적 정서발달을 돕는 '진짜 놀이'를 배워보아요.

만 24개월 이상 자녀와 놀이하는 내 모습을 떠올리면서 각 문항에 적합한 나의 행동을 5점 척도에 맞추어 체크해 보세요.

	문항	매우 그렇다	그렇다	보통이다	그렇지 않다	전혀 그렇지 않다
1	아이의 표정이나 몸짓을 보고 놀이를 하고 싶은지 안다.					
2	아이가 놀이를 하면서 하는 말이나 행동의 의미를 이해한다.					
3	아이가 평상시 흥미를 느끼거나 관심을 가지고 있는 놀이가 무엇인지 안다.					

※ 부모교육에서 전체 지표 내용을 확인하고 체크해 보세요.

놀이방법

부모가 자녀와 놀이를 통해 상호작용을 하는 경우 일방향이 아닌 양방향으로 즐겁게 노는 경험을 통해 부모와 자녀가 더욱 민감하게 반응하며 놀이할 수 있습니다.

민감하게 놀기 ↔ 반응하며 놀기 ↔ 즐겁게 놀기

그림 11-20 자녀 놀이에 어떻게 참여하나요?

4) 부모면담

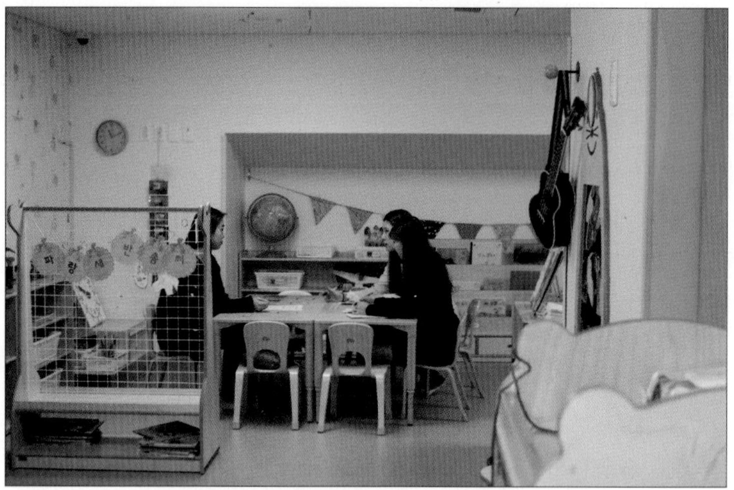

그림 11-21 개별면담을 하고 있는 담임교사와 부모

부모면담은 교사가 영유아의 부모를 연 2회 정도 개별적으로 만나 어린이집에서 관찰한 영유아의 일상생활과 발달 상황에 대해 부모에게 알려 주는 것을 목적으로 실시한다(김경희 외, 2016). 개별면담을 효율적으로 진행하기 위해서는 면담과 관련된 내용을 사전에 준비할 필요가 있다. 교사는 영유아의 부모에게 가정통신문 등을 통해 면담 일정을 공지하고, 부모가 신청한 면담시간을 고려하여 확정된 면담일시와 장소를 부모에게 다시 안내한다.

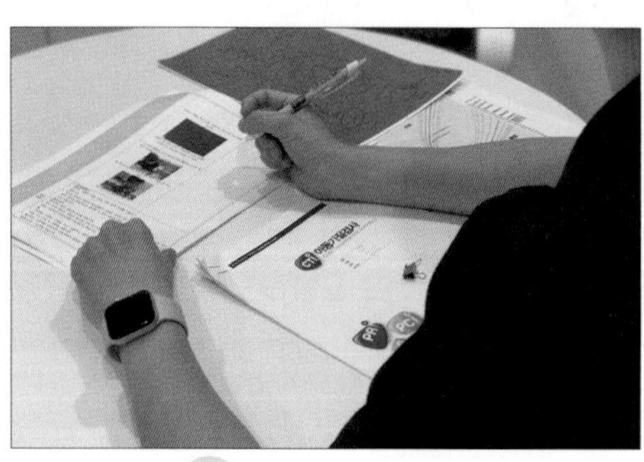

그림 11-22 부모면담 준비자료: 영유아의 발달기록, 관찰기록, 포트폴리오

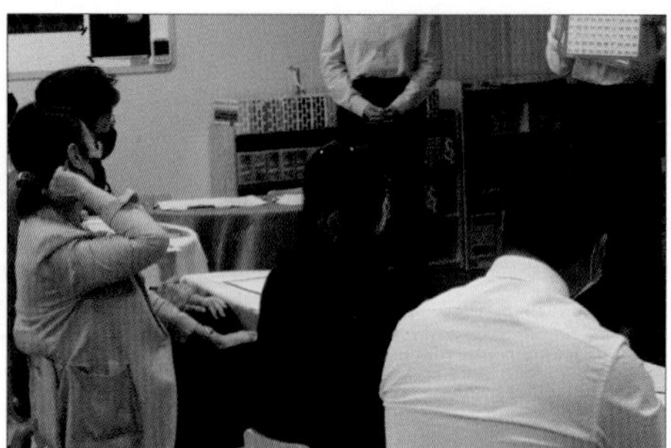

그림 11-23 발달과 교육을 주제로 집단면담을 하고 있는 교사와 3세반 부모님들

<표 11-1> 부모 개별면담 기록 양식 예시

<table>
<tr><td>영유아 이름</td><td colspan="2">○○○</td><td>영유아 생년월일</td><td>○○○○년 ○월 ○일(○○개월)</td></tr>
<tr><td>면담일</td><td colspan="2">○○○○. ○○. ○○.(○)
○○:○○~○○:○○</td><td>면담자</td><td>○○○</td></tr>
<tr><td>인사 진행</td><td colspan="4">• 간단한 인사
• 부모와 신뢰관계 형성
• 면담의 취지 및 소요시간(30분) 안내
1. 교사와의 애착형성과 하루 일과를 중심으로 새로운 반 적응 안내
2. 부모 사전설문지 답변/가정에서의 생활, 환경, 부모님 기대 듣기
3. 놀이 및 영역별 발달, 강점, 유아: 사회성, 영아: 기본생활습관 이야기
※ 면담준비자료: 관찰기록, 포트폴리오, 기질검사, 체격검사 등</td></tr>
<tr><td>개별가정 보육 지원</td><td colspan="4">• 부모와 어린이집에서 개별적으로 1년간 함께 지원할 교육 · 양육 내용 기록</td></tr>
<tr><td>전문가 및 지역 사회 연계</td><td colspan="4">• 도움이 필요한 분야의 육아서 또는 지역사회 자원 기록</td></tr>
<tr><td></td><td colspan="2">어린이집에서(교사의 답변과 질문)</td><td colspan="2">가정에서(부모의 의견과 질문)</td></tr>
<tr><td>부모 사전 설문지 답변</td><td colspan="2">※ 참고문헌도 함께 기록</td><td colspan="2"></td></tr>
<tr><td rowspan="6">놀이 및 발달</td><td>신체운동 · 건강</td><td>• 신장, 체중, BMI</td><td colspan="2">•</td></tr>
<tr><td>의사소통</td><td>•</td><td colspan="2">•</td></tr>
<tr><td>수 · 과학/인지</td><td>•</td><td colspan="2">•</td></tr>
<tr><td>사회관계/정서</td><td>• 기질검사 결과</td><td colspan="2">•</td></tr>
<tr><td>예술경험
음악/미술</td><td>•</td><td colspan="2">•</td></tr>
<tr><td>기본생활 습관</td><td>• 수면, 식습관, 배변</td><td colspan="2">•</td></tr>
<tr><td>기타</td><td colspan="4"></td></tr>
</table>

<표 11-2> **부모 개별면담 사전설문지 예시**

○○어린이집 부모면담을 위한 사전설문지

자녀의 '행복한 성장을 도울 수 있는 방법' 함께 찾아요!

• 일시: ○○○○년 ○○월 • 아동 성명: ○○○ • 반명: ○○반

안녕하십니까. 자녀의 어린이집 생활을 관찰, 종합하여 부모님과 육아에 대한 의견을 나누고자 합니다. 아이들의 행복한 성장을 도울 수 있는 방법을 함께 찾는 시간이 되길 바라며 아래의 내용을 구체적으로 기록하셔서 담임교사에게 제출해 주시기 바랍니다.

구분	내용
궁금한 어린이집 생활? 면담 시 나누고 싶은 주된 주제는?	
최근 가정에서 양육 시 좀 더 신경을 쓰는 부분은? 부모의 양육태도는?	
최근 변화된 자녀의 긍정적 모습은?	
최근 어린이집(교사)에서 좋다고 생각되는 부분은? (또는 아이가 좋아하는 것)	• 보육과정, 환경, 행사, 지역사회 연계(유아: 현장학습/특별활동), 안전교육 • 일상적 양육과 보호, 애착, 존중, 친절, 알림장, 아뜰리에, 등 · 하원 등
자녀의 타고난 재능(강점/흥미)은? ('잘한다고 생각한 장면'을 구체적으로 기록해 주세요.)	• 춤/운동 • 듣기 말하기/읽기 쓰기/책 즐기기 • 블록(공간), 미술 • 자기 이야기 • 자연물 탐색(곤충/동식물/광물) • 음악, 아름다움 인식 • 순서/수/대칭/비교/크기/기계(수학/논리) • 부모/또래(사회성)
자녀의 성격(기질)은? (기질을 나타내는 장면을 구체적으로 기록해 주세요.)	
최근 양육환경의 변화? 필요한 부모교육 또는 정보? (기타 건의 사항을 기록해 주세요.)	

5) 알림장 및 가정통신문

<표 11-3> **알림장**

년 월 일 요일

가정에서			어린이집에서		
원아 상태	기분	좋음 / 보통 / 나쁨 (이유:)	원아 상태	기분	좋음 / 보통 / 나쁨 (이유:)
	건강	좋음 / 보통 / 나쁨 (이유:)		건강	좋음 / 보통 / 나쁨 (이유:)
	체온	열이 있음(℃) / 없음		체온	열이 있음(℃) / 없음
식사	저녁		식사	간식	
	간식			점심	
	아침			간식	
배변	저녁	안 했음 / 했음 (딱딱함 / 보통 / 설사)	배변	오전	안 했음 / 했음 (딱딱함 / 보통 / 설사)
	아침	안 했음 / 했음 (딱딱함 / 보통 / 설사)		오후	안 했음 / 했음 (딱딱함 / 보통 / 설사)
수면	○○시 ○○분부터 ○○시 ○○분까지		수면	○○시 ○○분부터 ○○시 ○○분까지	
투약 의뢰	약의 종류		투약 결과	약의 용량	
	약의 보관법				
	약의 용량			투약 시간	
	투약 시간/횟수				
	의뢰자	(인)		투약자 확인	(인)
전달 내용			전달 내용		

출처: 보건복지부, 한국보육진흥원(2017c).

부모참여 유형 중 알림장은 어린이집의 하루 일과에서 개별 영유아와 관련된 주요 내용을 알림장에 간략하게 작성하여 부모에게 전달하고, 부모는 알림장의 내용을 확인 후 가정에서의 상황을 다시 작성하여 교사에게 전달하는 방식이다(성미영 외, 2017; 이순형 외, 2012). 알림장을 통해 교사는 영유아가 가정에서 어떻게 생활했는지를, 반대로 부모는 영유아가 어린이집에서 어떻게 생활했는지를 확인할 수 있으며, 가장 짧은 주기로 정보를 교환할 수 있는 방법인 알림장은 매일 또는 주 3~4회 정도 기록한다.

앱의 알림장

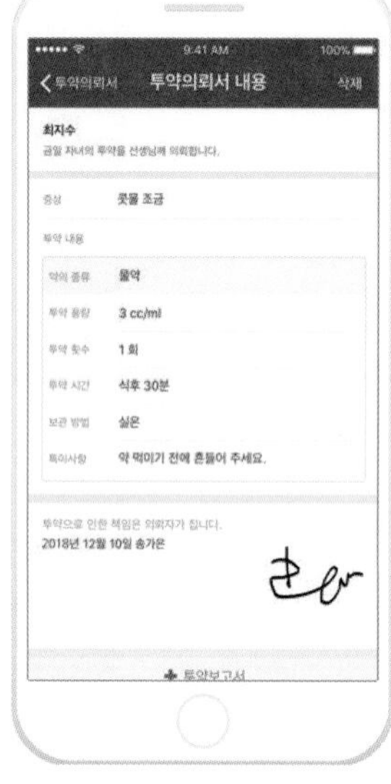

앱의 투약의뢰와 보고

앱의 활동사진

그림 11-24 어린이집 알림장: 온라인 앱(키즈노트)

출처: 키즈노트 홈페이지(www.kidsnote.com/).

최근에는 종이에 수기로 작성하던 알림장을 온라인 앱으로 대체해 사용하는 어린이집이 증가하였다. 온라인 앱 알림장은 기록 내용을 부모가 실시간으로 확인할 수 있고, 사진이나 영상 등 이미지 파일 전달이 용이하며, 투약의뢰 및 보고, 출결관리, 승하차 알림 등 부모와 어린이집 모두 편리하게 사용할 수 있다. 사진관리, 신체계측, 관찰기록 등의 기능이 추가되면서 앨범 제작, 성장 모니터링, 응급상황 발생 시 지원기관 연결과 같은 육아지원까지 가능하다.

가정통신문

학부모님께

따스한 봄을 맞이하여 인사 드립니다.
우리 어린이집에서는 부모님들의 자녀 양육을 돕고자 가능한 시간을 서로 의논하여 어린이집을 개방하고 있습니다. 이를 통해 영유아가 어린이집에서 경험하는 하루 일과를 지켜보거나 활동의 일부를 자녀와 함께할 수 있도록 기회를 제공하고자 합니다. 자녀와 함께하는 보육경험은 자녀의 행동 및 어린이집을 이해하는 데 도움이 될 것입니다.

1) (월간 또는 주간) 보육계획안
2) 식단표
3) 어린이집의 중요 행사
4) 공지사항(예시)
- 필수예방접종 및 건강검진 안내
- 신체계측 실시방법 및 결과통보 방법
- 부모면담 실시 안내
- 아동권리 존중 안내(가정에서의 실천방안)
- 식중독 예방 및 식품 알레르기 관련 안내
- 감염병 발생 시 공지 및 대처방안 안내
- 운영위원회 회의 개최 및 회의 내용 안내
- 부모교육 자료
- 계절 및 날씨 관련 안전수칙, 교직원 근무현황 등
- 지역사회 관련 정보 및 행사
- 기타 가정연계활동

년 월 일
○○어린이집

그림 11-25 가정통신문 예시

출처: 보건복지부, 한국보육진흥원(2017c).

그림 11-26 가정연계활동 안내: 딱지치기 대회

그림 11-27 가정연계활동 안내: 알뜰시장

그림 11-28 어린이집 중요 행사 안내: 졸업식

가정통신문은 부모와 소통하는 가장 기본적인 방법으로 교육프로그램 일정, 어린이집 행사 일정, 현장학습, 특별활동, 가정연계활동 준비물 등 공지사항을 부모에게 안내장 형태로 배부하는 문서이다(박찬옥 외, 2016). 하원 시 영유아의 가방에 넣어 두거나 부모용 게시판에 게시함으로써 부모가 가정통신문을 확인할 수 있도록 한다. 가정통신문은 어린이집에 따라 형식이나 발송 주기에 차이가 있으나, 반별 활동 내용을 가장 실제적으로 전달해 주는 수단이다.

6) 어린이집 운영위원회

그림 11-29 **부모, 교사, 원장, 지역사회 대표가 참석한 어린이집 운영위원회**

어린이집 원장은 어린이집 운영의 자율성과 투명성을 높이고 지역사회와의 연계를 강화하여 지역실정과 특성에 맞는 보육을 실시하기 위해 협동어린이집을 제외한 모든 어린이집에서 어린이집 운영위원회를 설치 · 운영해야 한다(「영유아보육법」 제25조, 시행령 제21조의2, 시행규칙 제26조). 어린이집 운영위원회는 어린이집 원장, 보육교사 대표, 학부모 대표 및 지역사회 인사(직장어린이집의 경우에는 직장의 어린이집 업무담당자)를 포함한 5인 이상 15인 이내로 구성하고, 학부모 대표가 2분의 1 이상이 되어야 한다. 운영위원회 회의는 분기별 1회 이상 개최하고, 전체 학부모를 대상으로 공개하는 것을 원칙으로 하며, 아동학대 예방 등의 사유로 학부모 대표, 지역사회 인사가 요구할 경우 수시 개최가 가능하다.

어린이집 운영위원회 기능

① 어린이집 운영규정 재 · 개정 ② 어린이집의 예산 및 결산의 보고 ③ 영유아의 건강 · 영양(급식 위탁업체 선정 등), 안전 및 아동학대예방 ④ 보육시간 · 보육과정의 운영방법 등 어린이집 운영 ⑤ 보육교직원의 근무환경 개선 ⑥ 어린이집과 지역사회의 협력 ⑦ 보육교사 권익 보호 ⑧ 필요경비 수납액 결정에 관한 사항 ⑨ 부모모니터링단의 모니터링 결과 등 어린이집 운영에 대한 제안 및 건의사항을 심의

2. 지역사회 연계

어린이집은 지역사회에 위치한 하나의 기관이자, 그 지역사회의 영유아를 보육하는 장소이면서 영유아, 부모, 지역사회의 인적, 물적 자원이 함께 모일 수 있는 센터로서의 역할도 담당한다. 영유아가 전인 아동으로 성장하기 위해서는 한 어린이집의 제한된 인적, 물적 자원만으로는 한계가 있다. 사회적 돌봄에 해당하는 어린이집은 영유아에게 사회적인 관계를 형성하고 유지하는 경험을 제공해 주어야 한다. 지역사회 속에서 다양한 사람, 다양한 기관과 교류함으로써 영유아가 자신의 주변 환경에 대해 이해하고 소통할 수 있는 지식, 기술, 태도를 형성하도록 도와야 한다. 구체적으로 영아는 2개월에 1회, 유아는 매월 1회 이상과 같이 지역사회 연계활동의 횟수를 결정할 경우 영유아의 발달특성을 고려해 실행한다.

1) 지역사회 인적 자원과의 연계

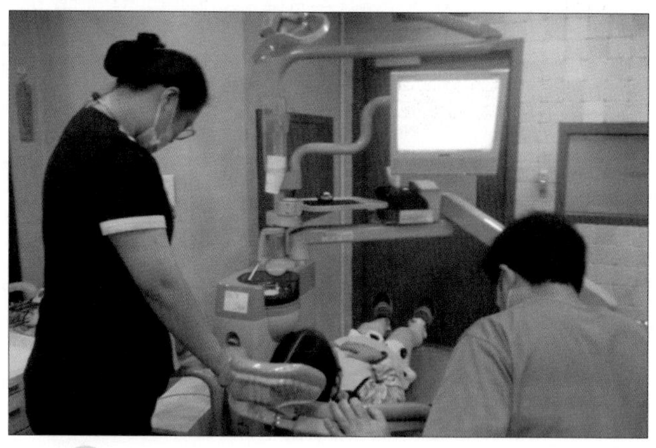

그림 11-30 어린이집 건강주치의: 치아 건강검진과 치아관리 교육

지역사회 인적 자원과의 연계 방법으로는 도서관이나 장난감도서관과 연계하여 책이나 놀잇감을 대여하는 활동, 인근 노인정이나 시니어타운과 연계하여 할아버지, 할머니와 함께하는 활동, 건강주치의제도와 같이 의료진과 연계하는 활동 등을 대표적으로 들 수 있다(이경희, 정정옥, 2014).

어린이집 건강주치의제도

영유아의 건강증진 도모를 목적으로 지역사회 보건소와 의료기관의 재능기부를 활용하여 질환 조기발견, 질병 예방교육, 예방접종 및 정기 건강검진 등을 실시하는 제도이다(보건복지부, 2023). 지방자치단체에서는 지역의사회 등 의료단체와 긴밀히 협의하여 주치의제도에 참여할 의료기관 파악 및 관련정보 제공 등 의료기관-어린이집 간 협약체결을 지원하고 독려한다.

그림 11-31 우리 동네를 순찰 중인 경찰관과 인사 나누기

이 외에도 경찰관, 소방관, 상점의 주인이나 직원 등 여러 유형의 인적 자원은 우리 이웃, 안전, 동물 등 다양한 주제의 교육활동과 연계할 수 있는 인적 자원이다. 또한 어린이집 운영위원회 위원으로 지역사회의 인적 자원을 위촉해 다양한 지원을 받을 수 있다.

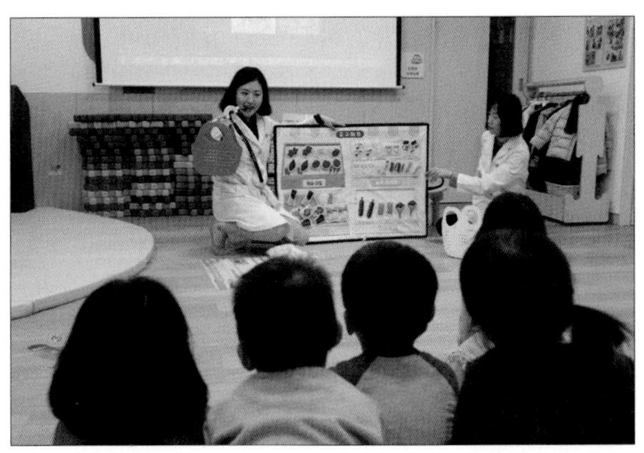

그림 11-32 지역 어린이급식관리지원센터 영양사와 함께하는 식생활 교육

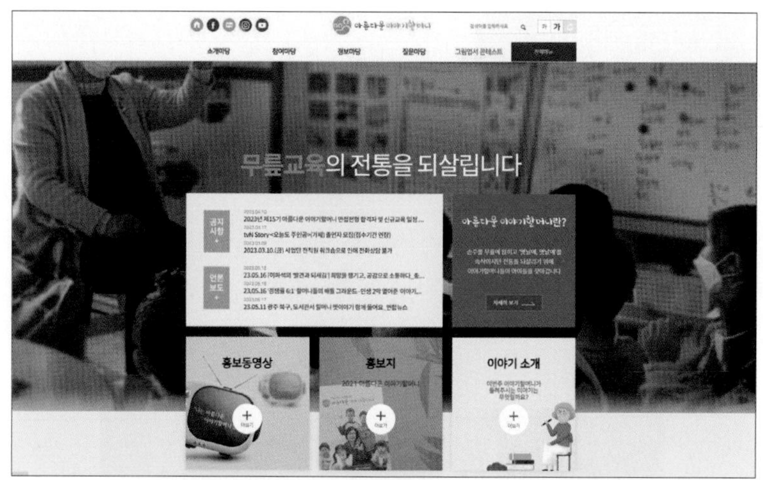

그림 11-33 문화체육관광부 이야기할머니 사업 소개 화면(www.storymama.kr)

그림 11-34 문화체육관광부 이야기할머니 교육 활동

지역사회의 육아종합지원센터, 어린이급식관리지원센터, 문화체육관광부에서 상시적으로 운영하는 상담사, 영양사, 이야기할머니 등의 지역사회 인적 자원을 연계할 수 있다. 예를 들어, 서울시 육아종합지원센터에서는 상담사가 영유아의 발달검사와 부모상담을 통해 지역사회의 다양한 재능기부자를 발굴하여 나눔문화 확산에 기여하고, 이를 보육 자원으로 활용하여 영유아에게 다양한 분야의 경험과 체험의 기회를 제공하고자 '재능기부 활용 어린이집 사업'을 운영하고 있다(성미영 외, 2017).

그림 11-35 지역사회 기관의 경비원 아저씨께 인사하기

그림 11-36 붕어빵 할아버지와 이야기 나누기

그림 11-37 탈인형 학생 자원봉사자

이 외에도 학부모, 인근 지역 주민, 아동 관련 학과 대학생들 역시 어린이집에 도움을 줄 수 있다. 어린이집의 영유아가 지역사회 주민들과 다양하게 접촉하는 것은 영유아의 대인관계 경험에 직접적인 영향을 미친다. 이웃과 함께하며 느꼈던 즐거움, 일상적으로 주고받았던 도움, 자연스럽게 나누었던 인사가 영유아를 미래의 민주시민으로 성장시킬 것이다.

2) 지역사회 기관 자원과의 연계

그림 11-38 지역사회 역사시설: 고궁

그림 11-39 지역사회 역사시설: 하천

그림 11-40 지역사회 공공기관: 경찰서

그림 11-41 지역사회 공공기관: 도서관

지역사회 기관과의 연계 및 보육프로그램, 그리고 지역사회의 아동발달전문가 정보 등의 내용은 신입원아 오리엔테이션 시 안내한다. 지역사회 기관과의 연계에 대한 구체적인 사항은 다음과 같다(이경희, 정정옥, 2014).

- 현장학습을 위해 공공건물이나 시설을 활용한다.
- 공공기관과 연계하여 영유아에게 필요한 서비스를 제공한다.
- 지역사회와의 소통을 위해 어린이집을 개방한다.
- 참관 및 견학, 실습을 통해 대학생이 어린이집의 실제를 이해하도록 돕는다.

그림 11-42 지역사회 공공 어린이놀이터

그림 11-43 개천에 흐르는 물 그림 11-44 공원에 쌓인 가을 낙엽 그림 11-45 광장에 쌓인 겨울 눈

어린이집과 지역사회 기관과의 연계 사례로 교육주제 또는 교육활동과 기관 자원의 연계를 들 수 있다. 어린이집이 위치한 지역별로 특색을 갖춘 각종 보육자원을 발굴해 사전 또는 사후 교육활동과 연계함으로써 영유아가 어린이집이라는 한정된 공간에서 벗어나 다양한 외부 경험과 학습의 기회를 가질 수 있다.

그림 11-46 교육활동 연계: 우리 작품도 미술관처럼 전시하기 사전활동

그림 11-47 교육활동 연계: 내가 좋아하는 것 찾기

그림 11-48 교육활동 연계: 봄꽃 사서 기르기

그림 11-49 교육활동 연계: 교통기관의 연료 알아보기

그림 11-50 교육활동 연계: 교통기관 정류소 알아보기

서울시 육아종합지원센터에서는 육아와 관련된 인적, 물적 자원을 서로 연계하고 관리하여 양육자에게 원-스톱으로 육아서비스를 제공하는 '우리동네 보육반장 사업'을 진행한다. 자녀를 양육하는 데 도움을 주는 병원, 복지관, 상담소, 도서관, 박물관, 영유아 놀이프로그램 등은 모두 영유아발달에 중요한 우리 동네 자원들이다. 이 외에도 다양한 자원검색 시스템을 활용하여 어린이집과 지역사회의 연계방안을 적극적으로 모색해 볼 수 있다(성미영 외, 2017).

그림 11-51 서울시 우리동네키움포털 육아 지원 코디네이터와 함께하는 지역사회 정보

출처: 우리동네키움포털(icare.seoul.go.kr).

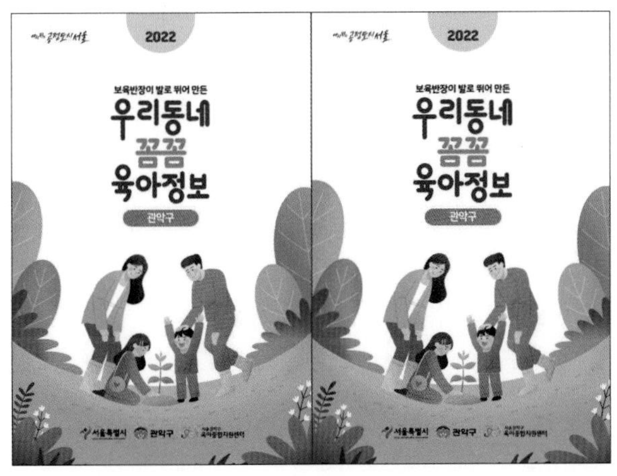

그림 11-52 서울시 육아종합지원센터 보육반장이 만든 우리동네 시군구 꼼꼼 육아정보

3) 지역사회 자원관리

어린이집은 지역사회와 유기적인 관계를 확대시키기 위해 지역 내 어떤 인적자원과 기관 자원이 있는지, 언제 어떻게 영유아들이 이러한 자원을 이용할 수 있는지를 정기적으로 조사해 그 목록을 관리할 필요가 있다. 한 학기 동안 이용했던 5~6개 정도의 자원을 학기별로 '자원조사서'에 정리하고, 매 학기마다 평가를 반영해 세부 정보를 업데이트하면 실제 가용할 수 있는 자원 목록을 확대시킬 수 있다.

<표 11-4> **어린이집 지역사회 자원 목록 예시**

활동내용	구분	기관 자원	인적 자원	활동명
지역사회 환경을 알고 이해할 수 있는 기관, 가게 방문 활동	공공기관	경찰서, 파출소	경찰관	지문 등록 경찰 물건 만져 보기
		소방서	소방관	소방차 타 보기, 불 끄는 방법 시연
		병원/보건소	의사, 간호사	
		도서관/장난감도서관	사서	책/장난감 대여
		교통기관 역사	역무원	지하철, 2층 버스 타기
		우체국	직원	우표 사서 편지 부치기
		박물관/미술관	큐레이터	전시품 관람
		동물원/식물원	조련사	동식물 관람 및 체험
		공원/공공놀이터		뛰기, 게임, 탐색 등
	가게 업체	동물병원	수의사	동물 돌보는 방법
		세탁소, 미용실	직원, 사장님	서비스 이용하기
		빵, 떡, 아이스크림, 가게		물건 구입하기
		서점, 꽃, 장난감 가게		공연, 영화 관람
		공연장, 영화관		인터뷰
해당 지역에만 있는 환경 활동	자연환경	해변, 바다		모래, 파도놀이
		산		나무, 생태 활동
		동굴		동굴 체험
지역사회 기관의 프로그램 참여 활동	공공기관 법인기관	육아종합지원센터 가족센터		부모교육
		복지관/아름다운가게		나눔장터
		구세군 자선냄비		기부
		굿네이버스		성폭력예방 인형극
		보건소		연도별 사업
특별한 도움이 필요한 영유아와 가족 자원	공공기관 법인기관	드림스타드/위스타트 가족센터	저소득가정 영유아	
		아동보호전문기관	학대 영유아	
		장애인복지관	발달문제, 장애영유아	

서울역전우체국

구분	내용
자원명	서울역전우체국
자원유형	공공기관
최종 업데이트일	○○○○년 ○○월 ○○일
조사 교사명	이○○
전화번호	02-○○○-○○○○
홈페이지	www.koreapost.go.kr/se/100
주소	서울특별시 중구 봉래동2가 123
연계활동 내용	** 우체국 둘러보기 *** 우체국에서 하는 일에 대해 질문하기 *** 우표 구매 후 편지 보내기 (평가가 좋으면 별(*) 3개 표기)
자원연계활동 사진	
어린이집에서 가는 길(도보)	어린이집에서 유아 도보로 약 10분 서울역 지하철 2번 출구 앞길
안전 점검사항	오르막과 내리막이 있음 신호등이 있는 2차선 건널목이 2번 있음

그림 11-53 ○○어린이집 지역사회 자원조사서

12 장

보육평가

Introduction to Child Care & Education

어린이집의 시설설비, 교직원, 프로그램, 영유아의 발달수준 등이 어느 정도인지에 대한 평가는 보육의 질적 수준을 확보하기 위해 중요한 요인이다. 이 장에서는 보육평가의 필요성과 목적에 근거하여 보육평가의 대상을 영유아, 보육교직원, 보육프로그램으로 구분하여 살펴보고, 어린이집 평가제에 대해 구체적으로 알아본다.

억제력 강함
금지된 행동이나 위험한 행동을
자제하는 지시에 잘 따르는 것

그림 12-1 영유아 평가: 개별 영유아의 놀이와 발달 평가 예시

그림 12-2 보육교사 평가: 보육교사의 놀이성 자기평가 예시

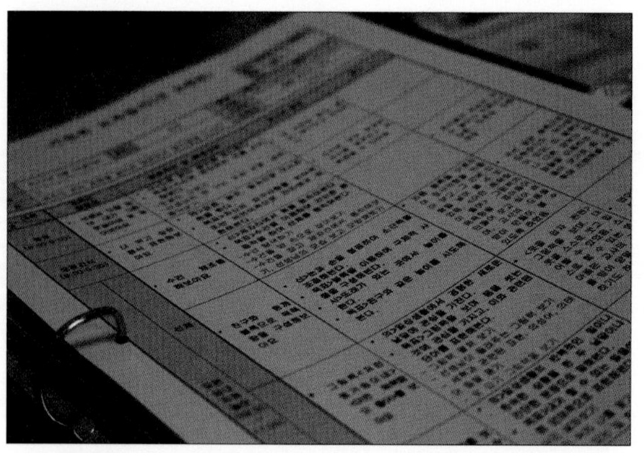

그림 12-3 보육과정 평가: 일일보육계획안 기록 예시

그림 12-4 기관 평가: 어린이집 평가제

1. 보육평가의 필요성과 목적

1) 보육평가의 필요성

보육평가는 양질의 보육서비스를 제공하기 위한 근거로 전반적인 보육활동과정이 적절한지 판단하기 위해 필요한 정보를 수집하고 처리하는 과정이다. 이는 영유아발달이 균형적으로 이루어졌는지, 영유아의 전인발달을 돕기 위한 보육환경과 보육과정이나 프로그램이 어느 정도 실현되고 달성되었는지, 그 수행방법 및 수준이 영유아에게 적절한지 등을 알아보는 과정이라고 할 수 있다. 보육의 질적 향상을 도모하기 위해서는 반드시 보육평가가 실시되어야 한다.

우리나라는 「영유아보육법」이 제정된 1990년대 초반 이후부터 2004년 「영유아보육법」 전면 개정 이전까지는 늘어나는 영유아보육 수요를 충족하기 위해 어린이집의 양적 확충에 초점을 두었다. 그 결과, 어린이집은 양적으로 급속히 팽창하였으나 질적 성장은 이에 미치지 못하였다. 어린이집이 질적 측면에서 부실하다고 평가되는 이유로는 민간시설에 대한 지나친 의존, 어린이집에 대한 신뢰할 수 있고 타당한 평가방법의 부재, 유아교육에 비해 상대적으로 짧은 역사 그리고 어린이집의 평가 기피 및 어린이집 관리기관의 체계적이며 세밀한 지도 · 감독 개입 미비 등을 들 수 있다(서문희, 이상헌, 임유경, 2000). 또한 상대적으로 시설설비 설치 및 교직원 자격기준이 미흡하였으며, 1998년부터 2004년까지 인가제가 아닌 신고제로 어린이집이 설치되어 보육서비스의 질이 제대로 관리되지 못하였다.

점차 어린이집이 영유아에게 질 높은 보육서비스를 제공하고 있는지에 대한 우려가 제기되었고, 국가 차원에서도 질적으로 우수한 보육서비스를 제공하는 것이 중요한 과제가 되었다. 이러한 문제를 해결하고자 2004년 보건복지부에서 평가인증제를 통해 질 관리를 실시한다고 발표하였고, 2005년 어린이집 평가인증제도가 도입되어 질적 성장을 위한 국가 차원의 개입이 진행되었다. 이후 2019년 6월부터 모든 어린이집을 대상으로 하는 의무평가제가 도입되었다.

2) 보육평가의 목적

보육평가의 목적은 부모와 영유아에게 제공되는 교육적 경험과 다양한 서비스의 질을 개선하고 각 연령별 프로그램의 목표성취 여부를 평정하는 것이다(이순형 외, 2013). 어린이집이 위치한 환경이 영유아 보육에 적합한지, 실내외 공간 구성이나 시설설비가 영유아의 발달에 유용하고 프로그램이 그들의 전인적 발달을 도모할 수 있도록 수립 · 운영되고 있는지, 교사의 행동과 역할이 적절한지, 부모교육이 잘 이루어지고 있는지의 여부를 수시로 또는 정기적으로 분석 · 측정하고, 만일 그 성과가 기대되는 수준에 미치지 못할 경우에는 이를 개선 · 보완함으로써 보육의 질을 높여 가는 것이 보육평가의 목적이라고 할 수 있다.

2. 보육평가 대상별 평가방법

보육평가의 대상은 크게 보육대상인 영유아 평가, 보육교직원 평가, 보육프로그램 평가 그리고 어린이집 평가로 구분할 수 있다. 여기서는 어린이집을 제외한 각각의 평가대상에 대한 평가요소와 내용 및 구체적인 평가방법을 알아본다.

1) 영유아 평가

어린이집의 보육대상인 영유아 평가가 필요한 이유는 다음과 같다(김경희 외, 2016; 조성연 외, 2006). 첫째, 영유아가 어린이집에 입소하기 전에 이들의 현재 발달상태나 특성에 대한 정보를 얻기 위해 진단평가를 실시한다. 간단한 부모용 가정환경검사를 통해 영유아의 질병상태, 연령에 적합한 예방접종 유무, 식품 알레르기 유무와 종류, 좋아하는 놀이, 영유아와 관련된 인적 · 물적 환경 등을 조사한다. 둘째, 어린이집에서 영유아가 교사나 다른 영유아들과 상호작용하는 동안 놀이와 활동, 개인의 특성, 발달상황을 수시로 평가한다. 수집한 평가자료는 영유아의 활동과 놀이지도, 개별 보육프로그램의 기초자료 및 부모면담 자료로 활용한다. 셋째, 영유아의 학교준비도, 지능, 또래관계 등을 표준화 검사도구를 이용하여 객관적이고 타당하게 측정한다. 지속적이고 체계적인 평가를 통해 수집한 자료는 부모에게 영유아의 발달상황을 객관적으로 전달해 자녀양육에 도움을 제공한다.

보육현장에서 활용되는 영유아 평가방법은 부모면담과 입소서류, 관찰, 포트폴리오 등을 포함하는 직접적 자료수집 방법과 표준화검사도구를 이용한 평가방법으로 구분된다(이순형 외, 2013).

(1) 부모면담과 입소서류

교사는 부모와의 면담과 입소서류를 통해 영유아에 대한 다양한 정보를 수집할 수 있다. 특히 영유아의 욕구, 홍미, 습관, 성격, 선호에 관한 정보는 개별 영유아를 이해하는 데 중요한 자료가 된다. 이를 통해 개별 영유아에게 민감하게 반응하고 영유아를 지도할 수 있다.

영유아의 등원 및 귀가 시 또는 전화 연락을 통해 부모면담이 수시로 이루어질 수 있으며, 부모와 교사 간에 일대일로 이루어지는 개별면담을 통해 개별 영유아의 기본생활습관에 대한 정보를 얻을 수 있고, 집단면담을 통해서는 영유아의 문제행동을 함께 의논하면서 부모들의 공감대가 형성되어 문제행동을 해결하기 위한 공동의 노력을 이끌어 낼 수 있다(이순형 외, 2012).

어린이집 입소서류인 생활기록부를 통해 영유아의 기본적 사항을 파악할 수 있을 뿐만 아니라 어린이집에서 발생할 수 있는 어려움을 사전 예방하거나 문제를 해결하는 데 도움을 받을 수 있다. 생활기록부를 통해 영유아의 출생, 성장발달 상태, 과거 병력, 예방접종, 수유 및 이유의 방법과 양, 식사와 간식습관, 배변 및 수면, 기타 기본 생활습관 등을 파악하고, 그 밖에 어린이집 자체적으로 자녀를 어린이집에 보내게 된 동기, 보육프로그램에서 중요하다고 생각하는 점, 특별한 요구사항, 자녀 양육관 및 가치관 등을 조사할 수 있다.

<표 12-1> **부모동의 및 조사서 제3항 식품 알레르기 여부 및 대체식품 조사 양식**

3. 식품 알레르기 조사
어린이집 급·간식 제공 시 식품 알레르기가 있을 경우, 영유아의 건강에 심각한 문제가 발생할 수 있습니다. 식품에 대한 알레르기 반응이 있을 경우, 해당식품과 대체가능 식품을 알려 주시기 바랍니다.

식품 알레르기 여부	알레르기 유발 식품	알레르기 증상	대체가능 식품

※ 알레르기를 유발하는 대표적인 식품(예): 난류, 우유, 메밀, 땅콩, 대두, 밀, 고등어, 게, 새우, 돼지고기, 복숭아, 토마토, 아황산염 등

※ 현재 식품 알레르기 증상이 없으나 이후 증상이 발생 할 경우, 반드시 어린이집으로 관련 내용을 알려 주시기 바랍니다.

출처: 보건복지부(2023).

생 활 기 록 부(영아)

1. 인적사항

어린이집명					
아동	이 름	(한글) (한자)	성 별	남·여	사진 (3×4㎝)
	생년월일		입·퇴소일	입소 퇴소	
	주 소		혈 액 형		
보호자	아동과의 관 계	부	모	기 타	
	이 름				
	전화번호				

2. 기본생활습관 및 발달상황

영역	연령	0세	1세	2세
기본생활습관	수 면			
	배 변			
	식 사			
활동발달	신체운동			
	사회관계			
	의사소통			
	자연탐구			
	예술경험			

3. 출결상황

구분 \ 연령	0세	1세	2세
보육일수			
결석일수			
의 견			

그림 12-5 생활기록부의 수면, 배변, 식사 등 생활습관

출처: 보건복지부(2023).

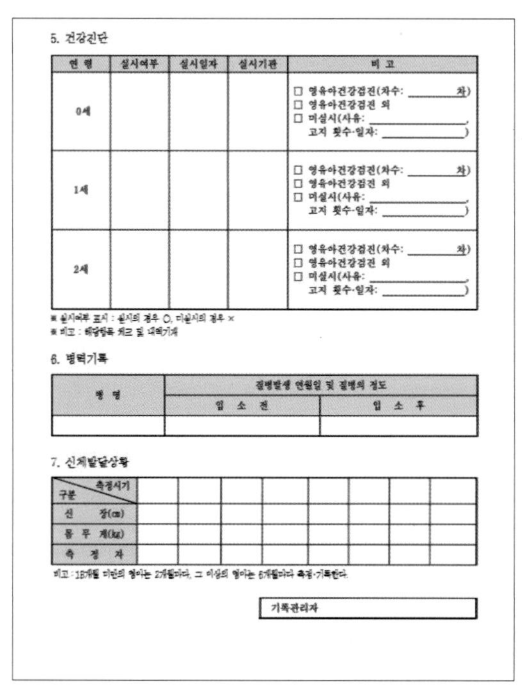

5. 건강진단

연 령	실시여부	실시일자	실시기관	비 고
0세				□ 영유아건강검진(차수: ______ 차) □ 영유아건강검진 외 □ 미실시(사유: ______, 고지 횟수·일자: ______)
1세				□ 영유아건강검진(차수: ______ 차) □ 영유아건강검진 외 □ 미실시(사유: ______, 고지 횟수·일자: ______)
2세				□ 영유아건강검진(차수: ______ 차) □ 영유아건강검진 외 □ 미실시(사유: ______, 고지 횟수·일자: ______)

※ 실시여부 표시 : 실시의 경우 ○, 미실시의 경우 ×
※ 비고 : 해당항목 체크 및 내역기재

6. 병력기록

병 명	질병발생 연월일 및 질병의 정도	
	입 소 전	입 소 후

7. 신체발달상황

구분 \ 측정시기								
신 장(㎝)								
몸 무 게(㎏)								
측 정 자								

비고 : 18개월 미만의 영아는 2개월마다, 그 이상의 영아는 6개월마다 측정·기록한다.

기록관리자

그림 12-6 생활기록부의 병력기록, 신체발달상황과 건강진단

출처: 보건복지부(2023).

(2) 관찰

언어능력이 발달 중인 영유아를 평가할 때는 직접적이고 지속적인 관찰방법이 적합하며, 관찰은 현장 상황에서 가장 보편적으로 사용되는 방법이다. 영유아에 대한 관찰은 다음과 같은 절차를 통해 실시한다. 첫째, 관찰하고자 하는 행동영역을 먼저 정한 후 그에 따라 직접 관찰할 수 있는 하위행동을 결정한다. 둘째, 특정한 행동이나 활동에 대한 정보를 기록하기 위한 관찰 양식을 준비한다. 셋째, 영유아를 관찰할 시간과 장소, 관찰기록방법을 결정하여 관찰한다. 관찰한 내용의 기록방법에는 시간표집법, 일화기록법, 사건표집법, 행동목록법, 평정척도법 등이 있다.

① 시간표집법

시간표집법은 정해진 시간 안에 관찰하고자 하는 행동이 얼마나 자주 일어나는지 기록하여 영유아의 행동 발달을 관찰하고 기록하는 방법으로, 관찰행동이 얼마나 자주 일어나는지 발생 빈도를 정확하게 측정할 수 있다(성미영, 전가일, 정현심, 김유미, 정하나, 2021; 안선희 외, 2015).

② 일화기록법

일화기록법은 시간이나 장소에 구애받지 않고 아동의 특정 행동이나 사건에 초점을 맞추어 이를 사실적으로 기록하는 방법이다. 보육현장에서 아동의 문제행동을 파악하는 데 도움이 되고, 실시가 용이하여 가장 많이 사용되고 있는 관찰방법이다(성미영 외, 2021).

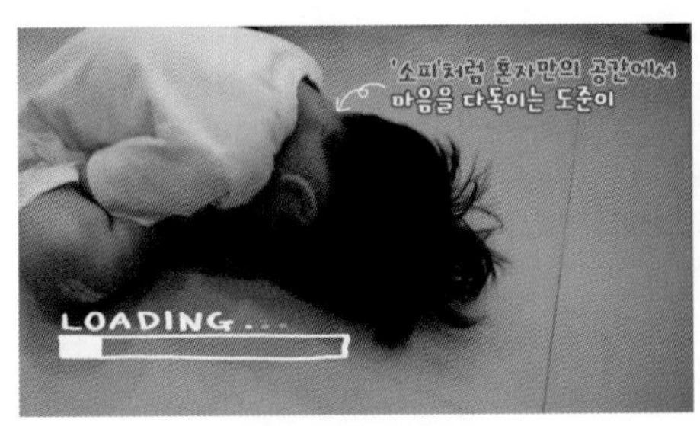

그림 12-7 일화기록 예시: 감정조절이 어려운 장면

그림 12-8 일화기록 예시: 창의적(독창성) 놀이 장면

에피소드 기록 TIP

1. 의미 있는 장면 선택, 사진 넣기
2. (팩트) 6하 원칙으로 놀이, 활동, 일상을 기록
3. 누가, 언제, 어디서, 무엇을, 어떻게, 하였는지 기록
4. 영유아와 교사의 말, 비언어적 행동과 표정을 포함하여 기록(영유아의 말은 따옴표를 사용하여 그대로 인용)

해석 기록 TIP

1. 표준보육과정(누리과정)에서 연계된 영역>경험 내용 기록
2. 연계된 발달, 기질과 같은 개별 특성, 행동 원인 등 해석 기록
3. 해석을 토대로 어린이집에서 실시한 [개별적인 교육] 내용 기록
4. 어린이집의 [개별적인 교육]과 연계할 수 있는 부모의 지원 내용 기록

<표 12-2> **영아반 일화기록 양식 및 작성 예시**

<table>
<tr><td colspan="2">관찰 아동명</td><td>○○○</td><td>관찰 아동월령 / 26개월</td></tr>
<tr><td colspan="2">장면</td><td>실내 · 외 놀이 및 활동</td><td>해석</td></tr>
<tr><td>관찰일자</td><td>○월
○일
화요일</td><td rowspan="4">활동을 10분 정도 보고 있다가 "선생님, 이게 뭐예요?"라는 질문과 함께 밀가루를 만지기 시작함

손을 털고 만지고를 반복하다 옷에 밀가루를 묻혀 가며 놀이를 지속함. 이후 자유놀이 50분 동안 밀가루 탐색 활동에 몰입함(에피소드)</td><td rowspan="4">자연탐구>친숙한 물체의 감각으로 탐색한다(0-1세 표준보육과정).
교사나 또래들이 놀이하는 것을 지켜보다가 놀이를 시작함. 놀이가 끝날 때쯤 시작하여 적극적으로 놀이하는 모습을 보임. 물감놀이에서도 비슷한 모습이 관찰됨. ○○이는 탐색활동을 가장 즐거워하지만 적극적인 참여까지는 시간이 걸리는 편임(분석)

개별화 보육(활동)계획
교사의 직접적인 놀이지도(제안)보다는 자발적 참여를 기다리는 간접적인 놀이지도와 관찰이 필요함. ○○이가 탐색활동에 몰입, 확장할 수 있도록 4일간 활동 진행, 충분한 시간을 줄 계획임</td></tr>
<tr><td>관찰시간</td><td>오전실내
자유놀이</td></tr>
<tr><td>관찰교사</td><td>최○○</td></tr>
<tr><td>관찰장면</td><td>밀가루
탐색</td></tr>
<tr><td colspan="2">월별
가정연계</td><td colspan="2">탐색물과 관련된 도서 구입 후 함께 읽기 안내</td></tr>
</table>

<표 12-3> **유아반 일화기록 양식 및 작성 예시**

관찰 아동명		○○○	관찰 아동월령	4세
장면		실내 · 외 놀이 및 활동	해석	
관찰일자	○월 ○일 수요일	교사가 비즈통을 꺼내자 유아 몇몇이 다가온다. "비즈라는 건데, 구멍에 하나씩 끼워서 목걸이, 반지, 팔찌를 만들 수 있어요."라고 안내하자 ○○이가 옆에 앉으며 "선생님, 나 만들어 볼래요."라고 말한다. 약 15분 동안 집중하여 비즈를 하나씩 다 끼운 후 교사에게 보여 준다. "선생님, 다 끼웠어요. 묶어 주세요." 팔찌를 묶어 주니 자신의 손목에 차며 환하게 웃는다. "선생님, 정말 예쁘지요? 저 하나 더 만들고 싶어요." "이번에는 예쁜 반지를 만들 거예요."라며 다시 비즈를 하나씩 끼워 간다(에피소드).	신체운동 · 건강>신체 움직임을 조절한다(누리과정). 오랜 시간 동안 집중하여 팔찌를 성공적으로 만들 수 있다. 구멍과 비즈가 매우 작음에도 불구하고, 정교한 협응력으로 소근육을 조절하여 여러 개의 팔찌를 만들었다(분석). **개별화 보육(활동)계획** 눈과 손의 협응력을 요하는 정교한 놀이(뜨개질, 실뜨기, 종이 인형 만들기 등의 2수준 놀이와 비즈 끼우기와 같이 결과물이 있는 활동)를 제공하여 충분히 몰입할 수 있도록 돕는다.	
관찰시간	오전실내 자유놀이			
관찰교사	김○○			
관찰장면	비즈로 팔찌와 반지 만들기			
월별 가정연계	가정에서도 끼우기 놀이를 반복적으로 할 수 있는 놀이(뜨개질)나 교구(조립)를 안내한다.			

③ 사건표집법

사건표집법은 관찰하고자 하는 특정한 행동이나 사건을 명확히 정하고 이 사건이 발생했을 때 사건을 관찰하여 기록하는 방법으로 서술식 사건표집법과 빈도 사건표집법이 있다. 서술식 사건표집법(ABC 서술식 사건표집법)은 사건이 일어나기 전 상황(Antecedent event: A), 사건이나 행동(Behavior: B), 사건이 일어난 후 상황(Consequence: C)을 관찰하여 순서대로 적는 방법이며, 빈도 사건표집법은 사건의 빈도를 기록하는 방법이다.

<표 12-4> **사건표집법 작성 및 분석 예시**

날짜	사건 전(Antecedent)	사건(Behavior)	사건 후(Consequence)- 문제행동 포함
7월 4일	(오후 통합 시간) 또래가 ○○이 얼굴을 쳐다본다.	쳐다보는 △△를 두 손으로 밀친다.	T: 불편했어! ○○이랑 같이 놀고 싶었나 봐. 밀면 넘어질 수 있어. C: 네! (다시 놀이 시작)
7월 11일	(교사의 무릎에 앉아 그림책을 보고 있을 때) 또래가 다가온다.	다가오는 △△를 밀치려고 한다.	T: △△도 같이 볼 수 있어. 밀면 친구가 넘어지지? 같이 봐요. C: (같이 그림책 보기에 집중)
7월 14일	화장놀이를 하는 또래를 바라본다.	△△가 들고 있던 화장품을 쳐서 떨어뜨린다.	T: 친구가 놀이하고 있는 것을 손으로 치면 불편해. 다시 주워 주자. C: (화장품 주워 주기)
7월 18일	(○○이 유모차를 잡고 서서) 머리를 묶어 주고 있는 교사를 바라본다.	유모차를 빠른 속도로 끌어 교사의 발 위로 바퀴를 굴린다.	T: 선생님 발 위로 바퀴가 지나가니까 아프네! 다른 친구도 다칠 수 있으니까 넓은 길로 가 보자. C: (다른 곳으로 이동)

※ **관찰대상**: 이○○(남아) 20○○년 ○월 ○일생(1세)

※ **관찰일자**: 20○○년 7월 4일(월)~2주간, 15:30~16:30(1시간씩)

관찰분석 ○○이는 사건 후 교사의 말에 수용적이므로 조절력이 낮아 실수 행동이 많은 영아로 볼 수 있음.

개별화 보육(활동)계획 때리고 밀치는 공격행동에 대한 교사의 상호작용 방법으로, 첫째, 바라보는 전조증상이 보일 때 예방한다. 둘째, 반응행동을 좀 더 구체적이고 일관성 있게 매번 알려 주는 방법을 6개월간 실행한다.

④ 행동목록법

행동목록법은 관찰자가 관찰할 행동의 목록을 작성하여 해당되는 행동이 나타나는지 아닌지를 관찰하여 표시하는 방법이다. 특정 행동의 출현 유무를 확인하기 위한 방법이며, 사전에 아동의 행동특성에 관한 목록을 미리 작성하기 때문에 체크리스트법이라고도 한다. 행동목록법은 아동의 구체적인 행동이 나타나는지를 확인하기 위해 또는 전반적인 발달수준을 파악하기 위해 사용된다.

⑤ 평정척도법

평정척도법은 관찰된 행동의 질적인 차이를 평가할 때 사용하는 방법으로 각 항목에 대해 점수나 가치로 평정하는 방법을 말한다. 또한 행동을 측정하기 위해 흔히 사용되는 방법이며, 관찰에서 얻은 자료를 수량화하기 위해 고안된 방법이다. 특정 행동의 출현 유무뿐만 아니라 행동의 질적 특성이나 출현 빈도의 정도를 평가할 때 사용한다. 즉, 아동의 특성이나 성격을 미리 정해진 범주에 따라 평가할 때 사용되는 관찰도구이다. 아동의 행동을 일정한 기간 동안 지속적으로 관찰하고 난 후 선정된 준거에 따라 행동의 특성을 판단하기 위해 평정척도를 사용할 수 있다. 행동목록법처럼 관찰자가 관찰하려는 행동 영역에 대해 사전에 알고 있는 경우에 사용한다.

(3) 포트폴리오 평가

영유아의 작품을 분석하는 것은 영유아의 행동특성과 발달수준을 평가할 수 있는 좋은 방법이다. 포트폴리오 평가는 작품분석 중 최근에 가장 빈번히 사용되는 방식이다. 포트폴리오(portfolio)는 작업이나 수행의 결과, 작품 등을 모아 놓은 것으로 영유아가 활동을 통해 만들어 낸 다양한 결과물을 모은 작품집이라고 할 수 있다. 즉, 포트폴리오는 영유아가 무엇을 배웠는지, 어떻게 그 학습을 이루어 냈는지, 어떻게 생각하고 질문하고 분석하고 창조해 냈는지, 타인과의 지적 · 정서적 · 사회적 상호작용은 어떠했는지 등 영유아의 학습과정 전반에 대한 기록을 말한다(이순형 외, 2013). 최근 현장에서는 기존의 구조화된 검사도구를 통한 평가를 지양하고 비형식적이고 대안적인 평가방법을 모색하면서 포트폴리오의 활용방안에 대해 관심이 집중되고 있다(황해익, 송연숙, 최혜진, 정혜영, 손원경, 2009). 포트폴리오를 아동평가의 도구로 이용하여 장기간 아동의 활동 결과물을 수집함으로써 활동의 결과뿐

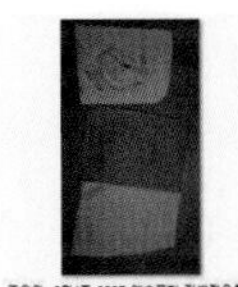
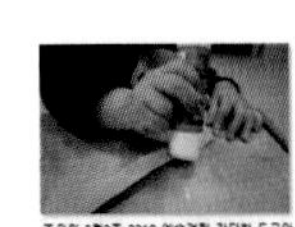

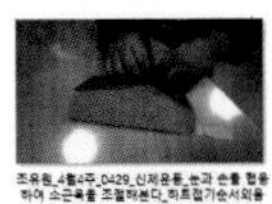

※ **수집방법**: 가장 좋아하는 놀이의 사진 또는 영상을 주 1회, 1년간 수집

※ **데이터관리(파일명 생성)**: ○○○(영유아 이름)_○월 ○주(관찰주)_신체운동(표준보육과정 영역)_신체 움직임을 조절한다(세부내용)_종이 길게 오리기(활동명)_2수준(발달수준)

관찰분석 ○○이는 소근육 발달을 포함한 조작활동에서 강점을 보임.

개별화 보육(활동)계획 첫째, ○○이의 소근육 활동의 목표는 2수준으로 계획한다. 둘째, 딱딱한 종이, 큰 종이, 색지, 한 단계 위의 영아용 가위 등 교재교구의 종류를 추가한다.

그림 12-9 영유아의 포트폴리오 수집 및 분석 예시

아니라 그 과정과 시간에 따른 장기간의 변화 양상을 파악할 수 있다(성미영 외, 2021). 부모면담 시 교사는 작품을 이용하여 구체적인 결과물을 제시하면서 영유아의 발달에 관한 부모의 이해를 돕고, 작품을 가정으로 보내서 부모의 견해나 요구사항을 기록한 후 되돌려받아 영유아를 지도할 때 참고할 수 있다.

(4) 표준화 검사

검사는 개인의 능력과 성향, 가치나 태도 등의 심리적 특성을 파악하기 위하여 피검사자가 검사문항에 응답한 반응을 측정하는 것이다. 검사는 피검사자의 반응을 수량화하여 측정하는 체계적인 절차로 검사의 의미에는 '표준화'의 의미가 강조되어 있어 표준화된 검사라고 부른다. 검사를 통해 피검사자의 심리적 특성을 측정하려는 목표는 개인이나 집단을 정확하게 기술하는 데 있다. 개인차의 성격과 범위를 파악하는 것이 주된 관심이 될 수도 있고, 행동특성을 더 효과적으로 이해하고 예측하는 것이 목표가 될 수도 있다(성미영 외, 2021).

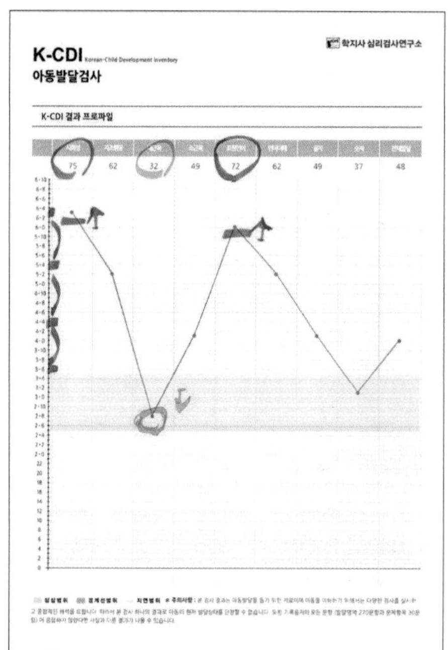

관찰분석 ○○이는 사회성과 표현언어 발달수준이 높고 대근육 발달수준은 상대적으로 낮음.

개별화 보육(활동)계획 첫째, 또래에게 약속이나 일과계획 설명하기, 책 읽고 생각 나누기, 또래의 미술작품 비평하기 활동으로 강점을 강화한다. 둘째, 게임, 잡기놀이, 공놀이 등 또래와 함께하는 활동을 통해 상대적으로 약한 대근육 발달을 지원한다.

그림 12-10 표준화된 검사 예시: K-CDI 사회성과 표현언어 발달

그림 12-11 K-CDI 아동발달검사 Q & A

그림 12-12 학지사 인싸이트 홈페이지(K-CDI 검사)

출처: 인싸이트 홈페이지(inpsyt.co.kr/).

2) 보육교직원 평가

보육교직원은 어린이집 영유아의 보육, 건강관리 및 보호자와의 상담, 그 밖에 어린이집의 관리 · 운영 등의 업무를 담당하는 자를 말한다(「영유아보육법」 제2조). 「영유아보육법 시행규칙」 별표 2 보육교직원 배치기준에 따르면 어린이집은 원장, 보육교사, 간호사, 영양사, 조리원, 그 밖의 보육교직원인 의사, 사회복지사, 사무원, 관리인, 위생원, 운전기사, 치료사 등의 보육교직원을 둘 수 있다. 수준 높은 보육서비스를 제공하기 위해서는 보육교직원에 대한 질 관리가 이루어져야 하며, 보육을 주관하는 인력에 대한 정기적 평가가 실시되어야 한다.

(1) 원장 평가

어린이집의 원장은 어린이집을 총괄하고 보육교사와 그 밖의 보육교직원을 지도 · 감독하며 영유아를 보육하는 직무를 담당한다(「영유아보육법」 제18조). 즉, 원장의 주요 임무는 기관을 합리적으로 운영하여 영유아 보육의 목표를 달성하는 데 있다. 이를 위해 원장은 교직원 인사관리, 재정관리, 보육프로그램의 효율적인 운영, 대외관계 유지 등에서 충분한 능력과 기술을 갖추어야 한다. 또한 어린이집 운영과 관련된 중앙부처나 지방자치단체의 정책방향 및 관계법령이나 규정에 대해서도 충분히 이해하고 있어야 한다. 따라서 보육서비스의 실제 운영과 관련된 제반 사항과 원장의 의식이나 전문성에 대해 지속적인 평가와 교육이 이루어져야 한다(이순형 외, 2013).

(2) 보육교사 평가

영유아와 상호작용을 통해 영유아에게 가장 크고 직접적인 영향을 미치는 것은 보육교사이므로, 우수한 자질과 자격을 갖춘 보육교사는 중요한 요인이다. 또한 보육교사에 대한 평가는 보육평가의 중요한 부분이며, 어린이집에 자녀를 맡기는 부모들이 어린이집을 선택하고 평가하는 데 있어 첫 번째 기준으로 삼는 것이 바로 교사이므로 보육교사는 지속적인 평가가 필요하다(임승렬, 2001; 황해익, 2004).

교사평가는 교사들의 사기와 동기유발, 그리고 영유아 및 어린이집에 미치는 영향이 크므로 어떤 준거와 방법에 의해 평가되는지를 교사에게 명확하게 안내한다. 교사 평가방법으로는 자기평가, 동료나 외부관찰자 평가, 시험제도, 수행능력 측정, 전문가의 참관 또는 학부모 설문조사 등이 있다. 자기평가는 교사가 스스로 자신의 교수활동을 평가하는 방법으로, 교사 개인의 성장을 촉진하고 교수방법을 향상시키며 자율성과 전문성을 신장해 보육교사의 질적 향상을 도모할 수 있다. 또한 자기평가는 교사의 자발적이고 적극적인 참여를 통한 자율장학의 성격을 띠기도 하며, 궁극적으로는 프로그램을 개선하는 데도 도움이 된다(양옥승 외, 1998; 이은해, 1995). 일반적으로 학기 말 1회씩 1년에 2회 실시하며 실시결과를 매번 비교 · 분석하여 자기발전의 계기로 삼는다(조성연 외, 2006; 황해익, 2004). 교사의 자기평가에는 주관성이 개입되므로 객관성 확보를 위해 동료교사 평가, 원장 평가, 부모 평가, 외부 관찰자 평가를 병행하여 실시하기도 한다.

그림 12-13 0세 발달에 따른 상호작용 및 교수방법: 교사 자기평가 예시

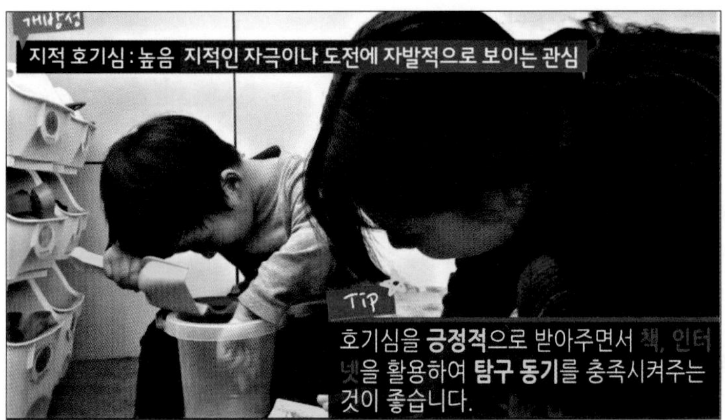

그림 12-14 3세 아동기질에 따른 상호작용 및 교수방법: 교사 자기평가 예시

그림 12-15 교육과정 오감놀이 운영: 교사 동료평가 예시

<표 12-5> **보육교직원 평가관리 예시**

보육교직원 평가관리(예시)
1. 업무태도 • 계획된 보육활동의 실행을 위해 성실히 수업자료를 준비하는가? • 담당 영역의 교구 등록 · 관리 및 공동구역의 청결 유지를 위해 노력하는가? • 맡은 일에 대해 책임을 전가하지 않고 의욕적으로 해내려고 하는가?
2. 전문성 • 보육지식의 함양을 위해 보육 관련 재교육 및 세미나 등에 자발적으로 참여하는가? • 전문성 있는 보육계획 및 실행을 위해 다양한 보육프로그램의 자료를 참고하며 연구하는가? • 연구수업 등 장학수업 과정에 충실히 임하며, 평가사항을 보육활동에 반영하기 위해 노력하는가?
3. 원아관리 • 영유아를 존중하며 요구에 민감하고 적절히 반응해 주는가? • 영유아의 문제행동을 영유아의 입장에서 이해하려고 노력하며, 적절한 개입을 하는가? • 매일 아침 등원하는 영유아의 건강상태 및 정서상태 등을 파악하기 위해 노력하는가?
4. 부모와의 관계 • 아동의 어린이집 생활에 관하여 부모와 공유하거나 개인별 아동의 발달과업이 잘 이루어질 수 있도록 가정연계를 위해 노력하는가? • 부모와 신뢰감 형성을 위해 노력하는가? • 부모면담, 부모참여수업 등 참여활동에 적극적으로 참여를 유도하는가?
5. 동료관계 • 동료 교직원과의 관계를 원활히 유지하기 위해 노력하는가? • 동료교사의 도움과 요청이 있을 때, 적극적으로 도와주려고 노력하는가? • 동료교사의 고충을 듣고 이해하려고 노력하며 격려해 주는가?
※ 보육교직원 평가관리(예시)로 자기평가, 동료 평가, 원장 평가에 활용할 수 있음.

출처 : 보건복지부, 한국보육진흥원(2017c).

3) 보육프로그램 평가

보육프로그램 평가는 주로 보육목표, 보육내용, 교수학습과정의 실행에 대한 질적 평가로 이루어지므로 체계적인 자료수집과 평가과정이 필요하다. 평가과정은 자료수집과 평가로 구분되며, 실제 실행에 대한 기록을 토대로 요소별 평가를 실시하고, 그 결과를 프로그램에 다시 반영하여 보육계획을 수립한다(보건복지부, 교육과학기술부, 2013b; 보건복지부, 육아정책연구소, 2013b).

연간보육계획 평가는 1년 동안 진행되었던 연간 주제를 검토하고 각 생활주제가 영유아의 발달에 적합했는지, 영유아의 흥미와 요구를 반영했는지, 계절의 변화를 반영했는지, 시기적으로 적합했는지, 지역사회의 연계 등을 고려하여 계획했는지를 검토한다. 또한 각 생활주제 간 연계성이 있었는지, 위계가 적합하게 선정되었는지도 평가한다. 연간보육계획에 대한 평가는 매년 새로운 학기가 시작되기 전 2월에 검토하여 그다음 해의 연간보육계획에 반영해야 한다.

월간보육계획 평가는 한 달 동안 계획된 보육내용을 진행함으로써 영유아가 경험할 수 있는 지식, 기술, 태도 및 가치를 적절히 습득할 수 있었는지, 월간보육계획안의 목표가 영유아의 발달수준에 적절하였으며, 어느 정도 획득되었는지를 검토한다. 또한 주간별 보육내용 간의 상호 연계와 통합을 잘 이루고 있는지, 주간별 소주제와 주별 활동은 위계적으로 진행되었는지, 이전 주간 보육과정 평가를 반영하여 주간 보육과정 계획이 이루어졌는지를 평가한다. 월간보육과정에 대한 평가는 다음 달 월간 보육계획 및 다음 해 연간보육계획에 반영한다.

주간보육계획 평가는 한 주간의 보육과정 내용의 흐름을 되돌아보고 계획된 주간보육내용 중 실제로 진행된 내용과 진행되지 않은 내용, 주간보육 시 계획되지 않았지만 추가로 진행된 내용을 정리한다. 주간계획안의 활동들이 영유아의 발달에 적절하였는지, 영유아의 발달, 흥미, 요구에 적합한 경험 및 학습을 촉진하는 다양한 활동으로 구성되었는지, 활동은 해당 주의 소주제와의 통합성, 활동 간 통합성을 고려하여 계획·실행되었는지 평가한다. 또한 월요일에서 금요일까지 일일보육의 내용이 다음 날의 보육내용과 연계성 있게, 위계적으로 진행되었는지도 검토한다. 검토한 내용은 영유아의 반응, 흥미, 보육내용 진행 시의 상황, 활동의 균형을 고려하여 그 이유를 분석하고, 분석된 내용은 다음 주 보육계획에 반영한다.

일일보육계획에 대한 평가는 정기적 보육평가의 가장 기초적인 평가이자 매일 진행되어야 하는 평가이다. 일일보육계획 평가는 일일보육목표가 영유아에게 적절한지, 일과 구성은 영유아의 신체 리듬을 고려하였는지, 계획했지만 실행하지 못한 활동이 있는지 등을 반성적으로 사고하고 일일보육일지에 기록하고 평가한다. 또한 일일보육활동들이 놀이중심으로 통합적으로 진행되었는지, 하루 일과 중 각 활동 및 놀이 시간은 적절하게 배분되었는지, 하루 일과에서 영유아가 다양한 상호작용을 할 기회가 충분히 있었는지를 검토한다. 일일보육계획 평가는 매일 일과 후 실행하고 평가된 내용은 다음 날 일일보육계획에 반영한다.

3. 어린이집 평가제

어린이집 평가제는 국가 차원의 주기적인 평가를 통해 모든 어린이집이 상시적으로 보육서비스 질을 확보하고, 보육과 양육에 대한 사회적 책임 강화를 실현하며, 안심보육을 조성하고자 시행되는 정책이다.

1) 어린이집 평가제 추진과정

어린이집 평가인증제도는 어린이집의 질 관리를 위한 방안으로 2004년 법적 근거를 마련, 2005년 시범운영을 거쳐 2006년부터 본격적으로 시행되었다. 이후 1차 지표와 및 운영체계를 개선 보완한 2차 및 3차 제도가 시행되었다. 2019년 6월까지 14년 동안 시행된 평가인증제도는 우리나라 어린이집의 보편적인 보육서비스 질 향상에 크게 기여하였으며, 평가인증사무국, 육아종합지원센터, 보육현장, 행정기관의 노력으로 실효성 있는 보육서비스 질 관리 정책으로 자리 잡았다.

그러나 평가인증제 도입 후 최근까지 양육에 대한 사회적 책임 강화로 보육서비스에 투입되는 재정규모 증가, 영유아 시기의 중요성 및 아동의 권리에 대한 사회적인 인식 제고, 전체 어린이집의 20%에 해당하는 미인증 어린이집의 질 관리 부재, 인증 어린이집에서 발생하는 영유아 안전사고와 학대사건, 인증 후 질적 수준 유지 문제 등 어린이집에 대한 신뢰 문제가 제기되었다(한국보육진흥원, 2019a). 이에 평가인증의 사각지대를 해소하고 국가의 책무성을 강화하기 위해 2019년 6월부터 의무 평가제가 시행됨에 따라 우리나라의 모든 어린이집은 보육서비스 수준을 주기적으로 평가하고 지속적으로 관리받게 되었다.

2004. 1.	2005. 1. ~ 12.	2006. 1.	2010. 2.	2014. 11.	2017. 11.	2019. 6.
어린이집 평가인증 제도 도입 근거 마련 (「영유아보육법」 제30조)	어린이집 평가인증 시범운영 실시	제1차 어린이집 평가인증 시행	제2차 어린이집 평가인증 시행	3차 시범지표 적용	제3차 어린이집 평가인증 시행 (통합지표)	어린이집 평가제 시행

그림 12-16 **어린이집 평가인증제도 및 평가제 운영현황**

2024년부터는 기존의 '구조적 질 관리'에서 보육과정 운영의 실제, 교사의 상호작용 등 '과정적 질 관리'를 보다 강화하는 '컨설팅 중심'의 평가제로 개편될 예정이다.

2) 어린이집 평가제 운영체계

평가제의 평가과정은 어린이집 선정 및 통보로 시작된다. 6개월 전부터 1, 2차에 걸쳐 통보하며 지자체의 기본사항 확인, 어린이집의 자체점검보고서 제출, 현장평가, 종합평가, 결과통보 및 정보공시(A, B, C, D등급), 결과에 따른 사후관리 과정을 거친다. 어린이집 평가 운영체계는 [그림 12-17]과 같다.

우리 아이들을 위한
어린이집 평가제
0:02 / 4:31

그림 12-17 **한국보육진흥원 어린이집 평가제 홍보영상**

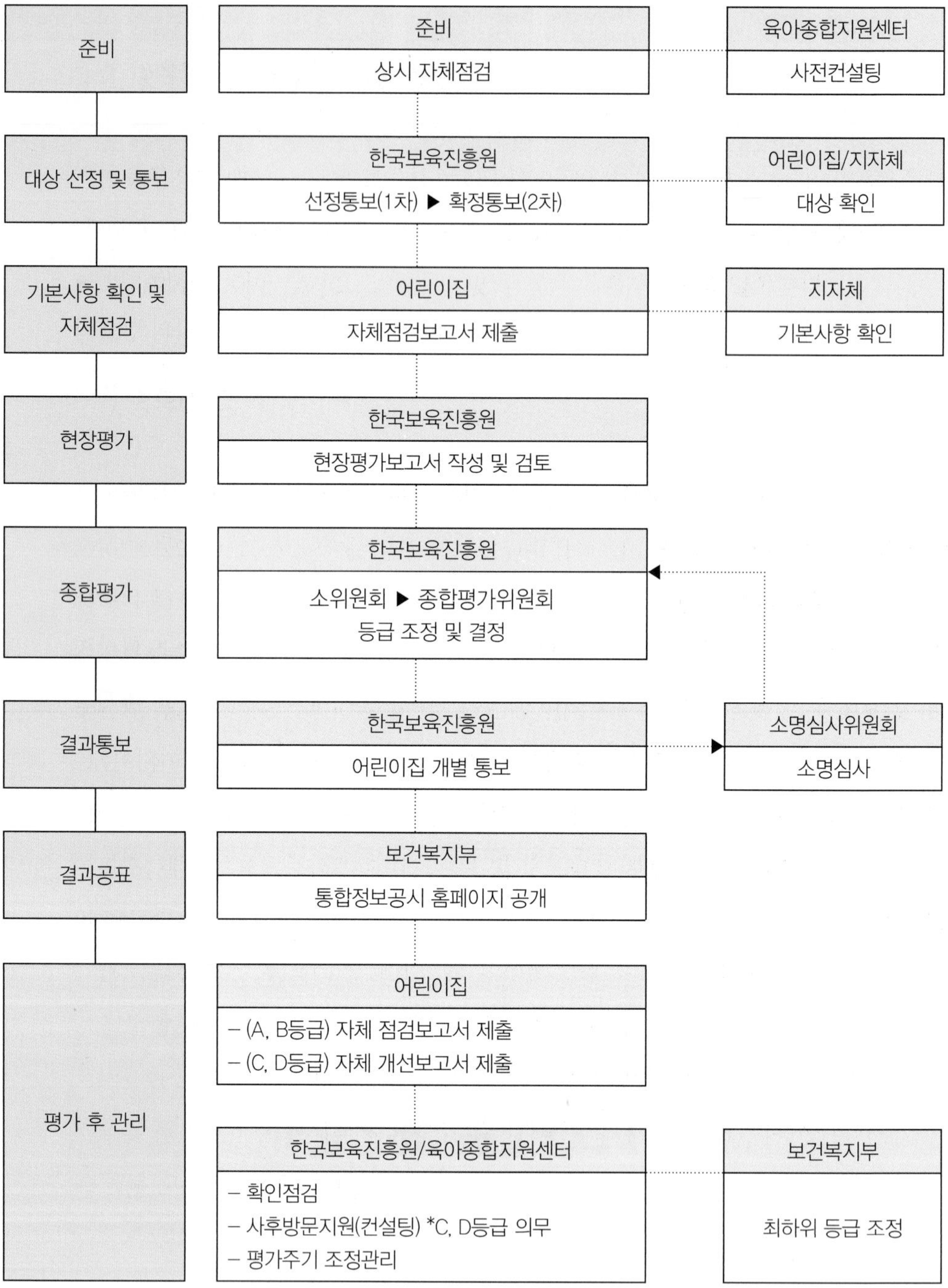

단계	주관 및 내용	관련 기관 및 내용
준비	준비 상시 자체점검	육아종합지원센터 사전컨설팅
대상 선정 및 통보	한국보육진흥원 선정통보(1차) ▶ 확정통보(2차)	어린이집/지자체 대상 확인
기본사항 확인 및 자체점검	어린이집 자체점검보고서 제출	지자체 기본사항 확인
현장평가	한국보육진흥원 현장평가보고서 작성 및 검토	
종합평가	한국보육진흥원 소위원회 ▶ 종합평가위원회 등급 조정 및 결정	◀ (소명심사위원회에서)
결과통보	한국보육진흥원 어린이집 개별 통보	▶ 소명심사위원회 소명심사
결과공표	보건복지부 통합정보공시 홈페이지 공개	
평가 후 관리	어린이집 – (A, B등급) 자체 점검보고서 제출 – (C, D등급) 자체 개선보고서 제출	
평가 후 관리	한국보육진흥원/육아종합지원센터 – 확인점검 – 사후방문지원(컨설팅) *C, D등급 의무 – 평가주기 조정관리	보건복지부 최하위 등급 조정

그림 12-18 어린이집 평가 운영체계

출처: 한국보육진흥원(2019b).

(1) 평가대상 선정 및 통보

「영유아보육법」에 따라 설치한 모든 어린이집(방과후 전담 어린이집 제외)이 평가 대상이다. 대상통보(1차)는 현장평가월 기준 6개월 전, 확정통보(2차)는 현장평가월 기준 2개월 전 통보한다. 기타 신규개원, 대표자 변경, 소재지 변경, 6개월 이상 운영 중단 후 재개한 어린이집 등의 사유가 발생한 기관은 사유 발생일로부터 6개월 경과 후 선정 통보한다.

(2) 기본사항 확인 및 자체점검보고서 제출

지자체(시 · 군 · 구)에서는 해당 어린이집의 법적 사항(5항목) 준수 여부 확인 및 최근 3년 이내 위반이력사항을 확인하고 한국보육진흥원에 통보한다. 사전점검사항 미준수 시에도 현장평가는 진행하되, 종합평가 전까지 개선완료 여부를 확인하여 종합평가에 반영, 미준수 시 최하위 등급인 D등급을 부여한다.

평가대상으로 확정된 어린이집은 원장, 보육교사, 원아 부모 각 1인 이상을 포함하여 자체점검위원회(3~7인 이내)를 구성, 평가지표를 기준으로 어린이집의 운영 전반을 점검한 후 자체점검보고서를 제출한다.

(3) 현장평가

기본사항 확인 및 자체점검보고서를 제출 완료한 어린이집은 현장평가가 진행된다. 현장평가 직전월 말에 1주간의 현장평가 주간을 지정하여 통보하며, 해당 평가 주간 중 현장평가일을 정하여 사전에 알려 준다. 현장평가자는 어린이집 1개소당 2인(정원 99인 이하) 또는 3인(정원 100인 이상)이 방문하며 1일간 평가를 실시한다. 관찰, 문서(기록), 면담을 통해 현장평가를 진행하며, 현장평가 종료 전 원장과 현장평가자가 상호확인 항목에 대해 확인한 후 '현장평가 상호확인서'에 서명한다.

(4) 종합평가

현장평가를 완료한 어린이집은 종합평가 단계로 넘어간다. 종합평가는 최종 평가등급과 평가 주기를 확정하는 것으로 종합평가위원회에서 진행한다. 위원들은 현장평가 결과(100%)를 바탕으로 하되, 기본사항확인서, 자체점검보고서 등을 토대로 종합평가를 실시한다.

(5) 결과통보

어린이집 평가결과는 매월 15일 전 · 후에 어린이집지원시스템 업무연락 등을 통해 통지한다. 어린이집 평가등급은 4등급(A, B, C, D)으로 구분하며, A, B등급은 3년, C, D등급은 2년의 평가주기를 부여한다. 평가결과에 대해 결과 통보월의 말일까지 어린이집지원시스템을 통해 소명신청이 가능하며 소명심사위원회를 통해 의결한다. 최종 평가결과는 최종통보월 5일에 통합정보공시 홈페이지(www.childinfo.go.kr)를 통해 공개된다.

<표 12-6> **평가 등급**

등급 구분(정의)		등급 부여 기준	주기
A	국가 평가에서 제시하고 있는 기준을 모든 영역에서 충족함	4개 영역 모두 '우수'인 경우 (필수 지표 및 요소 충족)	3년
B	국가 평가에서 제시하고 있는 기준을 대부분 충족함	'우수' 영역이 3개 이하이며 '개선필요' 영역이 없는 경우	
C	국가 평가에서 제시하고 있는 기준 대비 부분적으로 개선이 필요함	'개선필요' 영역이 1개 있는 경우	2년
D	국가 평가에서 제시하고 있는 기준 대비 상당한 개선이 필요함	'개선필요' 영역이 2개 이상인 경우	

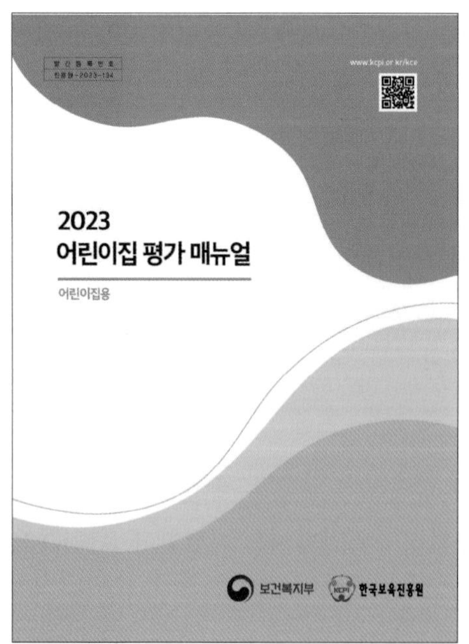

그림 12-19 기관 평가: 어린이집 평가 매뉴얼

평 가 결 과 서

1. 어린이집 현황

어린이집명	
어린이집 주소	
대표자명	

2. 평가인증 결과

「영유아보육법」 제30조에 의해 실시한 어린이집 평가결과를 아래와 같이 통보합니다.

기관등급	■A □B □C □D	평가주기	3년

3. 평가 영역별 세부내용

평가기간	기본사항 확인 및 자체점검(' . . .) → 현장평가(' . .) → 종합평가(') → 결과발표(')

평가영역	평가지표	영역등급	영역별 종합의견
1.보육과정 및 상호작용	1-1.영유아 권리 존중 (필수) 1-2.보육계획 수립 및 실행 1-3.놀이 및 활동 지원 1-4.영유아 간 상호작용 지원 1-5.보육과정 평가	■우수 □보통 □개선필요	보육과정 및 상호작용 영역이 '우수' 등급 입니다. 영유아의 권리 존중을 필수적으로 실천하고 있으며, 표준보육과정과 어린이집의 철학을 바탕으로 한 영유아 중심의 보육과정을 운영하고 있습니다. 놀이(활동) 실행을 평가하고 반영하는 순환적 과정을 통해 보육과정의 질을 높이려고 노력하며 영유아와 교사와의 상호작용이 바람직하게 이루어지고 있습니다.
2.보육환경 및 운영관리	2-1.실내 공간 구성 및 운영 2-2.실외 공간 구성 및 운영 2-3.기관 운영 2-4.가정 및 지역사회와의 연계	■우수 □보통 □개선필요	보육환경 및 운영관리 영역이 '우수' 등급 입니다. 어린이집은 실내외 공간이 영유아의 연령 및 발달수준, 흥미와 요구에 적합하게 구성되어 있고, 정해진 규정 및 지침에 따라 체계적으로 운영되고 있으며, 가정 · 지역사회와의 연계도 원활하게 이루어지도록 지원하고 있습니다.
3.건강 · 안전	3-1.실내외 공간의 청결 및 안전 3-2.급 · 간식 3-3.건강증진을 위한 교육 및 관리 3-4.등 · 하원의 안전 3-5.안전교육과 사고예방	■우수 □보통 □개선필요	건강 · 안전 영역이 '우수' 등급 입니다. 청결하고 안전한 보육환경을 갖추고 있으며, 영양적 균형을 고려한 급간식을 제공하여 영유아의 건강한 식습관 및 위생적인 생활습관을 실천하고, 등원부터 하원까지 영유아를 안전하게 보호하고 있습니다.
4.교직원	4-1.원장의 리더십 4-2.보육교직원의 근무환경 4-3.보육교직원의 처우와 복지 4-4.보육교직원의 전문성 제고	■우수 □보통 □개선필요	교직원 영역은 '우수' 등급입니다. 교직원의 전문성 향상을 돕고 안정적인 근무환경을 마련하여 교직원의 직무만족도를 향상시킴으로써 영유아에게 보다 나은 보육서비스를 제공하도록 지원하고 있습니다.
법적사항 준수여부	기본사항과 관련된 법적사항을 모두 준수하고 있습니다.		

총 평

귀 어린이집의 평가결과는 A등급입니다. 국가평가에서 제시하고 있는 기준을 모든 영역에서 충족하고 있으므로 평가 당시의 보육서비스 질적 수준이 유지될 수 있도록 지속적으로 노력하시기 바랍니다.

그림 12-20 기관 평가: 평가제 평가결과서

(6) 평가 후 관리

A, B등급을 받은 어린이집은 평가 후 매년 1회 어린이집 스스로 자체점검을 실시하고 연차별 자체점검보고서를 제출한다. C, D등급을 받은 어린이집은 의무적으로 개선이 필요한 지표, 보육과정 운영 등 어린이집 운영전반에 대한 방문지원 교육 및 정보를 제공받게 된다. 기타, 평가 이후 법위반 · 행정처분 발생 시 최하위 D등급으로 조정되며 등급 조정 사유는 통합정보공시 홈페이지에 안내된다.

3) 어린이집 평가제 평가지표

어린이집 평가제의 평가지표는 3차 평가인증 통합지표를 기반으로 2019 개정 누리과정 및 표준보육과정과 맥락을 같이하도록 세부내용을 반영하였다. 어린이집 평가제의 주요 평가지표 내용은 다음과 같다(한국보육진흥원, 2019b).

- 4영역, 18지표, 59항목으로 지표별 평가항목 수를 평균 3~4개로 배치하였다.
- '영유아 권리 존중' 가치 강조를 위해 영유아중심의 안심보육 환경을 조성하고자 영유아 권리 존중(1-1) 지표를 필수지표로 지정하였다.
- 놀이중심의 보육과정 운영을 강화하였고, 급간식 위생 및 안전 항목 중에서도 반드시 필요한 지표 8개를 필수요소로 지정하였다.
- 보육교직원 근무여건 개선과 보육에 집중할 수 있는 보육환경 마련을 위하여 보육교직원의 처우, 스트레스 관리 관련 지표를 강조하고 근무역량 제고를 위한 항목을 강화하였다.

<표 12-7> **어린이집 평가제의 평가지표 평가방법**

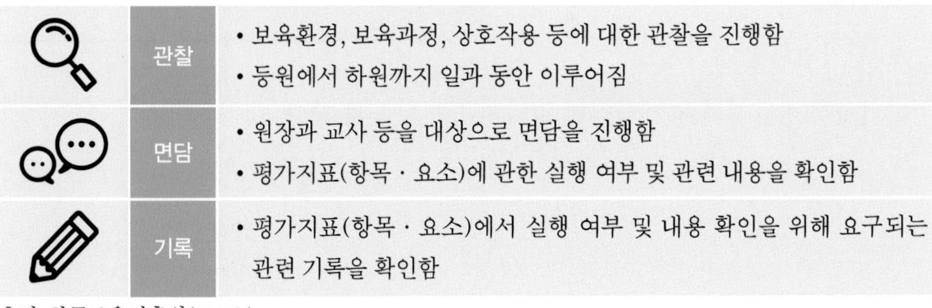

	관찰	• 보육환경, 보육과정, 상호작용 등에 대한 관찰을 진행함 • 등원에서 하원까지 일과 동안 이루어짐
	면담	• 원장과 교사 등을 대상으로 면담을 진행함 • 평가지표(항목 · 요소)에 관한 실행 여부 및 관련 내용을 확인함
	기록	• 평가지표(항목 · 요소)에서 실행 여부 및 내용 확인을 위해 요구되는 관련 기록을 확인함

출처: 한국보육진흥원(2019b).

(1) 평가지표의 구성

어린이집 평가제의 평가지표 구성은 〈표 12-8〉과 같다.

〈표 12-8〉 **어린이집 평가제의 평가영역 및 평가지표**

평가영역(총 항목 수)	평가지표	평가항목 수
1. 보육과정 및 상호작용(18)	1-1. 영유아 권리 존중(필수)	2
	1-2. 보육계획 수립 및 실행	6
	1-3. 놀이 및 활동 지원	3
	1-4. 영유아 간 상호작용 지원	4
	1-5. 보육과정 평가	3
2. 보육환경 및 운영관리(14)	2-1. 실내 공간 구성 및 운영	4
	2-2. 실외 공간 구성 및 운영	3
	2-3. 기관 운영	4
	2-4. 가정 및 지역사회와의 연계	3
3. 건강 · 안전(15)	3-1. 실내외 공간의 청결 및 안전	3
	3-2. 급 · 간식	3
	3-3. 건강증진을 위한 교육 및 관리	3
	3-4. 등 · 하원의 안전	3
	3-5. 안전교육과 사고예방	3
4. 교직원(12)	4-1. 원장의 리더십	3
	4-2. 보육교직원의 근무환경	3
	4-3. 보육교직원의 처우와 복지	3
	4-4. 보육교직원의 전문성 제고	3
계	18개	59개

※ 3-2, 3-4, 3-5 지표 내 필수요소 8개 포함

(2) 평가영역별 평가지표

어린이집 평가제의 평가영역별 평가지표는 다음과 같다.

① 1영역. 보육과정 및 상호작용

지표	항목
1-1. 영유아 권리 존중(필수)	1. 교사는 영유아를 존중한다.
	2. 교사는 영유아를 차별 없이 대한다.
1-2. 보육계획 수립 및 실행	1. 표준보육과정을 바탕으로 어린이집의 철학을 반영한 보육계획을 수립한다.
	2. 영유아가 편안한 분위기에서 일상경험을 할 수 있도록 운영한다.
	3. 하루 일과에서 영유아의 자유놀이가 충분히 이루어지도록 한다.
	4. 바깥놀이 시간을 매일 충분히 배정하여 운영한다.
	5. 특별활동은 운영 지침에 따라 운영한다.
	6. (장애영유아) 장애영유아를 위한 관련서비스(치료지원 포함)를 일과 중에 통합적으로 제공한다.
1-3. 놀이 및 활동 지원	1. 교사는 놀이와 활동이 영유아의 자발적 선택에 의해 주도적으로 이루어지도록 격려한다.
	2. 교사는 영유아의 놀이 상황을 관찰하면서 놀이와 관련된 상호작용을 한다.
	3. 영유아의 다양한 놀이와 활동에 필요한 자료를 제공한다.
1-4. 영유아 간 상호작용 지원	1. 교사는 영유아의 감정에 공감하고 스스로의 감정을 다룰 수 있도록 돕는다.
	2. 교사는 영유아가 일상에서 자신의 의견, 생각 등을 또래와 나눌 수 있도록 격려한다.
	3. 교사는 영유아가 적절한 약속과 규칙을 지키도록 격려한다.
	4. 교사는 영유아 간 다툼이나 문제가 발생할 경우 다양한 해결방식을 사용한다.
1-5. 보육과정 평가	1. 반별 보육일지에 하루 일과 및 놀이실행에 대한 기록이 있고, 필요한 경우 그 내용을 다음 놀이지원 및 활동 계획에 반영한다.
	2. 영유아의 일상생활, 실내외 놀이에 대한 관찰 내용을 기록하고 영유아의 발달특성과 변화를 평가한다.
	3. 원장은 각 반별 보육과정 운영에 대한 평가를 통해 어린이집 전체 보육과정 운영을 파악하고 있다.

그림 12-21 **지표 1-1 영유아 권리 존중**
영유아의 요구나 질문을 주의 깊게 듣고 반응하기

그림 12-22 **지표 1-2 보육계획 수립 및 실행**
바깥놀이를 기준시간(유아 1시간) 이상 운영하기

그림 12-23 **지표 1-3 놀이 및 활동 지원**
종이벽돌 같은 상시 놀잇감을 충분히 지원하기

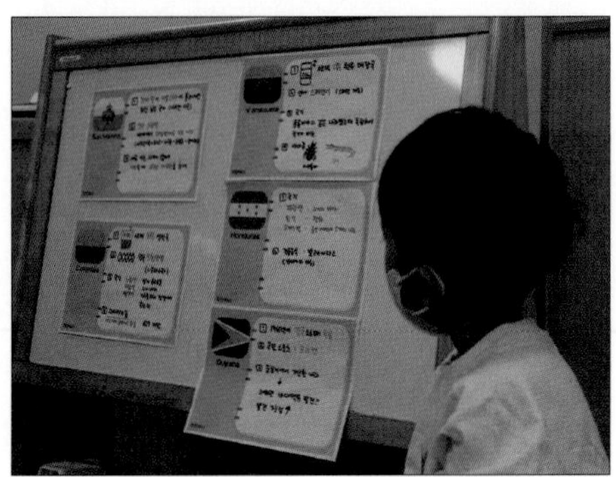

그림 12-24 **지표 1-4 영유아 간 상호작용 지원**
자신의 의견, 생각을 또래와 나눌 수 있도록 격려하기

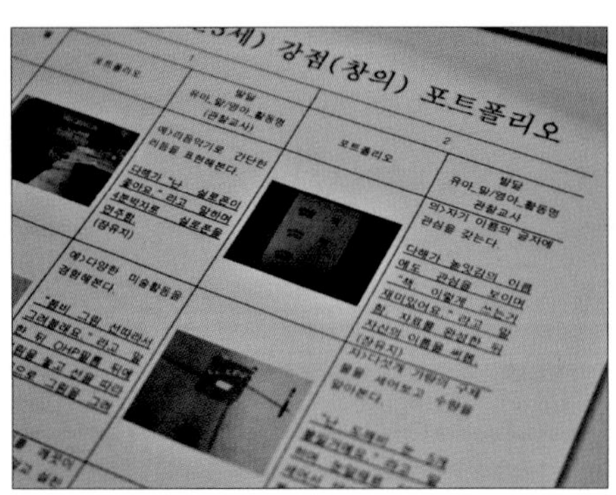

그림 12-25 **지표 1-5 보육과정 평가 1**
영유아 관찰(월 1회), 변화 총평(연 2회) 기록하기

그림 12-26 **지표 1-5 보육과정 평가 2**
평가결과를 부모면담에 반영하기

② 2영역. 보육환경 및 운영관리

지표	항목
2-1. 실내 공간 구성 및 운영	1. 보육실 내 놀이영역은 영유아의 연령, 발달특성 및 놀이를 반영하여 구성한다.
	2. 실내 시설 및 설비가 영유아의 발달수준에 적합하다.
	3. 영유아의 요구를 충족하는 보육실 이외의 별도의 공간을 마련하고 있다.
	4. 비품과 활동자료를 보관하는 별도의 공간이 있고 체계적으로 정리하고 있다.
2-2. 실외 공간 구성 및 운영	1. 옥외놀이터 등을 구비하고 있다.
	2. 영유아의 발달을 지원하는 다양한 놀이 및 활동자료가 준비되어 있다.
	3. 영유아의 발달에 적합한 다양한 바깥놀이 및 활동이 이루어진다.
2-3. 기관 운영	1. 모든 반을 편성 규정에 맞게 운영하고 있다.
	2. 어린이집 운영계획을 수립하여 부모에게 안내한다.
	3. 신규 보육교직원에게 오리엔테이션을 실시하고 있다.
	4. 신입 영유아 적응을 위한 지원을 하고 있다.
2-4. 가정 및 지역사회와의 연계	1. 어린이집을 개방하여 다양한 부모참여와 교육이 이루어진다.
	2. 평소 가정과 다양한 방법으로 소통하고 정기적인 개별면담을 통해 가족을 지원한다.
	3. 지역사회와 연계한 다양한 활동을 실시하고 있다.

그림 12-27 지표 2-1 실내 공간 구성 및 운영
프로그램을 반영해 흥미(놀이)영역으로 구성하기

그림 12-28 지표 2-2 실외 공간 구성 및 운영
발달을 지원하는 다양한 놀이 및 활동자료 구비하기

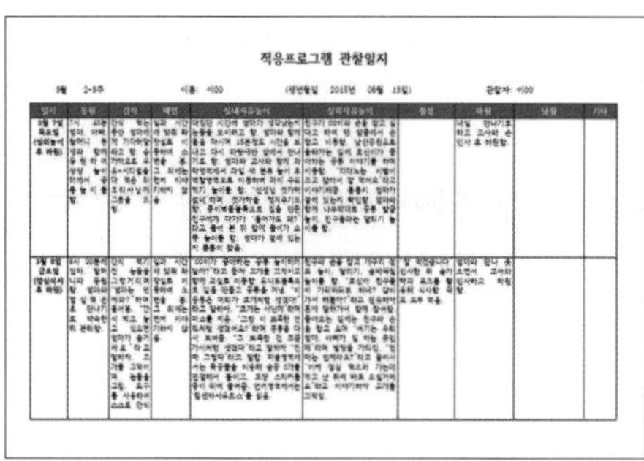

적응프로그램 관찰일지

그림 12-29 지표 2-3 기관 운영

신입 영유아 적응과정과 지원에 대한 관찰 기록하기

그림 12-30 지표 2-4 가정 및 지역사회와의 연계

지역사회 자원연계 활동 월 1회 이상 실행하기

③ 3영역. 건강 · 안전

지표	항목
3-1 실내외 공간의 청결 및 안전	1. 실내외 공간을 청결하고 쾌적하게 관리한다.
	2. 실내외 공간과 설비를 위험요인 없이 안전하게 관리한다.
	3. 실내외 공간의 놀잇감 및 활동자료와 위험한 물건을 안전하게 관리한다.
3-2 급 · 간식	1. 영양의 균형을 고려한 급 · 간식을 제공하고 있다.
	2. 식자재의 구입 · 보관 및 조리공간을 위생적으로 관리하고 있다.
	3. 조리 및 배식과정을 청결하고 위생적으로 관리하고 있다.
3-3. 건강증진을 위한 교육 및 관리	1. 손 씻기, 양치질 등 청결한 위생습관을 실천한다.
	2. 교사는 영유아의 건강상태를 살펴보고 적절하게 지원한다.
	3. 영유아와 보육교직원의 건강증진을 위한 예방관리와 교육을 실시한다.
3-4. 등 · 하원의 안전	1. 교사는 영유아의 출석을 확인하며 인계규정에 따라 귀가지도를 한다.
	2. 영유아는 등원부터 하원까지 성인의 보호하에 있다.
	3. 등 · 하원용 차량을 운행할 경우 안전요건을 갖추어 관리한다.
3-5. 안전교육과 사고예방	1. 영유아를 대상으로 안전교육을 지속적으로 실시하고 있다.
	2. 보육교직원은 안전교육을 받고 영유아 학대 예방 지침을 준수한다.
	3. 안전설비를 비상시 효율적으로 사용할 수 있도록 관리하고 있다.

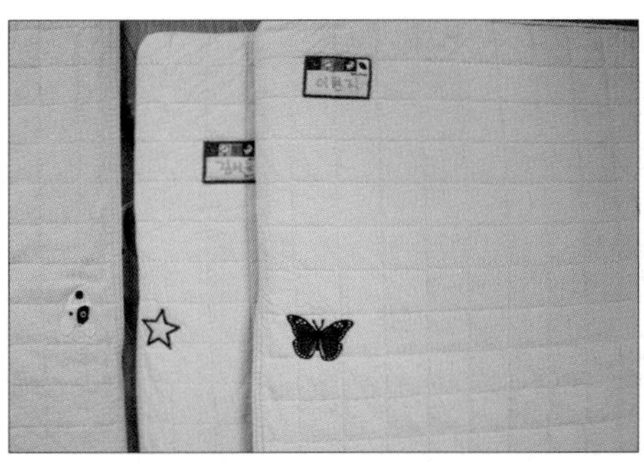

그림 12-31 **지표 3-1 실내외 공간의 청결 및 안전**
구분 표시로 개별 침구를 청결하게 유지하기

그림 12-32 **지표 3-2 급 · 간식 1**
조리실 시설 · 설비(후드, 환풍기, 가전) 청결관리

그림 12-33 **지표 3-2 급 · 간식 2**
배식과정의 위생(위생복, 위생모) 관리하기

그림 12-34 **지표 3-3 건강증진을 위한 교육 및 관리**
손을 씻어야 하는 상황에서 반드시 손 씻기

그림 12-35 **지표 3-4 등 · 하원의 안전**
매일 일과 시작 시 영유아의 등원 여부 확인하기

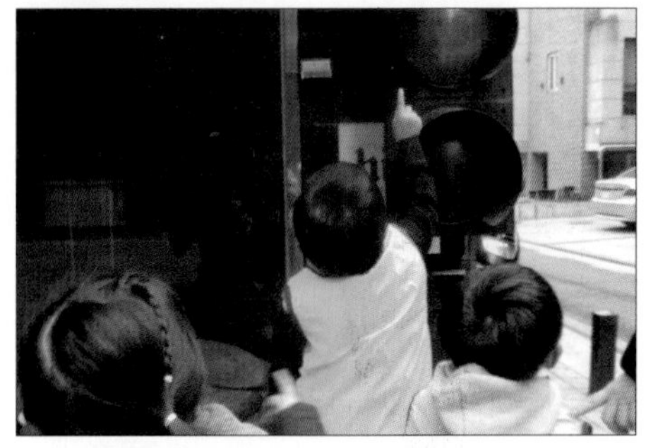

그림 12-36 **지표 3-5 안전교육과 사고예방**
발달에 적합한 안전교육을 정기적으로 실시하기

④ 4영역. 교직원

지표	항목
4-1. 원장의 리더십	1. 원장은 자신의 전문성 향상을 통해 어린이집 발전에 기여한다.
	2. 원장은 보육교직원을 존중한다.
	3. 원장은 건전한 조직문화 조성을 위해 노력한다.
4-2. 보육교직원의 근무환경	1. 교사를 위한 별도 공간을 마련하고 있다
	2. 교사를 위한 개인사물함과 업무지원 설비를 마련하고 있다.
	3. 성인용 화장실을 영유아용과 별도로 설치하여 사용하고 있다.
4-3. 보육교직원의 처우와 복지	1. 보육교직원의 복무와 보수에 관한 규정이 있으며, 이를 준수하고 있다.
	2. 교사의 직무스트레스를 예방하고 관리할 수 있는 서비스를 안내 및 제공한다.
	3. 보육교직원을 위한 복지제도를 운영하고 있다.
4-4. 보육교직원의 전문성 제고	1. 보육교직원의 전문성 제고를 위한 다양한 교육 기회를 부여하고 있다.
	2. 보육교사의 상호작용에 대한 관찰과 지원을 실시하고 있다.
	3. 보육교사에 대한 근무평가를 실시하고 있다.

그림 12-37 지표 4-1 원장의 리더십
철학을 가지고 좋은 조직문화를 만드는 노력하기

그림 12-38 지표 4-2 보육교직원의 근무환경
별도의 공간에 교사실, 개인사물함 마련하기

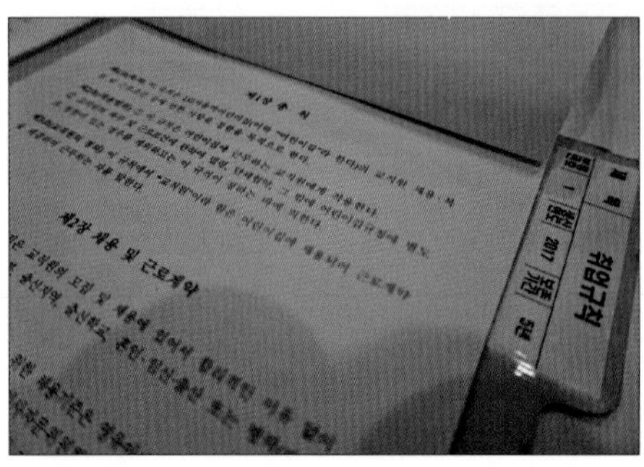

그림 12-39 지표 4-3 보육교직원의 처우와 복지
모든 보육교직원과 근로계약서 작성하기

그림 12-40 지표 4-4 보육교직원의 전문성 제고
상호작용 관찰 후 지원(개별 연 1회 이상) 실시하기

그림 12-41 어린이집 평가제 홈페이지(www.kcpi.or.kr/kce/front/index)

13장

영유아 보육·교육의 과제와 전망

최근까지 우리나라 보육제도와 정책이 양적, 질적 측면에서 괄목할 만하게 성장했음에도 불구하고 우리나라의 보육제도는 앞으로 해결해야 할 여러 가지 과제를 안고 있다. 이 장에서는 제4차 중장기 보육 기본계획의 과제인 종합적 양육지원 강화, 영유아 중심의 보육서비스 질 제고, 보육교직원 전문성 제고 및 역량 강화, 안정적인 보육서비스 기반 구축의 네 가지 측면에서 우리나라 보육의 과제와 전망을 살펴보고자 한다. 또한 유보통합의 흐름을 통해 우리나라 보육제도의 나아갈 방향을 살펴보고자 한다.

1. 제4차 중장기 보육 기본계획

제4차 중장기 보육 기본계획은 '보육 · 양육서비스의 질적 도약으로 모든 영유아의 행복한 성장 뒷받침'이라는 비전을 설정하였으며, 영유아 발달 시기별 최적의 지원 및 보육서비스의 기반을 공고화하기 위해 4개의 중점전략과 16개의 과제를 구성하였다(보건복지부, 2022).

보건복지부		보도자료	
배포일	2022. 11. 24.	담당부서	보육정책관 보육정책과
제4차 중장기 보육 기본계획('23~'27) 수립 공청회 개최			
• '보육서비스 질적 도약'을 위한 정책 의견 수렴			

비전

보육 · 양육서비스의 질적 도약으로 모든 영유아의 행복한 성장 뒷받침

목표	성장발달 시기별 최적의 국가 지원 강화	미래 대응 질 높은 보육 환경 조성	모든 영유아에게 격차 없는 동등한 출발선 보장	
전략	**종합적 양육지원 강화**	**영유아중심 보육서비스 질 제고**	**보육교직원 전문성 제고 및 역량 강화**	**안정적인 보육서비스 기반 구축**
추진과제	• 부모급여 도입으로 양육 비용 경감 • 맞춤형 양육정보 제공으로 부모 양육 역량 강화 • 종합적 육아 지원 서비스 제공 • 육아 건강 · 상담 서비스 지원 강화	• 어린이집 보육 최적의 환경 조성 • 어린이집 품질관리 체계 개편 • 영유아의 건강한 성장 · 발달 지원 및 권리존중 확산 • 놀이중심 보육과정 내실화	• 보육교직원 양성 및 자격체계 고도화 • 보육교직원 전문역량 강화 • 보육교직원 권익 보호 환경 조성 • 보육교직원 근무환경 및 합리적 처우 개선	• 어린이집 안정적 · 효율적 지원체계 마련 • 공공보육 확대 및 내실화 • 인구구조 변화에 따른 보육의 사각 지대 예방 • 지원기관 전달체계, 시스템, 홍보

그림 13-1 **제4차 중장기 보육 기본계획의 추진과제**

출처: 보건복지부, 육아정책연구소, 한국보육진흥원(2022).

1) 종합적 양육지원 강화

우리나라 영아의 어린이집 이용률은 55.0%로 OECD 평균인 36.0% 이상으로 지속적으로 증가하고 있고, 영아가 어린이집을 이용하기 시작하는 시기도 지속적으로 조기화하는 추세이다. 이에 영유아기 종합적인 양육지원 강화라는 목표를 설정하고, 부모급여 도입으로 영아기 양육비용 경감, 종합적 육아 지원 서비스 제공, 맞춤형 양육정보 제공으로 부모 양육역량 강화, 육아 건강 · 상담서비스 지원 강화라는 과제를 제시하였다.

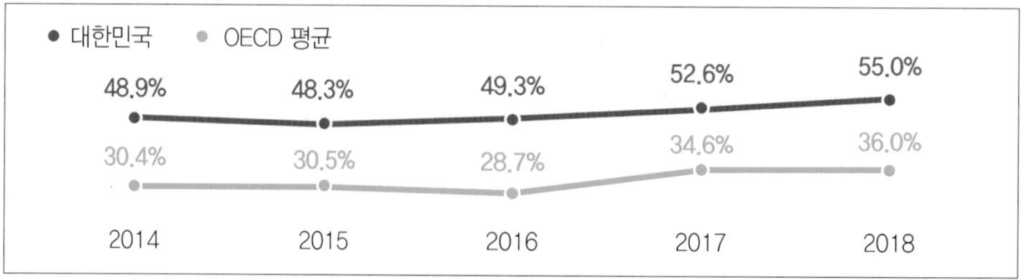

그림 13-2 **영아의 어린이집 이용률**

출처: 보건복지부 외(2022).

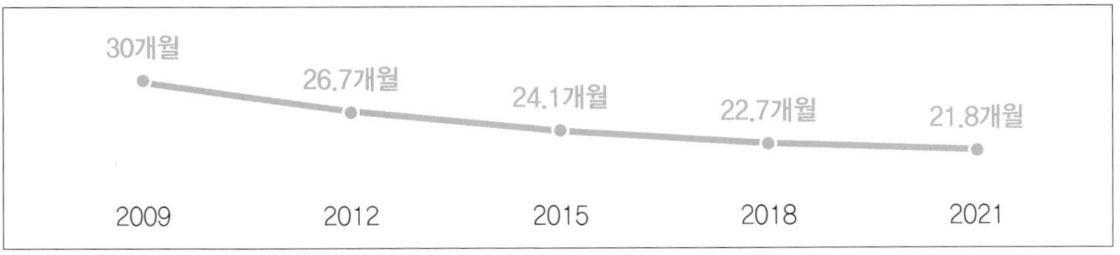

그림 13-3 **어린이집 최초 이용 월령**

출처: 보건복지부 외(2022).

(1) 부모급여 도입으로 양육비용 경감

먼저 부모급여 도입으로 출산과 양육 초기의 부담을 완화하고자 한다. 부모의 양육 선호와 필요를 반영할 수 있도록 양육에 필요한 비용과 어린이집 이용비용을 부모에게 통합해서 지급할 계획이다. 아동에게 지급되는 수당체계를 정비하고, 가정양육 지원체계를 종합적으로 정립하기 위해 아동양육지원법 제정을 검토하고 있다. 또한 양육비 지원 소득 기준 완화를 통해 한부모가족 등 취약가정에 대한 양육비 지원을 확대할 계획이다.

2022년(영아수당)			2023년(부모급여)			2024년(부모급여)		
연령	0세	1세	연령	0세	1세	연령	0세	1세
가정양육	월 30만 원		가정양육	월 70만 원	월 35만 원	가정양육	월 100만 원	월 50만 원
시설이용	월 50만 원		시설이용		월 50만 원	시설이용		

그림 13-4 **부모급여 도입 전후 비교**

출처: 보건복지부 외(2022).

보건복지부	보도자료		
배포일	2023. 1. 19.	담당부서	보육정책관 보육사업기획과

부모급여 신청하시고, 행복한 설날 보내세요

- **신청 결과 1월 25일에 약 25만 명 부모급여 지급 예정**

그림 13-5 2023년부터 부모급여 이렇게 지급합니다

(2) 종합적 육아 지원 서비스 제공

먼저 시간제 보육 서비스를 확대하고자 한다. 접근성이 뛰어난 영아 대상 가정어린이집 등을 중심으로 시간제 보육 제공기관을 확대하고 운영모형을 다양화해 영아기 전국 단위 시간제 보육을 제공하는 기반을 마련할 계획이다. 또한 아이돌봄서비스의 정부지원 확대를 통해 가정에서 돌봄 지원을 강화하고 질적인 수준을 개선하고자 하며, 육아종합지원센터의 확충 및 기능 강화로 지역 간 격차 없는 종합적 양육지원 기반을 마련하고자 한다.

그림 13-6 시간제 보육

출처: 보건복지부 블로그(blog.naver.com/mohw2016).

그림 13-7 2022년 시간제 보육 홍보 영상

(3) 맞춤형 양육정보 제공으로 부모 양육역량 강화

집 근처에서 소통형 부모교육과 정보제공을 확대하고자 한다. 어린이집을 지역사회 거점 양육지원 기관으로 육성해 양육자와 아이가 함께 참여하고 소통하는 양육지원을 강화할 예정이다. 또한 부모교육 체계화로 발달단계에 따른 맞춤형 양육정보를 제공하고자 한다. 여러 기관과 부처에 산재되어 있는 부모교육과 양육정보 콘텐츠를 부모교육 통합 플랫폼에 통합해서 제공해 이용의 편의성을 확보하고, 부모교육 참여를 유도하기 위한 인센티브 연계와 이력관리 등을 통해 일회성이 아닌 지속적인 참여를 유도할 계획이다.

관계부처 합동		보도자료	
배포일	2020. 3. 4.	담당부서	보건복지부 보육사업기획과 보건복지부 복지정보기획과 교육부 유아교육정책과 여성가족부 가족문화과

보육료 · 양육수당 · 유아학비 · 아이돌봄서비스 지원
전국 어디서나 신청하세요

- **3월 11일(수)부터 가까운 읍면동 행정복지센터 어디서나 보육료 · 양육수당 · 유아학비 · 아이돌봄서비스 지원 신청**

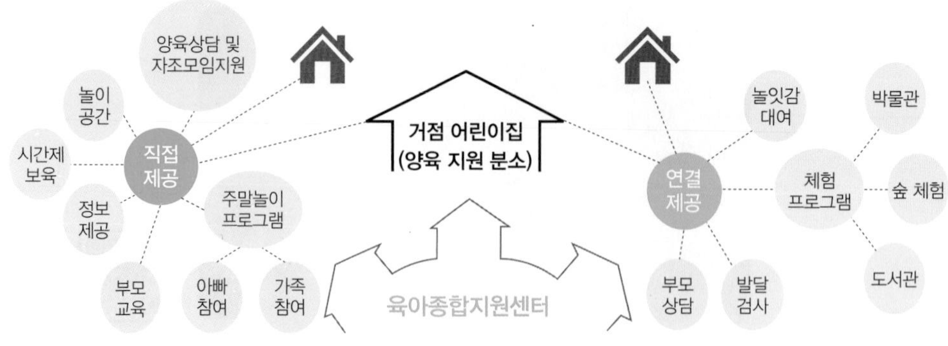

그림 13-8 지역사회 거점형 양육지원 모형

출처: 보건복지부 외(2022).

OR2021-11

학부모 생애주기별
맞춤형 지원 방안 연구

교육부 국가평생교육진흥원 경기도교육연구원

그림 13-9 학부모 생애주기별 맞춤형 지원 방안 연구(2021년)

출처: 학부모On누리 홈페이지(www.parents.go.kr).

(4) 육아 건강 · 상담서비스 지원 강화

영유아의 발달단계와 수준에 따른 검사, 상담 및 서비스의 연계체계를 마련하고자 한다. 이를 위해 육아종합지원센터, 의료기관과 발달지원 기관 간 연계를 통해 영유아 발달검사-상담-치료를 연속적으로 지원할 예정이다. 또한 영유아 건강 · 양육 상담서비스를 확대하고자 한다.

어린이집	육아종합 지원센터	병의원 보건소	발달장애인 지원센터
가정	정보제공 서비스연계	발달검사 및 진단	영유아상담 서비스제공

그림 13-10 장애위험 영유아 조기발견을 위한 지원연계 모형

출처: 보건복지부(2022).

2) 영유아중심 보육서비스 질 제고

생애 초기 시기의 중요성이 사회적으로 강조되면서 영유아 보육서비스의 질을 제고하기 위해 어린이집 보육 최적의 환경 조성, 어린이집 품질관리 체계 개편, 영유아의 건강한 성장 · 발달 지원 및 권리존중 확산, 놀이중심 보육과정 내실화라는 과제를 제시하였다.

(1) 어린이집 보육 최적의 환경 조성

교사와 아동 간 상호작용 개선, 안전사고 예방 등 보육 전반의 질 향상을 위해 현행 어린이집 교사 배치기준을 개선하고자 한다. 현재 교사 대 아동비율은 현재 0세

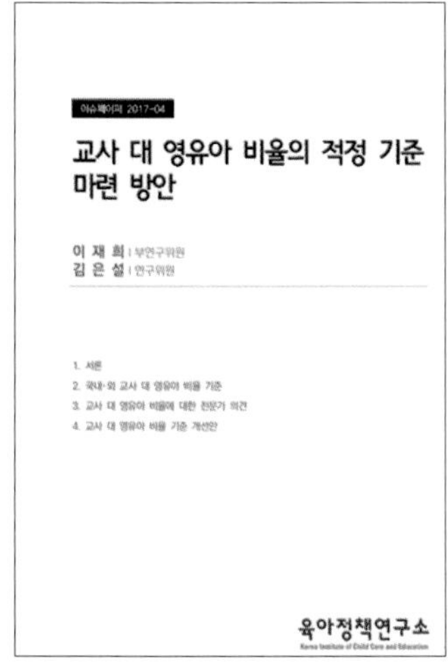

그림 13-11 교사 대 아동 비율에 대한 연구(2017년, 2022년)

반은 교사 1명이 3명의 영아를, 1세반은 5명의 영아를, 2세반은 7명의 영아를, 3세반은 15명의 유아를, 4세반 이상은 20명 이상의 유아를 담당한다. 이러한 기준은 선진국의 교사 대 아동 비율에 비해 높은 수준이므로 적정 기준 마련이 필요하다.

또한 어린이집 공간구성을 개선하고 재구조화한다. 영유아·놀이중심의 보육과정이 추구하는 목표, 발달단계별 특성, 발육상태 등을 고려한 공간의 적정 크기와 공간 구성을 검토해 보육환경 최적화 모델을 마련할 예정이다. OECD에서는 실내공간 기준이 아동 1인당 3.6㎡, 실외공간 기준이 아동 1인당 8.9㎡인 데 비해 현재 우리나라 실내공간 기준은 아동 1인당 2.64㎡이고 실외공간 기준은 아동 1인당 4.29㎡로 공간의 적정 크기에 대한 기준을 개선할 필요가 있다. 어린이집 설치인가 기준을 간소화하고 노후 환경을 개선하기 위한 지원을 강화하고자 한다.

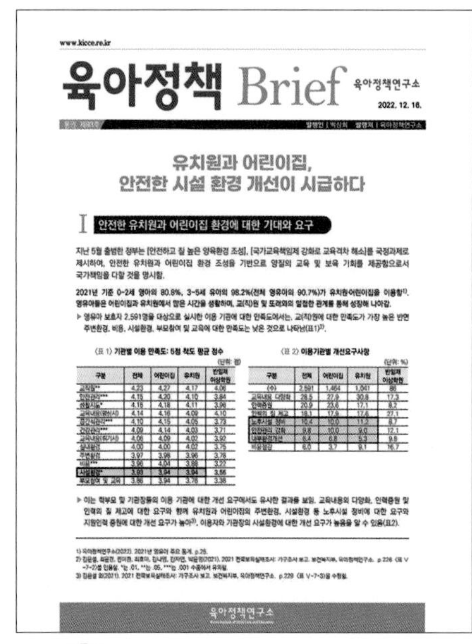

그림 13-12 육아정책 Brief: 유치원과 어린이집, 안전한 시설 환경 개선이 시급하다(2022년)

그림 13-13 아동학대 예방을 위한 유치원 및 어린이집 환경조성 방안(2022년)

(2) 어린이집 품질관리 체계 개편

기존에 어린이집의 자발적 신청에 따라 운영되던 어린이집 평가인증제를 2019년 6월 전체 어린이집을 대상으로 하는 어린이집 평가제로 전환하여 평가관리의 사각지대를 해소하고 어린이집 전체에 대한 보육 품질관리를 실시하고 있다. 그러나 어린이집 평가제는 한국보육진흥원 주도하에 일률적으로 평가가 이루어져 원아의 부모와 어린이집 교직원에 의한 자체평가를 도입하고, 보육교사와 영유아의 상호작용 등 과정적 지표를 컨설팅과 연계하여 평가하고자 하였다. 또한 어린이집 평가결과에 대한 부모의 알 권리를 보장하기 위해 정보 공개를 확대하고자 하였다.

어린이집 평가제 시행에 따른
운영체계 및 지표(안) 공청회

본 자료는 어린이집 평가제 시행 연구용역 결과로
공청회를 위한 자료이며, 최종 확정된 내용이 아닙니다.

2019. 2.

보건복지부 한국보육진흥원

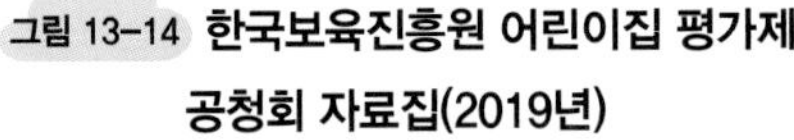

그림 13-14 한국보육진흥원 어린이집 평가제 공청회 자료집(2019년)

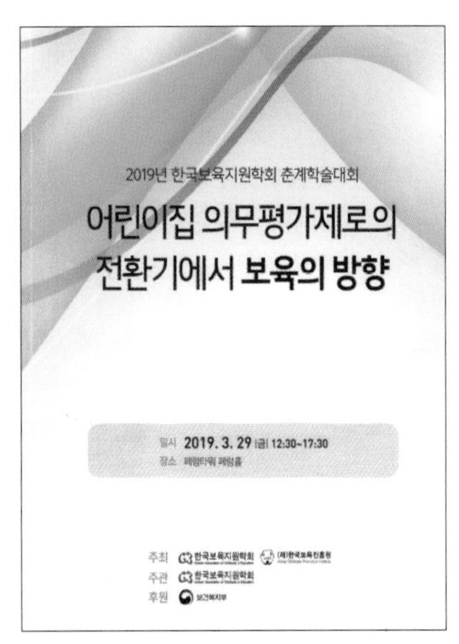

그림 13-15 한국보육지원학회 춘계 학술대회 자료집(2019년)

(3) 영유아의 건강한 성장 · 발달 지원 및 권리존중 확산

먼저 어린이집 안전관리 강화를 위해 안전교육 플랫폼을 통한 보육교직원 안전교육을 의무화하고 어린이통학버스 사고방지를 위한 예방활동을 강화하고자 한다. 또한 영유아의 건강한 발달을 지원하기 위해 집중화된 돌봄이 필요한 아동에 대한 지원을 강화하고, 어린이집 내 영유아의 성행동 문제에 대한 보육교직원과 학부모의 이해도를 제고하기 위해 서비스를 연계하며, 어린이집 건강 안전 지원 기반을 강화하고자 한다.

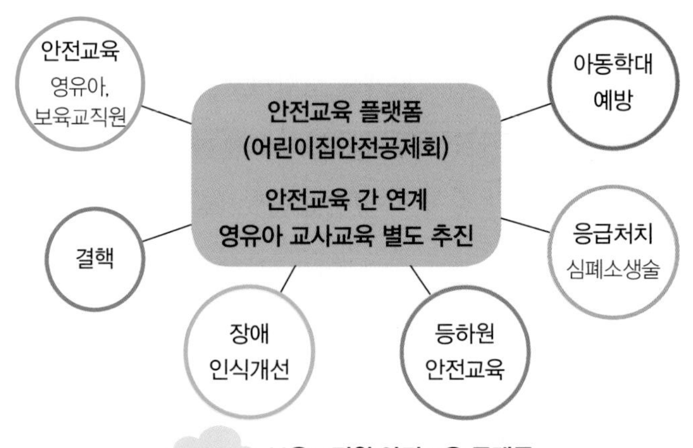

그림 13-16 보육교직원 안전교육 플랫폼

출처: 보건복지부(2022).

보건복지부		보도자료	
배포일	2019. 9. 30.	담당부서	보육사업기획과 보육기반과

어린이집의 회계 투명성 및 통학차량 안전관리 의무를 강화합니다!

- **「영유아보육법 일부개정법률안」 국무회의 의결(10. 1.)**
  - 개정안은 어린이집 운영자나 원장이 어린이집 재산 · 수입을 보육 목적 이외의 용도로 사용한 경우, 1년 이하의 징역 또는 1,000만 원 이하의 벌금 등 형사처벌을 할 수 있고, 반환명령, 운영정지 · 폐쇄, 원장 자격정지, 위반사실 공표 등 행정처분을 할 수 있도록 하여 어린이집 회계 투명성을 강화한다.
  - 또한 어린이집 통학차량에서 모든 아이가 하차하였는지 확인하지 않아 사망 · 중상해 사고가 발생한 경우, 어린이집 시설 폐쇄 및 최대 5년까지 원장 · 보육교사 자격정지 처분을 할 수 있도록 하는 등 통학차량 안전 관리 의무도 강화한다.
  - 더불어, 최초 보육료 등을 수납할 때 어린이집이 보호자에게 보육서비스 내용, 보육료 · 필요경비의 수납목적 및 사용계획, 이용 시 주의사항 등을 설명하도록 근거 규정을 마련한다.

육아종합지원센터	한국양성평등교육진흥원, 해바라기센터	어린이집안전공제회 등	영유아의 건강한 발달 지원
[영유아 발달지원] 보육교사 행동요령 마련 · 배포 영유아 발달 컨설턴트 양성	[어린이집 내 성행동 문제] 보육교직원, 학부모의 이해도 제고를 위한 서비스 연계	[건강안전 기반 강화] 어린이집용 결핵 교육 연계 식자재 안심 구매	

그림 13-17 영유아 건강 안전 기반 강화

출처: 보건복지부(2022).

어린이집 보육교직원의 아동권리 존중 인식 확산을 위해 어린이집 CCTV 직접 열람 근거 마련 및 동료 평가 도입을 검토하고자 한다. 또한 장애아 대상 보육서비스 인프라 및 교사 역량 강화를 위해 장애아 전문 · 통합어린이집을 확대 설치하고, 보육교사 자격 양성체계 개편과 연계하여 대면교육 및 실습 강화 등 장애영유아를 위한 보육교사 자격을 강화할 계획이다.

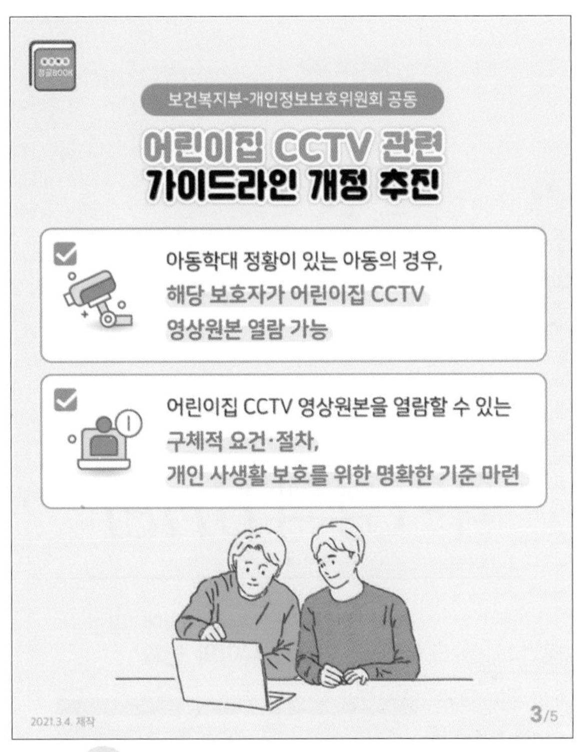

그림 13-18 어린이집 CCTV 관련 가이드라인 개정 추진

출처: 보건복지부 블로그(blog.naver.com/mohw2016).

(4) 놀이중심 보육과정 내실화

영유아의 자율성과 창의성을 높이는 방향으로 2019년 7월 누리과정을 개정하고, 2020년 9월 제4차 어린이집 표준보육과정을 시행하여 보육과정을 개편하였다. 이에 표준보육과정에 대한 체계적인 관리를 하고자 한다. 영유아 · 놀이중심 표준보육과정에 대한 보육현장의 인식 및 현장적용과정 모니터링을 통해 개선 방향을 모색하고, 보육과정 맞춤형 컨설팅 체계를 마련해 현장지원을 강화할 계획이다. 또한 부모 참여 활성화를 통해 영유아가 행복한 보육환경을 조성하고자 한다. 이를 위해 열린어린이집을 확대하여 어린이집 물리적 공간 개방 및 보육프로그램, 어린이집 운영에 이르기까지 부모의 일상적 참여를 도모할 예정이다. 또한 장애 영유아를 위한 교육과정 개선과 취학 직전 연령 대상 특별활동 내실화 방안도 마련하고자 한다.

그림 13-19 2019 개정 누리과정 토론회 및 공청회 자료집(2018년, 2019년)

출처: 육아정책연구소 홈페이지(www.kicce.re.kr).

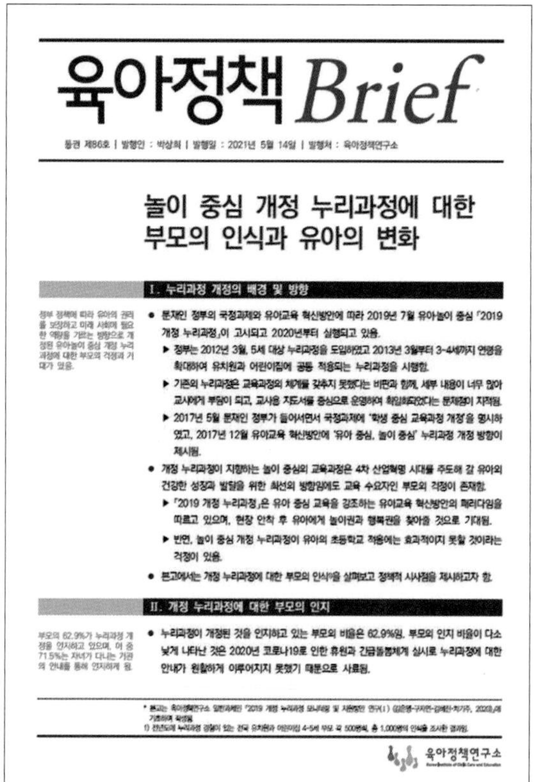

육아정책 *Brief*

통권 제86호 | 발행인 : 박상희 | 발행일 : 2021년 5월 14일 | 발행처 : 육아정책연구소

놀이 중심 개정 누리과정에 대한 부모의 인식과 유아의 변화

Ⅰ. 누리과정 개정의 배경 및 방향

정부 정책에 따라 유아의 권리를 보장하고 미래 사회에 필요한 역량을 기르는 방향으로 개정된 유아놀이 중심 개정 누리과정에 대한 부모의 걱정과 기대가 있음.

- 문재인 정부의 국정과제와 유아교육 혁신방안에 따라 2019년 7월 유아놀이 중심 「2019 개정 누리과정」이 고시되고 2020년부터 실행되고 있음.
  - ▶ 정부는 2012년 3월, 5세 대상 누리과정을 도입하였고 2013년 3월부터 3~4세까지 연령을 확대하여 유치원과 어린이집에 공통 적용되는 누리과정을 시행함.
  - ▶ 기존의 누리과정은 교육과정의 체계를 갖추지 못했다는 비판과 함께, 세부 내용이 너무 많아 교사에게 부담이 되고, 교사용 지도서를 중심으로 운영하여 획일화되었다는 문제점이 지적됨.
  - ▶ 2017년 5월 문재인 정부가 들어서면서 국정과제에 '학생 중심 교육과정 개정'을 명시하였고, 2017년 12월 유아교육 혁신방안에 '유아 중심, 놀이 중심' 누리과정 개정 방향이 제시됨.
- 개정 누리과정이 지향하는 놀이 중심의 교육과정은 4차 산업혁명 시대를 주도해 갈 유아의 건강한 성장과 발달을 위한 최선의 방향임에도 교육 수요자인 부모의 걱정이 존재함.
  - ▶ 「2019 개정 누리과정」은 유아 중심 교육을 강조하는 유아교육 혁신방안의 패러다임을 따르고 있으며, 현장 안착 후 유아에게 놀이권과 행복권을 찾아줄 것으로 기대됨.
  - ▶ 반면, 놀이 중심 개정 누리과정이 유아의 초등학교 적응에는 효과적이지 못할 것이라는 걱정이 있음.
- 본고에서는 개정 누리과정에 대한 부모의 인식1)을 살펴보고 정책적 시사점을 제시하고자 함.

Ⅱ. 개정 누리과정에 대한 부모의 인지

부모의 62.9%가 누리과정 개정을 인지하고 있으며, 이 중 71.5%는 자녀가 다니는 기관의 안내를 통해 인지하게 됨.

- 누리과정이 개정된 것을 인지하고 있는 부모의 비율은 62.9%임. 부모의 인지 비율이 다소 낮게 나타난 것은 2020년 코로나19로 인한 휴원과 긴급돌봄체계 실시로 누리과정에 대한 안내가 원활하게 이루어지지 못했기 때문으로 사료됨.

* 본고는 육아정책연구소 일반과제인 「2019 개정 누리과정 모니터링 및 지원방안 연구(Ⅰ)」(김은영·구자연·김혜진·차기주, 2020)에 기초하여 작성됨.
1) 전년도에 누리과정 경험이 있는 전국 유치원과 어린이집 4-5세 부모 각 500명씩, 총 1,000명의 인식을 조사한 결과임.

육아정책연구소

그림 13-20 육아정책 Brief: 놀이중심 개정 누리과정에 대한 부모의 인식과 유아의 변화(2021년)

보건복지부	보도자료		
배포일	2021. 6. 14.	담당부서	보육기반과

열린어린이집 정보 이제 쉽게 확인하세요

• **열린어린이집 운영 · 관리 시스템 도입**

※ 열린어린이집 ☞ 어린이집의 물리적 구조 · 프로그램 운영에서 개방적이고 부모의 일상적 참여가 이루어지는 어린이집으로 시군구청장이 선정한 어린이집

3) 보육교직원 전문성 제고 및 역량 강화

보육교직원의 전문성 함양과 근무환경 개선의 한계로 인해 보육교직원 전문성 제고 및 역량 강화가 필요하다. 이를 위해 보육교직원 양성 및 자격체계 고도화, 보육교직원 전문역량 강화, 보육교직원 권익 보호 환경 조성, 보육교직원 근무환경 및 합리적 처우개선을 제안하였다.

(1) 보육교직원 양성 및 자격체계 고도화

보육교사의 전문성 강화를 위해 보육교사 양성체계 개편 방안을 마련하고자 한다. 유보통합 추진과정에서 학과제 방식 등 단계적 양성체계 개편 방안을 마련할 예정이다. 또한 유보통합에 따른 자격제도 통합에 대비해 보육교직원의 자격기준을 조정하고, 직위체계 및 배치기준 개선 방안을 마련하고자 한다.

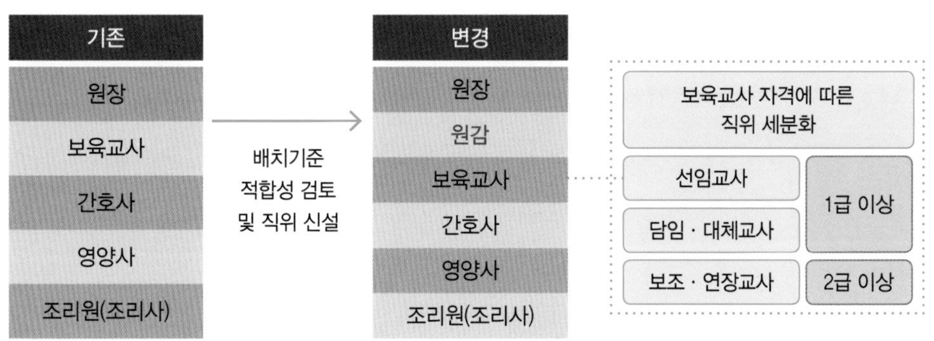

그림 13-21 보육교직원 직종 · 직위체계 변경 개선방안

출처: 보건복지부(2022).

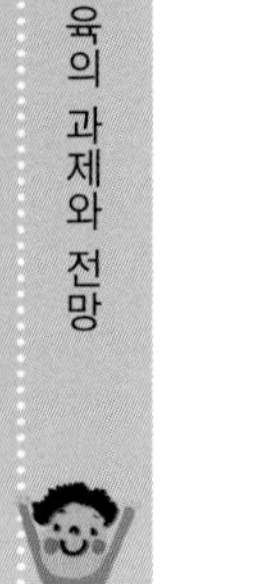

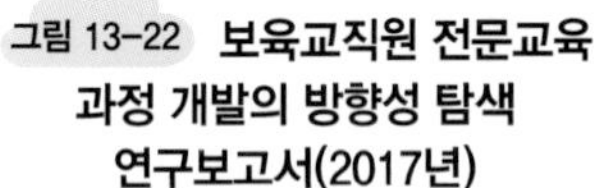

그림 13-22 **보육교직원 전문교육 과정 개발의 방향성 탐색 연구보고서(2017년)**

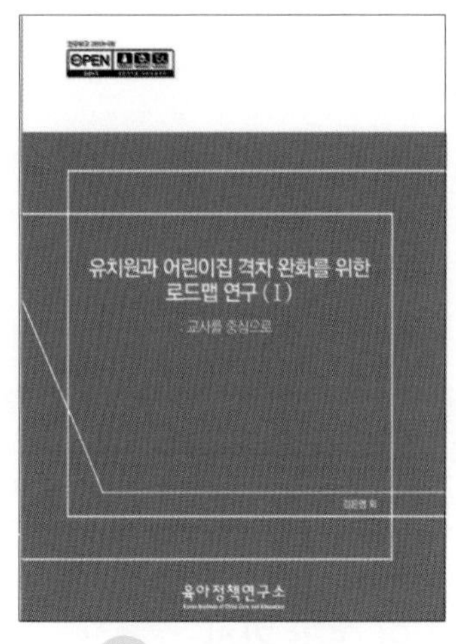

그림 13-23 **유치원과 어린이집 격차 완화를 위한 로드맵 연구보고서(2018년)**

그림 13-24 **유치원과 어린이집 교사 격차 완화를 위한 정책토론회 자료집(2018년)**

(2) 보육교직원 전문역량 강화

보육교사 양성체계 개편에 따라 실무 중심의 교육과정으로 개선하여 보육교직원의 현장 전문성을 강화하고자 한다. 또한 보수교육 관리 체계를 효율화하고 수요자 중심의 보수교육 여건을 조성하고자 한다. 이를 위해 보수교육 수강저축제를 운영하여 보육교사 및 어린이집의 부담을 완화하고 대면 및 비대면 교육운영의 혼합형 교육과정을 도입할 계획이다. 보수교육 수강저축제란 보수교육을 이수하는 기간 내 수강자가 자유롭게 교육시간을 나누어 이수하는 제도를 뜻한다.

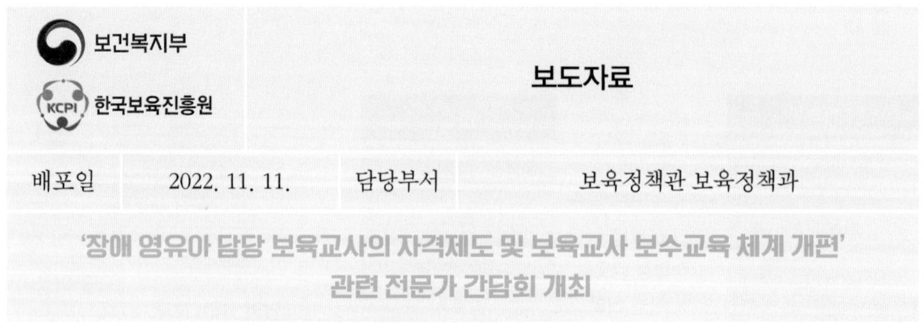

보건복지부 한국보육진흥원	보도자료		
배포일	2022. 11. 11.	담당부서	보육정책관 보육정책과

'장애 영유아 담당 보육교사의 자격제도 및 보육교사 보수교육 체계 개편' 관련 전문가 간담회 개최

(3) 보육교직원 권익 보호 환경 조성

지방자치단체가 보육교직원 인권 보호 조례를 제정할 수 있도록 권고하는 등 보육교직원의 권리보호를 위한 근거를 마련하고 보육교직원 권익 보호 매뉴얼을 기반으로 한 교육을 시행하고자 한다. 보육교직원 권익 보호 매뉴얼이란 어린이집 내 갑질 및 괴롭힘, 감정노동 등 권익 침해 사례 유형별 대응방안과 보육교사 권익 증진을 위한 대상별(교사, 원장, 학부모 등) 지침을 담은 매뉴얼을 뜻한다. 또한 보육교직원 고충처리 및 심리 건강 증진을 위한 지원을 확대하고자 한다. 육아종합지원센터와 노동청을 연계해 고충처리를 지원하고, 보육교직원을 대상으로 마음성장 프로젝트와 연계해 전문적 심리건강 지원 서비스를 확대해서 실시할 계획이다.

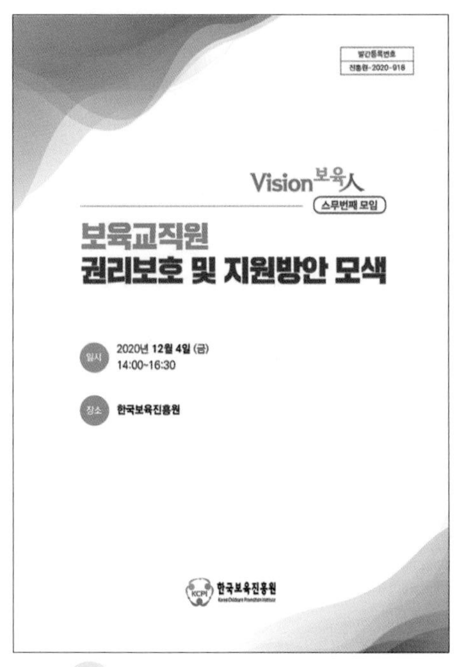

그림 13-25 보육교직원 권리보호 및 지원방안 모색 자료집(2020년)

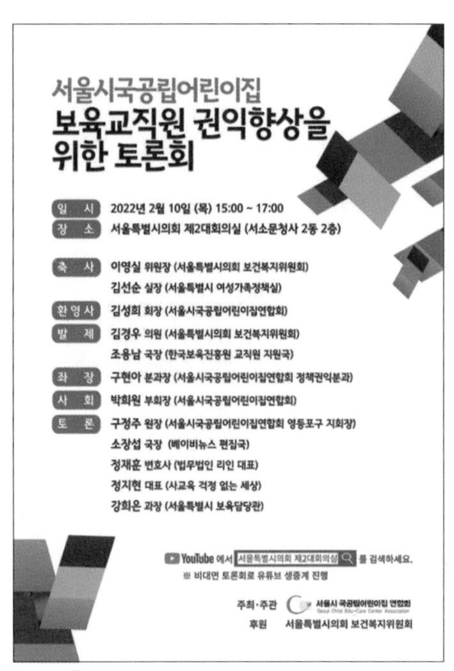

그림 13-26 보육교직원 권익향상을 위한 토론회 자료집(2022년)

(4) 보육교직원 근무환경 및 합리적 처우개선

보육교사의 휴식권을 보장하기 위해 비담임 교사인력인 보조교사, 대체교사 지원을 확대하고 교사의 휴게시간과 보육의 질을 보장하고자 한다. 또한 「사회복지사 등의 처우 및 지위 향상을 위한 법률」 등을 참고하여 보육교직원의 합리적 처우 개선을 위한 근거를 마련하고, 민간 · 가정 어린이집 보육교사의 적정 급여 지원 방안을 마련하고자 한다.

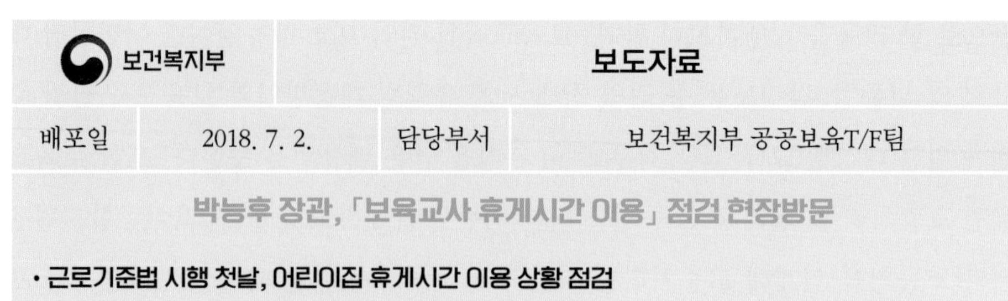

보건복지부		보도자료	
배포일	2018. 7. 2.	담당부서	보건복지부 공공보육T/F팀

박능후 장관, 「보육교사 휴게시간 이용」 점검 현장방문

• 근로기준법 시행 첫날, 어린이집 휴게시간 이용 상황 점검

그림 13-27 보육교사 '쉬는 시간 보장' … '보육서비스 질 향상'

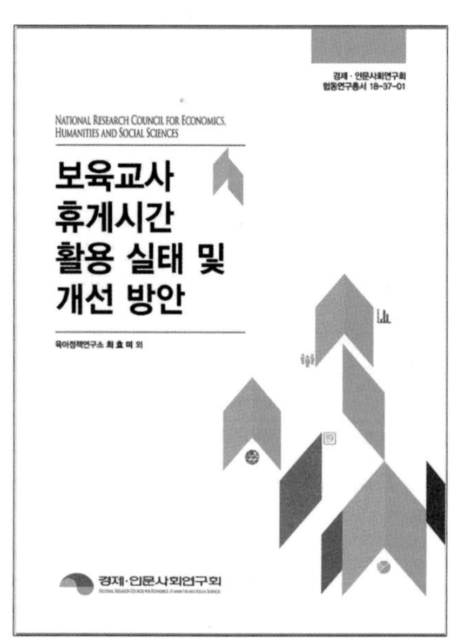

그림 13-28 보육교사 휴게시간 활용 실태 및 개선 방안 보고서(2018년)

4) 안정적인 보육서비스 기반 구축

저출산의 장기화로 인해 전체 영유아 수 감소가 본격화되어 우리나라 합계출산율은 0.81명('21년)으로 역대 최저 수준을 기록하고 있다. 이와 함께 영아 대상 가정어린이집의 폐원이 가속화되어 어린이집 감소 등 공급구조의 전환이 이루어지고 있다. 이러한 상황에서 안정적인 보육서비스 기반 구축을 위해 어린이집 안정적 · 효율적 지원체계 마련, 공공보육 확대 및 내실화, 인구구조 변화에 따른 보육의 사각지대 예방, 전달체계, 시스템, 홍보 고도화라는 과제를 제시하였다.

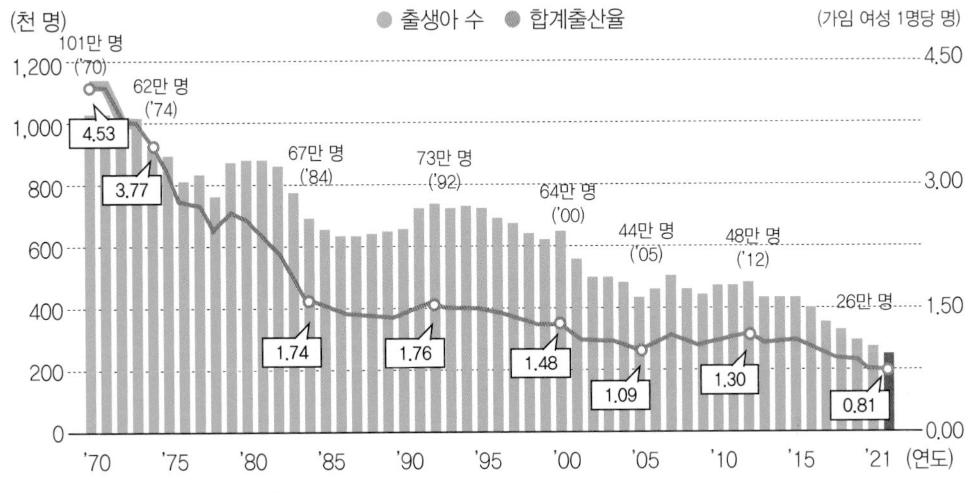

그림 13-29 연도별 출생아 수 및 합계출산율(1970~2021년)

출처: 보건복지부 외(2022).

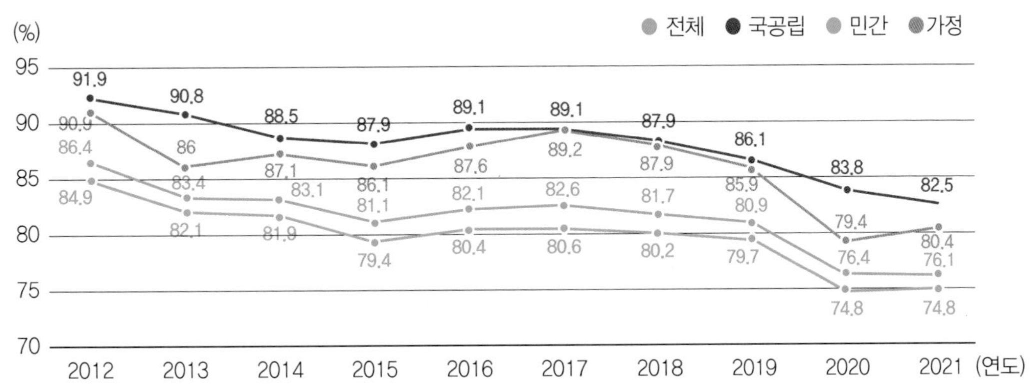

그림 13-30 연도별 어린이집 정원 충족률

출처: 보건복지부 외(2022).

(1) 어린이집 안정적 · 효율적 지원체계 마련

먼저 표준보육비용 고도화로 근거에 기반한 비용지원을 강화하고자 한다. 표준보육비용이란 영유아에게 일정한 보육서비스를 제공할 때 필요한 비용을 뜻한다. 이전과 다르게 어린이집 규모와 유형에 따라 다양한 모형을 산출해 실제 어린이집 운영 현실을 반영한 비용을 지원할 계획이다. 또한 어린이집 비용지원체계 정비와 합리적 규제 개선을 추진하고자 기본보육 외 연장보육, 휴일보육 기준 및 지원 합리화를 검토하고 있다. 보육재정 모니터링 및 효율적 집행을 위한 시스템을 마련하고, 보육서비스와 유아교육이 형평성 있게 제공되도록 안정적으로 재원을 확보할 예정이다.

보건복지부		보도자료	
배포일	2019. 6. 20.	담당부서	보육정책과 보육사업기획과

국공립·직장어린이집 등 공공보육 이용 아동 증가 추세('15년 21.4% →'18년 25.2%), 학부모 만족도도 공공보육 시설이 높아, 표준보육비용은 1,017천 원(0세반)~396천 원(5세반)으로 계측

- 보건복지부 '18년도 보육실태조사 및 표준보육비용 계측결과 발표
- 부모가 선호하는 최우선 육아정책은 '국공립어린이집 확충'
- 보육교사 보수수준, 근로시간 및 휴게시간 전반적으로 개선
- 표준보육비용은 0세반 기준 1,017천 원으로 3년 전보다 22% 증가
- 정부, 국공립 어린이집 매년 550개 이상 확충 등 조사결과를 정책에 적극 반영 계획

보건복지부		보도자료	
배포일	2021. 12. 7.	담당부서	보육정책과 보육사업기획과 보육기반과

중앙보육정책위원회 개최, 표준보육비용 조사계획 보고(12. 7.)

- 2022년 표준보육비용 조사계획 보고
- 2021년 보육실태조사 추진 경과 및 향후 계획 보고
- '다(多)가치 보육 어린이집' 시범사업 경과 및 계획 보고
- 어린이집 코로나19 대응 경과 및 향후 계획 보고
- 어린이집 아동학대 예방 및 대응 매뉴얼 개정 경과 보고

(2) 공공보육 확대 및 내실화

먼저 부모의 수요가 높은 국공립어린이집의 지속적 확충과 균형 배치로 보육서비스의 공공성을 강화하고자 한다. 2019년 9월부터 신규 500세대 이상 아파트에 국공립어린이집 설치를 의무화하였는데, 이에 더해 국공립어린이집 품질 향상과 보육서비스 공급 인프라가 취약한 지역을 포함해 균형 있는 국공립 시설 확충을 계획하고 있다. 또한 설립 주체에서 수행기능 중심으로 공공보육 개념을 재정립해 지역 내에서 공공성 높은 보육을 제공하는 민간설립 어린이집의 공공보육 체계 편입을 검토하고 있다.

그림 13-31 국공립어린이집 의무화

출처: 보건복지부 블로그(blog.naver.com/mohw2016).

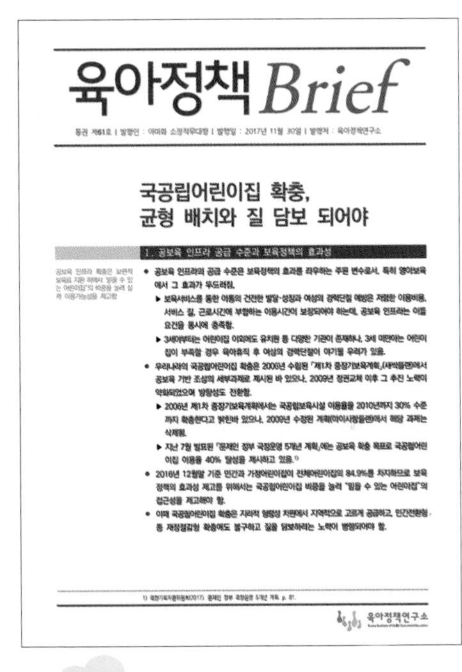

육아정책 Brief

국공립어린이집 확충,
균형 배치와 질 담보 되어야

I. 공보육 인프라 공급 수준과 보육정책의 효과성

- 공보육 인프라의 공급 수준은 보육정책의 효과를 좌우하는 주된 변수로서, 특히 영아보육에서 그 효과가 뚜렷해짐.
  - ▶ 보육서비스를 통한 아동의 건전한 발달·성장과 여성의 경력단절 예방은 저렴한 이용비용, 서비스 질, 근로시간에 부합하는 이용시간이 보장되어야 하는데, 공보육 인프라는 이들 요건을 동시에 충족함.
  - ▶ 3세이후터는 어린이집 이외에도 유치원 등 다양한 기관이 존재하나, 3세 미만아는 어린이집이 부족할 경우 육아휴직 후 여성의 경력단절이 야기될 우려가 있음.
- 우리나라의 국공립어린이집 확충은 2006년 수립된 「제1차 중장기보육계획」(새싹플랜)에서 공보육 기반 조성의 세부과제로 제시된 바 있으나, 2009년 정권교체 이후 그 추진 노력이 약화되었으며 방향성도 전환함.
  - ▶ 2006년 제1차 중장기보육계획에서는 국공립보육시설 이용률을 2010년까지 30% 수준까지 확충한다고 밝힌바 있으나, 2009년 수정된 계획(아이사랑플랜)에서 해당 과제는 삭제됨.
  - ▶ 지난 7월 발표된 「문재인 정부 국정운영 5개년 계획」에는 공보육 확충 목표로 국공립어린이집 이용률 40% 달성을 제시하고 있음.[1)]
- 2016년 12월말 기준 민간과 가정어린이집이 전체어린이집의 84.9%를 차지하므로 보육정책의 효과성 제고를 위해서는 국공립어린이집 비중을 늘려 "믿을 수 있는 어린이집"의 접근성을 제고해야 함.
- 이때 국공립어린이집 확충은 지리적 형평성 차원에서 지역적으로 고르게 공급하고, 민간전환형 등 재정절감형 확충에도 불구하고 질을 담보하려는 노력이 병행되어야 함.

육아정책연구소

그림 13-32 육아정책 Brief: 국공립어린이집 확충, 균형 배치와 질 담보되어야(2017년)

한편, 직장어린이집 설치 확대 및 체계적 관리를 지원하고자 한다. 실태조사 및 이행강제금 부과 등 사업장의 직장어린이집 직접 설치 독려로 직장어린이집 설치 의무 이행률은 2017년 1053개소에서 2022년 10월 1290개소로 확대되었으나, 직장어린이집 지원제도(설치비, 인건비 등)를 체계적으로 관리할 수 있도록 '직장보육지원시스템'을 구축할 계획이다.

육아정책 Brief

통권 제69호 | 발행인 : 백선희 | 발행일 : 2018년 8월 13일 | 발행처 : 육아정책연구소

직장어린이집 설치 의무제도, 새로운 방향을 모색할 때!

Ⅰ. 직장어린이집의 중요성

부모들은 직장어린이집에 대해 지속적으로 높은 선호와 만족도를 나타냄.

- 초저출산의 위기 속에서 여성의 경력단절을 막고 경제활동을 활성화하며 일과 가정 양립이라는 사회적 요구에 부응하는 보육환경이 절실함.
  - ▶ 여성의 사회 활동 확대에 의한 맞벌이 가구 증가에도 일과 가정을 양립하는 데 어려움이 없도록 질 높은 보육서비스가 제공되어야 함.
  - ▶ 육아휴직을 이용할 수 없는 경우이거나 육아휴직 후 바로 보육서비스가 필요한 경우를 위한 어린 연령 보육 지원이 특히 필요함.
- 직장어린이집은 부모들이 지속적으로 선호하고 만족하는 보육 유형임.
  - ▶ 주거지와 근접한 국공립어린이집을 제외하고는 직장어린이집을 가장 선호함.
  - ▶ 2012년 보육실태조사에 이어 2015년 보육실태조사에서도 직장어린이집에 대한 부모의 만족도가 높음.
- 정부는 부모의 만족도가 높은 직장어린이집의 활성화를 위하여 직장어린이집 설치 의무사업장의 의무 이행을 높이는 정책을 추진해오고 있음.
- 직장어린이집에 대한 정부의 방향성을 유지하고 보육의 공공성을 확보하는 의미에서 직장어린이집 설치 의무제도의 한계에 대한 고찰과 새로운 방향 모색이 필요함.
  - ▶ 부모들에게는 보육의 질뿐만 아니라 접근성도 중요한 요인이므로 직장어린이집에 대한 현실적인 검토가 필요함.
  - ▶ 무상보육이 실현되고 있는 현 시점에서 직장어린이집의 설치 의무제도와 적용에 대한 새로운 접근이 요구됨.

Ⅱ. 직장어린이집 설치 의무제도와 의무 이행 현황

의무사업장의 직장어린이집 설치율은 증가세에 있으나 대체수단인 위탁보육도 함께 증가함.

- 직장어린이집 설치 의무제도란?
  - ▶ 상시 여성 근로자 300명 이상 또는 근로자 500명을 고용하고 있는 단위사업장에게 직장어린이집을 의무적으로 설치하도록 함.[1)2)]

1) 보건복지부(2017). 보육사업안내. pp. 6-7.
2) '단위사업장'은 사업이 행해지고 있는 인적·물적 시설이 존재하는 장소적 범위를 중심으로 보는 개념이고, '상시근로자'는 전체 기업 규모가 아닌 단위사업장의 임시직, 정규직, 일용직 등을 총망라하여 평균적으로 사용하는 근로자임.

육아정책연구소

그림 13-33 육아정책 Brief: 직장어린이집 설치 의무제도, 새로운 방향을 모색할 때(2018년)

보건복지부		보도자료	
배포일	2022. 8. 26.	담당부서	보육정책관 보육정책과

직장어린이집 설치 의무 실태조사 불응 시 과태료 부과 입법예고

• 「영유아보육법 시행령」 개정안 입법예고(8. 26.~10. 6.)

보건복지부		보도자료	
배포일	2022. 11. 28.	담당부서	보육정책관 보육정책과

직장어린이집 설치 의무 실태조사 불응 시 과태료 최대 1억 원 부과

• 「영유아보육법 시행령」 일부개정령안 국무회의 의결(11. 29.)

(3) 인구구조 변화에 따른 보육의 사각지대 예방

저출생 현상 장기화로 어린이집 경영악화 및 어린이집의 폐원이 가속화되어 인구감소지역 등을 중심으로 인프라 공백, 질 저하가 예상되므로 보육서비스 취약지역 진단기준을 개발하고 보육취약지역을 지정해 지원하고자 한다. 또한 농어촌 및 인구감소지역 등 취약지역 어린이집의 보육교사 적정 수급을 위한 인센티브 강화 등 방안을 마련하고자 한다. 합리적 규모의 어린이집 운영 기준을 마련하고, 최소한의 보육서비스 품질이 유지되는 적정 정원 규모에 대한 분석을 통해 어린이집의 지나친 영세화를 방지하는 방안을 마련할 예정이다.

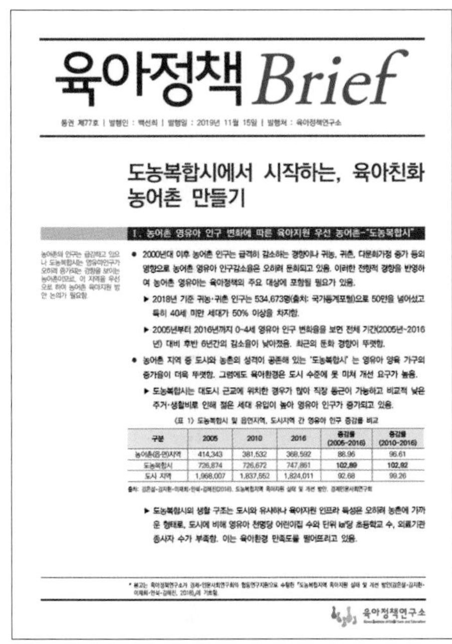

육아정책 Brief

통권 제77호 | 발행인 : 백선희 | 발행일 : 2019년 11월 15일 | 발행처 : 육아정책연구소

도농복합시에서 시작하는, 육아친화 농어촌 만들기

I. 농어촌 영유아 인구 변화에 따른 육아지원 우선 농어촌-"도농복합시"

- 2000년대 이후 농어촌 인구는 급격히 감소하는 경향이나 귀농, 귀촌, 다문화가정 증가 등의 영향으로 농어촌 영유아 인구감소율은 오히려 둔화되고 있음. 이러한 전향적 경향을 반영하여 농어촌 영유아는 육아정책의 주요 대상에 포함될 필요가 있음.
  - ▶ 2018년 기준 귀농·귀촌 인구는 534,673명(출처: 국가통계포털)으로 50만을 넘어섰고 특히 40세 미만 세대가 50% 이상을 차지함.
  - ▶ 2005년부터 2016년까지 0~4세 영유아 인구 변화율을 보면 전체 기간(2005년~2016년) 대비 후반 6년간의 감소율이 낮아졌음. 최근의 둔화 경향이 뚜렷함.
- 농어촌 지역 중 도시와 농촌의 성격이 공존해 있는 '도농복합시'는 영유아 양육 가구의 증가율이 더욱 뚜렷함. 그럼에도 육아환경은 도시 수준에 못 미쳐 개선 요구가 높음.
  - ▶ 도농복합시는 대도시 근교에 위치한 경우가 많아 직장 통근이 가능하고 비교적 낮은 주거·생활비로 인해 젊은 세대 유입이 높아 영유아 인구가 증가되고 있음.

〈표 1〉 도농복합시 및 읍면지역, 도시지역 간 영유아 인구 증감률 비교

구분	2005	2010	2016	증감률 (2005-2016)	증감률 (2010-2016)
농어촌(읍·면)지역	414,343	381,532	368,592	88.96	96.61
도농복합시	726,874	726,672	747,861	102.89	102.92
도시 지역	1,968,007	1,837,552	1,824,011	92.68	99.26

  - ▶ 도농복합시의 생활 구조는 도시와 유사하나 육아지원 인프라 특성은 오히려 농촌에 가까운 형태로, 도시에 비해 영유아 천명당 어린이집 수와 단위 ㎢당 초등학교 수, 의료기관 종사자 수가 부족함. 이는 육아환경 만족도를 떨어뜨리고 있음.

육아정책연구소

그림 13-34 육아정책 Brief: 도농복합시에서 시작하는, 육아친화농어촌 만들기(2019년)

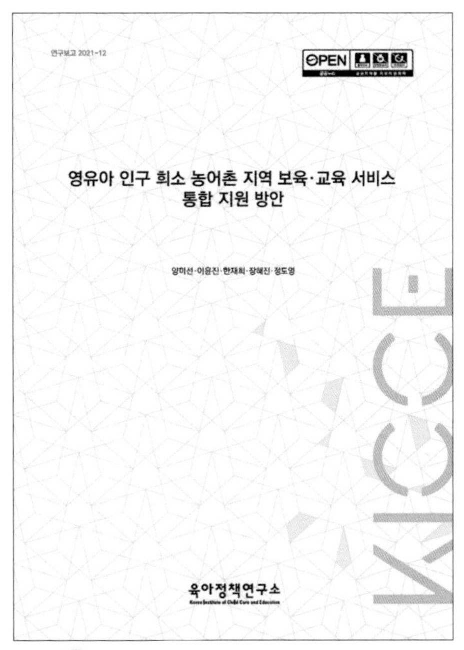

연구보고 2021-12

영유아 인구 희소 농어촌 지역 보육·교육 서비스 통합 지원 방안

양미선·이윤진·한재희·장혜진·정도영

육아정책연구소

그림 13-35 영유아 인구 희소 농어촌 지역 보육·교육 서비스 통합 지원 방안 연구(2021년)

한편, 어린이집 소규모화에 대응한 공동브랜드화를 지원하고자 한다. 어린이집 경영악화 및 보육서비스 질 저하 극복을 위해 어린이집 협력을 통한 규모화 및 품질 향상 모델을 개발하고 품질 지원 사업을 추진할 계획이다. 이는 4~5개 어린이집을 하나의 그룹으로 묶어 아이들을 함께 키우는 것을 의미한다.

그림 13-36 보육모델

출처: 보건복지부 외(2022).

(4) 지원기관 등 전달체계, 시스템, 홍보 고도화

먼저, 지방자치단체와의 협력체계를 구축하고자 한다. 중앙에서는 지역 특수성을 반영한 보육 · 양육지원 모델 개발 및 규제 개선으로 맞춤형 정책 추진 독려 및 지역별 편차 완화 · 조정 기능을 강화하고, 지자체에서는 상호 정책 공유를 통해 지역 특수성을 반영한 우수 제도와 사업 사례의 확산을 도모할 계획이다.

공공전달체계의 기능도 강화하고자 한다. 한국보육진흥원은 보육과 양육의 통합 지원 기능을 수행하고, 육아종합지원센터는 지역사회 허브(hub) 기관으로 위상을 정립하며, 어린이집안전공제회는 어린이집 안전사고 예방 및 관리 기관으로서의 기능을 강화하고자 한다. 또한 보육통합정보시스템을 활용해 빅데이터 플랫폼을 구축하고자 한다. 보육업무 지원의 효율성과 이용자 편의성 제고를 위한 시스템 재구축을 추진할 예정이다. 또한 부모급여 도입, 어린이집 평가 개편 등 적극적 정책 홍보를 통해 보육정책 체감도 제고, 부모 · 보육현장과의 소통을 강화한다.

보건복지부		보도자료	
배포일	2019. 1. 21.	담당부서	보건복지부 보육정책과 (재) 한국보육진흥원

'한국보육진흥원 설립위원회' 발족, 법정기관 출범 본격 추진

• 법정기관에 맞게 정관 · 규정, 조직 정비 방안 등 마련 착수

보건복지부	보도자료		
배포일	2018. 3. 18.	담당부서	공공보육T/F팀

독감에 걸린 어린이집 선생님, 걱정 마세요!
육아종합지원센터가 대체교사 보내 드려요.

보건복지부 어린이집안전공제회	보도자료		
배포일	2019. 11. 1.	담당부서	보건복지부 보육정책과 어린이집안전공제회

어린이집 안심 보육, 어린이집안전공제회와 함께 지킵니다

- **공제회 창립 10돌 맞아 기념식 및 국제학술세미나(11. 1.)로 안심보육 지킴이 다짐**

2. 유보통합의 나아갈 방향

정부가 유치원과 어린이집으로 나뉜 0~5세 영유아의 교육과 보육을 통합하는 유보통합을 본격적으로 추진한다. 영유아가 어린이집과 유치원에 다니는가에 따라 학부모 부담금, 여건, 교육・보육의 질에 차이가 있다는 문제가 제기되어 이명박 정

<표 13-1> **유보통합 노력**

박근혜 정부 유보통합 추진단 추진과제		'22년 기준 현황
단계	주요 성과	
1단계 (2014년)	학비・보육료 결제카드(아이행복카드) 통합 공통 공시정보 항목 및 평가항목 마련 재정상황 비교・분석을 위한 법령 정비	평가 및 재정관리시스템은 각자 운영
2단계 (2015년)	보육료 상한제에 맞춰 유아학비 상한제 실시 공통시설기준(피난기구・경보설비) 설치(법령 개정)	원비 상한제 각자 운영
3단계 (2016년)	유특회계 국고지원	유특회계 국고지원 지속

출처: 교육부, 보건복지부(2023).

부에서 2012년 3~5세 공통 교육과정인 누리과정을 도입하였고, 지방교육재정교부금 지원으로 유보통합의 여건을 마련하였다. 이후 박근혜 정부에서 2014년 2월부터 국무조정실 내 유보통합 추진단을 설치해 운영하며 1단계에서 즉시 할 수 있는 것, 2단계에서 규제환경 정비, 3단계에서 교사 자격과 관리부처(재원 포함) 통합을 추진하였으나, 3단계는 추진하지 못하고 해체하였다.

윤석열 정부에서는 110대 국정과제에 유보통합 추진을 포함하고, 2022년 9월부터 교육부 내에 유보통합 추진 준비팀을 출범해 「유보통합 추진 준비를 위한 조직의 설치 및 운영에 관한 규정」을 제정하였다. 2022년 12월 교사 · 학부모 · 기관단체 대표자 대상 간담회, 2022년 11~12월 전국시도교육감협의회 총회 논의, 고위당정 협의를 거쳐 2023년 1월 유보통합 추진위원회 및 추진단 설치를 위한 (총리)훈령을 제정하였다.

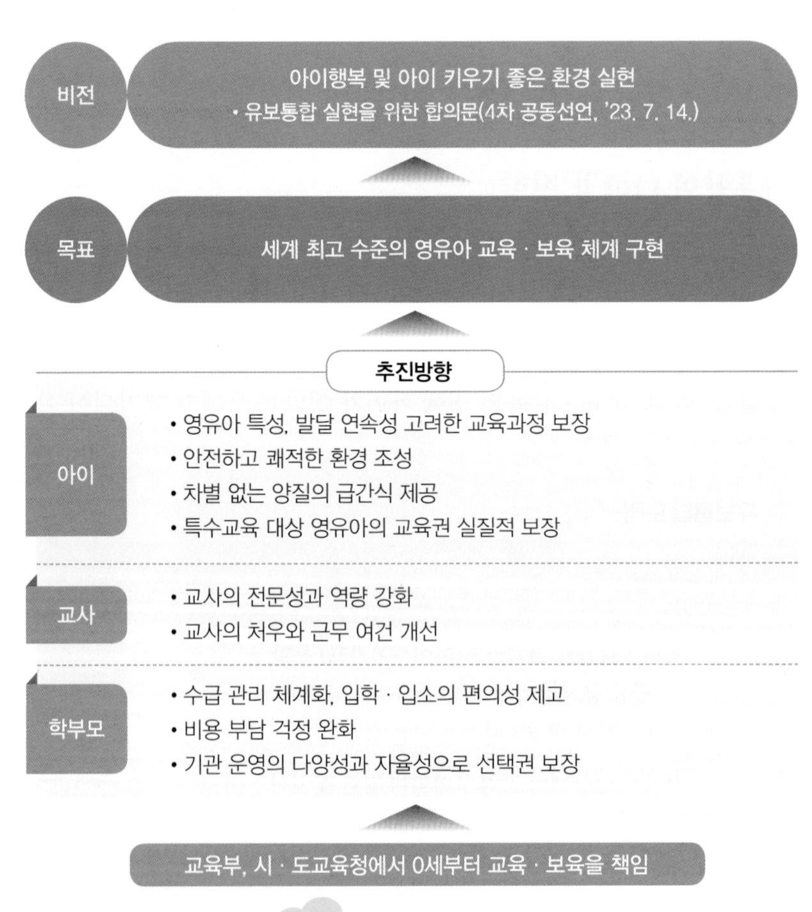

그림 13-37 **유보통합 비전 체계도**

출처: 영유아교육 · 보육통합추진단(2023).

영유아중심의 질 높은 새로운 교육·돌봄 체계를 마련하기 위해 1단계와 2단계로 나누어 2023~2024년 1단계에는 유보통합 추진위원회와 추진단을 중심으로 유치원과 어린이집의 격차 해소와 통합기반 마련을 추진하고, 2025년부터 2단계에는 교육부와 교육청을 중심으로 유보통합을 본격적으로 시행하고자 한다.

<표 13-2> **유보통합 추진방향**

	1단계(2023~2024년)	2단계(2025년~)
	위원회·추진단 격차해소 및 기반마련	교육부·교육청 유보통합 본격 시행
학부모	단계적 교육·돌봄 부담 완화	교육비 부담 대폭 경감
교사	처우 개선, 자격·양성 체제 개선방안 마련	개편된 자격·양성 과정 적용
시설	안전한 환경 조성	시설기준 개선안 적용
	△	△
조직	교육 중심의 관리체계 일원화	일원화된 관리체계로 통합 지원
재정	재원 이관 및 통합 추진	통합된 재원으로 운용
법령	관련 법률 일괄 제·개정 추진('23)	제·개정 법률 시행

출처: 교육부, 보건복지부(2023).

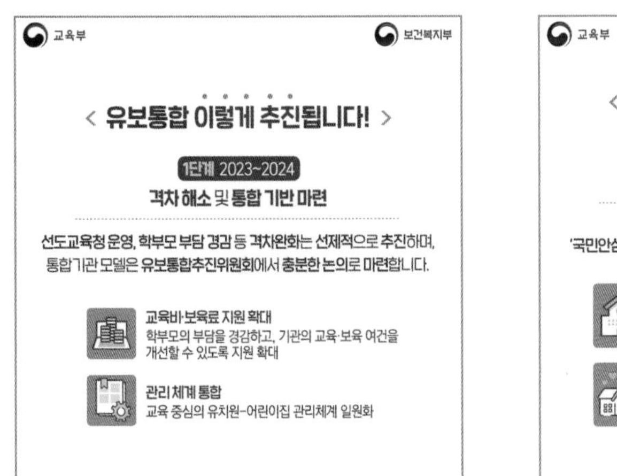

그림 13-38 유보통합 추진과정

출처: 보건복지부 블로그(blog.naver.com/mohw2016).

유치원 · 어린이집 운영자, 교사, 전문가, 학부모가 유보통합 추진위원회 위원으로 참여하여 교사자격, 시설기준 등 유보통합 과정에서 조율해야 하는 과제에 대한 논의를 통해 대안을 도출하고자 한다. 또한 유보통합 추진위원회의 효율적인 운영을 위해 교육부에 유보통합 추진단을 설치 · 운영한다. 단장, 기획지원관, 4개의 과 체제로 운영되는 추진단은 교육부, 보건복지부, 국무조정실 등 정부부처 공무원, 시도교육청, 지자체 공무원과 민간의 전문가 등 30여 명으로 구성되고, 제도 개선사항 발굴, 이해관계자 및 현장 의견수렴, 관계부처, 시도교육청, 지자체 등과 협력 업무를 수행한다. 또한 추진단 내에 교원 교육과정, 시설기준, 재정 등 분야별 전문가 자문단을 구성 · 운영하여 연구와 실태조사를 통한 전문적인 자료를 제공함으로써 위원회의 심의가 효과적으로 진행될 수 있도록 자문 역할을 수행한다.

2023년에서 2024년까지의 1단계에서는 유보통합의 본격적인 시행을 위한 관리체계 일원화를 충실히 수행함과 동시에 격차 완화 과제를 선제적으로 시행한다. 이를 위해, 첫째, 유보통합 선도교육청을 운영해 어린이집 급식비 지원, 돌봄 확대 등 지역 차원에서 기관 간 격차 해소가 필요한 항목 등을 교육청이 직접 발굴하여 예산 등을 지원하고 추진단은 선도교육청 운영을 위한 법적 · 행정적 지원을 추진한다. 둘째, 학부모 교육비 부담 해소 및 기관의 교육 · 돌봄 여건 개선을 위해 교육비 · 보육료 지원의 확대를 추진하고, 관리시스템, 원비 · 보육료 체계, 지원 항목 법제화 등 제도 개선을 병행한다. 또한 유치원 돌봄 확대를 유도하고, 어린이집 시간제 보육 및 취약 돌봄을 강화한다. 셋째, 관리체계 일원화 및 재정 통합 기반을 마련한

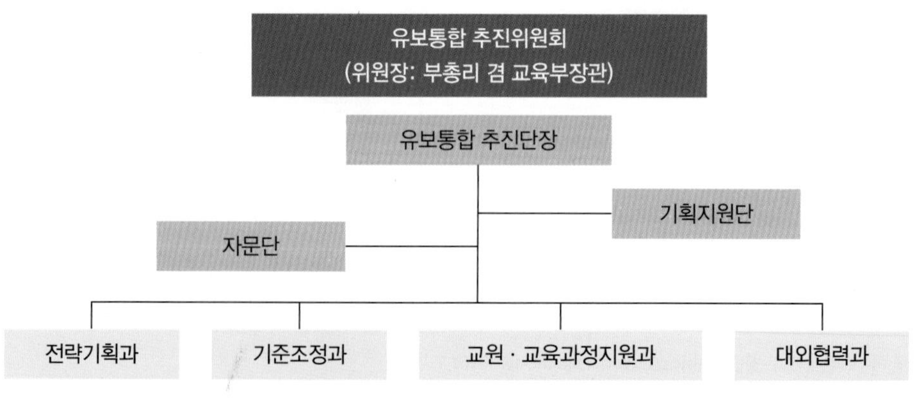

그림 13-39 유보통합 추진위원회 구성

출처: 교육부, 보건복지부(2023).

다. 교육 중심의 관리체계 일원화를 추진하고, 중앙정부 재원을 효율적으로 통합하기 위한 별도의 특별회계(교육-돌봄 책임 특별회계) 신설을 검토한다. 넷째, 기관 간 단순 물리적 통합이 아닌, 영유아의 발달과 특성을 고려한 질 높은 새로운 통합기관 모델을 구상한다. 교사 자격 · 양성체계, 교육과정, 시설기준에 대해 유보통합 추진위원회 및 자문단 등을 중심으로 논의하고 의견을 수렴해 개선 방안을 마련한다.

이에 2023년 7월 제2차 유보통합추진위원회를 개최해 유 · 보 관리체계 일원화 방안을 심의하였다. 유보통합의 비전인 '아이행복 및 아이 키우기 좋은 환경'을 실현하는 10대 정책이 현장에 안정적으로 조기 실현될 수 있도록 관리체계 일원화를 추진한다.

관리체계 일원화는 보건복지부와 시 · 도, 시 · 군 · 구에서 담당하고 있는 영유아 보육 업무(정원, 예산 포함)를 교육부와 시 · 도교육청으로 이관하는 방식으로 추진

1	교육부와 시 · 도교육청이 **0세부터의 교육 · 보육**을 **책임**지겠습니다.
2	영유아의 **특성과 발달의 연속성**을 고려한 **교육과정**을 **보장**하겠습니다. ≫ 0~5세 교육과정을 통합하고 초등교육과정과의 연계성 강화
3	**안전하고 쾌적한 환경 조성**으로 영유아의 건강한 발달을 지원하겠습니다. ≫ 안전 기반 강화, 놀이시설 개선 등
4	모든 영유아에게 차별 없는 **양질의 급간식**을 **제공**하겠습니다.
5	**특수교육 대상 영유아**의 **교육권**을 실질적으로 보장해 나가겠습니다.
6	**교사의 전문성과 역량**을 강화하여 **교육 · 보육**의 질을 높이겠습니다. ≫ 양성 교육과정 개편, 현직교사 역량 강화 지원 등
7	영유아 교육 · 보육에 전념할 수 있도록 **교사의 처우와 근무 여건**을 개선하겠습니다.
8	수급 관리를 체계화하고, **입학 · 입소의 편의성**을 제고하겠습니다. ≫ 데이터 기반 지역별 수급 관리 계획 마련 및 입소 대기 해소, 통합정보 시스템 구축, 원스톱 서비스 제공
9	기관 이용에 따른 **비용 부담 걱정**을 덜어 드리겠습니다. ≫ 단계적 학부모 부담 경감 추진
10	통합 모델 내 **기관 운영**의 **다양성 · 자율성**, 학부모의 **선택권**을 보장하겠습니다. ≫ 기관 운영의 다양성 확보, 지역 특성에 맞는 돌봄 지원 확대

그림 13-40 유보통합 비전 실현 10대 정책(안)

출처: 영유아교육 · 보육통합추진단(2023).

된다. 안정적인 업무 이관과 서비스 전달을 위해, 「정부조직법」 등을 우선 개정해 중앙 부처 업무 이관을 먼저 추진하고, 후속으로 지방 단위에서의 이관을 위한 「지방교육자치법」 등의 개정을 추진한다. 이에 따라, 유보통합은 중앙 단위의 일원화가 추진되는 1단계, 지방 단위의 일원화가 추진되는 2단계, 통합모델이 적용되는 3단계로 구분 · 추진된다.

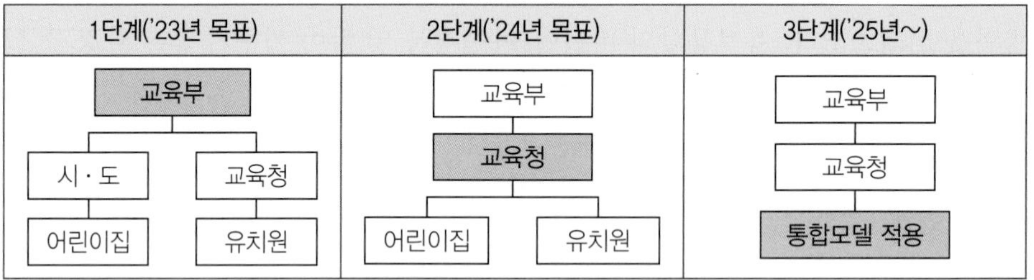

그림 13-41 유보통합 실행 3단계

출처: 영유아교육 · 보육통합추진단(2023).

재정은 유보통합 실행 모습에 따라, 1단계에서는 복지부의 국고예산을 교육부로 이관, 2단계에서는 시 · 도와 시 · 군 · 구의 예산을 시 · 도교육청으로 이관하며, 그 근거는 협의를 통해 법률에 명시한다. 이후 3단계, 통합모델 적용 과정에서 추가 예산 규모와 재원 조달방안을 협의 · 확정하고 특별회계 설치를 추진한다. 원활한 영유아보육 업무, 인력, 재원 이관에 대비해 교육부, 복지부, 시 · 도교육청, 지자체(시 · 도)가 참여한 '4자 공동선언(7. 14.)'에 따른 4자 실무협의회 등을 중심으로, 대상 업무, 인력 규모, 재원 범위 등을 확정하고 교육부가 지방 차원의 협의체 운영을 총괄한다.

〈현행〉

현황('23)
① 복지부 국고
② 유특회계
③ 시 · 도, 시 · 군 · 구 예산
④ 시 · 도교육청 예산

→

〈관리체계 일원화 추진〉

이관 · 지원 방향
① 교육부로 이관[1단계]
② 지속 지원(~'25)
③ 시 · 도교육청으로 이관[2단계]
④ 지속 지원

→

〈[3단계] 통합모델 적용〉

개편 방향	비고
①+② 별도 특별회계* 신설 검토 * 가칭 '교육–돌봄 책임 특별회계'	특별회계 신설
③ 이관 후 지속 지원	유지
④ 지속 지원	
⑤ 통합모델 적용에 따라 교부금 등 활용 추진	+α (추가 소요)

그림 13-42 재정 이관 3단계

출처: 영유아교육 · 보육통합추진단(2023).

2025년부터 시작되는 2단계에서는 1단계의 논의로 마련된 새로운 통합기관의 모습을 국민 안심, 다양, 자율의 원칙을 적용해 지역 중심으로 구현하고자 한다. 지역별 영유아 추계 및 수요에 따른 기관 수급 계획 수립, 지역 여건에 따른 기관 배치 및 질 관리 등을 추진해 일원화된 관리체계에서 효율적으로 영유아의 교육과 돌봄을 지원한다. 또한 1단계 논의 결과 등을 토대로 통합기관을 출범해 운영한다.

2단계에서는 핵심 서비스를 통합하고 단계적으로 적용하고자 한다. 첫째, 2024년 말 교사 자격 및 양성체계 개편안을 마련해 2025년 양성과정 개편을 준비하고 2026년부터 양성과정을 적용해 교사의 전문성을 강화하고 근로 여건을 개선한다. 보육교사 및 사립유치원 교사에 대한 처우개선비를 2024년부터 단계적으로 인상하되, 자격 체제 개편과 연계하여 지급하도록 한다. 둘째, 교육과정은 2023년 기초연구를 통해 2024년 표준보육과정 및 누리과정의 개정안을 마련하고 2025년 개정을 고시해 2026년부터 개정된 표준보육과정 및 누리과정을 현장에 적용하고자 한다. 셋째, 시설 및 설립 기준의 경우 안전기준은 상향하되, 교육 · 돌봄의 질을 담보할 수 있는 표준화된 공간 · 시설의 종류와 기준의 적용을 추진한다. 기관별 중점 영역(수요, 여건 고려)에 따라 선택적으로 적용하여 다양한 기관 운영의 모습으로 운영을 지원하고자 한다. 넷째, 시스템의 경우 입학(입소) 시스템 등 통합, 정보 공시 항목 · 기준일 · 시기 등을 일원화하여 수요자의 편의를 제고하고, 실질적인 기관 선택권을 강화하고자 한다.

<표 13-3> **통합기관 운영 예시**

통합기관 운영 예시(안)
• (대상) 0~5세로 하되, 기관 특성 · 수요에 따라 연령별 학급 수 조정 – 지역의 인구 구조 등을 고려하여, 학급을 탄력적으로 운영(예 : 0~5세, 4~5세, 0~2세 등) 하는 형태도 함께 검토 • (법적 지위) 통합기관을 새로운 형태의 '교육 · 돌봄기관'으로 규정 • (명칭) 학부모 · 현장 의견 등 수렴, 새로운 모델에 적합한 명칭 적용 • (교사자격 · 양성, 시설기준 등) 교육 · 돌봄 질 담보할 수 있는 방향의 교사 자격 · 양성 개편안, 시설기준 개선안을 적용하되 기관의 특수성 고려 • (전환) 경과 규정 도래 후 기준 충족 기관에 대해 전환 추진 ※ 경과 규정 등을 통해 현행 체제와 유기적 연계 추진 ※ 경과 기간 동안 유치원 · 어린이집 시설 개선 지원

출처: 교육부, 보건복지부(2023).

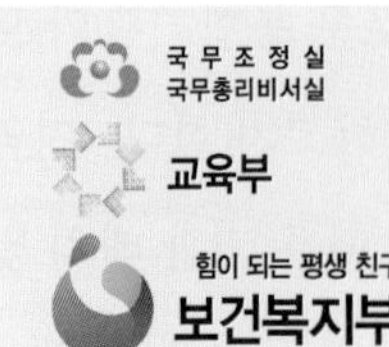

보도자료

배포일	2014. 11. 18.	담당부서	국조실 영유아교육보육통합추진단 교육부 유아교육정책과 보건복지부 보육정책과

내년 1월부터 보육료·유아학비 지원카드 통합

• 어린이집 ⇔ 유치원 이동 시 학부모의 카드 교체 불편 해소

교육부 **보도자료**

배포일	2023. 1. 29.	담당부서	교육복지돌봄지원관 유보통합추진준비팀

유보통합으로 '출생부터 국민안심 책임교육·돌봄' 실현

• 2023년부터 유치원·어린이집 간 격차 해소 과제 우선 추진
• 2023년에 관리체계 통합을 위한 법률 일괄 제·개정 추진
  → 2025년부터 교육부와 시도교육청으로 통합
• 통합기관 모델은 유보통합 추진위원회에서 충분히 논의 후 제시

교육부 **보도자료**

배포일	2023. 3. 13.	담당부서	영유아교육·보육통합추진단 전략기획과

유보통합 선도교육청으로 아이들의 격차 없는 성장 지원

• 2025년 유보통합 본격 시행에 앞서 선제적으로 과제 발굴·지원

교육부 **보도자료**

배포일 2023. 4. 4.

유보통합, 사회적 합의를 위한 논의 본격 개시

- 「영유아교육 · 보육통합 추진위원회」 출범
- 각 분야 현장관계자와 전문가 등을 위원으로 위촉
- 학계 연구진 중심의 연구자문단 구성, 수요자 중심의 방안 고심
- 부총리, "우리 아이들의 미래를 위해 지혜를 모아 주길" 당부

교육부 **보도자료**

배포일 2023. 4. 12.

유보통합 위해 교육청-지자체 머리 맞댄다!

- 시도교육청 · 시도 담당자 대상 유보통합 추진 관련 합동 연수(워크숍) 개최
- 유치원-어린이집 업무담당자 간 소통의 장 마련
- 전문가 기조 강연을 통해 유보통합 추진 공감대 형성
- 정부 정책 추진상황 공유 및 업무담당자 간 정책 이해도 제고

교육부 **보도자료**

배포일 2023. 5. 15.

영유아 중심 차별 없는 교육·돌봄을 선도교육청에서 선제적으로 지원

- 2023년 유보통합 선도교육청 9개 선정
- 유치원-어린이집, 시도교육청-시도 지자체 간 협력으로 현장 중심 유보통합 추진

교육부 **보도자료**

배포일 2023. 6. 9.

'성공적 유보통합 실현방안' 모색을 위해 전문가들이 한데 모인다

- '저출생 시대, 성공적 유보통한 실현 방안'을 주제로 진행되는 2023년 교육정책이슈 토론회(포럼)에서 유보통합 실현을 위한 방안 논의

	보도자료
배포일	2023. 7. 13.

복지부 · 교육부 · 대한민국시도지사협의회 · 전국시도교육감 협의회, 유보통합 위해 힘 모으다

- **보건복지부 · 교육부 · 대한민국시도지사협의회 · 전국시도교육감협의회, '유보통합 실현을 위한 공동선언식 개최'(7. 14.)**
- **4개 기관, 유보통합 실현을 위한 협력 강화 및 실무협의회 구성 · 운영**

더 알아보기

제3차 유아교육발전기본계획(2023~2027)

그동안 유아교육 선진화 추진계획('09~'12), 제1차 유아교육발전기본계획('13~'17), 제2차 유아교육발전기본계획('18~'22)을 수립하여 시행하여 왔다.

먼저 선진화 추진계획은 아이가 행복한 미래형 학교를 비전으로 유아학비 부담 경감, 선진 유아교육 제도 구축, 미래지향적 교육과정 운영, 우수 교원 배치 활용, 유아교육 지원체계 강화라는 5대 추진과제를 설정하였다. 제1차 유아교육발전기본계획은 유아교육 국가 완전 책임제 실현을 비전으로 유아교육 기회 확대, 유치원 운영 효율화, 교육과정 및 방과후과정내실화, 교원의 전문성 및 자긍심 강화, 유아교육 지원체계 강화라는 5대 추진과제를 설정하였다. 제2차 유아교육발전기본계획은 유아교육에 대한 국가책임 강화와 교육문화 혁신을 통해 교육의 공공선 실현을 비전으로 공공성 강화를 통한 교육의 희망사다리 복원, 교실혁명을 통한 유아중심의 교육문화 조성, 교육공동체와 함께 유아의 건강한 발달지원, 유아교육 혁신을 위한 행정시스템 구축이라는 4대 추진과제를 설정하였다.

제3차 유아교육발전기본계획은 국 · 공 · 사립의 상생발전과 유보통합으로 유아교육 분야 국가책임 강화를 비전으로 양질의 유아교육 기회 확대, 교육과정 및 방과후 과정 내실화, 교원 역량강화 및 권익 증진, 미래교육 인프라 구축이라는 4대 핵심과제와 이에 따른 17개 추진과제를 설정하였다.

비전	국 · 공 · 사립의 상생발전과 유 · 보통합으로 유아교육 분야 국가책임 강화
정책 목표	• 모든 유아에게 격차 없는 출발선을 보장 • 자율성 강화를 통한 맞춤형 교육을 제공 • 지능형 나이스 안착을 통한 교육행정의 투명성 제고

핵심과제		추진과제
I	양질의 유아교육 기회 확대	• 유보통합 및 3~5세 교육비 부담 대폭 경감 • 유아교육 질 제고를 위한 교육 운영모델 다양화 • 유아교육기관 교육여건 개선 • 디지털 치유 및 안전한 디지털 경험 지원 • 유아에 대한 특별한 지원 확대
II	교육과정 및 방과후 과정 내실화	• 유아교육지원체제 개편 및 자율성 강화 • 교육과정 내실화 및 유 · 보 · 초 연계 지원 • 방과후 과정 확대 및 내실화 • 체계적인 보호자 지원
III	교원 역량강화 및 권익 증진	• 교원의 미래교육 역량 강화 • 다양한 지원 확대 및 자격제도 활성화 • 교권의 보호와 권익 증진 • 사립유치원 교사 처우 개선
IV	미래교육 인프라 구축	• 지능형 나이스 안착 • 안전교육 강화 및 안전한 환경 조성 • 미래형 교육인프라 조성 • 누리포털 고도화 및 거버넌스 확대

출처: 교육부(2023).

참고문헌

강은주, 김명정, 김선아, 김성원, 김진희, 백인경, 안혜진, 이보영, 이선경, 이성복, 이효정, 최영해(2019). 유아교육개론. 서울: 학지사.

강현구, 이순형(2014). 한국과 일본 영유아 보육 제도 비교연구. 아시아리뷰, 4(1), 139-167.

공인숙, 권기남, 권혜진, 김영주, 김혜라, 민하영, 이완정, 전숙영, 정윤주, 채진영, 한미현, 황혜신(2015). 영아발달. 경기: 양서원.

곽금주(2017). 발달심리학: 아동기를 중심으로. 서울: 학지사.

교육부(2023). 제3차(2023~2027) 유아교육발전기본계획.

교육부, 보건복지부(2023). 유보통합 추진 방안.

국회예산정책처(2012). 영유아보육 및 유아교육 사업 평가. 서울: 국회예산정책처.

권미경, 도남희, 황성온(2012). OECD 회원국의 보육서비스-보육유형, 보육교직원, 보육비용을 중심으로. 서울: 육아정책연구소.

권정윤, 한유미(2005). 스웨덴 보육의 배경과 현황. 아동학회지, 26(2), 175-192.

김경희, 문혁준, 김선영, 김신영, 김지은, 김혜금, 서소정, 안선희, 안효진, 이희경, 정선아, 황혜원(2016). 보육학개론. 서울: 창지사.

김기헌, 신인철(2012). 유아교육 및 보육 경험의 장기 효과: 또래 · 교사관계 및 학업성취도. 한국사회학, 46(5), 259-288.

김대현, 왕경순, 이경화, 이은화(1999). 프로젝트 학습의 운영. 서울: 학지사.

김상희, 김지신, 박웅임, 한세영(2014). 유아발달. 경기: 파워북.

김연진, 한성심, 윤혜경, 최진원(2004). 보육학개론. 서울: 동문사.

김은설, 안재진, 최윤경, 김의향, 양성은, 김문정(2009). 보육종사자의 전문성 제고 방안 연구. 서울: 보건복지가족부.

김정민(2013). 유아의 실행기능과 기질이 정서 조절에 미치는 영향. 서울대학교 대학원 박사학위논문.

김종해, 백선희, 이미정, 이원영, 임재택(2005). 한국 유아교육, 보육 관련법과 제도의 역사와 미래. 한국유아교육학회 정기학술발표논문집, 1, 39-85.

김지은(2008). 아동관찰 및 행동연구. 서울: 학현사.

김호순(2007). 보육정책의 공공성과 투명성 제고방안. 서울: 여성가족부.

나인영, 이영(2011). 취학 전 교육경험에 따른 초등학교 1학년 아동의 학교 적응과 학업 성취. 생애학회지, 1(1), 85-102.

나정, 장영숙(2002). 미국의 유아교육과 보호정책. 경기: 양서원.

나종혜, 김상림, 김송이, 신나리, 권연희(2014). 보육학개론. 경기: 양서원.

문무경(2006). 스웨덴의 육아정책: 유아교육과 보육, 학교교육의 통합을 중심으로. 서울: 육아정책개발센터.

문무경(2007). 영국의 육아정책. 서울: 육아정책개발센터.

문혁준, 김경은, 서소정, 성미영, 안선희, 임정하, 하지영, 황혜정(2016). 영유아발달. 서울: 창지사.

문혁준, 김정희, 김혜연, 서기남, 이성복, 정다운(2015). 어린이집 운영관리. 서울: 창지사.

박찬옥, 전경화, 구수연, 곽현주, 정연희, 서의정, 백영숙, 이옥임, 이예숙(2013). 보육학개론. 경기: 정민사.

박찬옥, 전경화, 조희순, 이순이, 이완희, 유경숙, 김성혜, 안은정(2016). 영유아교육기관 운영 관리. 경기: 정민사.

박혜경, 최윤영(2002). 보육시설의 시설 및 설비에 관한 연구. 생활과학연구, 7(1), 254-275.

보건복지가족부(2009). 2009 전국보육실태조사-가구조사 보고서.

보건복지가족부(2010). 아이사랑플랜 2010년 시행계획 보도자료.

보건복지부 보육정책과(2016). 보육통계.

보건복지부(2006). 저출산 고령사회 기본계획 보도자료.

보건복지부(2010). 제2차 저출산 · 고령사회 기본계획 보도자료.

보건복지부(2012). 2012년 보건복지백서.

보건복지부(2013a). 5세 누리과정에 기초한 어린이집 프로그램 ①.

보건복지부(2013b). 어린이집 표준보육과정에 기초한 2세 영아보육프로그램 ①.

보건복지부(2013c). 제2차 중장기 보육 기본계획 마련 보도자료.

보건복지부(2016). 2016년도 보육사업안내.

보건복지부(2017a). 2017년도 보육사업안내.

보건복지부(2017b). 7월 20일자 동아일보 "맞춤형 보육, 1년만에 대폭 손본다" 기사에 대한 해명자료.

보건복지부(2017c). 어린이집 평가정보 보도자료.

보건복지부(2018a). 보육지원체계 개편안.

보건복지부(2018b). 제3차 중장기 보육 기본계획.

보건복지부(2019). 보육지원체계 개편 시범사업 실시 보도자료.

보건복지부(2021). 제4차 저출산 · 고령사회 기본계획(2021~2025년).

보건복지부(2022). 제4차 중장기 보육 기본계획.

보건복지부(2023). 2023년 보육사업안내.

보건복지부, 교육과학기술부(2013a). 3~5세 연령별 누리과정 교사용 지침서.

보건복지부, 교육과학기술부(2013b). 3~5세 연령별 누리과정 해설서.

보건복지부, 육아정책연구소(2013a). 제3차 어린이집 표준보육과정 교사용 지침서.

보건복지부, 육아정책연구소(2013b). 제3차 어린이집 표준보육과정 해설서.

참고문헌

보건복지부, 육아정책연구소, 한국보육진흥원(2022). 제4차 중장기 보육 기본계획(2023~2027) 공청회 자료집.

보건복지부, 한국보육진흥원(2017a). 2017 어린이집 평가인증 안내.

보건복지부, 한국보육진흥원(2017b). 보육제도 주요사항 안내.

보건복지부, 한국보육진흥원(2017c). 어린이집 문서 서식 양식.

서문희(2001). 보육인력 자격관리체계 개선방안: 21세기 보육사업 선진화를 위한 보육제도 개선안. 보육발전위원회 · 기획단, 서울: 한국보건사회연구원.

서문희, 김미숙, 박세경, 최은영, 임정기(2014). 여성 사회활동 증진을 위한 보육환경 개선방안 연구. 서울: 한국보건사회연구원.

서문희, 이상헌, 임유경(2000). 보육시설 평가인증제도 도입방안 연구. 정책보고서, 2000-09. 서울: 한국보건사회연구원.

서영숙, 김경혜(2006). 보육학개론. 경기: 양서원.

서영숙, 안소영, 안지혜, 김영명(2019). 영유아프로그램 개발과 평가. 경기: 양서원.

서울특별시, 서울시육아종합지원센터(2016). 서울시 어린이집 업무매뉴얼.

성미영, 민미희, 정현심(2018). 아동안전관리(2판). 서울: 학지사.

성미영, 유주연, 이세라피나(2022). 언어지도. 서울: 학지사.

성미영, 장영은(2018). 영유아보육학. 서울: 한국방송통신대학교 출판문화원.

성미영, 전가일, 정현심, 김유미, 정하나(2021). 아동관찰 및 행동연구(2판). 서울: 학지사.

성미영, 정현심, 이세라피나(2017). 영유아교육기관 운영관리. 서울: 학지사.

성미영, 최수연, 석희숙, 최연지, 김혜주, 노미나, 이서경, 이한나(2019). 비교유아교육론. 서울: 학지사.

신미경(2015). 주제강연1 유보통합 추진과제 현황과 향후 전망. 한국유아교육학회 2015년 추계학술대회 자료집, 65-70.

신민경, 황해익(2004). 유치원 원장 자기평가척도 개발을 위한 기초연구. 부산유아교육학회, 13, 43-66.

신유림, 문혁준, 나종혜, 박진옥, 서소정, 신혜영, 신혜원, 유경애, 이미란, 조혜정, 김선영, 김숙이(2013). 놀이지도. 서울: 창지사.

신윤정(2012). 프랑스 영유아 보육 정책 현황과 시사점. 보건 · 복지 Issue & Focus, 151, 1-8.

신윤정, 박세경, 최성은, 김필숙, 최은영(2007). 양육 지원 정책의 향후 발전 방향–국제비교를 중심으로. 서울: 한국보건사회연구원.

신화식, 이영미, 윤길근, 이희경, 김지영, 진성애, 심윤희, 김민선(2014). 유아교육기관 운영관리. 경기: 양서원.

안선희, 문혁준, 김양은, 김영심, 안효진, 이경옥(2015). 아동관찰 및 행동연구. 서울: 창지사.

양옥승, 김영옥, 김현희, 박경자, 위영희, 이옥, 이차숙, 정미라, 지성애, 홍혜경(1998). 세계의 보육제도. 경기: 양서원.

양옥승, 김영옥, 김현희, 신화식, 위영희, 이옥, 이정란, 이차숙, 정미라, 지성애, 홍혜경(2004). 영유아보육개론. 서울: 학지사.

어린이집안전공제회(2016a). 2016 어린이집안전백과(2권)–소방 · 재난 · 자연재해.

어린이집안전공제회(2016b). 2016 어린이집안전백과(4권)–건강 · 환경 · 위생 · 급식.

여성가족부(2006). 1차 중장기 보육계획(2006~2010) 확정발표 보도자료.

여성가족부(2008). 2008년 보육사업안내.

여성가족부(2011). 수요자 입장에서 본 자녀양육지원정책의 방향과 과제. 서울: 여성가족부.

여성가족부(2022). 2022 통계로 보는 여성의 삶.

여성부(2005). 보육 및 가족사업 예산 대폭 확충 브리핑자료.

여은진, 이경옥(2009). 유아와 어머니의 정서성, 어머니의 정서사회화 행동 및 유아의 정서 조절 간의 구조 분석. 열린유아교육연구, 14(5), 275-295.

영유아교육·보육통합추진단(2023). 유·보 관리체계 일원화 방안(안).

유해미, 강은진, 조아라(2016). 연구보고 2015 보육정책의 성과와 과제. 서울: 육아정책연구소.

유해미, 유희정, 장경희(2011). 일본의 보육정책동향(II). 서울: 육아정책연구소.

유희정(2007). 보육정책의 과제. 젠더리뷰, 4, 14-21.

육아정책연구소(2009). 유아교육과 보육의 협력과 통합 시범적용 연구. 서울: 육아정책연구소.

육아정책연구소(2017). 2017년도 해외 육아정책 동향 정보 자료집. 서울: 육아정책연구소.

윤은주, 이진희(2011). 위에서 아래로의 유아교육 질 향상에 대한 우려: 영국유아교육 개혁의 교훈. 열린유아교육연구, 16(5), 293-311.

이경희, 정정옥(2014). 영유아교육기관 운영관리. 서울: 학지사.

이기숙(2013). 유아교육과정(5판). 서울: 교문사.

이기숙, 김순환, 조혜진(2014). 유아교육기관 운영관리. 경기: 양서원.

이명환, 박수연(2010). 독일의 육아정책: 세계육아정책동향 시리즈 10. 서울: 육아정책연구소.

이미정, 윤숙현(2006). 우리나라 영유아보육정책의 변천과 발전방안. 한국보육학회지, 6(12), 81-98.

이숙재(2001). 유아놀이활동. 서울: 창지사.

이숙재, 이봉선(1999). 영유아의 발달과 교육. 서울: 창지사.

이순형, 권기남, 김진욱, 민미희, 김정민, 김은영, 이성옥, 정현심, 심도현, 안혜령(2013). 보육교사론. 경기: 양서원.

이순형, 성미영, 이성옥, 권혜진, 김미정, 권기남, 소은주, 임송미(2000). 보육교사 보수교육. 서울: 보건복지부.

이순형, 이성옥, 권기남, 김지현, 김진욱, 김정민, 민미희, 정현심, 김유미, 임여정, 김민경(2012). 어린이집 운영관리. 경기: 양서원.

이순형, 이성옥, 권혜진, 이소은, 황혜신, 이혜승, 한유진, 정윤주, 이영미, 이옥경, 성미영, 권기남, 김지현(2013). 보육과정(4판). 서울: 학지사.

이순형, 이성옥, 이완정, 권혜진, 황혜신, 이혜승, 이영미, 정윤주, 성미영, 권기남(2004). 영유아 보육·교육 프로그램의 이해. 서울: 학지사.

이순형, 이소은, 이완정, 이혜승, 이영미, 성미영, 권기남(2002). 21세기 방과후 아동보육. 경기: 교문사.

이순형, 이혜승, 이성옥, 황혜신, 이완정, 이소은, 권혜진, 이영미, 정윤주, 한유진, 성미영(2013). 보육학개론(제4판). 서울: 학지사.

이영(1989). 우리나라 탁아의 현황과 개선방향. 아동의 권리: 가정, 교육, 탁아. 한국교육학회, 유아교육학회, 한국아동학회 공동 학술심포지엄 자료집.

이영, 이정희, 김온기, 이미란, 조성연, 이정림, 박신진, 유영미, 이재선, 신혜원, 나종혜, 정지나, 문영경(2017). 영유아발달(개정판). 서울: 학지사.

이영자, 신동주(2012). 유아교육기관 운영관리(개정). 서울: 창지사.

이영자, 이기숙, 이정욱(2000). 유아교수학습방법. 서울: 창지사.

이옥(2004). 영유아보육법 개정과 아동학 전공자의 역할. 2004 한국아동학회 춘계학술대회 자료집, 95-117.

이윤경, 김선영, 김성희, 김지은, 나종혜, 문혁준, 신인숙, 안선희, 천희영, 최은미, 황혜신, 황혜정(2013). 유아교육개론. 서울: 창지사.

이은해(1995). 아동발달의 평가 및 측정. 서울: 교문사.

이은해, 이미리, 박소연(2006). 아동 연구방법의 이해. 서울: 학지사.

이인원, 김호년, 전정희, 김의석, 김영애(2012). 유아교육기관 운영관리. 경기: 양서원.

이정환, 박은혜(2011). 유아관찰워크북. 서울: 사단법인 한국어린이육영회.

이지연, 곽금주(2010). 5세 아동의 정서조절과 공감의 예언변인들: 종단적 접근. 한국심리학회지: 발달, 23(1), 85-102.

이혜원(2013). 보육정책의 효과와 개선방향. 서울: 한국조세재정연구원.

임승렬(2001). 유능한 유아교사의 학급 운영 문제와 그 해결 방안. 서울: 다음세대.

임재택(2018). 생태유아교육의 사상: 아이를 주체적 생명인으로 키우는 생태유아교육. 경기: 공동체.

장민영, 박은혜, 이진화(2017). 유아교육 및 보육 정책 환경과 효과 분석: 핀란드, 영국, 일본을 중심으로. 육아정책연구, 11(3), 21-45.

장유경(2004). 한국 영아의 초기 어휘발달 연구. 한국심리학회지: 발달, 17(4), 91-105.

전남련, 황연옥, 이혜배, 강은숙, 권경미(2014). 아동관찰 및 행동연구. 경기: 양서원.

전일주, 최영진(2010). 일본 아동부양수당제도에 관한 연구. 원광법학, 26(4), 229-254.

정미라, 조희연, 안재진(2009). 프랑스의 육아정책. 서울: 육아정책개발센터.

정옥분(2014). 발달심리학(개정판). 서울: 학지사.

정옥분(2016). 유아발달. 서울: 학지사.

정옥분, 권민균, 김경은, 김미진, 노성향, 박연정, 손화희, 엄세진, 윤정진, 이경희, 임정하, 정순화, 정현희, 최형성, 황현주(2016). 보육학개론(3판). 서울: 학지사.

조성연, 이정희, 김온기, 제경숙, 황혜정, 나유미, 박진재, 송혜린, 임연진, 나종혜, 권연희(2006). 영유아보육의 이해. 서울: 학지사.

조은경, 김은영(2008). 미국의 육아정책. 서울: 육아정책개발센터.

중앙육아종합지원센터(2016). 2016 어린이집설치운영길라잡이.

지성애, 홍혜련, 이정욱, 장명림(2015). 유아교육 보육 통합 모델 구축. 유아교육학회 2015년 추계정기학술대회 자료집, 152-175.

지옥정(1996). 프로젝트 접근법이 유아의 학습준비도, 사회정서 발달, 자아개념 및 프로젝트 수행능력에 미치는 효과. 한국교원대학교 대학원 박사학위논문.

지옥정(2017). 유아교육현장에서의 프로젝트 접근법. 서울: 창지사.

질병관리본부(2017). 2017년 소아청소년 성장도표.

최경애(2002). 영아 보육시설 평가기준의 개발 및 타당화 연구. 덕성여자대학교 대학원 박사학위논문.

최미현, 박명화, 박성미, 이지희, 최양미, 김애자, 김정신(1996). 영유아보육론. 서울: 창지사.

최옥희, 김영호, 김용미(2009). 생태학적 변인이 초등학교 1학년 아동의 학교 적응, 학업 성취에 미치는 영향. *초등교육연구, 22*(4), 133-160.

최윤경, 김윤황, 이혜민(2015). **스웨덴의 육아정책(Ⅱ): 교사정책을 중심으로.** 서울: 육아정책연구소.

통계청(2022). 장래 가구추계: 2020~2050년.

한국보육진흥원(2018a). 제3차 중장기 보육 기본계획. **비전보육, 23,** 11-16.

한국보육진흥원(2018b). **우리 아이를 위한 좋은 교사, 좋은 부모 되기.**

한국보육진흥원(2019a). **보육서비스 품질 향상을 위한 과제와 전망 세미나 자료집.**

한국보육진흥원(2019b). **2019 어린이집 평가 매뉴얼.**

황해익(2004). **유아교육평가.** 경기: 양서원.

황해익(2012). **아동연구방법.** 경기: 정민사.

황해익, 송연숙, 최혜진, 정혜영, 손원경(2009). **포트폴리오 평가.** 서울: 창지사.

황해익, 최혜진, 정혜영, 권유선(2014). **아동관찰 및 행동연구.** 경기: 공동체.

황혜정(2002). 아동과 청소년의 친구관계 발달에 관한 연구. **아동학회지, 23**(3), 189-203.

Ahnert, L., & Lamb, M. E. (2003). Child care and its impact on young children (2-5). In *Encyclopedia on Early Childhood Development.*

Ainsworth, M. D. S. (1979). Infant-mother attachment. *American Psychologist, 34,* 932-937.

Barnett, W. S. (1995). Long-term effects of early childhood programs on cognitive and school outcomes. *The Future of Children, 5*(3), 25-50.

Baydar, N., & Brooks-Gunn, J. (1991). Effects of maternal employment and child-care arrangements on preschooler's cognitive and behavioral out comes: Evidence from the children of the National Longitudinal Survey of Youth. *Developmental Psychology, 27,* 932-945.

Belsky, J. (1986). Infant day care: A cause for concern? *Zero to Three, 6,* 1-7.

Belsky, J. (1988). The effect of infant day care reconsidered. *Early Childhood Research Quarterly, 3,* 235-272.

Belsky, J. (2001). Developmental risks (still) associated with early child care. *Journal of Child Psychology and Psychiatry, 42,* 845-859.

Brooks-Gunn, J., Han, W., & Waldfogel, J. (2002). Maternal employment and child cognitive outcomes in the first three years of life: The NICHD Study of Early Child Care. *Child Development, 73,* 1052-1072.

Burchinal, M. R., Peisner-Feinberg, E. S., Bryant, D. M., & Clifford, R. M. (2000). Children's social and cognitive development and child care quality: Testing for differential associations related to poverty, gender, or ethnicity. *Applied Developmental Science, 4,* 149-165.

Caldwell, B. (1991). Educare: New product, new future. *Developmental and Behavioral Pediatrics, 12*(3), 199-205.

Camilli, G., Vargas, S., Ryan, S., & Barnett, W. S. (2010). Meta-analysis of the effects of early education interventions on cognitive and social development. *Teachers College Record, 112*(3), 579-620.

Chard, S. C. (1994). *The project approach: A practical guide.* New York: Scholastic.

Chess, S., & Thomas, A. (1977). Temperamental individuality from childhood to adolescence. *Journal of Child Psychiatry, 16,* 218-226.

Corbett, B. (2002). *A garden of children.* 프뢰벨교육연구소 역(2003). 아동의 정원. 서울: 프뢰벨.

Crockenberg, S., & Litman, C. (1990). Autonomy as a competence in two-year-olds: Maternal correlates of child defiance, compliance, and self-assertion. *Developmental Psychology, 26,* 961-971.

Decker, C. A., & Decker, J. R. (1984). *Planning and administering early childhood programs* (3rd ed.). Columbus, OH: Merrill Publishing Company.

Decker, C. A., & Decker, J. R. (2001). *Planning and administering early childhood programs* (7th ed.). Upper Saddle River, NJ: Prentice Hall.

Estes, L. S. (2004). *Essential of child care and early education.* Boston, MA: Pearson Education.

Field, T., Masi, W., Goldstein, S., Perry, S., & Parl, S. (1988). Infant day care facilitates preschool behavior. *Early Childhood Research Quarterly, 3,* 341-359.

Frost, J. L., & Kissinger, J. B. (1976). *The young child and the educative process.* New York: Holt, Rinehart and Winston.

Goodwin, W. L., & Driscoll, L. A. (1980). *Handbook for measurement and evaluation in early childhood education.* San Francisco: Jossey-Bass.

Hildebrand, V., & Hearron, P. F. (1997). *Management of child development centers* (4th ed.). Upper Saddle River, NJ: Merrill Prentice-Hall.

Hofferth, S. L. (1999). Child care maternal employment and public policy. *The Annals of the American Academy, 563,* 20-38.

Hyson, M. C. (1994). *The emotional development of young children: Building on emotion-centered curriculum.* 정미라, 박경자, 배소연 역(1998). 유아를 위한 정서교육. 서울: 이화여자대학교 출판부.

Jaffke, F. (2000). *Spielen und arbeiten im Waldorfkindergarten.* 윤선영 역(2011). 발도르프 킨더가르텐에서의 놀이와 작업. 서울: 창지사.

Katz, L. G., & Chard, S. C. (1989). *Engaging children's minds: The project approach.* Norwood, NJ: Ablex.

Kostelnik, M., Whiren, A., Soderman, A., Rupiper, M. L., & Gregory, K. (2009). *Guiding children's social development and learning* (6th ed.). 박경자, 김송이, 권연희, 김지현 역(2011). 영유아의 사회정서발달과 교육. 서울: 교문사.

Magnuson, K. A., Ruhm, C., & Waldfogel, J. (2007). Does prekindergarten improve school preparation and performance? *Economics of Education Review, 26*(1), 33-51.

NAEYC (1973). *Ideas for learning environment.* Washington, DC: National Association for the Education of Young Children.

NICHD Early Child Care Research Network (1999). Child care and mother-child interaction in the first three years of life. *Developmental Psychology, 35,* 1399-1413.

NICHD Early Child Care Research Network (2000). The relation of child care to cognitive and language development. *Child Development, 71,* 960-980.

NICHD Early Child Care Research Network (2003). Does amount of time spent in child care predict socioemotional adjustment during the transition to kindergarten? *Child Development, 74,* 976-1005.

Roopnarine, J. L., & Johnson, J. E. (2000). *Approaches to early childhood education.* New Jersey: Merrill.

Siegler, R. S. (2004). *Children's thinking.* 박영신, 이현진, 정윤경, 최영은 역(2007). 아동 사고의 발달. 서울: 시그마프레스.

Taylor, B. J. (2002). *Early childhood program management* (4th ed.). NJ: Merrill Prentice- Hall.

Thomas, A., & Chess, S. (1991). Temperament in adolescence and its functional significance. In R. M. Lerner, A. C. Pertersen, & J. Brooks-Gunn (Eds.), *Encyclopedia of adolescence* (Vol. 2). New York: Garland.

Thompson, R. A. (1994). Emotion regulation: A theme in search of definition. *Monographs of the Society for Research in Child Development, 59*(2-3), 25-52.

Weikart, D. P., & Schweinhart, L. J. (2000). The High/Scope Curriculum in early childhood care and education. In J. L. Roopnarine & J. E. Johnson (Eds.), *Approaches to early childhood education* (2nd ed.). Columbus, OH: Merrill.

Witherington, D. C., Campos, J. J., & Hertenstein, M. J. (2001). Principles of emotion and its development in infancy. In G. Bremner & A. Fogel (Eds.), *Blackwell handbook of infant development* (pp. 427-464). Madden, MA: Blackwell.

Wortham, S. C. (2006). *Early childhood curriculum* (4th ed.). Upper Saddle River, New Jersey: Merrill.

MBN 뉴스(2017. 9. 8.). 프뢰벨 은물 180주년 특별전 어린이의 정원 전시 개최.

고용노동부 정책뉴스(2019. 4. 18.). 어린이 통학버스 '하차 확인장치' 의무화.

교육부 블로그(2019. 7. 18.). 2019 개정 누리과정 확정 · 발표.

나우뉴스(2017. 1. 22.). 1~12개월 아기에게 세상은 어떻게 보일까?

뉴시스(2019. 1. 15.). 6세미만 月10만원 아동수당 4월 25일 첫 보편지급.

동아일보(2017. 7. 20.). 맞춤형 보육, 1년만에 대폭 손본다.

따스아리 정책뉴스(2016. 5. 18.). 7월부터 맞춤형 보육이 시작됩니다.

따스아리 정책뉴스(2019. 2. 28.). 보육의 질을 높일 2019년 중장기 보육 기본계획 추진과제 확인하세요.

보건복지부 보도자료(2022. 4. 24.). 4월부터, 만 7세 아동도 아동수당 받아요!

보건복지부 보도자료(2023. 1. 3.). 부모급여가 모든 영아가족에게 힘이 되어드립니다.

보건복지부(2022. 1. 28.). 아동복지법 하위법령 일부 개정령안 입법예고 보도자료.

세계일보(2017. 6. 11.). 20년 끈 유치원 어린이집 통합… 문 정부엔 실현될까.

세계일보(2023. 6. 1.). 고교생까지 아동수당 준다... 일본, 저출산 대책에 연 35조 투입.

식품의약품안전처 보도자료(2022. 12. 1.). 두부, 햄, 발효유 등 소비기한은 며칠일까요?
아시아경제(2017. 4. 27.). 현대차, 로보카폴리와 아동 교통사고 예방 앞장.
한겨레신문(2014. 10. 29.). '스칸디 대디'는 아이가 아프면 출근하지 않는다.

다큐클래식 이것이 미래 교육이다 1회-영국 슈타이너 학교.
https://www.youtube.com/watch?v=LwEnI6sUYNY
대한민국 보건복지부-믿고 맡길 수 있는 어린이집. https://youtu.be/fetKf78M22E
대한민국 보건복지부-보육교사가 있기에 아이의 꿈이, 가족의 행복이 자라납니다.
https://www.youtube.com/watch?v=MevAZrHzCpc
레지오 에밀리아 접근법.
https://www.youtube.com/watch?v=J1rIdpb8xhs&list=PLuENTtEHWu02l7fwIZlMUx3-Q5WNgCXhr
마리아 몬테소리의 철학. https://www.youtube.com/watch?v=8VZiVL-7VsE
발도르프교육지원센터-[손유희 · 라이겐] 손유희(쉿쉿쉿).
https://www.youtube.com/watch?v=X13RY0MCV_0
베이비뉴스-우리 아이, 늦은 시간까지 '돌봄'이 필요할 땐?
https://www.youtube.com/watch?v=eJkbsTH2fso
복지로 How to 아동수당 편. https://www.youtube.com/watch?v=2DiKZRfxurc
세종시 어린이급식관리지원센터-우리 조리실의 하루(위생편).
https://www.youtube.com/watch?v=VkeZ40K1TVE
슈퍼맨이 돌아왔다-쌍둥이 아빠 휘재의 애착 검사.
https://www.youtube.com/watch?v=z_RtY_81z38e
식품의약품안전처(MFDS)-어린이급식관리지원센터 공익광고.
https://www.youtube.com/watch?v=4tLaF57FR8s
아이코리아, 파이팅-레지오 에밀리아 유치원.
https://www.youtube.com/watch?v=1BkQ9x08PFg
아동권리보장원-유엔아동권리협약 아동버전 한국어판.
https://www.ncrc.or.kr/uncrc_child/index.html#page=1
육아방송 세계인의 육아 3부-독일 부모는 자녀를 어떻게 키울까요?
https://www.youtube.com/watch?v=vcFisQK4fBU
육아정책연구소_KICCE-[영상보고서] 부모급여 도입에 따른 통합적 제도 구축 연구.
https://www.youtube.com/watch?v=PKX9Lcz2NeQ
은물 180주년-은물의 우수성! 어디까지 알고 있니?
https://www.youtube.com/watch?v=SzgOb6sFXqE
2022년 시간제보육 홍보 영상. https://youtu.be/1TVQYZPrRpI
2023년부터 부모급여 이렇게 지급합니다. https://youtu.be/sEdPK0AzGyE
중앙육아종합지원센터-공통 부모교육 소개영상.
https://www.youtube.com/watch?v=bh_BM5ypiR0

코코몽과 함께 배우는 아동권리헌장. https://www.youtube.com/watch?v=jSxLDW1RXl0
한국보육진흥원-우리 아이들을 위한 어린이집 평가제.
https://www.youtube.com/watch?v=PusgjdFzPMs
한국보육진흥원-참 좋은 선생님! 어린이집 선생님.
https://www.youtube.com/watch?v=H4iy8fF9Qeg&list=PL1zj4_HJ0rXwwlgm1t5MTx Dktxs_xIwSm
해와달어린이집 소개영상-교사편. https://www.youtube.com/watch?v=Vw-Mc3nI9VQ
EBS 뉴스-어린이집 오래 머무는 아이, 공격성 높다.
https://www.youtube.com/watch?v=NO4zJl7tx8E
EBS 다큐프라임-행복의 조건, 복지국가를 가다 4부 보육.
https://www.youtube.com/watch?v=zypzWMP-Qx0
EBS 대기획 9부작 가족쇼크-5부 행복한 훈육.
https://www.youtube.com/watch?v=iW37WJt4YwM&list=PLTHJdrQZEevNSfXLMRgYaw7ukPmwZNrbw&index=3
EBS 세계의 교육현장-일본의 유아교육, 기적을 부르는 4개의 스위치.
https://www.youtube.com/watch?v=gYHk6tS9J60&index=2&list=PLTHJdrQZEevNSfXLMRgYaw7ukPmwZNrbw
EBS 육아학교-기질의 유전성.
https://www.youtube.com/watch?v=_KEh_bSYGTw
Froebel. https://www.youtube.com/watch?v=WYo804Rp3As
Getting to Know HighScope's Preschool Curriculum.
https://www.youtube.com/watch?v=U7YaobYTPgk
High Scope. https://www.youtube.com/watch?v=DxPKuD_MTo4
History and Philosophy of the Reggio Emilia Approach.
https://www.youtube.com/watch?v=V1xjesnbmzI
INPSYT 인터뷰-K-CDI의 저자 김정미 박사 인터뷰.
https://www.youtube.com/watch?v=DGdC3PTShQo
KTV 뉴스중심-보육교사 '쉬는 시간 보장' … '보육서비스 질 향상'
https://www.youtube.com/watch?v=pmmT8lig0Lw
KTV 뉴스중심-500세대 이상 신축 아파트에 국공립어린이집 의무화.
https://www.youtube.com/watch?v=cz1HO3gke-I.
MBC 스페셜-일곱 살의 숲. www.youtube.com/watch?v=Vi23SbJUsdM
Montessori Sensorial Exercises. https://www.youtube.com/watch?v=NlnHVxJKEiM
Project Approach. https://www.youtube.com/watch?v=viiEzpuL6pY
PURUNI 푸르니보육지원재단-푸르니를 말하다. https://youtu.be/ODUKihZ2cng
The Project Approach. https://www.youtube.com/watch?v=NEZnV73yzUs
YTN 원포인트 생활상식-육아종합지원센터 부모교육 홍보영상.
https://www.youtube.com/watch?v=gF_QmiV5vnA

EducationWeek https://www.edweek.org/ew/issues/every-student-succeeds-act/
http://pridegb.ngelnet.com/
http://www.foundationyears.org.uk
http://www.poolhayesprimary.co.uk/
https://de.wikipedia.org/wiki/Waldorfschule
https://www.elternzeit.de/familiengeld/
Nutfield Day Nursery http://www.nutfieldnursery.co.uk
Wikimedia Commons https://en.wikipedia.org/wiki/File:No_Child_Left_Behind_Act.jpg
Welcome to HighScope! https://highscope.org
경기도 멀티미디어 https://exciting.gg.go.kr/
경기도교육청 http://www.goe.go.kr/
곡교어린이집 http://www.gokgyo.co.kr
굿네이버스 https://www.goodneighbors.kr
놀이육아 엄빠야 http://umbbaya.com
누리과정포털 https://i-nuri.go.kr
리틀빅키즈 http://littlebigkids.kr
뱅크 스트리트 https://school.bankstreet.edu/about/at-a-glance/
법제처 http://www.moleg.go.kr
법제처 국가법령정보센터 http://www.law.go.kr
베이비뉴스 카드뉴스 http://www.ibabynews.com
보건복지부 http://www.mohw.go.kr
보건복지부 블로그 https://blog.naver.com/mohw2016
복지로 https://www.bokjiro.go.kr/
부산대학교 부설어린이집 https://www.ecochild.or.kr/
비룡소 http://bir.co.kr
서울대학교 어린이보육지원센터 http://kidshome.snu.ac.kr/
서울시 보육포털 https://boyuk.eseoul.go.kr/education/main.do
서울시육아종합지원센터 http://seoul.childcare.go.kr
서울시육아종합지원센터 녹색장난감도서관 https://seoultoy.or.kr
서울특별시 보육시설종사자보수교육 https://boyuk.eseoul.go.kr/education/main.do
서초구육아종합지원센터 http://youngua.seocho.go.kr/yua/
스웨덴 정부 http://sweden.se
아동권리보장원 https://www.ncrc.or.kr
아동수당 http://www.ihappy.or.kr
아름다운 이야기 할머니 https://www.storymama.kr
아이나무 '발트앤슈필' https://inamu.org/boardPost/106263/20
아이소파 http://www.isopa.co.kr
어린이급식관리지원센터 https://ccfsm.foodnara.go.kr/

어린이집 정보공개포털 http://info.childcare.go.kr
어린이집 평가제 https://www.kcpi.or.kr/kce/front/index
어린이집안전공제회 http://www.csia.or.kr/
어린이집안전공제회 안전교육시스템 https://e.csia.or.kr/
어스본 코리아 https://www.usborne.kr
연세대학교 어린이생활지도연구원 http://www.yonseichild.org
우리동네키움포털 https://icare.seoul.go.kr
우리역사넷 http://contents.history.go.kr/
육아정책연구소 https://kicce.re.kr
의왕시육아종합지원센터 http://www.uweducare.or.kr/reggio/m1/sub1-2.asp
인싸이트 http://inpsyt.co.kr
일본 후생노동성 https://www.mhlw.go.jp
중앙육아종합지원센터 http://central.childcare.go.kr
중앙육아종합지원센터 보육과정 웹사이트 https://www.nccw.educare.or.kr
지표누리 http://www.index.go.kr
직장보육지원센터 https://welfare.comwel.or.kr/escac/
질병관리청 예방접종도우미 사이트 https://nip.kdca.go.kr
키즈노트 https://www.kidsnote.com/
터프스 대학교 https://dl.tufts.edu
텍사스 텍 대학교 조기 헤드 스타트 센터 https://www.depts.ttu.edu/hs/hdfs/earlyheadstart/
통계청 https://www.kostat.go.kr
푸르니보육지원재단 http://www.puruni.com
프뢰벨 https://total-system.co.kr
하나몬테소리교구사 http://hanamontessori.co.kr/
하이 스코프 프로그램 https://secure.highscope.org
학부모On누리 http://www.parents.go.kr
한국보육진흥원 http://www.kcpi.or.kr
한국보육진흥원 마음성장프로젝트 https://mindup.kcpi.or.kr/
한솔어린이보육재단 http://www.hansolhope.or.kr

인명

내용

저자 소개

성미영(Sung Miyoung)
서울대학교 대학원 아동학 박사
서울법원어린이집 원장
서울시 서초구청 · 강북구청 보육정책위원
현 동덕여자대학교 사회과학부 아동학전공 교수

유주연(Yoo Jooyun)
서울대학교 대학원 아동학 박사
서울법원어린이집 원감
CJ키즈빌어린이집 원장
현 연성대학교 사회복지과 아동심리보육전공 교수

이세라피나(Lee Seraphina)
중앙대학교 대학원 사회복지학과 아동복지전공 박사과정 수료
SK텔레콤푸르니어린이집 원장
GS리테일푸르니어린이집 원장
현 LG서울역어린이집 원장

임여정(Lim Yeojeong)
서울대학교 대학원 아동학 박사
SK하이닉스어린이집 원장
한국서부발전(주)반딧불어린이집 원장
현 연성대학교 유아교육과 교수

정현심(Jung Hyunsim)
서울대학교 대학원 아동학 박사
서울대학교 어린이보육지원센터 느티나무어린이집 원장
서울대학교 어린이보육지원센터 백학어린이집 원장
현 한국방송통신대학교 생활과학부 강의교수

유보통합을 대비한

보육학개론 2판

Introduction to Child Care & Education (2nd ed.)

2019년 9월 10일 1판 1쇄 발행
2021년 8월 20일 1판 3쇄 발행
2023년 9월 10일 2판 1쇄 발행

지은이 • 성미영 · 유주연 · 이세라피나 · 임여정 · 정현심
펴낸이 • 김진환
펴낸곳 • ㈜학지사
04031 서울특별시 마포구 양화로 15길 20 마인드월드빌딩
대표전화 • 02-330-5114 팩스 • 02-324-2345
등록번호 • 제313-2006-000265호

홈페이지 • http://www.hakjisa.co.kr
인스타그램 • https://www.instagram.com/hakjisabook

ISBN 978-89-997-2959-1 93370

정가 23,000원